# Kultur- und Landschaftsführer in der Reihe DuMont Dokumente

*Zur schnellen Orientierung – die wichtigsten Länder, Inseln und Orte auf einen Blick:*
(Auszug aus dem ausführlichen Ortsregister)

| | | | |
|---|---|---|---|
| Alofi | 205f. | Nouméa | 60 |
| Amerikanisch-Samoa | 158ff. | Nuku'alofa | 181 |
| Apia | 155 | Pago Pago | 162 |
| Avarua | 195f. | Palau (Republik Belau) | 283ff. |
| Bora-Bora | 252 | Papeete | 250 |
| Cook-Inseln | 182ff. | Pohnpei | 290f. |
| Efate (Vate) | 79 f. | Port Vila | 82f. |
| Fidschi | 97ff. | Rarotonga | 185f. |
| Förderierte Staaten von | | Salomon-Inseln | 84ff. |
| Mikronesien | 288ff. | Samoa | 132ff. |
| Fongafale | 253f. | Savai'i | 157f. |
| Französisch-Polynesien | 222ff. | Suva | 106 |
| Funafuti | 253f. | Tahiti | 251f. |
| Futuna | 213ff. | Tokelau | 218ff. |
| Guam | 279ff. | Tonga | 165ff. |
| Kiribati | 271ff. | Tongatapu | 181 |
| Kosrae | 288f. | Tutuila | 162ff. |
| Malaita | 85 | Tuvalu | 253ff. |
| Marshall-Inseln | 295ff. | Upolu | 155f. |
| Moorea | 252 | Vanuatu | |
| Nan Madol | 290f. | (Neue Hebriden) | 62ff. |
| Nauru | 276ff. | Vila | 82f. |
| Neukaledonien | 47ff. | Wallis | 208ff. |
| Niue | 200ff. | West-Samoa | 132ff. |
| Nördliche Marianen | 281f. | Yap | 292ff. |

In der vorderen Umschlagklappe: Übersichtskarte der Südsee

Sabine Ehrhart **Die Südsee**

Inselwelten im Südpazifik

DuMont Buchverlag Köln

*Umschlagvorderseite:* Cook-Inseln Blütenparade in Rarotonga
*vordere Umschlaginnenklappe:* Französisch-Polynesien Marquesas-Inseln
*Frontispiz S. 2/3:* Französisch-Polynesien Moorea
*hintere Umschlaginnenklappe:* Mata Mua – in alten Zeiten. Gemälde von Paul Gauguin, 1892
*Umschlagrückseite:* Tanz der polynesischen Wallisianer und Futunesen bei der Missionskirche von St. Louis, Neukaledonien

*Über die Autorin:* Sabine Ehrhart, geboren 1961, studierte romanische Sprachwissenschaft und Geographie sowie Tourismus. Sie promovierte über eine kreolische Sprache in Neukaledonien. Seit 1988 lebt sie in der Südsee und leitet Kultur- und Studienreisen.

Die Deutsche Bibliothek – CIP-Einheitsaufnahme

**Ehrhart, Sabine:**
Die Südsee: Inselwelten im Südpazifik / Sabine Ehrhart. – Köln: DuMont, 1993
  (DuMont-Dokumente: DuMont-Kultur- und Landschaftsführer)
ISBN 3-7701-2705-6

© 1993 DuMont Buchverlag, Köln
Alle Rechte vorbehalten
Satz, Druck und buchbinderische Verarbeitung: Boss-Druck, Kleve

Printed in Germany  ISBN 3-7701-2705-6

# Inhalt

Vorwort . . . . . . . . . . . . . . . . . . . . . . . . . . . . . . 9
Einleitung . . . . . . . . . . . . . . . . . . . . . . . . . . . . . 10

## Südsee-Landeskunde

### Geographie (von Achim Schnütgen und Yves Ehrhart) . . . . . . . . . . 11
Geologische Grundlagen für die Entwicklung der Südsee-Inseln . . . . . . . . . . 11
Der natürliche Rahmen: Böden- und Bodenbildung, Fauna und Flora, Klima . . . . . 17
Pflanzen als Nahrungs- und Genußmittel in Ozeanien (von Bernhard Zepernick) . . . 27
   *Die Kokospalme (Cocos nucifera) und ihre Nutzung (von Yves Ehrhart)* . . . . . . . 31

### Die Besiedlung des Pazifiks . . . . . . . . . . . . . . . . . . . 32

### Die europäische Entdeckung des Pazifiks . . . . . . . . . . . . 36

## Die Südsee – Ein Mosaik von Inselstaaten

### Melanesien . . . . . . . . . . . . . . . . . . . . . . . . . . . 39

Geographie . . . . . . . . . . . . . . . . . . . . . . . . . . . . . 40
Gesellschaft und Kultur . . . . . . . . . . . . . . . . . . . . . . . 42

### Neukaledonien . . . . . . . . . . . . . . . . . . . . . . . . . 47
Allgemeine Landeskunde . . . . . . . . . . . . . . . . . . . . . . . 47
Geschichte und Kultur . . . . . . . . . . . . . . . . . . . . . . . . 50
   *Die Rundhütte (von Déwé Goredey)* . . . . . . . . . . . . . . . . . . 54
Routenvorschläge . . . . . . . . . . . . . . . . . . . . . . . . . . 60

### Vanuatu . . . . . . . . . . . . . . . . . . . . . . . . . . . . . 62
Allgemeine Landeskunde . . . . . . . . . . . . . . . . . . . . . . . 62

| | |
|---|---|
| Geschichte und Kultur | 64 |
| *Die Toka-Feier – Bericht eines europäischen Beobachters der Gegenwart (von Joël Bonnemaison)* | 73 |
| *Männerbünde* | 77 |
| Rundfahrt um Efate | 79 |

## Salomon-Inseln ... 84
| | |
|---|---|
| Allgemeine Landeskunde | 84 |
| *Die künstlichen Inseln von Malaita* | 85 |
| Geschichte und Kultur | 86 |

## Fidschi ... 97
| | |
|---|---|
| Allgemeine Landeskunde | 97 |
| Geschichte und Kultur | 102 |
| *Die Herstellung einer Pandanusmatte* | 104 |
| Sehenswürdigkeiten | 106 |

# Polynesien ... 108
| | |
|---|---|
| Eine polynesische Tradition – die Namengebung: ›ingoa‹ | 110 |
| Mana und Tabu (von Klaus Helfrich) | 112 |

## Samoa (West-Samoa und Amerikanisch-Samoa) ... 132
| | |
|---|---|
| Allgemeine Landeskunde | 132 |
| Geschichte und Kultur | 134 |
| *Die Dorfjungfrau (taupou) und ihre Titel (von Augustin Krämer)* | 139 |
| *O le tala i le fugafuga – Die Geschichte von der Seegurke (nach Augustin Krämer)* | 144 |
| Routenvorschläge: West-Samoa | 155 |
| Amerikanisch-Samoa | 158 |
| *Erzählungen aus Samoa – Margaret Mead und William Somerset Maugham* | 159 |
| Rundfahrt um Tutuila | 162 |

## Königreich Tonga ... 165
| | |
|---|---|
| Allgemeine Landeskunde | 165 |
| Geschichte und Kultur | 167 |
| *Die tonganische Gesellschaft (von Gundolf Krüger)* | 168 |
| *Die Meuterer von der Bounty* | 174 |
| Sehenswürdigkeiten und Urlaubsaktivitäten | 181 |

## Cook-Inseln ... 182
| | |
|---|---|
| Allgemeine Landeskunde | 182 |

Geschichte und Kultur . . . . . . . . . . . . . . . . . . . . . . . . . . . 183
*Schöpfungsmythen auf den Cook-Inseln* . . . . . . . . . . . . . . . . . . 190
Eine Fahrt um die ›Garteninsel‹ Rarotonga . . . . . . . . . . . . . . . 195

# Niue . . . . . . . . . . . . . . . . . . . . . . . . . . . . . . . . . . 200
Allgemeine Landeskunde . . . . . . . . . . . . . . . . . . . . . . . . . 200
Geschichte und Kultur . . . . . . . . . . . . . . . . . . . . . . . . . . 201
Besichtigungsvorschläge . . . . . . . . . . . . . . . . . . . . . . . . . 204

# Wallis (Uvea) und Futuna . . . . . . . . . . . . . . . . . . . . 207
Allgemeine Landeskunde . . . . . . . . . . . . . . . . . . . . . . . . . 207
Geschichte und Kultur . . . . . . . . . . . . . . . . . . . . . . . . . . 208
   Wallis . . . . . . . . . . . . . . . . . . . . . . . . . . . . . . . . 208
   *Die Geschichte des fabelhaften Kanus Lomipeau* . . . . . . . . . . . . . . 210
   Futuna . . . . . . . . . . . . . . . . . . . . . . . . . . . . . . . . 213

# Tokelau . . . . . . . . . . . . . . . . . . . . . . . . . . . . . . . . 218
Allgemeine Landeskunde . . . . . . . . . . . . . . . . . . . . . . . . . 218
Geschichte und Kultur . . . . . . . . . . . . . . . . . . . . . . . . . . 219

# Französisch-Polynesien . . . . . . . . . . . . . . . . . . . . . . 222
Allgemeine Landeskunde . . . . . . . . . . . . . . . . . . . . . . . . . 222
Geschichte und Kultur . . . . . . . . . . . . . . . . . . . . . . . . . . 224
   *O-Tahiti: Aus Georg Forsters »Reise um die Welt«* . . . . . . . . . . . 242
   *Paul Gauguin auf Tahiti* . . . . . . . . . . . . . . . . . . . . . . . 246
   Die polynesische Götterwelt . . . . . . . . . . . . . . . . . . . . . . 247
   *Schwarze Perlen aus der Südsee* . . . . . . . . . . . . . . . . . . . . 249
Sehenswürdigkeiten und Urlaubsaktivitäten . . . . . . . . . . . . . . . 251

# Tuvalu . . . . . . . . . . . . . . . . . . . . . . . . . . . . . . . . . 253
Allgemeine Landeskunde . . . . . . . . . . . . . . . . . . . . . . . . . 253
Geschichte und Kultur . . . . . . . . . . . . . . . . . . . . . . . . . . 256
   *Te Tala o Niuoku – Die deutsche Pflanzung auf dem Nukulaelae-Atoll von 1865–1890* . . 257

# Mikronesien . . . . . . . . . . . . . . . . . . . . . . . . . . . . 260

Allgemeine Landeskunde . . . . . . . . . . . . . . . . . . . . . . . . . 260
   Die aktuelle politische und wirtschaftliche Situation . . . . . . . . . . 262
Geschichte und Kultur . . . . . . . . . . . . . . . . . . . . . . . . . . 264
   *Der Krieg im Pazifik (von Jürgen Martschukat)* . . . . . . . . . . . . 268

Kiribati . . . . . . . . . . . . . . . . . . . . . . . . . . . . . . . . 271
Allgemeine Landeskunde . . . . . . . . . . . . . . . . . . . . . . . . 271
Geschichte und Kultur . . . . . . . . . . . . . . . . . . . . . . . . . 272
   *Ein Märchen aus Kiribati – Rettung durch List: Buariki auf Onotoa* . . . . . . . . 273

Nauru . . . . . . . . . . . . . . . . . . . . . . . . . . . . . . . . . 276

Guam . . . . . . . . . . . . . . . . . . . . . . . . . . . . . . . . . 279
   *Wie kam der Riesenleguan zu seiner Farbe? – Ein Märchen aus Guam* . . . . . . 280

Die Nördlichen Marianen . . . . . . . . . . . . . . . . . . . . . . . 281

Palau (Republik Belau) . . . . . . . . . . . . . . . . . . . . . . . . 283

Föderierte Staaten von Mikronesien (Kosrae, Pohnpei, Truk, Yap) . . . 288

Die Marshall-Inseln . . . . . . . . . . . . . . . . . . . . . . . . . . 295

**Erklärung ozeanischer Begriffe (Glossar)** . . . . . . . . . . . . . . . 299
Bibliographie . . . . . . . . . . . . . . . . . . . . . . . . . . . . . . 302

Abbildungsnachweis . . . . . . . . . . . . . . . . . . . . . . . . . . 308
Literaturnachweis . . . . . . . . . . . . . . . . . . . . . . . . . . . 309

**Praktische Reiseinformationen** . . . . . . . . . . . . . . . . . . . 313

**Register** . . . . . . . . . . . . . . . . . . . . . . . . . . . . . . . 372

# Vorwort

Der Pazifische Ozean erstreckt sich über mehr als ein Drittel der Erdoberfläche. In dieser immensen Weite liegen Tausende von Inseln verstreut, deren Landfläche nicht mehr als ein Achtel Europas ergeben würde.

Der pazifische Raum ist gekennzeichnet durch eine Vielfalt an Kulturen, gleichzeitig existieren aber auch übereinstimmende Muster und Strukturen. Das Meer ist das verbindende Element zwischen den Völkern der Südsee: Das Meer war die Straße, auf der sie einwanderten, durch die Seefahrt hielten sie den Kontakt miteinander aufrecht, und ihr Leben spielt sich in einer vom Meer beherrschten Inselwelt ab.

Angesichts der faszinierenden Kunstobjekte und der uns Europäern so traumhaft erscheinenden Landschaft kann man leicht vergessen, daß heute auch die Ozeanier in einem Alltag mit Telefaxmaschinen, Videos und Arbeitslosigkeit leben. Immer wieder wird von völkerkundlich Interessierten der Verlust der ›pazifischen Identität‹ beklagt. Dies ist eine Tatsache. Dennoch ist bei eingehender Beschäftigung mit der Kultur des Pazifiks nicht nur das Übernehmen der Lebensweise westlicher Industrienationen festzustellen; es zeigt sich auch ein Fortleben pazifischer Lebensmuster. Die Entwicklung einer neuen pazifischen Identität im Zeitalter starker Verwestlichung läuft sicherlich nicht problemlos ab. Der Besucher wird Land und Leute besser verstehen, wenn er sich die Ambiguität der Gesellschaftsstrukturen vor Augen führt. Die Darstellung der traditionellen Kulturmuster der Südsee in diesem Buch ist daher keine Bestandsaufnahme toter Fakten aus der Vergangenheit, sie hilft uns vielmehr, die Gegenwart zu begreifen, indem wir ihre Wurzeln kennen.

Der Schwerpunkt meiner Betrachtungen liegt auf den kulturellen und sozialen Kontakten zwischen Ozeaniern und Europäern, denn das Vertrautsein mit dieser Nahtstelle ist wichtig zum Verständnis der Südsee heute.

# Einleitung

110 Tage lang war der portugiesische Seefahrer Fernão de Magalhães unter spanischer Flagge im Jahre 1521 zwischen der Südspitze des amerikanischen Kontinents und den Marianen auf See, ohne auch nur ein einziges Mal auf Land zu stoßen. Seine Vorräte gingen unterwegs zur Neige. Der Ozean erwies sich als viel größer, als er ihn sich vorgestellt hatte. Die Windstille während der Durchquerung, ein in dieser Region eher seltenes Phänomen, war für die lange Reisedauer verantwortlich: Sie brachte dem Meer den trügerischen Namen ›Stiller Ozean‹ ein.

Etwa 3000 Inseln zählt Ozeanien – es scheint fast ein Wunder, daß der erste Europäer hier erst am Ende seiner Reise auf Land stieß. Die geringe Landmasse ist die Erklärung dafür: Sieht man von den beiden Inseln mit der größten Ausdehnung einmal ab – Neuguinea und Neuseeland –, so weisen alle Inseln Ozeaniens zusammengerechnet nicht mehr als 250 000 km² auf (das entspricht in etwa der Fläche der Bundesrepublik Deutschland vor der Wiedervereinigung), verteilt über eine Meeresfläche, die achtmal so groß wie Europa ist.

Auf den Atollen und hohen Vulkaninseln Ozeaniens leben ca. 2 Mio. Menschen. Die Region wird geographisch unterteilt in Melanesien (das ›Schwarzinselgebiet‹, benannt nach der dunklen Hautfarbe der Bevölkerung), Polynesien (das ›Vielinselgebiet‹) und Mikronesien (das ›Kleininselgebiet‹). In groben Zügen entspricht diese Einteilung auch den ethnologischen und kulturellen Gegebenheiten, und wir werden ihr daher bei der Anordnung der Länderkapitel folgen.

*Maske aus Vanuatu*

# Geographie

*von Achim Schnütgen und Yves Ehrhart*

## Geologische Grundlagen für die Entstehung und Entwicklung der Südsee-Inseln

Der gesamte Raum des Südpazifiks ist mit einer Vielzahl von Inseln besetzt. Die Mehrzahl von ihnen verteilt sich nicht willkürlich über die Weiten des Ozeans, sondern reiht sich in langen Ketten oder Bögen aneinander. Die Inseln lassen sich nach ihrer Entstehung drei verschiedenen Typen zuordnen. Da sind zunächst im Westen die Inseln, die auf der Landseite ozeanische Tiefseegräben begleiten und sich von Papua-Neuguinea in einem weitgespannten Bogen bis nach Neuseeland erstrecken. Zu ihnen gehören die Salomon-Inseln, Vanuatu (Neue Hebriden), die Fidschi-Inseln, die Tonga-Gruppe und die Kermadec-Gruppe. Sie wurden im Westen der Kontaktzone zweier aufeinanderprallender großer Krustenteile, sog. Platten, durch die vorherrschende Auswurfstätigkeit kegelförmiger Stratovulkane aufgebaut. Eine Ausnahme unter den Inseln des Südsee-Raumes stellt Neukaledonien dar. Im Gegensatz zu den anderen Inseln der Südsee bildet Neukaledonien eine vor etwa 40 Mio. Jahren aufgefaltete Gebirgskette und besitzt eine in der Südsee einzigartige Gesteinsvielfalt vom Erdaltertum (Paläozoikum) bis zur Neuzeit (Neozoikum). Das Land ist als kontinentaler Überrest zwischen den Tonga-Inseln und Australien gelegen. Aus dem sich im Osten anschließenden Raum des Innerpazifiks ragt eine Vielzahl kleinerer Inseln, meist perlschnurartig in Südost-/Nordwest-Richtung aneinandergereiht, aus den nahezu unermeßlichen Weiten des Ozeans hervor.

☐ **Die Inseln in der Zone des Plattenkontakts (Subduktionszone)**
In der Umgebung dieser Inseln läuft ein gewaltiger Prozeß in den tieferen Stockwerken der Erdkruste bis zum Erdmantel ab. Es treffen hier zwei in gegensätzlicher Bewegung befindliche Krustenteile (Platten) aufeinander. Dabei schiebt sich ein Teil der fast den gesamten pazifischen Raum einnehmenden Pazifischen Platte unter die Australische Platte und dringt bis in eine Tiefe von 700–900 km vor, um dort aufzuschmelzen. An der Oberfläche sind durch das Abtauchen in die Tiefe (Subduktion) die langgestreckten Tiefseegräben entstanden. Diese Plattenbewegung läuft mit einer für Erdkrustenbewegungen beträchtlichen Geschwindigkeit von etwa 10 cm/Jahr ab. Das bedeutet, daß auf der etwa 2500 km langen Strecke des bis zu 10 882 m tiefen Tonga- und Kermadec-Grabens alljährlich rund 250 000 m² der Pazifischen Platte in der Tiefe verschwinden. Während dieser Plattenbewegung bauen sich in der Kontaktzone Spannungen auf, da die Platten nicht kontinuierlich aneinander vorbeigleiten, sondern sich auch ineinander

# GEOGRAPHIE: ENTSTEHUNG UND ENTWICKLUNG DER INSELN

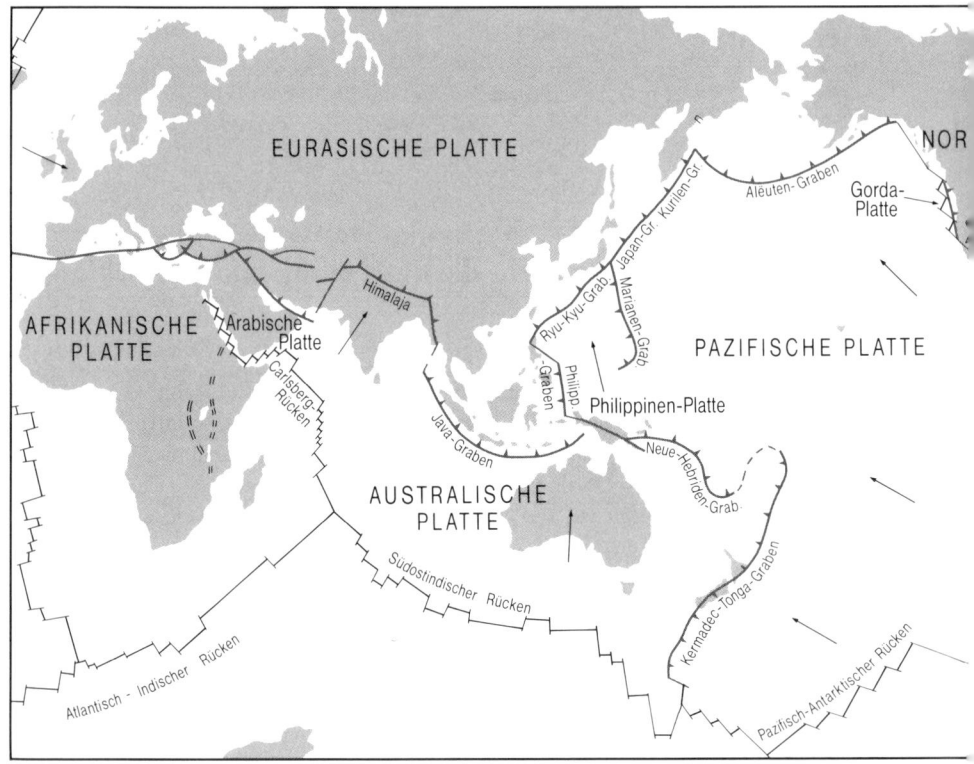

›verhaken‹, sich verbiegen und einschmelzen. Dies sind die Ursachen von starken Erdbeben, deren Herde bis in eine Tiefe von 700 km nachgewiesen wurden: Ist die Grenze der Elastizität der unter den Spannungen stehenden Erdkrustenteile erreicht, dann brechen sie, setzen ruckartig die unter den Spannungen gespeicherte Energie frei und lassen dabei die Erde erbeben. Die Bebenzentren befinden sich meistens in einer Tiefe von 100–300 km, denn von den Tiefsee-Gräben (Tonga-Kermadec-Graben, Salomon- und Neuhebriden-Graben) zieht die pazifische Platte mit einem Winkel von 45° steil in die Tiefe. Beim Abgleiten entstehen in der darüber befindlichen Erdkruste Schwächezonen und Brüche, die dann von den Schmelzmassen in der Tiefe als Aufstiegsbahnen genutzt werden, so daß der Prozeß der Subduktion in der randlichen Kontaktzone zugleich auch von einer intensiven vulkanischen Tätigkeit begleitet wird. Dieser Vulkanismus ist sehr explosiv, was sich in der Menge des Auswurfmaterials von über 90% äußert. Die Inseln in dieser mit Tiefseegräben verbundenen Zone, die Salomon-Inseln, Vanuatu, die Fidschi-Inseln und die Tonga-Gruppe, sind Bestandteile des ›zirkumpazifischen Vulkangürtels‹, wo sich 62% aller tätigen Vulkane der Erde befinden.

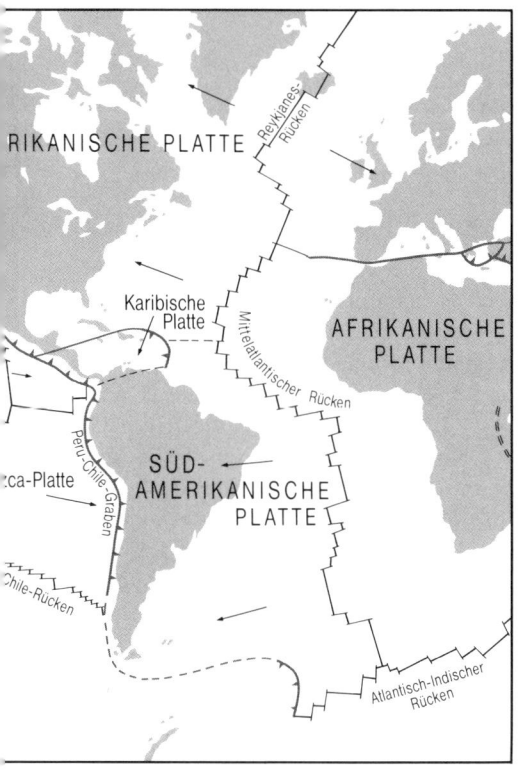

*Die Plattentektonik der Erde*

*Rückenachsen (Rifts)*
*Subduktionszonen*
*Richtung der Plattenbewegung*

☐ **Vulkaninseln des Innerpazifiks oder die ›Heißen Flecken‹** *(hot spots)* **in der Pazifischen Platte**

Hot Spots sind nahezu feststehende Quellen tief im Erdmantel mit einer hohen Magmenförderung, über die sich die Pazifische Platte mit einer Geschwindigkeit von etwa 1 cm/Jahr hinwegbewegt. Im Laufe der Zeit entstehen somit immer neue Förderpunkte, an deren Lage eine Rekonstruktion der Bewegungsrichtung und der Geschwindigkeit möglich ist. Die Wanderung der Pazifischen Platte über einen Hot Spot hinweg läßt sich besonders gut an den Hawaii-Inseln beobachten, wo das Alter der Inseln von Hawaii ausgehend mit den noch aktiven Schildvulkanen Mauna Loa und Kilauea nach Nordwesten zur 5 Mio. Jahre alten Insel Kauai zunimmt. Darüberhinaus läßt sich am ›Fall Hawaii‹ auch die Bewegungsrichtung bis zu den 3500 km entfernten Inseln der Imperator-Gruppe ablesen.

☐ **Entstehung einer Insel mit Korallenriff**

Die Basis der Inseln im inneren Pazifik befindet sich in einer Tiefe von rund 4000–5000 m unter dem Meeresspiegel (Durchschnittstiefe des Pazifischen Ozeans: ca. 4000 m) auf dem

## GEOGRAPHIE: ENTSTEHUNG UND ENTWICKLUNG DER INSELN

Tiefseeboden. Im innerpazifischen Raum hat die Platte im zentralen Teil des submarinen, über 10 000 km langen ostpazifischen Rückens ein Alter von 0 Jahren. Ausgehend von dieser Zone der Plattenbildung erreicht die Pazifische Platte bis zur westlichen Plattengrenze an den beschriebenen Tiefseegräben ein Alter von 65 Mio. Jahren. Setzt man die Entfernung zwischen dem Entstehungsort der Platte und der Subduktion der Platte am Tonga-Graben (etwa 7000 km) in ein Verhältnis zum Alter der Platte im Westen, dann erhält man erstaunlicherweise eine Geschwindigkeit von etwa 10 cm/Jahr.

Bevor die werdende Insel die Meeresoberfläche erreichte, mußte durch die vulkanische Tätigkeit eine mehrere 1000 m mächtige Basis aufgebaut werden. Diese submarine Tätigkeit der Vulkane lief und läuft praktisch unbemerkt in der Tiefe mit einem besonderen Fördermechanismus ab. Denn unter dem Druck von einigen Hundert Atmosphären (pro 10 m Wassersäule 1 Atmosphäre) der auflastenden Wassermassen kommt es während des Ausbruchs beim Kontakt der über 1000 °C heißen Schmelzen mit dem Wasser nicht zu Dampfexplosionen, wie es nahe der Wasseroberfläche zu erwarten wäre, sondern das Magma quillt wulstartig aus dem Förderkanal und baut einen submarinen Vulkan aus sog. Kissen- oder Pillowlava auf. Erst wenn sich der Gipfel des untermeerischen Vulkans der Wasseroberfläche genähert hat, kann sich der beim Kontakt der Schmelzen mit dem Wasser entstehende Wasserdampf freisetzen, und es kommt zu gewaltigen Explosionen mit der Förderung von glashaltigen Aschen. Die Explosivität läßt erst dann nach, wenn die entstandene Insel über dem Meer emporragt und kein Kontakt der aufdringenden Schmelzen mehr zum Meerwasser besteht.

Sobald die vulkanische Aktivität nachläßt und wenn es die marine Umgebung erlaubt, beginnt das Wachstum der Korallen, die im Laufe der Zeit ein Saumriff bilden. Für die Existenz und das Wachstum der millimetergroßen Korallenpolypen, deren Kalksteinbehausungen nach ihrem Tod nach und nach das Riff aufbauen, darf die Wassertemperatur nicht niedriger als 20 °C und nicht höher als 36 °C sein. Kalte Meeresströmungen be- oder verhindern die Entstehung von Riffen. Die Korallen können zugleich nur in klarem Meerwasser mit einem Salzgehalt von 33–37‰ existieren. Daher sind Korallenriffe in der Nähe von Flußmündungen, wo viel trübende Sedimentfracht in das Meer gelangt und durch das Süßwasser der Salzgehalt gesenkt wird, nicht anzutreffen. Sie existieren auch nicht an Küstenbereichen, wo Kliffs steil ins Meer abfallen; denn die Korallentierchen siedeln sich nur in den helleren, vom Licht durchfluteten Teilen des Meeres an. Ihr Lebensraum erstreckt sich daher bestenfalls bis zu einer Tiefe von 50 m.

Das Aufwachsen der Korallenriffe vollzieht sich mit etwa 10 bis 25 mm/Jahr recht langsam. Wenn eine Insel so langsam absinkt, daß das Wachstum der Korallenriffe Schritt halten kann, können die von ihnen aufgebauten Schichten eine Mächtigkeit von über 1000 m erreichen. So wurde im Jahr 1950 auf dem durch die Atombombenversuche bekannten Eniwetok-Atoll (Marshall-Inseln) eine Bohrung niedergebracht, die nach der Durchteufung von 1256 m Korallenkalken erst auf vulkanisches Gestein stieß.

Die Entstehung der Riffe ist durch den festumgrenzten Lebensbereich der Korallen nun besonderen Bedingungen unterworfen. Die Existenz von ehemaligen Korallenriffen in mehr als 1000 m Tiefe setzt Prozesse voraus, deren Wirken lange Zeit umstritten gewesen ist.

Man kann davon ausgehen, daß die bereits vor 150 Jahren von dem berühmten, noch nicht einmal 30jährigen Naturforscher Charles Darwin geäußerte grundlegende und sicherlich nach dem damaligen Stand der Geowissenschaften geniale Ansicht, daß die Inseln langsam absinken, der Wahrheit am nächsten kommt.

Daß aber auch die Hebung der Inseln, bedingt durch Prozesse der Plattentektonik, die Ausbildung von Korallenriffs oder gar die Entstehung von Koralleninseln bedingt, ist an der Subduktionszone des Tonga-Grabens belegt. Die Korallenriffs auf den unmittelbar westlich an den Tonga-Graben angrenzenden Koralleninseln des Tonga-Rückens lassen bis zu drei Hebungsphasen durch die Ausbildung von Strandterrassen in Höhen bis zu 60 m erkennen. Am eindrucksvollsten ist die Terrassierung der Korallenbänke auf der im Norden der Tonga-Inseln gelegenen Vava'u-Gruppe.

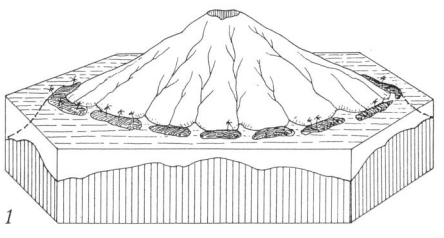

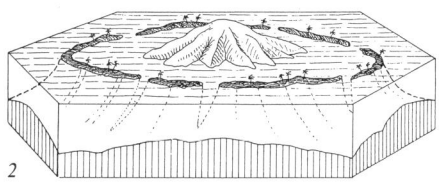

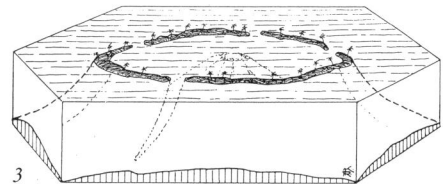

*Die Verwandlung von Korallensaumriffen (1) in Wallriffe (2) und ein Atoll (3) nach Darwins Theorie über das Absinken von Inseln und des Meeresbodens*

In Abhängigkeit von den oben beschriebenen Bedingungen der Riffbildung müssen nun verschiedene Riff- und damit auch Inseltypen unterschieden werden: Sobald ein Inselvulkan seine Tätigkeit eingestellt hat, beginnen die Korallen damit, in Küstennähe ein Saum- oder Strandriff aufzubauen. Mit einem weiteren Absinken der Vulkaninsel halten die Korallentierchen Schritt, indem sie durch das Höherwachsen auf den abgestorbenen Korallenstöcken ihre Riffe ständig im lichtdurchfluteten Wasser halten. Mit der Zeit entsteht zwischen dem entstehenden Wall- oder Barriere-Riff ein Riffkanal (Lagune). Verschwindet durch weiteres Absinken die Insel, bleibt schließlich nur das Wallriff als Atoll übrig, das eine Lagune mit seichtem Wasser umschließt. Sollte die Absenkungsrate die des Korallenwachstums übertreffen, verschwindet die Insel im Meer, und es bleibt schließlich nur noch eine untermeerische Kuppe übrig. Somit können im zentralen Pazifik und ganz besonders in Französisch-Polynesien folgende Entwicklungsstadien der Riffe und der Vulkaninseln unterschieden werden:

**Ausbildung eines jungen Vulkans mit einem nur gering ausgeprägten Saumriff:** Voraussetzung ist, daß die Küsten nicht zu steil ins Meer abfallen. Beispiel: Marquesas-Inseln, Hawaii.

## GEOGRAPHIE: ENTSTEHUNG UND ENTWICKLUNG DER INSELN

**Inseln mit der Ausbildung eines Saum- oder Strandriffs (›Hohe Saumriffinseln‹):** Soweit die Riffe nicht von Flußmündungen unterbrochen werden, begleiten sie zusammenhängend und unmittelbar die Küsten. Ihre Breite erstreckt sich von nur wenigen Metern bis zu über einem Kilometer. Das lebende Riff beschränkt sich mit seewärtiger Wachstumsrichtung auf den äußeren Randstreifen und fällt dort steil, manchmal auch senkrecht, in große Tiefen ab. Landwärts schließt sich eine schmale, ständig vom Wasser bedeckte Zone an. Beispiel: Tahiti.

**Inseln mit Damm-, Wall- oder Barriereriffen als Folgeerscheinung des Absinkens und der Abtragung:** Die Riffteile mit den Korallenkolonien haben sich von der hohen Insel entfernt. Eine Seichtwasserzone oder Lagune breitet sich zwischen Riff und Insel aus. Dabei umschließt das breite Wallriff die Insel wie ein natürlicher Damm, der nur durch tiefere Einbuchtungen oder Mündungsgebiete größerer fließender Gewässer unterbrochen ist. Die Tiefe der Lagunen zwischen Küste und Riff beträgt zwischen 1 m und 40 m. Auf ihrem Boden sammeln sich Korallensand und -schutt an. Stellenweise kann unmittelbar an der Insel ein neues Saumriff entstehen. Beispiel: Bora-Bora, die Inseln Tahaa und Raiatea (Französisch-Polynesien), die ein gemeinsamer Damm von Korallenriffen umgibt. Eines der großartigsten Beispiele für ein Dammriff in der Nähe einer Insel ist außer dem Großen Barriereriff vor Australien das Riff an der Westküste Neukaledoniens mit einer Länge von 640 km und einer Entfernung von der Insel von 15–40 km.

**Bildung eines Atolls nach dem Verschwinden der hohen Insel:** Charles Darwin beschrieb die Atolle treffend als »leuchtend-weiße Grabsteine an den Stätten toter, versunkener Vulkane«. Die Atolle oder Lagunenriffe sind gewöhnlich nur wenige Meter hohe, mit tropischer Vegetation bestandene Inseln, die ringförmig eine Lagune umschließen. Dabei unterbrechen meistens Durchflußrinnen an mehreren Stellen das eigentliche, kaum mehr als 1,3 km breite Dammriff. Selten kommt ein Atoll als geschlossener Ring vor. In der mit ruhigem Wasser bedeckten Lagune wurden Maximaltiefen von 150 m ermittelt. Der Durchmesser der etwa 300 im Pazifik vorkommenden Atolle beträgt meistens einige Kilometer. Das größte von ihnen, das Kwajalein-Atoll der Marshall-Inseln, umschließt eine Fläche von 2500 km².

Die Bildung von Atollen kann verschiedene Ursachen haben. Sie kann durch das ständige, allmähliche Absinken der Inseln und des Meeresbodens verbunden mit dem Nachwachsen der Riffe erklärt werden. Andererseits kann auch die Bildung eines Atolls durch einen positiven Meeresspiegelanstieg erklärt werden, dem dann das Korallenwachstum folgte. Beispiel: Die Tuamotu-Gruppe mit Rangiroa (Französisch-Polynesien). Ein besonders typisches Atollgebiet ist ganz Mikronesien.

**Gehobene Koralleninseln:** In dieser Gruppe sollen die Korallen-Inseln des zentralen Pazifiks zusammengefaßt werden, die aufgrund des Auftretens einer ›Makatea‹ (herausgehobene alte Riffteile mit Karsterscheinungen) den Hinweis geben, daß sie erst in geologisch jüngerer Zeit in eine Position über dem Meeresspiegel gelangten. Die Hebungsbeträge beschränken sich auf wenige Dekameter, wobei keine unterschiedlichen Hebungsphasen in Form von Terrassen in Erscheinung treten. Beispiel: Südgruppe der Cook-Inseln, Nauru.

# Der natürliche Rahmen

☐ **Böden und Bodenbildung**

Bodenbildung und -güte hängen auf den pazifischen Inseln in besonderer Weise von den Faktoren Ausgangsgestein, Klima, Relief und natürliche Vegetation ab.

Von besonderer Bedeutung für die Fruchtbarkeit der Böden sind die vulkanischen Auswurfsprodukte. Palagonittuff- und Aschenlagen liefern auf den Koralleninseln einen fruchtbaren Boden, was wegen des Nährstoffmangels der Kalksteine ungewöhnlich ist. Die vulkanischen Lockerprodukte verwittern unter den tropisch feuchten bis wechselfeuchten Klimabedingungen der Südsee besonders schnell zu nährstoffreichen Böden. Soweit es die Hangneigung erlaubt, können sie intensiv landwirtschaftlich genutzt werden.

Gerade westlich der Andesitlinie (Tonga-, Loyalitäts-Inseln) bewirken die in der Zeit vor 20 000 bis 10 000 Jahren, aber auch noch in geschichtlicher Zeit auf die bereits existierenden Koralleninseln mit Makatea niedergefallenen nährstoffhaltigen vulkanischen Aschen eine Verbesserung der Bodenqualität. Die Bildung der auf vulkanischen Lockermassen entwickelten, z.T. über 10 m mächtigen dunkelbraunen Lehme (z.B. Lifou und Maré in Neukaledonien sowie Tongatapu) setzte in den Tropen im ausgehenden Eiszeitalter bis vor etwa 10 000 Jahren ein. Diese Aschenböden sind im Oberboden von sehr lockerer Beschaffenheit und lassen sich daher leicht bearbeiten. Da sie außerdem wegen ihres porenreichen Gefüges das Wasser sehr gut speichern und zurückhalten sowie in kontinuierlicher Weise Nährstoffe nachliefern, gelten sie als günstige Pflanzenstandorte und können, soweit es die Hangneigung erlaubt, intensiv genutzt werden. An steilen Hängen ist trotz dieser günstigen Situation die Bodendecke wegen der Abtragung nur dünn.

Weniger gut eignet sich für die Nutzung das Gebiet des Makatea, wenn die Aschebedeckung fehlt. Wegen der bizarren und scharfen Lösungsformen des ehemaligen Riffs kann eine Bearbeitung des Bodens in größerem Maßstab nicht vorgenommen werden. Daher sind solche Inselteile nur von einem mehr oder weniger spärlichen Wald bestanden. Auch die vornehmlich auf den Atollen angesiedelten Böden verwitterter oder in Auflösung begriffener Korallenriffe sind sehr arm an Nährstoffen und besitzen wegen der starken Zerklüftung des kalkigen Untergrundes eine geringe Wasserhaltefähigkeit. Das Grundwasser baut sich aus zwei Schichten auf. Wegen der geringeren Dichte legt sich das leichtere Süßwasser auf das Salzwasser, das durch den klüftigen und porösen Kalkstein in der Tiefe seinen Weg in den Untergrund der Insel gefunden hat. Aufgrund des Süßwassers im Boden kann die Kokospalme gut gedeihen. Zur Anlage einer Pflanzung werden Gruben gegraben, die bis zum Grundwasserspiegel hinabreichen. Nachdem sie die Löcher mit organischer Substanz zwecks Humusbildung angereichert haben, pflanzen die Inselbewohner Taro und andere Nahrungsmittel.

Ein interessanter Sonderfall für die pflanzliche Besiedlung ist der heterogene Gesteinsaufbau Neukaledoniens mit den daraus entstandenen Bodentypen. Unter Einwirkung des tropischen Vorzeitenklimas verwitterten die ultrabasischen Gesteine (Peridotit) zu roten eisen- und aluminiumreichen Böden, denen es an den wichtigen Pflanzennährstoffen Phosphor, Kalium und Kalzium mangelt und die über außerordentlich hohe Anteile des lebensnotwendigen

## BÖDEN- UND BODENBILDUNG

*Landschaft bei Bourail in Neukaledonien*

Mikroelements Mangan, des für die Pflanzen in dieser Konzentration (50 mal höher als normal) schädlichen Chroms und des in sehr geringen Mengen auf Pflanzen günstig wirkenden Nickels verfügen. Davon sind allerdings seine Konzentrationen weit entfernt, denn sie erreichen in den Böden auf den ultrabasischen Gesteinen das Tausendfache und sind daher schädlich. Die ungewöhnlich hohen Anteile zwangen die Flora, sich diesen besonderen Bodenbedingungen anzupassen, was erstaunlicherweise die Entwicklung einer großen Artenvielfalt (doppelt so viele Arten wie auf den Fidschi-Inseln oder in Neuseeland) zur Folge hatte.

Die ausschließlich chemische und über eine lange Zeit wirkende Verwitterung sowie die Abtragung schufen eine Landschaft mit steil ansteigenden Hügeln und flach auslaufenden Hangflächen. Man kann sie leicht von den Gebieten der Insel unterscheiden, in denen Schiefer aus dem Tertiär anstehen. Diese setzen sich in einer hügeligen Baumsavanne mit dem Nationalbaum Neukaledoniens, dem gegen Feuer widerstandsfähigen Niaouli *(Melaleuca quinquenervia)*, nach Westen fort. Die große Vielfalt der Umweltbedingungen (Gesteinsuntergrund, Boden,

Klima etc.) wirkte sich in starkem Maße auf die Flora aus. Die Anpassung an die in den Böden in ungewöhnlich hoher Konzentration auftretenden und damit schädlichen Elemente hatte zur Folge, daß in Neukaledonien der Anteil an endemischen Pflanzen zu den höchsten der Welt gehört. Die Spezialisierung der Pflanzen auf die in kleinen Lebensräumen herrschenden unterschiedlichen Lebensbedingungen ist so ausgeprägt, daß sich die Vegetation in jedem ultrabasischen Gebirgsstock extra entwickelt hat und damit eine auf ihn angepaßte Pflanzenwelt aufweist. Zahlreiche Arten warten noch auf ihre Entdeckung und Benennung. In der weiteren Umgebung sind nur die Floren von Australien oder Papua-Neuguinea ähnlich artenreich. Unabhängig von den durch das Gestein und den Boden bedingten Einflüssen ist auf Neukaledonien die Artenvielfalt auch durch das Klima bedingt, denn ein hoher Feuchtigkeitskontrast zwischen der Luvseite im Osten mit 3000 mm Jahresniederschlag und der trockeneren Leeseite mit 1000 mm der bis zu 1650 m hohen Insel verlangt außerdem eine Anpassung an die klimatischen Verhältnisse.

## ☐ Die Vegetation der innerpazifischen (polynesischen) Inseln

Eine Isolierung über größere Strecken behindert einen Artenaustausch, wovon gerade die kleineren Inseln des innerpazifischen Raumes betroffen sind. Homogenität in den Klima- und Bodenbedingungen sowie ihre geringe Größe führen schließlich auf einem großen Teil dieser Inseln zu einer über weite Räume gleichartigen Pflanzengesellschaft. Das geringe Alter der innerpazifischen Inseln – nach absoluten Datierungen sind die ältesten vor etwa 3 Mio. Jahren entstanden – verhindert zusammen mit den anderen Umweltfaktoren die Ausbildung einer weitgefächerten Pflanzenwelt.

Daher ist die Flora im gesamten Südseeraum relativ artenarm, wenn man einmal von größeren Inseln wie beispielsweise den in den wechselfeuchten Tropen gelegenen Fidschi-Inseln Viti Levu (mit 10 384 km² die größte) und Vanua Levu absieht. Sie werden von Gesteinen aufgebaut, die im Fall von Viti Levu etwa 40 Mio. Jahre alt sind, was bedeutet, daß die Insel ein ähnliches Alter haben muß. Damit war für die Pflanzen genügend Zeit zur Diversifizierung und Differenzierung gegeben. Zu einem größeren Artenreichtum haben sicherlich auch die ausgeprägten trockenen und feuchten Zonen dieser Inseln beigetragen. Der trockene Nordwesten ist mit Gras bestanden, Wald bedeckt den Südosten.

Auch die geringere Entfernung zwischen den Inseln westlich der Andesitlinie begünstigt einen Austausch und erhöht damit zusammen mit verschiedenartigen Bodenbedingungen die Möglichkeiten zur Entwicklung einer größeren Artenvielfalt.

Eine entscheidende Ursache für eine stärkere Differenzierung der Pflanzenwelt ist die Veränderung der Temperaturbedingungen mit zunehmender Höhe. Sie ist am auffälligsten auf der 10 458 km² großen Insel Hawaii mit dem bis auf 4207 m aufragenden Mauna Kea. Hawaii ist die einzige Insel des Südseeraums, die sich über die Waldgrenze (3000 m NN) erhebt. Eine größere Pflanzenvielfalt ist auch bereits auf der bis 2200 m hohen Vulkaninsel Tahiti festzustellen. Im Vergleich zur Pflanzenwelt der Atolle mit nur wenigen Dutzend verschiedener Pflanzenarten im gesamten Bereich Polynesiens und Mikronesiens ist die Pflanzenwelt auf den Hohen Inseln abwechslungsreicher; dort existieren sogar einzelne endemische Arten.

FAUNA

Der Einfluß des Menschen auf die Zusammensetzung der Pflanzenwelt war bedeutend. Er brachte die meisten landwirtschaftlichen Nutzpflanzen und Zierpflanzen mit, die es ihm erst ermöglichten, überhaupt auf diesen Inseln zu leben. Die eingeführte Flora hat auf den Inseln überhand genommen, da sie im Vergleich zu den an Konkurrenz nicht gewöhnten einheimischen Pflanzen ein größeres Durchsetzungsvermögen zeigte (viele Lianen, Sträucher und Gräser gehören zu dieser Gruppe).

## ☐ Die Fauna

Die **Landfauna** der Südsee besteht hauptsächlich aus Vögeln. Sie spielen bei der Verbreitung von Samen eine Rolle und prägen durch die Ablagerungen ihres phosphathaltigen Kots das Gesicht mancher Insel. Dieser häufte sich zu Phosphatlagerstätten (Guano) an und sorgte auf einzelnen Inseln für einen manchmal beträchtlichen, aber kurzlebigen Wohlstand. Bekanntestes Beispiel ist Nauru, eine isolierte Insel im zentralen Pazifik zwischen den Salomon-Inseln und Kiribati mit Reserven von etwa 40 Mio. Tonnen Guano. Zwischen den Korallenstöcken bedeckt eine Schicht dieses hochwertigen Düngers mit einer Mächtigkeit bis zu 10 m den Untergrund. Dank des Abbaus erfreuen sich die 8200 Einwohner dieses kleinen Inselstaates des höchsten Pro-Kopf-Einkommens in der Südsee.

Die Vogelwelt besteht hauptsächlich aus Seevögeln. Weit verbreitet ist der Fregattvogel, aber auch Albatrosse, Tölpel, Seeschwalben, Sturmvögel, Möwen, Sturmtaucher und Kormorane können die Küstenregion bevölkern. Zu ihnen gesellen sich zuweilen Zugvögel wie Regenpfeifer, Enten und Brachvögel. Auf größeren Inseln sind aber auch Landvögel heimisch, z.B. Papageien, Kakadus, Tauben, Paradiesvögel, Tokos, Königsfischer. In Französisch-Polynesien trifft man etwa 50 Vogelarten an. Einige der Landvogelarten sind endemisch.

*Tavake*

*Koputu (Sturmvogel)*

*Fregattvogel*

*Fledermaus*

*Kukupa (Cook-Inseln)*

*Molukkenamsel*

# FAUNA

Heute ist die ›Molukkenamsel‹ auf manchen Inseln der am meisten verbreitete Vogel. Sie wurde von den Europäern zur Bekämpfung der Kokospalmen-Schädlinge eingeführt. Unglücklicherweise hat sie sich sehr stark vermehrt und die einheimischen Arten in das Inselinnere zurückgedrängt. Damit besteht besonders auf kleinen Inseln ein nicht zu unterschätzendes Risiko, daß einzelne, ihrem Konkurrenzdruck nicht gewachsene Vogelarten aussterben.

Die Säugetiere sind nur durch die Fledermäuse vertreten, die in eindrucksvollen Populationen zusammenleben können. Sie ernähren sich hauptsächlich von Früchten. Schlangen leben auf Samoa, den Fidschi-Inseln und den Salomon-Inseln.

Die ersten Polynesier haben vor allem die Ratte und das Schwein mitgebracht, die anderen Säugetiere wurden erst im 18. und 19. Jh. von den Europäern eingeführt. Seit dieser Zeit leben wohl auch die Mangusten (graue Schleichkatzen) auf den Fidschi-Inseln, die zur Bekämpfung der Ratten und Schlangen aus Indien mitgebracht wurden.

**Die Meeresfauna** ist außerordentlich artenreich und farbenprächtig. Sie stellt einen der besonderen Reize des Pazifiks dar. Zwischen den einzelnen Inseln herrschen jedoch starke Unterschiede: Je nach Temperatur und Meeresströmungen verhält sich die Planktonproduktion verschieden. Aber nicht allein die Wasserqualität und -temperatur, sondern auch die Größe einer Lagune beeinflußt die Vielfalt und Anzahl von Fischen und Schalentieren.

Die Meeresfauna nimmt in der Wirtschaft der Inseln einen wichtigen Platz ein: durch die Fischereirechte, durch direkte Einkünfte aus dem Fischfang und durch die Zucht von schwarzen Perlen (Französisch-Polynesien, Cook-Inseln, s. S. 249).

Der Fischfang dient im wesentlichen zur Deckung des eigenen Bedarfs. Für die Weiterverarbeitung und den Verkauf hat nur der Thunfisch eine Bedeutung.

*Ngara – polynesischer Gecko*

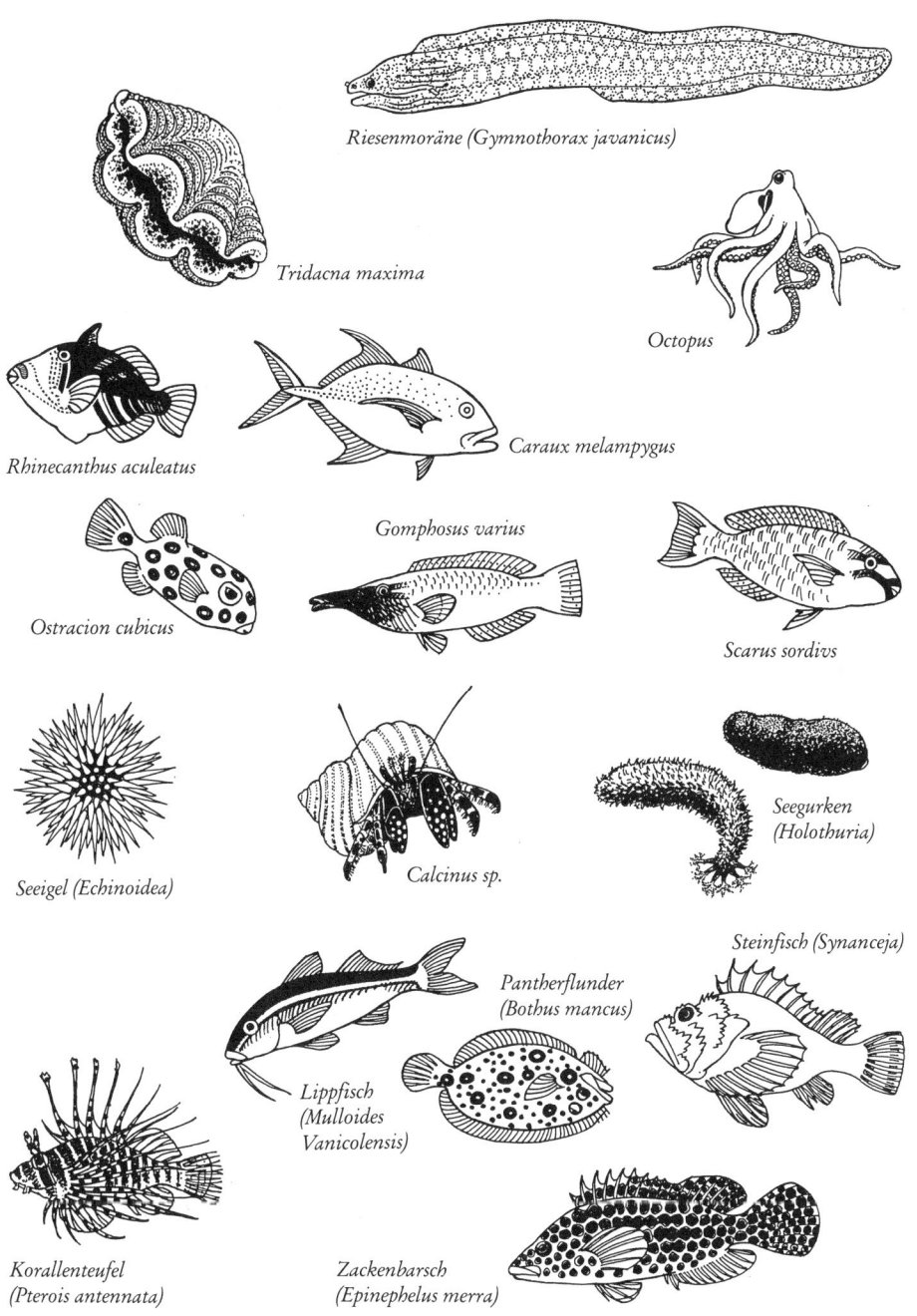

KLIMA

☐ **Das Klima**

Da die meisten Inseln in den Inneren Tropen liegen, sind unter der ausgleichenden Wirkung des Meeres die Jahresschwankungen der Temperaturen mit 1–5 °C äußerst gering. Die Tagestemperaturen sinken nicht unter 18 °C ab. Der Jahresgang der Niederschläge wird von den Passatwinden bestimmt, so daß die meisten Niederschläge etwa zwischen den Monaten November und April auf den Inseln südlich des Äquators fallen. Die nördlichen Inseln erhalten in den Monaten Juli bis Oktober den meisten Niederschlag. Beeinflußt wird die Niederschlagsmenge vom Relief der Inseln. So kann in den Inneren Tropen der Jahresniederschlag Werte von einigen Metern erreichen, wenn gebirgige Inseln quer zu den regenbringenden Winden verlaufen und damit auf der Luvseite eine Stauwirkung der Wolken hervorrufen und ein Abregnen erzwingen. Auf der Leeseite herrscht dann Trockenheit, was sich auch in der entsprechenden Vegetation bemerkbar macht (z. B. Neukaledonien, Fidschi-Inseln). Die Verhältnisse auf den Atollen sind mit einem Jahresniederschlag von 1200–1400 mm wesentlich trockener.

Da die meisten Inseln der Südsee mit Ausnahme der Austral- und Gambier-Inseln (Französisch-Polynesien) sowie der Osterinseln zwischen den Wendekreisen liegen, befinden sie sich zu einem sehr großen Teil im Wirbelsturmgürtel, denn in den Tropen ist nur die Äquatorialzone zwischen 5 °N und 5 °S wirbelsturmfrei.

Die Wirbelstürme oder tropischen Hurrikane (im westpazifischen Raum Taifune) sind an das Meeresgebiet gebunden und treten manchmal mehrmals im Jahr auf. Sie verdanken ihre Ent-

### Jahresdurchschnittstemperaturen und Jahresniederschläge auf den Inseln der Südsee

| Inselgruppe | Jahresdurch-schnittstemperatur | Jahresniederschlag (mm) |
| --- | --- | --- |
| Fidschi-Inseln | 25 °C | 5000 im Südosten |
| | | 1700–2000 im Nordwesten |
| Französisch-Polynesien | 26 °C | 2000–5000 auf den hohen Inseln |
| | | 1200–1400 auf den Atollen |
| Mikronesien | 28 °C | 2500 |
| Nauru | 27,5 °C | 2000 |
| Neukaledonien | 22,5 °C | 3000 im Osten, bis 1000 im Westen |
| Salomon-Inseln | 27 °C | 3500 |
| Samoa | 26 °C | 3000 |
| Tonga | 21 °C S, 25 °C N | 1500–2500 |
| Tuvalu | 27 °C | 3000 |
| Vanuatu | 26 °C | 2200 auf den südlichen Inseln, |
| | | 3800 auf den nördlichen Inseln |

*Nach dem Taifun in Pohnpei, Mikronesien*

stehung der aufsteigenden Wärme und dem bei starker Verdunstung an die Atmosphäre abgegebenen Wasserdampf. Die Stürme nehmen ihren Anfang in einer Mulde des Luftdruckes zwischen zwei entgegengesetzten Strömungen, so z. B. am Rand des Kalmengürtels zwischen den beiden Passaten. Dabei bildet sich der Wirbelsturm um eine leichtere Masse von geringerem Luftdruck als die Umgebung. Die schwerere warme mit Feuchtigkeit angereicherte Luft strömt in Meereshöhe nach innen und wird durch die Erddrehung auf der Südhalbkugel im Uhrzeigersinn abgelenkt. Es entsteht also eine Zone niedrigen Luftdrucks über dem Ozean. Die Luft steigt im Kern auf. Dabei kondensiert der Wasserdampf in der aufsteigenden Warmluftsäule zu Regen und Wolken unter Freisetzung von Wärme, die die Aufwärtsbewegung der Luft noch mehr beschleunigt. In jeder Sekunde kann ein Wirbelsturm der Luft 250 000 m² oder rund 20 Kubikkilometer Wasser pro Tag entziehen. Während des sich beschleunigenden Aufstiegs der Luft strömt neue Luft mit zunehmender Geschwindigkeit auf das Zentrum zu. Dabei werden die höchsten Windgeschwindigkeiten erreicht, die bis zu 300 km/Stunde betragen können. Im Zentrum befindet sich das windstille Auge mit einem Durchmesser von einigen Kilometern.

Tropische Wirbelstürme gehören zusammen mit explosiven Vulkanausbrüchen und Erdbeben zu den Naturereignissen mit den größten katastrophalen Wirkungen. Die Inseln im melanesischen Raum sind besonders von den Zyklonen betroffen. Die wolkenbruchartigen Niederschläge können Überschwemmungen und an steilen Hängen der hohen Inseln Erdrutsche mit verheerenden Folgen hervorrufen. Die Wirbelstürme zerstören in manchen Fällen den gesamten Waldbestand einer Insel sowie angebaute Kulturen. Dabei bleiben auch Kokosplantagen nicht verschont. Eine große Gefahr geht für die flachen Inseln von der vom Sturm aufgewühlten See aus. Bis zu 15 m hohe Wellen können die Infrastruktur einer ganzen Insel zerstören und ihre Küsten verändern. Die aufgewehte salzige Gischt wird selbst bei größeren Inseln kilometerweit ins Land getragen und führt bei den Pflanzen zu Verbrennungen. Wenn nicht gleich danach ein Regen die Blätter abwäscht, können viele Pflanzenkulturen vernichtet werden.

Die Bahnen der Wirbelstürme führen vom Äquator weg nach Südwesten (Melanesien) oder Nordwesten (Mikronesien). In den kühleren Breiten verlieren sie ihre zerstörerische Kraft. Am häufigsten treten die Wirbelstürme im Nordwestpazifik auf. In der südlichen Hemisphäre sind sie weniger häufig. Am meisten sind hier Vanuatu, Neukaledonien, Fidschi und Samoa betroffen. Nach Osten nimmt ihre Häufigkeit ab.

In unregelmäßigen Abständen von 2–10 Jahren wird der gesamte tropische pazifische Raum, aber insbesondere das Küstengebiet Südamerikas in der Höhe von Peru von einer anomalen Erwärmung des Meereswassers um mehr als 3 °C über den Durchschnittswerten heimgesucht, die dort zu einer ökologischen Katastrophe mit dem Ausfall ganzer Populationen führen kann. Die Ursachen für dieses als ›El Niño‹ bekannte Phänomen sind noch weitgehend unbekannt. Es wurde aber festgestellt, daß ein außergewöhnlich kräftiger Südost-Passatwind warme Wassermassen im Westpazifik aufstaut. Nach dem Abflauen des Passates während des Südsommers (um die Weihnachtszeit, daher die Benennung nach dem Christkind ›El Niño‹) drängen die im Westen aufgelaufenen warmen Wassermassen in Form eines ›Badewanneneffektes‹ in Richtung Osten und führen zu einer Erwärmung des kühlen und nahrungsreichen Oberflächen- und Auftriebswassers im Bereich des Humboldtstroms. Im Jahre 1982 erhöhte sich die Wassertemperatur um etwa 10 °C auf 29–31 °C. Das für die Nahrungskette wichtige Kaltwasser-Plankton starb ab, was für die von ihm lebenden Meerestiere und damit auch die darübergeordneten Tiere den Tod zur Folge hatte. Unter den Guanovögeln und Seelöwen setzte ein Massensterben ein. Mit dem Niño gingen sintflutartige Regenfälle in Peru und Ecuador einher und führten zu einem starken Sedimenteintrag ins Meer. Dies zog die Vernichtung von Muschelbänken nach sich. 1991/92 brachte ein erneuter El-Niño-Effekt vielen Inseln im Südpazifik ausgeprägte Trockenzeiten und eine erhöhte Anzahl von Wirbelstürmen.

*Seegeist, Stich nach einer Zeichnung aus San Cristobal*

# Pflanzen als Nahrungs- und Genußmittel in Ozeanien

*von Bernhard Zepernick*

Die uns vertrauten pflanzlichen Grundnahrungsmittel – Getreide und Kartoffeln – gibt es in Ozeanien nicht. Dort dienen andere Pflanzen als Grundnahrungsmittel. Diese sind ebenfalls Kulturpflanzen, d. h. Pflanzen, die vom Menschen angebaut werden, die er seit Jahrhunderten kultiviert und die er bei der Besiedlung Ozeaniens von Insel zu Insel mitbringen mußte. Wie bei uns zieht man auch dort die meisten Kulturpflanzen in zahlreichen Sorten, die der Pflanzer sehr wohl zu unterscheiden weiß und für die er unterschiedliche Namen hat. Daneben werden auch Wildpflanzen für die Ernährung genutzt, doch haben sie – von der Sagopalme abgesehen – nur den Charakter einer Zusatznahrung oder Notnahrung. Die wichtigsten Nahrungspflanzen der Ozeanier sollen im folgenden kurz beschrieben werden.

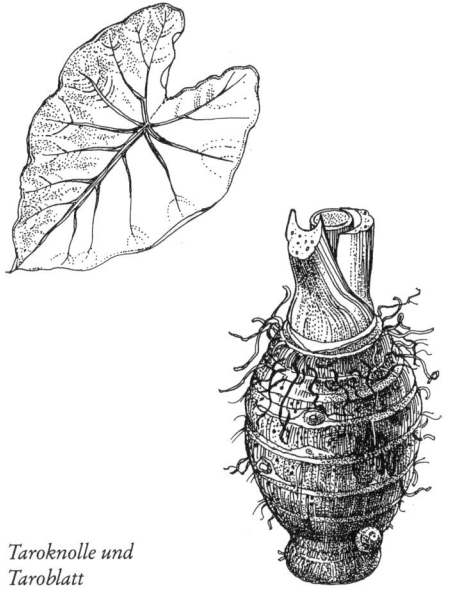

*Taroknolle und Taroblatt*

**Taro** *(Colocasia esculenta, Alocasia macrorrhiza* und *Cyrtosperma chamissonis).* Die verschiedenen als Taro bezeichneten Pflanzenarten gehören zur Familie der Aronstabgewächse und bilden daher den charakteristischen kolbenförmigen Blütenstand aus, umgeben von einem auffällig gefärbten Hüllblatt, wie wir das von unserem einheimischen Aronstab oder der Zierpflanze Calla her kennen. Es sind Kräuter mit einem kurzen unterirdischen Stamm, der zu einer fleischigen Knolle verdickt ist. Die Taro-Arten gehören für die Ozeanier zu den wichtigsten Kulturpflanzen, die in zahlreichen Sorten gezogen werden. Nachdem die Knollen geschält, gewaschen und im Erdofen gedünstet sind, ißt man sie entweder so oder man zerstampft die gedünsteten Knollen und bereitet mit anderen Zutaten zusammen daraus besondere Speisen. Daneben dienen die jungen Blätter als Gemüse. Roh sind Knollen und Blätter giftig oder doch ungenießbar.

**Jams** *(Dioscorea-*Arten). Auch der Jams, der ebenfalls in zahlreichen Sorten gezogen wird, ist eine recht bedeutende Kulturpflanze Ozeaniens. Die stärkehaltigen Wurzelknollen dieser Kletterpflanzen werden in ähnlicher Weise wie der Taro verwendet; sie eignen sich ferner für die Vorratshaltung.

**Süßkartoffel** *(Ipomoea batatas).* Die Süßkartoffel ist trotz ihres Namens mit der Kartoffel nicht verwandt. Sie ist eine einjährige, win-

## PFLANZEN ALS NAHRUNGS- UND GENUSSMITTEL

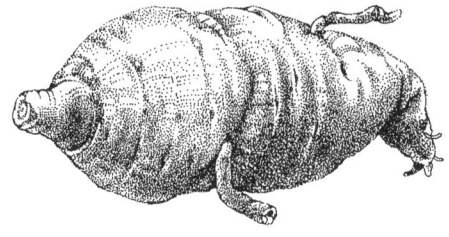

*Süßkartoffel*

dende Pflanze mit langgestielten Blättern. Ihre am Boden kriechenden Sprosse treiben in bestimmten Abständen Wurzeln, an denen sich die bis zu 3 kg schweren gelbroten Knollen ausbilden, die man dann zum Verzehr im Erdofen zubereitet.

**Banane** *(Musa paradisiaca)*. Die Bananenpflanze ist eine riesige Staude. Der untere Teil ihrer Blätter bildet gemeinsam einen bis zu 5 m hohen Scheinstamm. Durch diese »Röhre« wächst dann der Sproß hindurch und trägt an seinem Ende den über 1 m langen Blütenstand, an dem die Bananen reifen. Die Pflanze wird in zahlreichen Sorten angebaut. Die Früchte der meisten Sorten eignen sich aber nicht – wie die zu uns gelangenden Bananen – zum Rohessen, sondern sie werden gekocht bzw. gebacken.

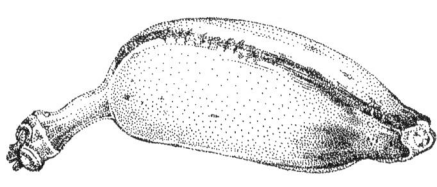

*Kochbanane*

**Sagopalme** (*Metroxylon*-Arten). Die in sumpfigen Niederungen wild wachsende (zum Teil aber auch angebaute) Sagopalme ist wichtig für gewisse Gebiete Melanesiens, besonders Neuguineas, wo sie in manchen Gegenden die Hauptnahrung spendet. Die Stämme enthalten ein süßlich schmeckendes Mark, aus dem man eine stärkehaltige Dauerware bereitet.

**Pandanus** *(Pandanus tectorius)*. Der Pandanus-Baum trägt schwere Früchte, die bis zur Größe eines Kinderkopfes heranwachsen und aus 250 bis 800 Einzelfrüchten zusammengesetzt sind. Man kann sie roh essen, meist verarbeitet man sie aber zu einer vorzüglichen Dauerware.

**Brotfruchtbaum** (*Artocarpus altilis* und andere *Artocarpus*-Arten). Der Baum trägt bis zu 1,5 kg schwere Früchte, die nicht aus

*Brotfrucht*

einer Einzelblüte, sondern aus dem ganzen Blütenstand hervorgehen (ähnlich wie bei der Ananas). Diese Früchte, aus denen man vor allem Breispeisen und auch Dauerware (Präserven) herstellt, sind besonders für Atollbewohner wichtig.

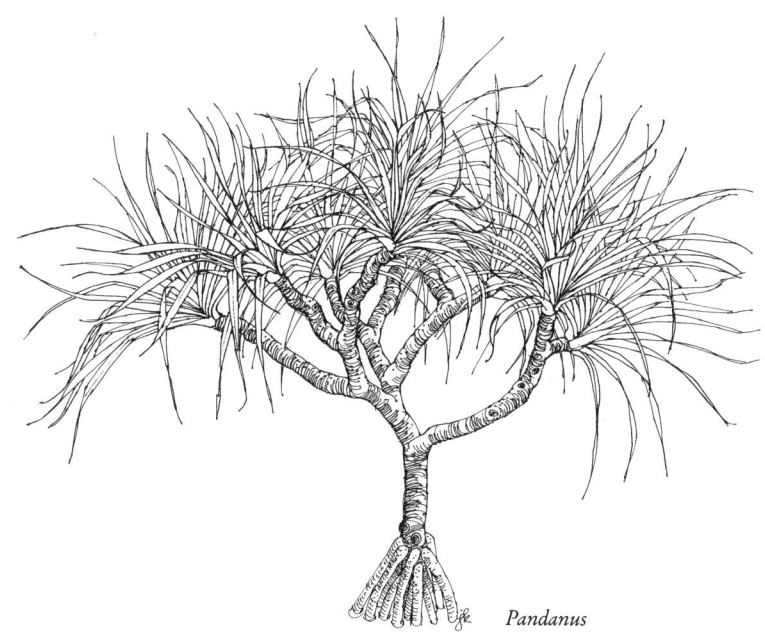
*Pandanus*

**Zuckerrohr** *(Saccharum officinarum)*. Zuckerrohr ist ein schilfähnliches Gras, das über drei Meter hoch wird und ein Alter von 20 Jahren erreichen kann. Der Sproß wird bis zu 7 cm dick und ist innen nicht durchgehend hohl wie der Sproß anderer Gräser, sondern er wird von einem weichen, fleischigen, zuckerhaltigen Mark ausgefüllt. Die Sproßfarbe variiert sehr stark. Sie reicht von Grün über Gelb und Dunkelrot bis Schwarz und schließt auch Streifungen ein. Diese Farbunterschiede gehen teils auf Umweltbedingungen zurück, teils sind es sortentypische Merkmale. Da die unteren Blätter bei fortschreitendem Sproßwachstum abgestoßen werden, hat die ausgewachsene Pflanze nur noch einen Schopf von 5–10 Blättern, und der Sproß erscheint wegen der zahlreichen Blattnarben geringelt. Die Heimat des Zuckerrohres ist höchstwahrscheinlich Neuguinea. Heute wird es überall in Melanesien und auch in anderen Teilen Ozeaniens angebaut. Man versteht allerdings nicht, ein zuckerhaltiges Präparat daraus herzustellen, sondern schneidet im allgemeinen nur Stücke vom Sproß ab und kaut sie aus.

*Zuckerrohr*

## PFLANZEN ALS NAHRUNGS- UND GENUSSMITTEL

**Kava** *(Piper methysticum).* Die Kavapflanze ist ein übermannshoher Strauch, der in Polynesien und einigen Teilen Melanesiens angebaut wird. Aus den verdickten Wurzeln und unterirdischen Sproßteilen bereitet man ein Getränk, ein Genußmittel, indem man diese Pflanzenteile, frisch oder getrocknet, zerreibt (oder zerkaut), Wasser hinzugibt und durchseiht. Danach ist der Trank fertig. Er wurde früher in Polynesien den Vornehmen oder dem Gast unter Beachtung streng geregelter Etikette dargereicht. Gemäß dieser Herstellung wird das Getränk ohne Gärungsprozeß bereitet, ist also nicht alkoholisch. Zwar empfindet es nicht jeder als wohlschmeckend, doch wirkt es erfrischend und entspannend. Die Polynesier haben den muskelentspannenden und den beruhigenden Effekt auch medizinisch eingesetzt, wobei zum Teil besondere Sorten verwendet wurden. So wie dieses Getränk in Polynesien zubereitet wird, ist es bei mäßigem Gebrauch sicher nicht gesundheitsschädlich, anders dagegen in Melanesien, wo man vom Kava »betrunken« wird (infolge der weitestgehenden Entspannung der Skelettmuskulatur). Das mag daran liegen, daß man hier im Gegensatz zu Polynesien auch die oberirdischen Teile der Pflanze verwendet. Vielleicht haben aber auch die unterirdischen Teile der hier angebauten Sorten einen anderen Wirkstoffgehalt als die polynesischen.

**Betelpalme** *(Areca catechu)* und **Betelpfeffer** *(Piper betle).* Ein für Ozeanien ebenso wichtiges Genußmittel wie Kawa ist Betel, jedoch schließen sich beide gegenseitig aus; sie kommen fast nirgends nebeneinander vor. »Betel« ist innerhalb Ozeaniens im wesentlichen auf Melanesien beschränkt, dort aber sehr weit verbreitet. Es ist ein zusammengesetztes Genußmittel aus dem Nußkern der Betelpalme, Blättern oder Knospen des Betelpfeffers und Kalkpulver. Die mächtigen Trauben eines Fruchtstandes der Betelpalme zählen 250 bis 300 walnußgroße Nüsse, deren holzige Faserhülle den Kern umschließt. Zum Genuß wird ein Stück des Kernes, gewöhnlich die Hälfte, in ein mit Speichel befeuchtetes und mit Kalkpulver bestreutes Betelpfefferblatt gewickelt, in den Mund geschoben und unter wiederholtem Zugeben kleiner Portionen Kalk langsam gekaut, bis nur ein kleines Klümpchen übrigbleibt, das man ausspuckt. Das Betelkauen färbt Speichel, Zunge und Zähne blutrot. (...) Betel hat eine anregende Wirkung und scheint keine ernsten Gesundheitsschäden hervorzurufen.

*Kava*

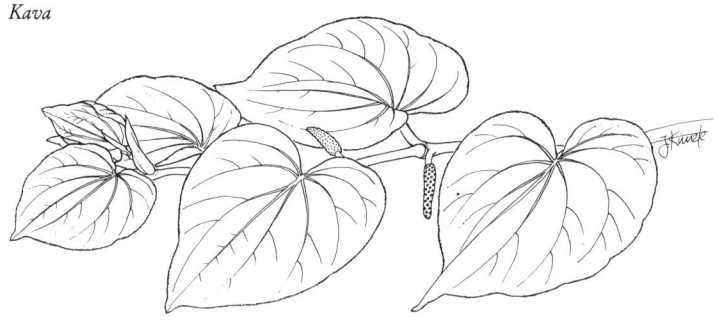

# Die Kokospalme *(Cocos nucifera)* und ihre Nutzung
*von Yves Ehrhart*

Über die Herkunft der Kokospalme, die zu den wichtigsten Kulturpflanzen im Südpazifik zählt, gibt es unterschiedliche Auffassungen. Das liegt sicher daran, daß die schwimmfähigen Früchte der salzertragenden Küstenpflanzen nachweislich 4500 km driften können und dabei keimfähig bleiben. Vermutlich stammt die Kokosnuß aus Polynesien. Daneben existiert die These, daß sie in Asien beheimatet sei und bereits in der präkolumbianischen Zeit über Ozeanien nach Südamerika gelangte.

Die Kokospalme ist eine typische tropische Pflanze. Da sie bei einer Jahresdurchschnittstemperatur von 27°C und 1200–2000 mm Niederschlag am besten gedeiht, herrschen für sie in der Südsee ideale Bedingungen. Mit einer Höhe bis zu 30 m und einem Schopf mit 20–30 bis zu 6 m langen Fiederblättern entwickelt sie sich zu einem stattlichen Baum. Eine Palme liefert jährlich 50–80 Früchte und erlangt ihre maximale Ertragszeit zwischen dem 15. und 80. Lebensjahr.

Fächer aus Kokospalmblättern

Ein Sprichwort sagt, daß die Kokospalme so viele Nutzungsmöglichkeiten besitze wie das Jahr Tage habe. Wirtschaftlich am interessantesten ist aber die Kopra, der zerkleinerte und getrocknete Nußinhalt, von der am meisten (bezogen auf den Südseeraum) auf den Inseln Melanesiens produziert wird. Für viele Menschen des pazifischen Raumes ist die Kokosnuß der Fett- und Eiweißlieferant.

Weitere Verwendungsmöglichkeiten sind beispielsweise die Verarbeitung der Fiederblätter zu Dachabdeckungen, zu Flechtwerk, der Mittelrippen zu Besen, des Stammes zu Bau- oder Möbelholz, der Steinschale zu Holzkohle und nicht zuletzt des Saftes zu Palmwein. Kokosmilch liefert nicht die junge grüne Kokosnuß, sondern sie ist die Flüssigkeit, die aus dem weißen Fruchtfleisch gewonnen wird, das man zunächst raspelt und dann in einem Tuch oder in Kokosbast ausdrückt. Die Fasern der Fruchthülle können zu strapazierfähigen Matten, zu Seilen und Flechtwerk verarbeitet werden.

# Die Besiedlung des Pazifiks

Wie und wann sind Melanesier, Polynesier und Mikronesier in den Pazifik gelangt? Diese Frage wird immer wieder gestellt, und die widersprüchlichsten Theorien haben versucht, darauf zu antworten.

Als die ersten europäischen Entdecker im Pazifik eintrafen, stießen sie auf bereits bewohnte Inseln. Bei ihrer Unterschätzung der ›primitiven‹ Südseeinsulaner konnten sie sich eine Besiedlung per Boot über die großen Weiten des Ozeans nicht vorstellen: Sie hielten die Inseln daher für die Überreste eines gewaltigen untergegangenen Kontinents und ihre Bewohner für die Überlebenden einer blühenden Kultur, welche die ganze Region umfaßt hatte.

Danach hat man den verlorenen Stamm Israels im Pazifik wiederzufinden geglaubt oder den Polynesiern indoeuropäische Vorfahren aus Nordindien angedichtet. Der norwegische Forscher Thor Heyerdahl versuchte durch seine abenteuerliche Fahrt auf der Kon-Tiki eine Besiedlung Ozeaniens vom amerikanischen Kontinent aus nachzuweisen – eine Theorie, die mittlerweile widerlegt ist.

*Mit hochseetüchtigen Doppelrumpfbooten entdeckten die Südsee-Insulaner neue Inseln, Stich von 1773*

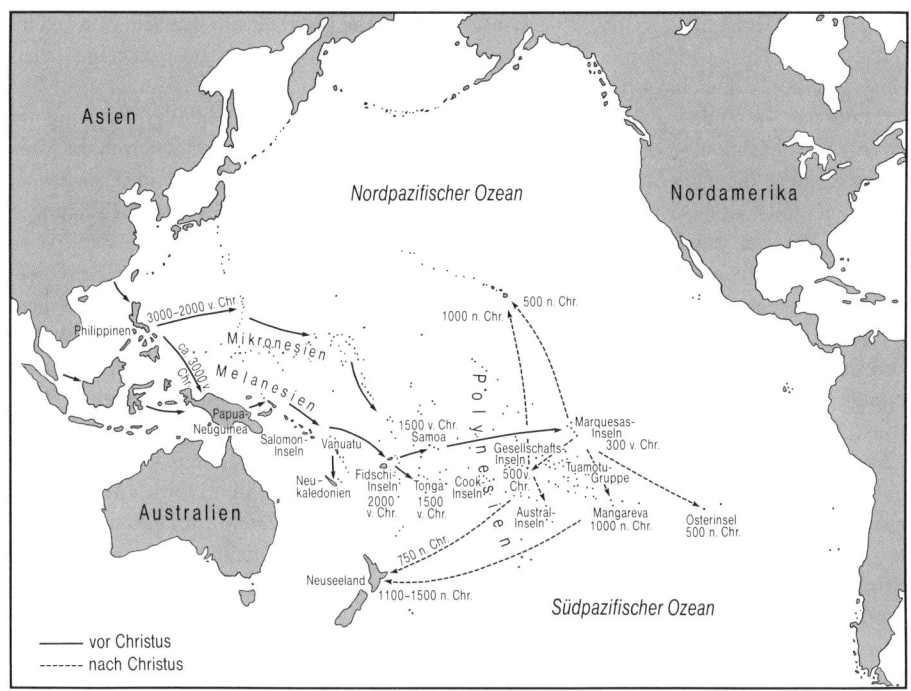

*Die Besiedlung des Pazifiks*

Jüngste Untersuchungen, bei denen die archäologischen Funde, die Pflanzenwelt und ihre Nutzung sowie die kulturelle Situation der einzelnen Teilgebiete räumlich und zeitlich miteinander in Verbindung gesetzt wurden, werfen ein neues Licht auf die Besiedlung Ozeaniens.

Während der großen Eiszeiten lag das Niveau der Weltmeere bedeutend tiefer, und Australien bildete mit Neuguinea eine zusammenhängende Landmasse. Diesen Kontinent ›Sahul‹ betraten vor etwa 60 000 Jahren die ersten Menschen: Sie hatten, aus Südostasien kommend, die Meerenge von Sunda durchquert und hierbei schon Strecken von 90 km oder mehr auf dem offenen Meer zurückgelegt. Dies war eine für die Epoche äußerst erstaunliche Leistung. Die Ausbreitung ist aus archäologischer Sicht als rasch zu bezeichnen: Funde weisen auf eine Besiedlung vor 43 000 Jahren am Huon-Golf in Neuguinea hin, die Gebirgszonen Guineas und der Bismarck-Archipel waren etwa 10 000 Jahre danach bewohnt. Spuren zeugen von der Anwesenheit des Menschen im Herzen Australiens um 40 000, und vor 20 000 Jahren war die Besiedlungswelle bereits in Tasmanien angelangt.

Es konnte festgestellt werden, daß schon vor mehr als 10 000 Jahren enge Handelsbeziehungen zwischen dem Bismarck-Archipel und dem neuguineischen Festland existierten: Muscheln wurden gegen Steine für Werkzeuge eingetauscht; Tiere und Nutzpflanzen wurden per Boot transportiert. Es ist möglich, daß die gesamte melanesische Inselwelt mit den Salomon-Inseln, Vanuatu und Neukaledonien an dieses Handelsnetz angeschlossen war, bis jetzt fehlen allerdings Funde, die dies eindeutig belegen könnten.

Man setzt das Ende der Eiszeit und den Abschluß dieser ersten Besiedlungsbewegung um etwa 7500 vor Chr. an – der australische Kontinent und Neuguinea waren nun durch das Meer getrennt; über die Torres-Straße scheinen jedoch weiterhin Kontakte bestanden zu haben. Um diese Zeit hatten sich die Menschen so gut mit den sie umgebenden Naturbedingungen vertraut gemacht, daß sich ein bedeutender Gartenbau entwickeln konnte.

Um 4000 v. Chr. scheint eine neue Welle von Siedlern ebenfalls aus Südostasien an der Nordküste Neuguineas und im Bismarck-Archipel eingetroffen zu sein. Diese ›Austronesier‹ bedienten sich für ihre Reisen hochseetüchtiger Auslegerboote, und sie traten sogleich in Kontakt mit den ansässigen Gartenbaukulturen, die sie durch neue Kulturpflanzen bereicherten. Mit ihnen gelangte auch das Schwein in den Pazifik, das im Leben der Ozeanier eine bedeutende Rolle spielt. Im Verlauf von zwei Jahrtausenden entwickelte sich aus diesem Zusammentreffen eine neue Kultur, die sogenannte austromelanesische Mischkultur.

Etwa 2000 v. Chr. tauchten plötzlich fein gearbeitete Töpferwaren im Norden Melanesiens auf: Sie sind durch mit gestrichelten Linien ausgeführte geometrische Muster gekennzeichnet, die an polynesische Tatauierungsformen erinnern. Dank der von den Austronesiern mitgebrachten hervorragenden Navigationstechniken verbreitete sich diese Kultur über den gesamten melanesischen Inselbogen und bis in den Zentralpazifik. Ihr Name, Lapita-Kultur, stammt von einem Fundort bei Koné an der Westküste Neukaledoniens. Die Lapita-Menschen brachten außer ihren Töpfereitechniken auch Gartenbautechniken und Nutzpflanzen wie die Kokospalme, Taro, Jams, Brotfrucht und Banane in die von ihnen berührten Gebiete. Es ist auffallend, daß die archäologischen Fundorte der Lapita-Kultur alle an für die Seefahrt günstig gelegenen Küstenbereichen liegen: Die Bedeutung der Seefahrt für diese Kultur kommt darin zum Ausdruck. Bis nach Fidschi, Tonga und Samoa läßt sich die Ausbreitung der Lapita-Kultur verfolgen. Um die Zeit von Christi Geburt verschwindet sie dann so plötzlich, wie sie entstan-

*Eine Lapita-Scherbe aus der Gegend von Bourail, Neukaledonien*

den ist. Es ist möglich, daß die Erfindung des Erdofens die Kochtechniken vereinfachte und die Töpferei überflüssig machte.

Ein zweiter austronesischer Einwanderungsstrom scheint sehr viel später von China aus über Formosa, die Philippinen und die Molukken direkt nach Mikronesien und Polynesien gelangt zu sein, ohne Melanesien zu berühren. Die Karolinen scheinen dabei eine zentrale Rolle gespielt zu haben. Von dort ausgehend gelangten kleinere Gruppen (zwischen 500 v. Chr. und 300 n. Chr.?) über die Archipele von Kiribati, Tuvalu und der Phoenix-Inseln auf die Gesellschafts-Inseln und ins Gebiet von Samoa und Tonga, die künftigen Ausstrahlungspunkte der polynesischen Expansion. Besonders auf den fruchtbaren Gebirgsinseln müssen sie dabei bereits auf Siedler aus den aus Melanesien stammenden Wanderungsströmen gestoßen sein und sich mit diesen vermischt haben.

Im 7. Jh. schließlich hatten die Polynesier in Grundzügen ihren Siedlungsbereich nach Osten bereits bis zu den Marquesas und nach Hawaii, dem Tuamotu-Archipel und der Osterinsel ausgedehnt. Es scheint diese große Wanderungsbewegung vor allem aufgrund von Bevölkerungsdruck zustandegekommen zu sein. Forscher nehmen an, daß in der Gesamtheit der polynesischen Reise etwa eine Viertelmillion Menschen Opfer des Meeres wurden.

### DIE GESCHICHTE NOCHMAL SCHREIBEN

Archäologen graben prähistorische Ruinen aus,
entdecken, daß sogar unsere Geschichte
nicht mit Seeleuten und Siedlern beginnt
(Laßt uns den Erziehungswissenschaftlern vergeben).

Kolonialzeit: unsere Geschichte war unterbrochen.

Jetzt müssen unsere Geschichtskundigen dies neu schreiben:
Setze Irian Barat auf die Karte
Maubere; Niugini, Solomoni,
Vanuatu, Viti, Kanaky –

ALLE, als eine Archipelkette.

*S. Ngwele*

Nur die Geschichte der Besiedlung ist allen drei Südseeregionen gemeinsam. Wirtschaft, materielle Kultur und Entdeckungsgeschichte entwickelten sich auf je unterschiedliche Weise. Sie werden daher in den Kapiteln zu den einzelnen Ländern vorgestellt.

# Die europäische Entdeckung des Pazifiks

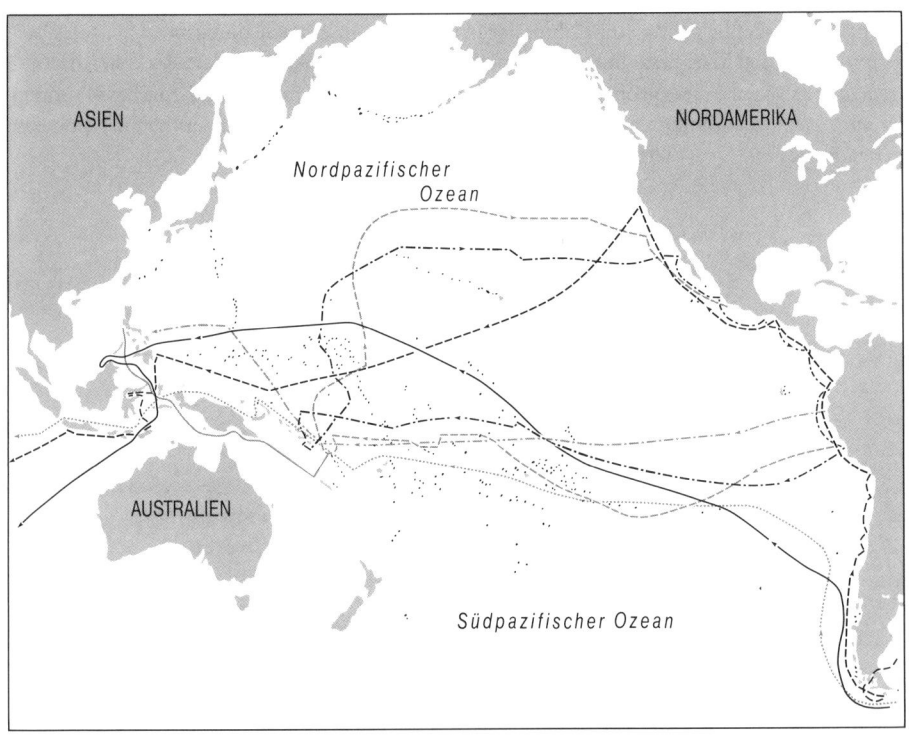

——— Fernão de Magalhães (1520–1521)
- - - - Sir Francis Drake (1578–1579)
-·-·- Alvaro de Mendaña de Neyra (1567–1569)
——— Mendaña und Quirós (1595–1596)
- - - - Pedro Fernández de Quirós (1605–1606)
-··-··- Luis Váez de Torres (1606–1607)
············ Cornelisz Schouten und Jakob Le Maire (1616)

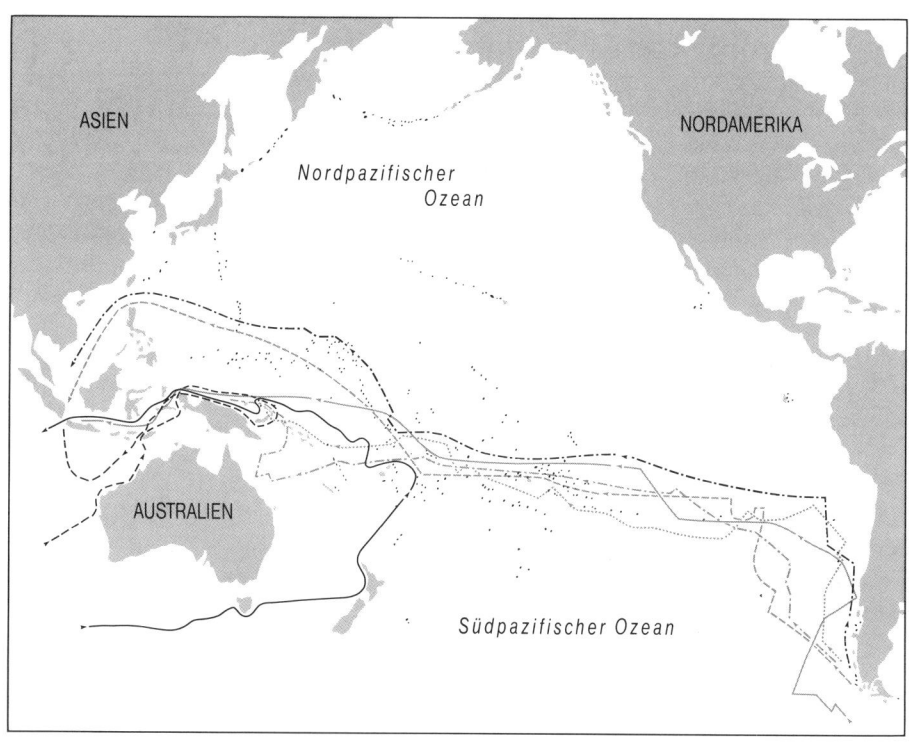

—————  Abel Janszoon Tasman (1642–1643)
- - - - -  William Dampier (1699–1700)
-·-·-·-  Jakob Roggeveen (1722)
—————  John Byrons (1765)
- - - - -  Samuel Wallis (1767)
-·-·-·-  Philip Carteret (1767)
...........  Louis Antoine de Bougainville (1768)

Die großen europäischen Entdeckungsreisen in den Südpazifik begannen im 16. Jahrhundert. Auf die erste Phase, die ›spanische und portugiesische Periode‹, folgte im 17. Jahrhundert die ›holländische Periode‹ und im 18. Jahrhundert die ›englische‹ Periode. Auf die Entdeckung der einzelnen Inseln durch die Europäer werden wir in den jeweiligen Länderkapiteln genauer eingehen.

Die Entdeckungsfahrten hatten verschiedene Ursachen und Ziele. Einmal wollte man eine alternative Route nach Indien und China finden, da die Türken das östliche Mittelmeer besetzt hielten. Daneben begab man sich auf die Suche nach der *Terra Australis Incognita,* dem seit

# DIE EUROPÄISCHE ENTDECKUNG

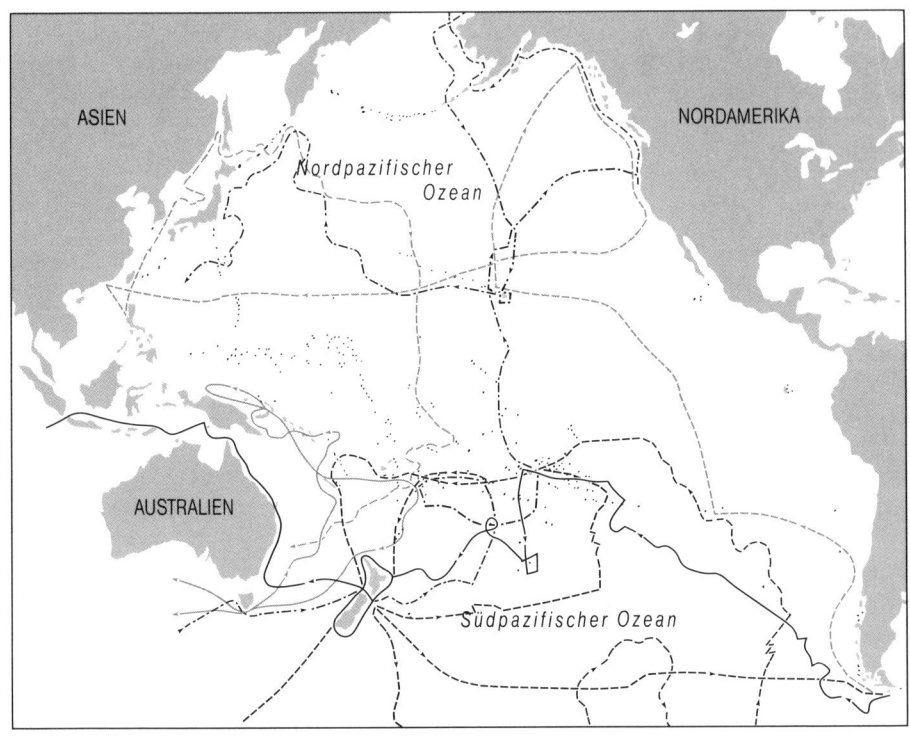

———— James Cooks erste Reise (1769–1770)
- - - - James Cooks zweite Reise (1773–1774)
-·-·-·- James Cooks dritte Reise (1777–1779)
———— Comte de La Pérouse (1785–1788)
- - - - Chevalier d'Entrecasteaux (1792–1793)

Ptolemaeus als Gegenpol zur nördlichen Landmasse vermuteten Südkontinent. Im 18. Jahrhundert gesellte sich zu Handels-, Missionierungs- und geostrategischen Zielen das wissenschaftliche Interesse. Hier spielt vor allem Kapitän James Cook eine herausragende Rolle, der mit einem Stab von Wissenschaftlern und Zeichnern große Teile des Pazifiks erforschte.

*Bewohner der Salomon-Inseln* ▷

# Melanesien

# Geographie

Die Region Melanesien stellt den westlichen Teil der südpazifischen Inselwelt dar. Der melanesische Inselbogen erstreckt sich in etwa vom Äquator (mit Papua-Neuguinea) über die Salomon-Inseln und Vanuatu bis zum Rand der Tropen: Neukaledoniens Süden liegt auf dem Wendekreis des Steinbocks. Die deutlich davon abgesetzte Fidschi-Gruppe wird von den Geographen ebenfalls zu Melanesien gezählt, während die Ethnologen hier eher die polynesischen Komponenten in Kultur und Geschichte betonen.

Von der hohen geologischen Aktivität der Zone künden noch aktive Vulkane (wie z. B. in Vanuatu), aber auch die Existenz relativ ausgedehnter hoher Inseln vulkanischen Ursprungs. Neben diesen meist von dichten tropischen Wäldern bestandenen Inseln mit hohen Gebirgen finden sich auch Atolle im gesamten melanesischen Bereich. Nicht nur die Atolle, sondern auch die großen Inseln sind häufig von Riffen umgeben, wobei es sich bei den hohen Inseln um ganz oder teilweise geschlossene Saum- oder Wallriffe handeln kann.

Von der gesamten pazifischen Landmasse konzentrieren sich 97% auf Melanesien, während hier nur 76% der Pazifikinsulaner leben. Polynesien und Mikronesien weisen also sehr viel höhere Bevölkerungsdichten auf als Melanesien (Einwohner pro km$^2$ in Polynesien: 64; in Mikronesien: 113; in Melanesien: 6).

Dank der hohen Landmasse besitzt Melanesien einen relativ großen natürlichen Reichtum. Hier sind zuerst die Bodenschätze zu nennen wie z. B. Gold in Papua-Neuguinea oder Fidschi, Manganerz in Vanuatu, Eisen- und Nickelerz in Neukaledonien (hier liegt eines der größten Nickelvorkommen der Welt). Der Bergbau ist in den melanesischen Ländern ein wichtiger Wirtschaftsfaktor, und daher sind gerade in diesem Bereich im Zuge der Dekolonialisierung Spannungen an der Tagesordnung. Aufgrund der stark gesunkenen Weltmarktpreise bei sich gleichzeitig erhöhenden Löhnen ist die Plantagenwirtschaft in den meisten Gebieten Melanesiens nicht mehr rentabel. Fidschi produziert mit massiver ausländischer Hilfe weiterhin Rohrzucker, und in einigen anderen Ländern sind noch vereinzelt Plantagen zur Produktion von Kopra, Kaffee oder Kakao anzutreffen.

Die ausgedehnten Regenwälder Melanesiens wurden vielfach zum Objekt aggressiver Ausbeutungen durch ausländische Firmen, vergleichbar mit den Plünderungen in weiten Bereichen Asiens. Die Abholzung der Wälder führt zu starker Erosion der Böden, diese wiederum zum Verlust wertvoller landwirtschaftlicher Nutzflächen. Gleichzeitig kann es zur Verschmutzung der Lagunen kommen, was zum Tod von Fischen und Korallenriffen führt. Erst langsam wird man sich in der Region der durch Zerstörung der natürlichen Lebensräume drohenden Gefahren bewußt.

*Auslegerboot mit Krebsscherensegel, Santa Cruz-Inseln (Salomon-Inseln), um 1900*

Melanesien ist viel stärker agrar geprägt als die beiden anderen Teilregionen, die in der Geschichte vor allem auf das Meer hin ausgerichtet waren. Theoretisch verfügt jeder Melanesier über 2 km² Meeresoberfläche, gegenüber Mikronesiern mit 32 km² und Polynesiern mit 20 km² pro Person. Aus dem Leben auf dem beackerten Land der Familien ergab sich für Melanesien eine eher kleinzellig strukturierte Gesellschaft. Während die ›internationalen‹ Beziehungen innerhalb Melanesiens weniger intensiv waren als in den anderen Gebieten Ozeaniens, lassen sich heute Ansätze für die Herausbildung einer pan-melanesischen Mentalität feststellen.

# Gesellschaft und Kultur

Die melanesische Gesellschaft basiert auf der Einheit der Großfamilie, die meist im Zusammenschluß mit anderen Familien einen Stamm bildet. Jede Großfamilie besitzt ihre eigenen Ursprungslegenden und Ahnenreihen sowie ihr Totem, das meist die Form eines Tieres hat (Eidechse, Haifisch, Schlange, Fledermaus), aber auch sonst aus der Natur gegriffen sein kann (ein bestimmter Baum, ein Fels...) und dem man stärkende Wirkung auf den Clan zuspricht.

Die Abstammung wird patrilinear hergeleitet, jedoch mit einer Besonderheit: Der älteste Bruder der Mutter ist der Überlieferung nach der Lebensspender. Er haucht dem Neugeborenen den Lebensatem ein, begleitet das Kind in seinem Wachstum und auch im Erwachsenenalter als Garant für Gesundheit und Lebenskraft. Zu diesem Onkel mütterlicherseits kehrt am Lebensende die Seele des Verstorbenen wieder zurück. Auf diese Weise hat schon das Kind eine privilegierte Beziehung zur Verwandtschaft auf Seiten der Mutter.

Im Allgemeinen aber ist der Heranwachsende nie allein auf Vater und Mutter ausgerichtet; alle Tanten und Onkel ersten Grades werden mit ›Mutter‹ und ›Vater‹ angesprochen und auch als solche betrachtet. Cousins und Cousinen sind ›Brüder‹ und ›Schwestern‹. Gemäß der melanesischen Sitte der Adoption werden häufig Geschwisterkinder als leibliche Kinder angenommen.

Die Kinder im Stamm schließen sich eher in Klassen von Gleichaltrigen zusammen als in der Kleinfamilie. Diese Altersgruppen – sie umfassen in etwa immer fünf Jahrgänge – bleiben das ganze Leben bestehen. Innerhalb der Gemeinschaft der Gleichaltrigen verrichtet man gemeinsame Arbeit, hier sucht man sich seinen Ehepartner, und die Mitglieder dieser Gruppen werden gemeinsam aufgerufen, ihre Rechte und Pflichten als Stammesangehörige wahrzunehmen.

Im Stammesleben sind die wichtigsten Ereignisse Geburt, Hochzeit und Tod. Der Eintritt ins Leben wird im engeren Kreise gefeiert, während sich bei Heirat und Tod eines Stammesmitglieds oft mehrere Hunderte von Menschen einige Tage lang versammeln. Bei diesen Anlässen findet ein zeremonieller Austausch (*customs* in englisch-, *coutume* in französischsprachigen Regionen) von Geschenken statt – eine Handlung von überaus großer Bedeutung. Dabei ist die Art der Übergabe ebenso wichtig, wenn nicht wichtiger, wie der Wert des Geschenkes, das aus einem oder mehreren Stücken Stoff bestehen kann, aus Geldscheinen, Säcken mit Reis und Zucker, Bergen von Jamswurzeln und anderen Naturprodukten. Der Geber legt sein Präsent nach genau vorgeschriebenen Regeln nieder und wendet sich in einer Rede, die ebenfalls genauen Vorschriften zu folgen hat, an den durch seine hierarchische Stellung im Stamm zum Empfang Bestimmten. In seiner Ansprache verwendet er traditionelle Bilder und Vergleiche, welche die Bedeutung des Empfängers und seines Clans oder Stammes hervorheben.

*Kultplatz in Vanuatu. Die Hütten werden eigens für eine Zeremonie errichtet und sind nicht auf Dauer angelegt*

Es ist strengstens verpönt, seine eigene Größe oder das Ausmaß seiner Gaben zu betonen. Bescheidenheit wird als höchste Tugend angesehen. Der Empfänger antwortet in einer ebenso zeremoniellen Rede, in der er die Unwürdigkeit seiner Person und der von ihm repräsentierten Gruppe zum Ausdruck bringt, von einem solch edlen Geber Geschenke dieses Ausmaßes anzunehmen. Es kann zu einem mehrmaligen Redewechsel kommen, während dessen der jeweilige Redner seine Bedeutung hinter die des anderen zurückstellt. Zum Abschluß akzeptiert der Empfänger die Gaben, berührt sie in einer bestimmten Weise, um der Übernahme Ausdruck zu verleihen, und verteilt sie dann weiter. Das ursprüngliche Geschenk verbleibt nie in der Hand des ersten Empfängers: Ein Teil davon kehrt automatisch an den Geber zurück, und das übrige wird unter den Stammesmitgliedern verteilt, nach Rang, Verdiensten und Bedürftigkeit. Auch diese Übergaben können von zeremoniellen Reden begleitet sein.

Der Geschenkaustausch hat außer der offensichtlichen materiellen Funktion eine soziale. Es wird hierbei die Beziehung zwischen Geber und Empfänger in der Öffentlichkeit dargelegt

(z. B. Vater des Bräutigams zu Vater der Braut, Notabel des Nachbarstammes zum lokalen Häuptling etc.); auch durch die darauffolgende Verteilung der Gaben im Stamm werden die sozialen Bande (Dank, Verpflichtungen, Schutzfunktion oder Unterordnung) lebendig erhalten.

Im Vergleich zum individualistisch ausgerichteten Europäer ist der Melanesier viel mehr in die Gemeinschaft eingebettet. Das gilt für die Beziehung zu seinen Mitmenschen im Stamm, gleichzeitig aber auch zur Reihe der Ahnen, in der er sich nur als Bindeglied zwischen Vorfahren und Nachkommen versteht. Der Mensch bezieht seinen Wert nicht aus sich selbst, sondern immer aus seiner Relation zu den anderen, aus seiner Stellung im Netz der sozialen Kontakte. Ebenso wie für das soziale Leben gilt das auch für die Spiritualität. Das Jenseits ist dem Melanesier in jeder realen Handlung gegenwärtig, er spürt die Gegenwart der Geister seiner Ahnen, er fühlt Kräfte, die bestimmten Orten innewohnen, und er ist sich dabei immer der Begrenztheit seines irdischen Lebens bewußt.

Die politische Organisation der Stammesgemeinschaft in Melanesien ist von Region zu Region sehr unterschiedlich.

Normalerweise stellen die verheirateten Männer den Ältestenrat, an dessen Spitze sich der Häuptling befindet. In einigen Regionen besteht die Rolle eines Häuptlings heute in wenig mehr, als der verlängerte Arm der westlich-modern strukturierten Verwaltung des jeweiligen Landes zu sein; in anderen Gebieten hat er noch viel weiter reichende Kompetenzen (Gesetzgebung, Justiz, Polizeigewalt...).

Der Zugang zum Häuptling wird bestimmt durch das System der ›Türen‹. Diese Sitte verlangt von einem Besucher, zunächst an der Peripherie des Stammes vorzusprechen, um von dort aus von Familie zu Familie weitergeleitet zu werden, bis er schließlich in der Nähe des Häuptlings angelangt ist. Auch die Stammesmitglieder selbst müssen diese ›Türen‹ durchschreiten, wenn sie zum Häuptling vordringen wollen. Die Verteilung der Vermittler innerhalb eines Stammes ist nicht willkürlich festgelegt, sie bezieht ihre Legitimierung aus historischen Ereignissen und Verdiensten und der Beziehung der jeweiligen Familie zum Häuptlingsclan.

Auch zwischen den Häuptlingen fungieren bestimmte ›Botschafter‹ als Mittler; meist sind mehrere Dutzend nötig, um einen direkten Kontakt herzustellen. Durch tage- oder wochenlanges Reisen von Botschafter zu Botschafter durchlaufen alle spontanen Entschlüsse, wie z. B. eine Kriegserklärung, eine lange Zeit, in der sie überdacht werden und reifen können.

Charakteristisch für Melanesien – und für Ozeanien allgemein – ist die starke Trennung zwischen der Männer- und der Frauenwelt. Auch wenn die Einrichtung von Männerhäusern immer seltener wird – sie war von Anfang an nicht in allen Gebieten verbreitet – so bleibt doch eine starke räumliche Trennung zwischen den Geschlechtern bestehen, die sich im Alltagsleben und in den Stammesfesten zeigt. Wenn Besucherinnen von außerhalb des Stammes sich zur Männergruppe gesellen können, so heißt das, daß sie in ihrer Rolle als Gast angesehen werden und nicht als Vertreterin der Weiblichkeit.

Trotz der hierarchischen Unterordnung in einer von Männern bestimmten Welt – nur die Männer vertreten die Familien im Ältestenrat – haben die Frauen de facto einen sehr großen Einfluß auf das Stammesleben: als Mütter, Gattinnen, Schwestern und Töchter der Stammesältesten, als Ernährerinnen und Erzieherinnen und gerade in der Zeit des zunehmenden kulturellen Identitätsverlustes als Bewahrerinnen von Werten und Traditionen.

*Auslegerboot von den Reef-Inseln (Salomon-Inseln), um 1900*

Das traditionelle melanesische ›Dorf‹ ist eine sehr lockere Gruppierung von Hütten und einfachen Behausungen. Erst durch den Einfluß der Europäer erfolgten überhaupt Gruppierungen im größeren Stil, früher lebte jede melanesische Großfamilie für sich allein. Je nach Geschichte einer Siedlung kann es einen zentralen Punkt in Form einer Häuptlingshütte oder einer Missionskirche geben, die Häuser können aber auch an einer Flußmündung liegen, sich am Meeresufer oder entlang einem Weg aneinanderreihen oder verstreut auf fruchtbaren Streifen Landes liegen. Wellblechhütten verdrängen immer mehr die traditionelle Bauweise aus Naturmaterialien. In jüngster Zeit ist eine bescheidene Renaissance der Stroh- und Holzbauweise zu beobachten, allerdings nicht so sehr für den Wohnbedarf als vielmehr für größere Versammlungsräume für den gesamten Stamm.

# MELANESIEN

Eine zusammenfassende Einführung in die Region Melanesien ist an sich schon ein Widerspruch, da nicht nur von Land zu Land, sondern von Insel zu Insel, von Gruppe zu Gruppe und sogar von Tal zu Tal immense Unterschiede in der Kultur und Lebensweise bestehen. Ich gehe in meiner Beschreibung von persönlichen – und sicher zum Teil objektiven – Beobachtungen vor allem in Neukaledonien aus.

*Haus auf Isabel, Salomon-Inseln, Stich um 1890*

# Neukaledonien

## Allgemeine Landeskunde

*Offizieller Name: Nouvelle-Calédonie; die kanakischen Unabhängigkeitsparteien propagieren den Namen ›Kanaky‹.*

*James Cook verlieh dem Land den Namen ›Neu-Kaledonien‹, weil es ihn mit seinen hoch aufragenden Gebirgen an Schottland (lat: Caledonia) erinnerte. Coook stammte aus Yorkshire, kannte jedoch Schottland von seinen Reisen recht gut.*

*Der Name ›Kanak‹ für die Bevölkerung Neukaledoniens läßt sich auf das ozeanische Grundwort für ›Mensch‹ zurückführen. Es wurde in der Vergangenheit als Schimpfwort gebraucht, während die heutigen Nachfahren der Landesureinwohner diesen Namen bevorzugt verwenden, um ihre kulturelle Identität zu betonen.*

*Längengrade: 163°–168° Ost; Breitengrade: 19°–23° Süd*
*Landfläche: 19 000 km²; Meeresoberfläche: 1 740 000 km²*

*Hauptstadt: Nouméa (ca. 65 000 Ew.) auf der Hauptinsel*

Die Hauptinsel, La Grande Terre genannt, stellt mit 16 750 km² vier Fünftel der Landfläche dar. Sie erstreckt sich über etwa 400 km in Nord-Süd-Richtung, ihre Breite beträgt im Durchschnitt nur 42 km – aufgrund dieser eigenartigen Form wird sie oft mit einer Zigarre verglichen. Nach Papua-Neuguinea und Neuseeland ist La Grande Terre die drittgrößte Insel im Südpazifik, und ihre Ausdehnung ist auch für ihre landschaftliche Vielfalt verantwortlich.

Eine mächtige Gebirgskette mit Gipfeln über 1600 m bildet das Rückgrat, welches auch Wetterscheide zwischen der feuchteren, den Passatwinden ausgesetzten Ostküste und der trockeneren Westküste ist. Die Landschaften im äußersten Norden und im äußersten Süden bilden noch einmal spezielle Einheiten. Ein fast völlig geschlossenes Riff umgibt die gesamte Grande Terre; es verläuft in 20–30 km Entfernung vom Festland und gehört zu den größten der Welt.

Nennenswert sind weiterhin die Loyauté-Inseln mit Lifou, Maré, Ouvéa und Tiga, die etwa 100 km nordöstlich der Grande Terre liegen, die Ile des Pins 40 km vor der Südspitze der Hauptinsel und die Bélep-Gruppe im Norden.

Wie auf vielen Inseln im Südpazifik existiert in Neukaledonien eine artenreiche marine Fauna und eine relativ arme terrestrische Tierwelt. Einige Säugetiere im Land vor dem Eintreffen der

## NEUKALEDONIEN – LANDESKUNDE

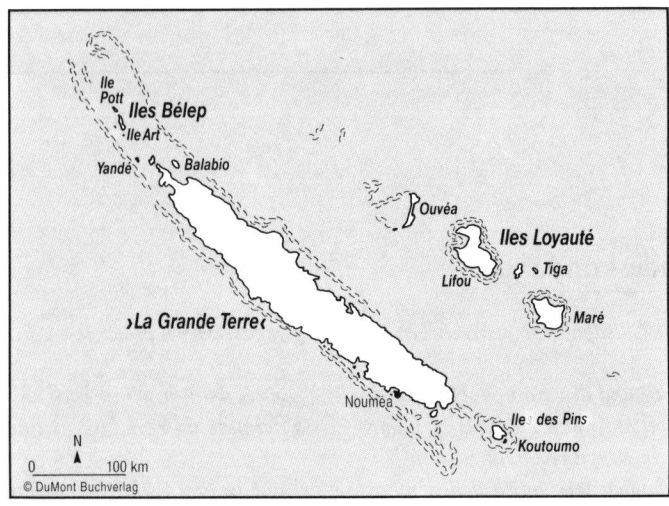

*Neukaledonien*

Europäer waren die endemischen *roussettes*, Neukaledoniens Fledermäuse, die zu den größten der Welt gehören. Kennzeichen des Landes ist der nur hier vorkommende Cagou, ein seltener Vogel, der sich nur hüpfend fortbewegen kann, wie ein Hund bellt und im Angriff seinen weißen Federkamm aufstellt.

Die Flora Neukaledoniens gehört zu den interessantesten in der Welt. Die unerhörte Artenvielfalt (mehr als 3000 einheimische Arten, von denen 80% endemisch sind) erschließt sich jedoch nicht jedem Besucher. Der endemische Niaouli-Baum *(Melaleuca quinquenervia)* mit seiner charakteristischen weißen Rinde auf den Savannen der Westküste ist für jeden beim Anflug auf La Tontouta zu erkennen, und die verschiedenen Arten des Araukaria-Baumes fallen ebenfalls leicht ins Auge. Die meisten anderen Pflanzenarten sind sehr viel bescheidener und in der Landschaft versteckt. Sie können nur auf Wanderungen im Landesinneren entdeckt werden.

Neukaledonien ist ein französisches überseeisches Territorium. Während der 80er Jahre führten Unabhängigkeitsforderungen von einem Teil der kanakischen Bevölkerung und die darauffolgende Reaktion der loyalistischen Seite zu einer bürgerkriegsähnlichen Situation. Die Kampffronten verliefen oft innerhalb der Stämme oder der Familien und folgten nicht unbedingt ethnischen Kriterien. Diese ›Ereignisse‹, wie sie beschönigend in der neukaledonischen Gesellschaft genannt werden, brachten viel Haß, Blutvergießen und den gewaltsamen Tod von Menschen aller politischen Gruppierungen mit sich. Am 26. Juni 1988 wurde schließlich in Paris von dem französischen Premierminister Rocard, dem Kanakenführer Jean-Marie Tjibaou und dem Loyalistenvertreter Jacques Lafleur das Matignon-Abkommen unterzeichnet, das nach einer Periode von zehn Jahren für 1998 eine Volksabstimmung zum Thema ›Unabhängigkeit oder Beibehaltung des Status eines französischen Territoire-d'Outre-Mer‹ vorsieht. Seitdem kehrt der Friede langsam ins Land zurück, er kann allerdings noch nicht als besonders stabil bezeichnet werden. Das war nach dem 4. Mai 1989 zu beobachten, dem Tag, an dem die Führer der Unabhängigkeitspartei ›Front de Libération National Kanak Socialiste (FLNKS)‹, Jean-Marie Tjibaou und Yeiwéné Yeiwéné, von einem Fanatiker aus den eigenen Reihen ermordet wurden.

1989 wurden bei einer Volkszählung 164 173 Bewohner Neukaledoniens erfaßt, davon lebt über die Hälfte – etwa 98 000 – im Einzugsbereich von Nouméa. Die melanesischen Ureinwohner stellen eine Minderheit im Land dar, sie machen nur 44,8% der Bevölkerung aus. Ihnen gegenüber stehen die ›anderen‹: 33,6% Europäer (der Großteil wohnt in Nouméa und an der Westküste), 12% Polynesier, 5% Asiaten; den Rest bilden verschiedene ethnische Splittergruppen.

*Jean-Marie Tjibaou auf einer Pressekonferenz anläßlich der Unterzeichnung des Matignon-Abkommens*

In Neukaledonien herrscht eine große Sprachenvielfalt. Außer den über 30 melanesischen Sprachen, deren Sprecher sich untereinander nicht verständigen können, werden mehrere polynesische, asiatische und europäische Sprachen gesprochen. Französisch als die einzige verbindende Sprache ist Amtssprache. Die wirtschaftliche Situation des Landes wird durch seine Vorkommen an Bodenschätzen bestimmt. Eine herausragende Position nimmt der Nickelabbau ein, der 1986 über 42 000 t Nickelerz produzierte. Damit gehört Neukaledonien zu den vier oder fünf größten Produzenten der Welt. Nach dem Nickelboom zu Beginn der 70er Jahre, der eine große Anzahl von Pazifikinsulanern als Arbeitskräfte ins Land brachte, befindet sich dieser Wirtschaftszweig nun in einer Krise; er kann sich trotz kräftiger Subventionen nur mit Mühe über Wasser halten. Spätschäden nach jahrzehntelanger intensiver Ausbeutung und die Schwäche einer zu stark monopolistisch orientierten Wirtschaftsstruktur lassen die Nickelindustrie mittlerweile zu einem Negativposten im Land werden.

Wie Französisch-Polynesien ist auch Neukaledonien fast ausschließlich von französischen Hilfsgeldern abhängig, die Außenhandelsbilanz ist stark negativ, und der Lebensstandard liegt im pazifischen Kontext äußerst hoch. Dies ist vor allem auf die gute Infrastruktur in und um Nouméa zurückzuführen, während ›la brousse‹, das übrige Land, weit dahinter zurücksteht: Hier spielt die Subsistenzwirtschaft immer noch eine wichtige Rolle. Mit der im Matignon-Abkommen vereinbarten Einrichtung von drei Provinzen (Nord, Süd, Inseln) mit weitgehenden Kompetenzen wird versucht, diesem Gefälle entgegenzuwirken.

*Frauen bei der Vorbereitung des Erdofens*

Der Tourismus spielt mittlerweile eine nicht geringe wirtschaftliche Rolle: 1989 besuchten 81 675 Urlauber das Land, dazu kamen 32 633 Tagesbesucher von Kreuzschiffen. Die Urlauberzahl verzeichnete zum Vorjahr einen Zuwachs von 35%, was zum großen Teil auf die Beruhigung der politischen Lage zurückzuführen ist.

# Geschichte und Kultur

Neukaledonien liegt am Rande der pazifischen Inselwelt. Dennoch nimmt das Land eine wichtige Position in der Regionalgeschichte ein. Es gehört zu den relativ früh durch die Austronesier besiedelten Gebieten, und ein neukaledonischer Fundort gab sogar einer ganzen Epoche ihren Namen: In Lapita bei Koné an der Westküste der Hauptinsel wurden zu Beginn des 20. Jh. Tonscherben mit charakteristischen geometrischen Mustern gefunden, deren Existenz sich in späteren Ausgrabungen in weiten Gebieten des Pazifiks nachweisen ließ und die mit den großen austronesischen Besiedlungswellen Hand in Hand gehen.

Es ist bis heute ungeklärt, ob bei der Ankunft der Austronesier vor ca. 4000–5000 Jahren bereits andere Gruppen im Land ansässig waren. ›Tumuli‹ (ihre Deutung ist umstritten; es handelt sich nicht um Grabstätten, und sind u. U. nicht von Menschen geschaffen) und Petroglyphenfunde im Landesinneren scheinen sich in ihrer Ausdrucksform und ihrer Lage nicht ohne weiteres in die eher küstenorientierte austronesische Kultur einzufügen. Geraume Zeit vor den Europäern erreichten polynesische Bootsbesatzungen, die wohl aus der Gegend von Tonga und dem benachbarten Uvea – dem heutigen Wallis – kamen, die äußeren Inseln, und ihr kultureller Einfluß ist dort stark zu spüren.

Neben den Töpferfunden sind auch andere Gegenstände aus den frühen Besiedlungsepochen erwähnenswert: eine Handvoll Armreifen und Angelhaken aus poliertem Muschelgehäuse (einer davon mit Verzierungen im Lapita-Stil), etwa 6000 Steingravierungen – Petroglyphen – an 350 verschiedenen Plätzen im Land sowie Beile und Äxte aus Stein. Außer Werkzeugen des täglichen Gebrauchs wurden auch solche für zeremonielle Zwecke hergestellt. Ein herausragender Vertreter dieser Gattung ist das Prunkbeil, eine regionale Besonderheit, die in der Welt nicht ihresgleichen findet.

»Das ›Monstranzbeil‹ wurde von den ersten europäischen Besuchern so genannt, weil diese es mit der Monstranz der katholischen Messe in Verbindung brachten. In den neukaledonischen Sprachen weist der Name auf eine Waffe hin. Er lautet ›grüne Streitkeule‹ und nimmt damit Bezug auf den Jadestein, welcher die runde Klinge bildet. Die schöne und exakte Ausführung der Klinge findet ihren höchsten Ausdruck in den Rändern, die durchscheinend sein müssen.

Der Griff besteht aus einem Holzstück, das durch zwei Pflanzenstengel mit der Klinge verbunden ist ... Das untere Ende des Griffs bildet eine umgedrehte Kokosschalenhälfte, und das ganze ist mit Stoffen aus Pflanzenmaterialien umwickelt, die mit einer Schnur zusammengehalten werden, welche ihrerseits mit Fledermaushaaren verziert ist. In der Kokosnußschale befinden sich kleine Muscheln, Nüsse oder Steine. Wenn der Sprecher das Beil im Laufe einer Rede bewegt, verursachen sie ein klapperndes Geräusch.

Am häufigsten wird das Beil von den Häuptlingen anläßlich großer Feste als Paradewaffe gebraucht. Dieses Instrument war so bedeutend, daß es nur von Häuptlingen geschenkt oder getauscht

*Prunkbeil aus Neukaledonien*

# NEUKALEDONIEN – GESCHICHTE UND KULTUR

*Masken aus Neukaledonien, um 1900*

werden durfte. Es trug manchmal einen Namen, und man schrieb ihm eine bedeutende Zauberkraft zu: Daher wurde es in den Riten zur Beherrschung von Regen und Sonne verwendet. Mit letzterer wurde die durchscheinende Klinge identifiziert.«*

Während das Prunkbeil den Betrachter vom ersten Augenblick an in seinen Bann schlägt, sind dem Außenstehenden die anderen Ausdrucksformen der melanesischen Kunst oft viel schwerer zugänglich. Sie sind besser verständlich, wenn man die Rolle betrachtet, die sie inmitten der traditionellen Gesellschaft inne halten.

»Die kanakische Maske zeigt ein mit einer schwarzen Schicht überzogenes Gesicht aus Holz. Eine ausgeprägte Nase erhebt sich über einem lachenden Mund, der die Öffnung bildet, durch die der Träger beim Gehen sehen kann. Darüber befindet sich ein sehr hoher Kopfschmuck in Turbanform. Er ist aus menschlichem Haar gefertigt, das durch ein geflochtenes Band namens *tidi* zusammengehalten wird – dies war ehemals der Kopfschmuck von wichtigen Persönlich-

---

* Emmanuel Kasarhérou in: »De Jade et de nacre«

keiten. Ein Mantel umhüllt den Körper des Trägers, er ist aus den Federn des *notou* hergestellt, einer großen Taube, die in den Wäldern lebt.

Die Maskentradition ist vor allem im Norden der Grande Terre verbreitet. Man konnte ihren Gebrauch jedoch bis in die Gegend von Houaïlou beobachten. Die Funktion der Maske steht mit der sozialen Kontrolle in Verbindung. So ist ihre Erscheinung im Norden Zeichen der großen Gedenkfeste, insbesondere der Trauerfeiern für Häuptlinge, wo die Maske Stellvertreterin des Verstorbenen ist. Der Haarschmuck wird aus dem Haar der Trauernden gefertigt: Erst nach der Zeremonie zur Beendigung der Trauer – etwa ein Jahr nach dem Tod – dürfen diese sich das Haar wieder schneiden.

Die Maske ist auch Zeichen der Macht: Im Païci-Gebiet (nahe Touho an der Ostküste) wird sie dem neuen Häuptling durch die Vertreter der ältesten Sippschaft überreicht.«*

Im Vergleich zu anderen ozeanischen Regionen lebten die Kanaken Neukaledoniens in relativ kleinen Sippenverbänden. Heirats- und Kriegsbünde mit anderen Gruppen waren möglich, ansonsten spielte sich das Leben fast nur im weiteren Familienverband ab, welchem im Sinne eines patrilinearen Systems der älteste Sohn der ältesten Familie vorstand. Nur auf den polynesisch beeinflußten äußeren Inseln war die Bevölkerung schon früh in größeren Stämmen unter einem bedeutenden Großhäuptling zusammengefaßt, wohingegen auf der Grande Terre dieser Zusammenschluß erst unter europäischem Einfluß stattfand. Kaum eine Kultur der Welt mag für den Europäer schwerer zugänglich sein als die melanesische Kultur Neukaledoniens. Oft ist sie für unsere Augen versteckt, und ihre Vertreter treten so bescheiden auf, daß wir die Existenz einer einheimischen Kultur nicht einmal erahnen. Selbst wenn uns ein erster Einstieg gelungen ist, erscheint sie uns fremd und geheimnisvoll.

*Tänzer in Maske, Stich um 1890*

---

\* Emmanuel Kasarhérou in: »De Jade et de nacre«

NEUKALEDONIEN – GESCHICHTE UND KULTUR

Die traditionelle kanakische Gesellschaft konstruiert sich um die Rundhütte herum, den Pol des sozialen Lebens. Die große Rundhütte des Sippenvorstandes ragt am Ende einer Allee aus Kokospalmen und Araukarien hinter einer gepflegten Rasenfläche auf, während die Hütten der Dorfbewohner meist den Weg dorthin flankieren. Diese Hüttenbauten gehören zu den herausragenden Merkmalen der melanesischen Kultur: Sie werden vom Dorfverband in Gemeinschaftsarbeit gefertigt. Im Laufe der letzten hundert Jahre wurden die traditionellen Hütten aus Naturmaterialien immer mehr von Bauten im europäischen Stil verdrängt, und nur auf den äußeren Inseln und in den abgelegenen Tälern der Grande Terre haben sie sich bis heute durchgehend erhalten können.

Im Zuge einer Wiederbesinnung auf traditionelle Werte in der Gegenwart werden in manchen Stämmen des Landes wieder Hütten gebaut, allerdings nur als Zusatz zu schon bestehenden Häusern aus Wellblech oder Stein. Im Kollektivbewußtsein der Kanaken ist die Hütte jedoch bis zum heutigen Tage tief verankert.

### Die Rundhütte
*von Déwé Goredey*

Die Rundhütte von Großvater ist ohne Zweifel eines der klarsten Bilder, die ich aus meiner Kindheit in mir trage. In meiner Erinnerung ist dieses Bild immer noch so hell wie ein sonniger Morgen in Kanaky, in der Nähe des Meeres. Sie hat in mir einen Eindruck von Licht und Unendlichkeit zurückgelassen. Sie erschien mir so groß, mir, dem kleinen Mädchen von damals. So erinnere ich mich heute an sie, wenn ich versuche, die Sterne bei Mondlicht zu zählen oder die Linie des Horizonts zu bestimmen, die in der Ferne den strahlend blauen Himmel vom Pazifikblau trennt. Und die große Rundhütte erweckt in mir das Bild einer winzig kleinen Ameise gegenüber der Welt, dem Universum.

Da stand sie, rund, eine ungeheure Matrone auf einem kleinen Hügel mit behauenen Steinen als Sockel, am Ende der von hohen Kokospalmen gesäumten Allee. Eine frühere Allee aus Araukarien, breiter noch, erstreckte sich gleich hinter den Kokospalmen, ein anderes lebendiges Zeichen der Vorfahren, die dort früher gelebt haben.

Auf beiden Seiten des Eingangs, in der Erde über den großen Steinen, waren kleine Blüten in rosa und weißer Farbe eingepflanzt, die an Lilien erinnerten. In ihrer Mitte thronte eine Garbe von der Doldenpflanze, die man den Onkeln mütterlicherseits anläßlich einer Geburt schenkt. Am rechten Ende des Beets bewegte die schlanke Cordylinie ihre langen grünen Blätter, von denen man die jüngsten der Verwandtschaft mütterlicherseits überbringt, um sie von einem Todesfall in Kenntnis zu setzen. An dieser Stelle saß ich gerne stundenlang auf dem Steinmäuerchen und berauschte mich am Duft der blühenden Cordylinie. Zu diesem gesellte sich der angenehme Geruch des Zitronenkrauts, von dem ich ein Blatt abgerissen hat, welches ich unter meiner Nase mit allen Kräften zerrieb. Gleichzeitig beobachtete ich das rastlose Hin- und Herfliegen der Bienen, die an der duftenden Traube Nektar sammelten.

Hinter der Hütte erhob sich im Schatten einer riesigen Banianfeige eine völlig von schwarzem, feuchten Moos überwucherte Felsspitze aus der Erde. Eine alte Skulptur, wie man sie heute noch auf unseren Friedhöfen findet, erhob davor ihr widerstandsfähiges Knochengerüst: Ihren oberen Abschluß bildete eine Hohlmuschel, die von Wind und Wetter ganz gebleicht, zerlöchert und abgenutzt worden war. Eine Hecke von Sträuchern mit langgestreckt-knorrigem Stamm und gefiederten gelben Blättern schützte diesen kleinen Platz, der unter Tabu stand. Ein entfernter Vorfahre schlief dort seit einigen Generationen. Keiner von uns hätte es gewagt, auch nur einen Zeh dort hineinzusetzen. Wir hatten viel zu viel Angst, den geweihten Schlaf zu stören.

*Neukaledonische Rundhütte*

Die Mauern aus Strohlehm, einem Gemisch aus schwarzem Lehm und Stroh, waren recht niedrig. An manchen Stellen waren die gespaltenen Bambusrohre sichtbar – sie hielten die hart gewordene Erde zusammen. Die Erde hatte Risse, und sie schien diese mit Stolz zu tragen, wie von der widerspenstigen Natur auferlegte Tatauierungsmuster.

# NEUKALEDONIEN – GESCHICHTE UND KULTUR

> Über dem Dach aus getrocknetem Stroh erhob sich eine massive Firstspitze, die zwei alte abgenutzte Hohlmuscheln trug. Eine meiner Lieblingsbeschäftigungen war es, an Regentagen den endlosen Fall der Wassertropfen zu beobachten, die auf den Strohspitzen herabglitten.
>
> Links vom Eingang zeigte eine recht alte geschnitzte Figur ihre ins Holz eingekerbten Gesichtszüge. Dies war der deutlich sichtbare Wächter des Ortes, und er flößte mir manchmal fürchterliche Angst ein, ohne daß ich genau den Grund dafür wußte.
>
> Der Tür gegenüber öffnete sich ein einziges Fenster zum Felsen des Urahnen hin. Wenn ich dort schlafen sollte, beeilte ich mich, das Fenster mit seinem Eisenhaken gleich bei Einbruch der Dämmerung zu schließen. Man erzählte, daß eine *tibo*-Mutter – eine legendäre Frauengestalt, die mit ihren langen Brüsten die Menschen und vor allem die Kinder einfängt – manchmal auf dem Banian lebe und daß ihre langen Brüste den Hängewurzeln des Baumes zum Verwechseln ähnlich sahen.
>
> Rund um die zentrale Feuerstelle, wo immer ein paar große Scheite gut ausgetrockneten Feuerholzes lagen, bildeten beschnittene Bambusrohre die Abgrenzung gegenüber den Matten aus Pandanus: Diese lagen auf Kokos- und Bananenblättern und einem Gemisch aus Stroh und dem Bergfarn, der zu diesem Zweck sehr beliebt ist. Zwei kürzere Bambusstangen bahnten einen schmalen Weg aus weißer Koralle von der Tür zur Feuerstelle.
>
> Zur rechten Hand, in der Mitte zwischen den beiden Öffnungen, ruhte eine große, immer geschlossene Kiste an der Wand, auf der der Großvater seine Laterne, seinen Tabak und sein Taschenmesser stehen hatte. Man sagte, sie beinhalte seine *adi*, sein kanakisches Geld.
>
> Genau gegenüber hing ein Teppich aus geflochtenen Palmwedeln: Er enthielt gerollte Matten für die traditionellen Zeremonien.
>
> Wenn diese Zeremonien stattfanden, so geschah das an dieser Stelle, vor dieser Hütte, auf dem *nûrûga* – dem Rasen, der um die Hütte herum wächst – zwischen den Kokospalmen und der Allee. Die letzte Zeremonie an diesem Ort würde der Abschluß der Trauerfeierlichkeiten nach dem Tod des Großvaters mit einem nächtlichen *pilou*-Tanz sein.
>
> Danach würde die Hütte allmählich im Laufe der Monate verlassen werden und schließlich auf das Stroh niedersinken, das darumherum gewachsen sein würde ...

Häufig wird der Kanak als Mensch beschrieben, der sich zuallererst durch den Raum definiert. Die Zeitkomponente fügt sich dann durch den Jahresrhythmus in der Landwirtschaft hinzu, der durch die Jamswurzel so stark bestimmt wird, daß man die melanesische Kultur Neukaledoniens sogar häufig als ›Kultur der Jamswurzel‹ bezeichnet. Auch auf diesem Gebiet haben sich durch den Einfluß westlicher Ernährungsmuster und im Zuge der Industrialisierung tiefgreifende Umwälzungen ergeben.

Außenstehende Beobachter hört man oft den Identitätsverlust der Kanaken beklagen. Nicht alle Betroffenen teilen jedoch diese Meinung: Sie möchten sich nicht von den Ethnologen in ein Museum einsperren lassen, sondern ihre Lebenskraft aus einer dynamischen Kultur schöpfen, oder, wie Jean-Marie Tjibaou sagte, »... wir wollen unsere kulturelle Existenz feierlich verkünden, indem wir den Aufbau unseres Landes wiederaufnehmen. Wir möchten der Welt sagen, daß wir keine Überbleibsel aus der Vorgeschichte sind und noch weniger archäologische Funde, sondern Menschen aus Fleisch und Blut.«

Aufgrund seiner geographischen Randlage wurde Neukaledonien erst spät von den Europäern entdeckt, nämlich 1774 von James Cook. Da dieser das umgebende Riff als äußerst gefährlich geschildert hatte, erfolgte auch die europäische Besiedlung spät. Die ersten Kapitel in der Geschichte der Kontakte zwischen Europäern und Kanaken lesen sich wie die aller Gesellschaften des Pazifiks – Walfänger, Missionare, Sandelholzhändler – doch ab 1853, dem Jahr der Besitznahme durch die Franzosen, zeichnen sich für das Land spezifische Entwicklungen ab. Nachdem die freien Siedler nur in sehr kleiner Zahl im Land eintrafen, entschloß sich Frankreich im Jahre 1864 dazu, in Neukaledonien eine Sträflingskolonie nach dem Vorbild Australiens anzulegen. Bis zu seiner Schließung am Ende des 19. Jh. brachte der *bagne* Tausende von Zuchthäuslern ins Land, mehr als freie Siedler, Staatsbeamte und Soldaten zusammengenommen.

Die Kanaken, die zunächst den Europäern Land abgetreten hatten, weil sie von ihren Traditionen ausgehend schlossen, daß dies nur für eine begrenzte Zeit gelten würde, erkannten

*An den First-Skulpturen einer Rundhütte konnten Eingeweihte die Familiengeschichte ihrer Besitzer ablesen*

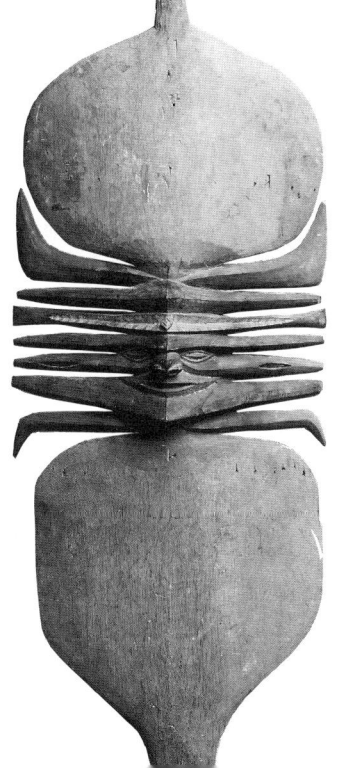

*Im Parc de la Rivière bleue*

nach und nach, daß sie ihr Land auf immer verloren hatten. Dies wurde besonders deutlich, als die zu Beginn erhofften Riesenerträge in der Landwirtschaft ausblieben und sich die europäischen Landwirte vom intensiven Nutzpflanzenanbau (Baumwolle, Zucker, Kaffee) immer mehr auf Viehhaltung verlegten, die auf ausgedehnten Ländereien basiert. Die Ureinwohner des Landes verliehen ihrem Unwillen mit Angriffen und Aufständen Ausdruck, die oft in blutigen Auseinandersetzungen mündeten, doch ihre Lage verbesserte sich dadurch nicht.

Als Arbeitskräfte für die Plantagen und später für die Nickelminen kamen Angehörige weiterer ethnischer Gruppen aus Asien und von anderen Pazifikinseln ins Land. Das Neukaledonien der Gegenwart ist die Frucht des Zusammentreffens von verschiedenen Kulturen. Auf die Traditionen der melanesischen Ureinwohner prallten die Wertsysteme der polynesischen, europäischen und asiatischen Einwanderer. Über kaum ein anderes Land gibt es so viele einander widersprechende Aussagen, und dies erklärt sich aus der konfliktreichen Geschichte, die jede Bevölkerungsgruppe unter einem anderen Blickwinkel bewertet.

Schmerz, Kampf, Gewalt und Mißverständnisse dauern bis zum heutigen Tag an: Déwé Goredey drückt in einem ihrer Gedichte, das sie 1985 nach dem gewaltsamen Tod eines Kanaken verfaßte, den tiefen Schmerz und die Entfremdung aus, die ihr Volk seit dem Eindringen der Europäer in ihr Land zu tragen hatte. Sie bedient sich in ihrem Gedicht der französischen Sprache, ihre Bilder und Symbole aber wurzeln tief in der melanesischen Tradition. Ein mit der kanakischen Kultur nicht vertrauter Leser wird nur Bruchteile der Bedeutung erkennen können. Die letzten drei Zeilen der zweiten Strophe etwa beziehen sich auf kanakische Trauerriten: Man überreicht beim Tode eines Stammesmitglieds den Onkeln mütterlicherseits eine Garbe von Cordylinien, die den letzten Atemzug des Verstorbenen symbolisieren sollen; die Begräbnisstätte eines bedeutenden Menschen wird von den Überlebenden mit Stoffstücken geschmückt, die an Zweigen aufgehängt werden. Die Araukarie ist der Baum der Häuptlinge und anderer wichtiger Persönlichkeiten; junge Kanaken haben die Angewohnheit, für sie wichtige Daten in Agaven-(Aloe-)Blätter einzugravieren.

Um die Trauer auszusprechen

So viele Worte
oder so wenige
keine Zahl ist genug
um die Trauer auszusprechen
kein Buchstabe reicht aus
um das Leid zu beschreiben

Unser Schmerz ist

eine kleine Insel im Meer der Tränen
ein Korallenstäubchen am Ufer
eine Perle an feuchten Wimpern
eine Garbe von grünen Cordylinien
ein Stück Stoff auf einem Araukarienzweig
ein Datum, das auf einem Aloeblatt blühen wird

Unser Schmerz ist

die Jamswurzel der Verbannten mit den Erniedrigten essen
das Ereignis tief in der Geschichte unserer Kämpfe einprägen
die Last des verletzten Wortes tragen
den hoffnungslosen Zorn bündeln
den Lauf des zur Einheit führenden Baches ausrichten
eine neue Hütte für ein anderes Land errichten

# NEUKALEDONIEN – ROUTENVORSCHLÄGE

## Routenvorschläge

In kaum einem anderen Land des Pazifiks ist es so wichtig, ins Hinterland zu fahren wie in Neukaledonien, wenn man einen vollständigen Eindruck erhalten will: Die Kontraste zwischen der europäisch angehauchten Hauptstadt Nouméa und allen anderen Teilen Neukaledoniens, die *la brousse* – (›Busch‹) genannt werden, sind gewaltig.

Kleine Ausflüge von **Nouméa** aus führen vor allem in den Süden, nach **Plum, Yaté** oder mit dem Jeep und einem Führer in den **Parc de la Rivière Bleue** oder zur **Rivière**

**Nouméa**  1 *Krankenhaus*  2 *Altes Rathaus*  3 *Maison de Lifou*  4 *Destination Nouvelle Calédonie (Informationen)*  5 *Jugendherberge*  6 *Kathedrale*  7 *Bibliothèque Bernheim*  8 *Busbahnhof*  9 *Markt*  10 *Museum*  11 *Post*

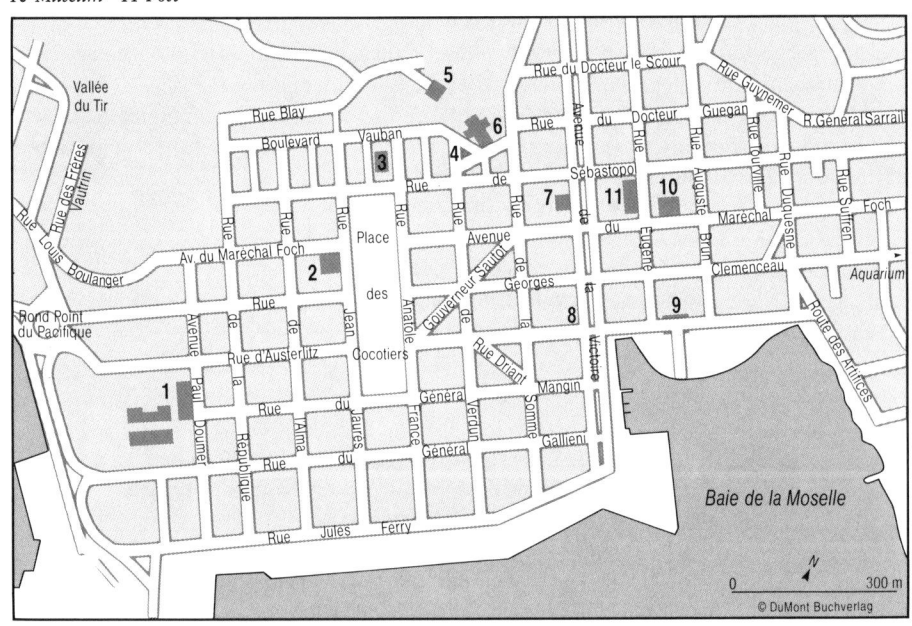

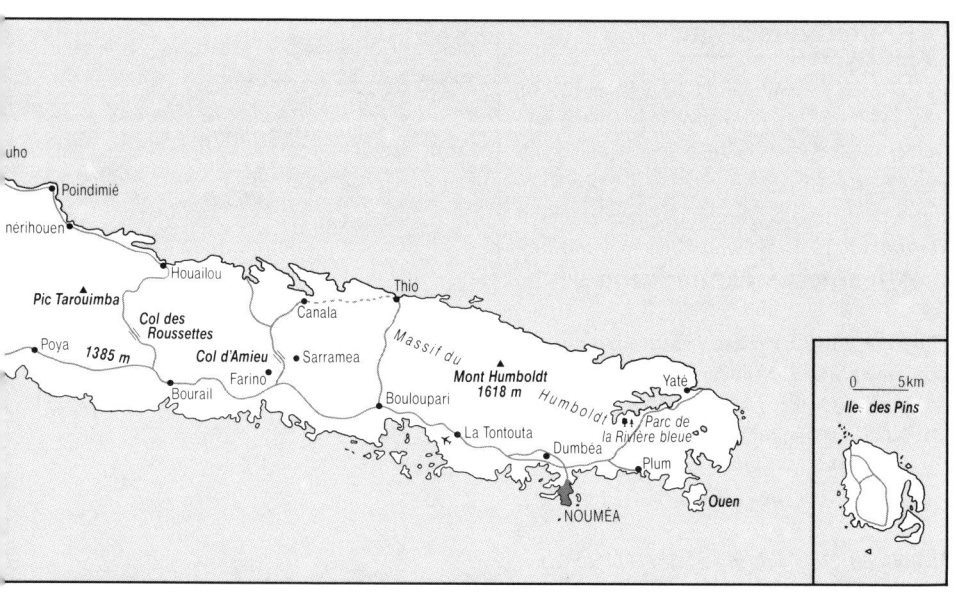

*Neukaledonien, La Grande Terre*

**de la Madeleine,** den **Buchten von Prony** oder von **Port Boisé.** Wer ein Boot auftreiben kann und eingeladen wird, kann auch die winzige **Insel Ouen** im äußersten Süden besuchen.

Die meisten Touristen setzen zur nur vom Leuchtturmwärter und seiner Familie bewohnten Insel **Phare Amedée** über, auf der herrliche Korallenformationen bewundert werden können.

Eine individuelle Fahrt zu anderen Teilen der Grande Terre sollten nur des Französischen Mächtige wagen, ansonsten ist eine organisierte Reise anzuraten. Ein beliebter Ausflug führt über den **Col d'Amieu** und das **Dorf Farino** nach **Canala** an der Ostküste. Auf dem Weg durch das Gebirge beeindruckt beim 46. Kilometer das Dorf **Petit-Couli** mit seiner Häuptlingshütte am Ende einer von Araukarien eingefaßten Rasenfläche.

Die große Inselrundfahrt führt über **Dumbéa** und **Bouloupari** nach **Bourail** und danach durchs Gebirge über den **Col des Roussettes** nach **Houailou.** Die Fahrt an der Ostküste über **Ponérihouen, Poindimié** und **Touho** nach **Pouébo** gehört zu den schönsten Strecken im Land. Die Rückfahrt durch den Norden führt zurück an die Westküste und über **Koumac** und **Kaala-Gomen, Voh** und **Poya** zurück nach **Bourail** und von dort aus zum Ausgangspunkt.

# Vanuatu

## Allgemeine Landeskunde

*Offizieller Name: Vanuatu;* dieser Name hat seit der Unabhängigkeitserklärung vom 30. Juli 1980 den alten Namen ›Neue Hebriden‹ abgelöst. ›Vanua‹ bedeutet in einigen austronesischen Sprachen des Landes ›Land‹, ›Heimat‹, ›Staat‹, ›Herkunft‹, und ›tu‹ steht für existieren, sein, stehen, hoffen, für Stärke, Wurzeln, die Geschichte, die Vergangenheit, Gegenwart und Zukunft. Die beiden Begriffe zusammen haben einen starken Symbolwert und sollen dem Wunsch nach eigener Identität Ausdruck verleihen: »Auf ewig unser Land!«

*Hauptstadt: Port Vila auf Efate (35 000 Ew.)*

*Längengrade: 166°–171° Ost; Breitengrade: 12°–21° Süd*
*Landfläche: 12 000 km²; Meeresfläche 680 000 km²*

Die 83 Inseln des Landes bilden die Form eines in Nord-Süd-Richtung ausgerichteten Y von 800 km Länge. Die Inseln sind meist sehr gebirgig und vulkanischen Ursprungs, einige Vulkane sind bis heute noch aktiv. Die größten Inseln südlich Efates (Vaté) mit der Hauptstadt Port Vila sind Eromanga und Tanna; nach Norden setzt sich der Archipel mit der Shepherd-Gruppe, Ambrym, Pentecost, Malekula, Espiritu Santo und einigen weiteren kleineren Inseln fort.

Das Klima ist tropisch mit Temperaturen zwischen 23° und 28°C. Auf den südlichen Inseln ist es deutlich kühler und trockener als auf den im äußersten Norden gelegenen. Das gesamte Land steht für einen Großteil des Jahres unter dem Einfluß der kühlenden Passatwinde, und es herrschen bedeutende Temperaturschwankungen zwischen den Sommer- und Wintermonaten. Vanuatu liegt im Hurrikangürtel und wird zwischen Dezember und April häufig von Wirbelstürmen heimgesucht. Die Zerstörungen der letzten Hurrikans von 1985, 1987 und 1992 sind noch an manchen Stellen in der Landschaft sichtbar.

Die Pflanzenwelt weist einen bemerkenswerten Artenreichtum auf, insbesondere in den Regenwäldern, die vor allem die nördlicheren Inseln Vanuatus bedecken. Bei der Fauna sind vor allem die Vogelwelt und die marine Fauna erwähnenswert.

Zur Zeit der Volkszählung von 1989 hatte Vanuatu 142 630 Einwohner. Über 90% davon sind Melanesier, die Landesbewohner anderer Herkunft (Europäer, Mikronesier, Polynesier,

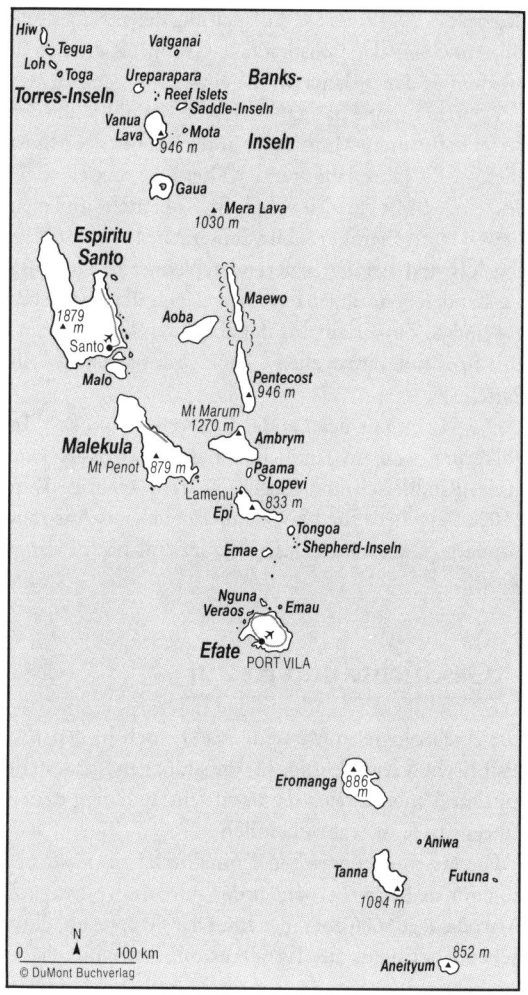

*Vanuatu*

Chinesen und Vietnamesen) konzentrieren sich hauptsächlich in den größeren Orten und Wirtschaftszentren wie Port Vila, Forari und Port Havannah auf Efate oder Luganville auf Santo.

Englisch, Französisch und Bislama sind Amtssprachen. Bislama, eine aus dem englischstämmigen Pidgin entwickelte Sprache, ist Nationalsprache. Im Land werden ungefähr 115 verschiedene melanesische Sprachen gesprochen, dazu kommen noch die Sprachen der anderen pazifischen oder asiatischen Einwanderer. Ein Erbe des französisch-britischen Kondominiums zu

Beginn des 20. Jh. ist die Aufspaltung der melanesischen Bevölkerung in eine französischsprachige und eine englischsprachige Gruppe: Zwischen diesen beiden Sprach- und Kulturgemeinschaften ist das Bislama oft die einzige Sprachbrücke.

Vanuatu ist eine parlamentarische Republik, die dem Parlament verantwortliche Regierung besteht aus einem Ministerrat unter Vorsitz des Ministerpräsidenten, der zugleich Regierungschef ist. Elf Jahre lang stand Walter Lini, ein ehemaliger anglikanischer Pastor, an der Spitze des Landes. Mit der Zeit wurde im Volk mehr und mehr Kritik laut an seinen zunehmend autoritären Herrscherallüren. Im September 1991 wurde er schließlich durch ein Mißtrauensvotum abgelöst und aus der regierenden Vanuaaku Pati ausgeschlossen. Ende 1991 wurden Wahlen auf Landesebene abgehalten, aus denen überraschenderweise die Frankophilen als Sieger hervorgingen. Zur Erlangung der absoluten Mehrheit im Parlament waren sie jedoch gezwungen, eine Koalition einzugehen – der Koalitionspartner ist Walter Lini mit seiner neu gegründeten Partei!

Die Wirtschaft des Landes basiert zum großen Teil auf der Landwirtschaft. 80% der Bevölkerung sind im ländlichen Bereich ansässig. Hauptexportprodukte sind Kopra, Kakao, Holz, Rindfleisch und Kaffee. Weitere wichtige Wirtschaftszweige sind der Tourismus (mit 24000 Besuchern für 1989, hauptsächlich aus Australien) und das internationale Bankgeschäft. Vanuatu ist auch mehr als ein Jahrzehnt nach Erlangung der Unabhängigkeit auf Hilfe angewiesen.

# Geschichte und Kultur

Die Archäologie in Vanuatu steckt noch in den Kinderschuhen. Während bis jetzt wenige historische Keramikfunde für die südlichen Landesteile bekannt sind, scheint das nördliche und mittlere Vanuatu reich daran zu sein, und eine Besiedlung während mehrerer vorchristlicher Jahrtausende ist wahrscheinlich.

Die ersten europäischen Kontakte fallen mit dem Ende der iberischen Entdeckungsreisen zusammen: Pedro Fernández de Quiros, ein portugiesischer Kapitän im Dienste der spanischen Armada, legt 1606 auf einer Insel der Gruppe an, die er für den legendären paradiesischen südlichen Kontinent, die ›Terra Australis Incognita‹ hält. Er nennt sie daher ›Austrialisches Land des Heiligen Geistes‹ (›austrialisch‹ statt ›australisch‹ ist eine Ehrung an das Haus Austria, das mit der spanischen Krone verbunden war). Kartographen der folgenden Jahrhunderte verkürzten den Namen auf ›Espiritu Santo‹, und in der Gegenwart ist nun die noch kürzere Bezeichnung ›Santo‹ üblich. Die Expedition hatte mit dem Ziel, »Gott zu dienen, unseren katholischen Glauben zu verbreiten und den Einflußbereich der königlichen Krone auszudehnen«, mit Soldaten und Mönchen an Bord Peru verlassen. Die guten Vorsätze für den Umgang mit den ›Indianern‹ weichen bald einer rauhen Wirklichkeit. Beim ersten Treffen mit dem Häuptling des Ortes, bei dem sich die Gesprächspartner nur mit Gesten verständigen konnten, zeichnet dieser eine Linie in den Sand und bedeutet den Spaniern, dahinter zurückzubleiben und ihre Waffen abzulegen, worauf er dasselbe tun würde. Torres, der Gesandte der

*Skulptiertes Zwischenstück einer Lanze, Malekula*

spanischen Delegation, lehnt diese Aufforderung zum Waffenstillstand von seiten der ›Wilden‹ als unverschämt ab und setzt lieber auf Waffengewalt. Ein Insulaner wird beim ausbrechenden Gefecht getötet und mit dem Fuß an einem Baum aufgehängt: Erst auf Bitten des Häuptlings geben die Spanier seine Leiche frei, nicht ohne noch einmal Drohungen gegen die Inselbewohner auszustoßen. Danach behandeln die Seeleute die Insulaner offen als Feinde, vertreiben sie auf ihren Streifzügen aus ihren Dörfern und decken sich aus deren Vorräten mit Nahrungsmitteln ein, denn »es war ja niemand da, um uns daran zu hindern«, schreibt Bruder Munilla in seinem Expeditionstagebuch.

Gleichzeitig verliert sich der Expeditionsführer Quiros immer mehr in Utopien. Am Pfingstsonntag gründet er den ›Orden vom Heiligen Geist‹, dem die gesamte Schiffsbesatzung angehört und dessen Ziel es ist, den neuen ›Kontinent‹ zu kolonisieren und dabei »die Indianer zum Christentum zu bekehren und sie zu beschützen«. Dem Orden ist, ebenso wie der Stadtgründung eines ›Neuen Jerusalem‹, dem Zentrum der Kolonie, jedoch nur ein kurzes Leben beschieden. Nach insgesamt drei Wochen gibt Quiros plötzlich und ohne Erklärung den Befehl zum Aufbruch und macht sich auf den Rückweg nach Mexiko. Er hat nur zwei bis drei Kilometer Küste einer Insel von 145 km Länge und 65 km Breite erforscht und ist dennoch sein Leben lang davon überzeugt, einen neuen märchenhaften Kontinent entdeckt zu haben. Sein Brief an König Philipp III. übersteigert seine Verdienste ins Unendliche:

*»Diese unbekannte Region stellt den vierten Teil des Erdballs dar. Darin fände ein Doppeltes der Königreiche und Provinzen Platz, welche Eure Majestät heute besitzt. (…) Zahlreiche Nationen bevölkern diese Region (…) Sie haben keine Befestigungsanlagen oder Stadtmauern, keine organisierte Gewalt, weder König noch Gesetze. (…) Sie könnten leicht befriedet, indoktriniert und zufriedengestellt werden.«*

*Prunkkeule aus Ambrym, um 1885*

## VANUATU – GESCHICHTE UND KULTUR

162 Jahre lang zeigte sich kein weiterer Europäer in der Region. Die spanische Krone hielt die Expeditionsberichte von Quiros ein Jahrhundert lang unter Verschluß, konnte sich aber aufgrund von innenpolitischen Problemen der Angelegenheit nicht mehr widmen. Die Holländer, die im 17. Jahrhundert die Weltmeere beherrschten, verfolgten ganz konkrete wirtschaftliche Ziele, und erst im 18. Jahrhundert, dem Zeitalter der Aufklärung, interessierten sich die Engländer und die Franzosen wieder für den Südkontinent, das letzte Geheimnis, das die Südsee noch zu bergen schien.

Louis de Bougainville entdeckte mehrere kleinere Inseln in der von Quiros angegebenen Lage, die er ›Archipel der Großen Zykladen‹ nannte. Er hätte damit genug Material gehabt, um die Aussagen Quiros' zu widerlegen, aber im Zuge der englisch-französischen Rivalität wurden seine Entdeckungen nicht öffentlich bekanntgemacht.

Sechs Jahre danach, 1774, landet Cook zunächst kurz auf Malekula und dann auf Tanna im Süden des Archipels, wo er länger verweilt und erste Kontakte mit den Melanesiern knüpft. Sein Auftrag ist es, jedes entdeckte Land im Namen der englischen Krone in Besitz zu nehmen, dabei aber die Lage geheimzuhalten. Vor seiner Abreise in Richtung Neuseeland ver-

*Tänzer aus Vanuatu, Stich um 1890*

fügt er: »Ich glaube, das Recht erhalten zu haben, diese Inseln zu benennen, und verleihe ihnen daher den Namen Neue Hebriden.«

Jede der drei ersten Begegnungen zwischen Europäern und Inselbewohnern hatte zu Mißverständnissen und Blutvergießen geführt. Obwohl die Aggression jedes Mal durch Mangel an Toleranz und Einfühlungsvermögen seitens der Europäer ausgelöst worden war, gelangte die Region in den Ruf der Unwirtlichkeit.

Erst als Peter Dillon 1825 in Tanna Sandelholz entdeckte, gerieten die Neuen Hebriden wieder in den Blickpunkt des Weltgeschehens. Nachdem die Vorräte dieses Edelholzes ein Vierteljahrhundert später versiegt waren, behielten die Händler die bestehenden Wirtschaftsstrukturen bei und änderten nur die ›Ware‹: Junge, kräftige Melanesier wurden als billige Arbeitskräfte auf die Plantagen des tropischen und subtropischen Australien geschickt. Robert Towns, ein geschickter Geschäftsmann, der schon vom Sandelholzgeschäft profitiert hatte, hatte bei Townsville im Norden von Queensland ein Anwesen zur Baumwollanpflanzung erworben. Durch den amerikanischen Bürgerkrieg waren in Nordamerika Produktion und Vertrieb von Baumwolle beeinträchtigt und die Wettbewerbschancen für Australien sehr groß. Quellen berichten, daß Towns zunächst deutsche Arbeiter angestellt hatte, die er jedoch alle 1863 mit der Erklärung entließ, sie äßen zuviel. Im selben Jahr, 1863, erreichte der erste Transport – 67 Männer aus Tanna, Anatom und von den Loyalty-Inseln – den Hafen von Brisbane. Zahlreiche kritische Stimmen erhoben sich gegen den ›slave traffic‹, doch die Wirtschaftsinteressen blieben stärker. Als die Baumwollpreise 1870 stark fielen, erschloß man auf den Zuckerrohrplantagen einen neuen Markt für das ›blackbirding‹, den Handel mit ›schwarzen Vögeln‹. Zwischen 1863 und 1904, dem Jahr der endgültigen Abschaffung des Menschenhandels, gelangten über 60 000 Zwangsarbeiter nach Queensland, davon mehr als die Hälfte von den Salomon-Inseln und aus den Neuen Hebriden. Auch andere Länder in der Region profitierten vom Sklavenhandel, so die britischen Pflanzer in Fidschi, die französischen Bergwerksbesitzer in Neukaledonien und in geringerem Ausmaß auch die deutschen Pflanzer in Samoa.

Der Abtransport gerade der dynamischsten unter den jungen Männern hatte dramatische Folgen für die Ursprungsländer: In den Dorfgemeinschaften fehlte ihre Mitarbeit, und die Nachkommenschaft ganzer Generationen verringerte sich in drastischer Weise. Man nimmt an, daß die Bevölkerung der Neuen Hebriden durch das Blackbirding um etwa 50% dezimiert wurde, manche Inseln sogar um 80%. Einige der ›Kanaka‹ genannten Zwangsarbeiter kehrten zurück, andere entschieden sich für ein Verbleiben auf dem australischen Kontinent. Ihre Nachfahren bilden dort eine ethnische Minderheit, die bis zum heutigen Tage praktisch rechtlos ist und erst in der jüngsten Vergangenheit durch eine Bürgerrechtsbewegung von sich reden machte.

Den wenigen europäischen, meist britischstammigen Siedlern und Pflanzern, die sich vor 1880 auf dem Archipel niederließen, war in den meisten Fällen ein trauriges Schicksal beschieden: Ermordungen durch Eingeborene, Unwetter und Dürreperioden, Malaria und wirtschaftlicher Ruin durch Kursstürze beim Verkauf der angebauten Produkte standen an der Tagesordnung.

# VANUATU – GESCHICHTE UND KULTUR

*Am Hafen von Port Vila*

Erst im letzten Viertel des 19. Jh. zeigte sich offen das Interesse der Franzosen: Schon als Admiral Febvrier Despointes 1853 vom benachbarten Archipel Besitz ergriffen hatte, war die Bezeichnung ›Neukaledonien und abhängige Gebiete‹ bewußt vage gehalten worden, um die Möglichkeit einer geographischen Ausdehnung offenzuhalten. Auf Veranlassung von John Higginson, einem der größten Unternehmer aus Nouméa, wurde die ›Compagnie Calédonienne des Nouvelles-Hébrides‹ gegründet. Diese Gesellschaft war ein Zusammenschluß von Privatleuten mit dem Ziel, den französischen Einfluß auf die Neuen Hebriden auszuweiten, indem sie Land von den Melanesiern und den bereits ansässigen englischen Siedlern – viele darunter befanden sich gerade zu dieser Zeit in wirtschaftlichen Nöten – aufkaufte und französischstämmigen Kolonisten zuteilte. Gleichzeitig eröffnete sich damit für die neukaledonische Nickelindustrie ein neues Potential an Arbeitskräften.

Angesichts des überaus bedeutenden Landerwerbs der Compagnie Calédonienne – 1880 hatte sie sich 780 000 ha des Archipels angeeignet, d. h. in etwa die Hälfte seiner Landfläche und fast die Gesamtheit der landwirtschaftlich nutzbaren Flächen – versuchten die Anhänger einer britischen Vorherrschaft, ihren Einfluß auf den Archipel zu verstärken. Die englischen Staatsbürger in Vanuatu waren bereits ab 1878 dem fidschianischen Gouverneur unterstellt worden, ein britisches Kriegsschiff hielt sich andauernd in den Gewässern der Neuen Hebriden auf, und eine in Australien gegründete Gesellschaft versuchte vergeblich, es der Compagnie Calédonienne im Landerwerb gleichzutun. Als die Compagnie Calédonienne 1894 schließlich den Bankrott anmelden mußte, wurde sie vom französischen Staat unter der Bezeichnung ›Société Française des Nouvelles-Hébrides‹ weitergeführt.

Mit der Gründung eines englisch-französischen Seefahrtsausschusses, der ›Commision Navale Mixte‹, wurde ab 1888 die Position der Kolonisten auf dem Archipel weiter gefestigt. England und Frankreich vertrauten dem freien Spiel der Kräfte unter den Siedlern, und jeder der beiden Staaten hoffte, das Land würde mit der Zeit von selber in den jeweils eigenen Machtbereich fallen.

In den ersten Jahren des 20. Jhs. betrat mit den Deutschen ein neuer Akteur die pazifische Bühne, und dies zog eine Umorientierung der Macht- und Einflußsphären mit sich, gegen die sich die schon ansässigen Kolonialmächte – nun vereint – abzusichern versuchten.

Ab dem 20. Oktober 1906 wurde der Archipel den beiden Nationen in gemeinschaftlicher Verwaltung unterstellt. So wurde eine Aufteilung der Neuen Hebriden vermieden. Die französischen Siedler waren dem französischen, die englischen Siedler dem englischen Recht unterstellt, die melanesischen und andere Siedler mußten sich für eine Regierungsform entscheiden. Aus dieser besonderen politischen Situation heraus entstand ein Kuriosum, das von den Betroffenen bald ›Pandämonium‹ genannt wurde.

Das Land unterstand zwei ›Gouverneuren‹, von denen einer Franzose, der andere Engländer war. Jeder einzelnen Insel wurde wiederum ein Paar von Delegierten zugeordnet, welche die Zweiteilung auf Inselebene fortsetzten. Die Polizeikräfte waren zweigeteilt, die Steuerbehörden, das Postwesen und die Baubehörde, das Zollsystem, die Gerichtsbarkeit, die Währung und die Finanzverwaltung. Dieses doppelte Verwaltungssystem wurde später auch auf die Landwirtschaft und die Tiermedizin übertragen, ebenso auf den Bergbau und die Landvermessung. Es existierten also drei Verwaltungen: eine englische, eine französische und eine ›gemeinsame‹, welche die beiden nationalen Einrichtungen zu vereinen versuchte.

Die Einheimischen waren als einfache Untertanen den beiden Mächten untergeordnet, sie hatten bis zur Unabhängigkeit nicht das Recht auf eine Staatsbürgerschaft. Ihr einziger Schutz war die Trägheit des komplizierten Systems, in dem die Vertreter beider Seiten sehr viel mehr gegeneinander als miteinander operierten.

Port Vila wurde zum Zentrum der europäischen Verwaltung. Bis zum Zweiten Weltkrieg behielt die Siedlung jedoch völlig ländlichen Charakter. In der Anlage der heutigen Stadtstruktur ist die Aufspaltung in die zwei ehemals verschiedenen Machtzonen immer noch deutlich abzulesen.

Durch die politische Organisation der melanesischen Bevölkerung wie z. B. die Entstehung der Nagriamelbewegung auf den nördlichen Inseln gegen Ende der 60er Jahre und die Gründung einer nationalistischen melanesischen Partei zu Beginn der 70er Jahre, der ›National New Hebrides Party‹, die sich zur ›Vanuaaku Pati‹ weiterentwickelte, wurde die Kondominiumsverwaltung aus ihrer jahrzehntelangen Lethargie gerissen. Die neue Vanuaaku-Partei, die ihre Mitglieder vor allem aus den Reihen der zwei großen protestantischen – und anglophilen – Kirchen bezog (den Anglikanern und den Presbyterianern), sprach sich für die Unabhängigkeit aus, die so rasch wie möglich erreicht werden sollte. Ihr Ziel, ein zentralistischer Staat mit einer starken politischen Partei, rief Opposition hervor, vor allem bei den kulturellen und religiösen Minderheiten, die sich ihrerseits als ›Gemäßigte‹ (später Tan-Union) formierten. Der alte Konflikt zwischen englisch – französisch und protestantisch – katholisch brach damit erneut auf, und diesmal, im Kampf um den Weg, auf welchem die Unabhängigkeit erreicht werden sollte, standen Melanesier Melanesiern gegenüber. Nach zahlreichen Auseinandersetzungen, die ein Jahrzehnt andauerten, wurden am 30. Juli 1980 die Neuen Hebriden unter dem Namen Vanuatu unabhängig; die ersten freien Parlamentswahlen fanden am 2. November 1983 statt.

Überall im Land sichtbare Symbole der Unabhängigkeit sind das Wappen und die Flagge sowie das neue Parlamentsgebäude, in dessen Bauweise zahlreiche Elemente der melanesischen Kulturtradition eingeflossen sind.

### Die Flagge von Vanuatu

Sie wurde von Kalontas Mahlon von der Insel Emao vor der Nordküste Efates entworfen. Die rote Farbe erinnert daran, daß das Volk des Landes durch Blutsbande vereint ist, Schwarz steht für die Hautfarbe, Gelb bedeutet die vom Christentum gebrachte Erleuchtung und Grün symbolisiert die Landwirtschaft, die Lebensgrundlage des Landes. Die Y-Form zeichnet die Lage der Inseln des Archipels nach, der kreisförmig gewachsene Hauer eines Ebers drückt Reichtum aus, und der Zweig der *Cycas*-Palme (Mele) ist ein traditioneller Friedensgruß.

Vanuatu ist ein hervorragendes Beispiel für die tiefe Verwurzelung der pazifischen Traditionen, sogar im heutigen Alltagsleben. Stärke und Vielfalt der Kulturen sind in diesem Land ganz besonders ausgeprägt.

Anthropologen haben Vanuatu wegen seiner Schlüsselrolle in den Wanderungsbewegungen des Pazifikraumes ›das Mittelmeer von Ozeanien‹ genannt. Untersuchungen in diesem Kulturraum trugen in bedeutendem Maße zur Erhellung der Besiedlungsgeschichte im pazifischen Ozean bei. Früher wurde angenommen, daß zunächst ein auf kurze Zeitdauer begrenzter, organisierter Siedlerstrom Südostasien verlassen und sich in Richtung des heutigen Melanesiens gewandt habe und einige Jahrtausende später die Polynesier unabhängig davon, ebenfalls von Asien kommend, ihren Weg in den Pazifik eingeschlagen hätten. Die Vielfalt der physiognomischen Typen, der Sprachen und der Kulturtraditionen in den melanesischen Kernländern wie Vanuatu, Neukaledonien oder Fidschi weist jedoch auf einen kontinuierlichen Siedlerstrom quer durch die Jahrtausende hin. Aus dieser relativierten Sicht der kulturellen Vielfalt im melanesischen Raum treten plötzlich die Übereinstimmungen zwischen polynesischer und melanesischer Lebensweise stärker zutage, und die Wissenschaftler sehen heute in den melanesischen Inseln eher Verteilungszentren mit Ausstrahlung in die östlichen – polynesischen – Räume des Pazifiks als von den späteren Wanderungsbewegungen isolierte Gebiete.

Eines der faszinierendsten Beispiele für die kulturelle Vielfalt Vanuatus ist die sprachliche Fragmentation. Die ersten europäischen Beobachter vergleichen die linguistische Situation in Melanesien und Vanuatu immer wieder mit der Lage nach dem Turmbau zu Babel. Aus der immensen sprachlichen Vielfalt schließen sie, daß zwischen den einzelnen Stämmen überhaupt keine Kommunikation möglich war und also kein Kontakt bestand. Die heutige Linguistik hat die Sprachen genauer auf ihre Beziehungen untereinander geprüft und herausgefunden, daß in der Vielfalt doch gewisse Regelmäßigkeiten auftreten: So kann die Sprachgruppe X noch in groben Zügen verstehen, worüber in der Sprache des Nachbardorfes Y geredet wird, aber nicht mehr in der der Siedlung Z; Y und Z können sich hingegen noch verständigen, ebenso Z mit seinem weiteren Nachbarn usw. Dieses Phänomen nennt man Sprachkette. Die Sprachkette ist ein System, das Kommunikation zwischen verschiedenen Sprach-

*Mann mit Kavawurzel bei der Kavabereitung, Espiritu Santo*

gruppen erlaubt, indem sie genau dem melanesischen System der stufenweisen Kontakte über sogenannte ›Kontaktknoten‹ folgt, welche ein kompliziertes Kommunikationsnetz bilden. Dieses System erlaubt den Stämmen mit ihrem komplexen Beziehungsgeflecht, sich untereinander zu verständigen, wenn es nötig ist, gleichzeitig aber über eine je eigene Sprache zu verfügen, wenn es um Geheimnisse des Stammes geht. So drücken sich in der sprachlichen Situation Melanesiens die beiden Hauptkräfte aus, die die melanesische Gesellschaft kennzeichnen: die Öffnung nach außen und die gleichzeitige Orientierung nach innen, die der jeweiligen Sprachgruppe ihre Identität sichert.

Die traditionelle melanesische Gesellschaft hatte ein umfassendes und allen Anforderungen gerecht werdendes Weltbild. Mit der Ankunft der ersten europäischen ›Entdecker‹ geriet dieses System jedoch aus dem Gleichgewicht. Diese Tatsache erklärt, weshalb die nachfolgenden Missionare meist so rasch eine christlich geprägte Neuorientierung der Gesellschaft erzielen konnten. Oft blieb die Christianisierung jedoch an der Oberfläche und erschöpfte sich in äußeren Formen, während traditionelle Denkweisen unterschwellig und unbeachtet weiterlebten. Ein kompletter Bruch mit der melanesischen Tradition fand nicht statt, da die von ihrer eigenen so verschiedene europäische Kultur den Melanesiern fremd bleiben mußte. Ein gutes Beispiel für ein plötzliches Wiederhervortreten melanesischer Elemente in einer immer stärker europäisierten Umgebung sind die uns so bizarr anmutenden Cargo-Kulte, die seit Ende des 19. Jh. und dann verstärkt im 20. Jh. auf zahlreichen Inseln Melanesiens, so in Papua-Neuguinea, auf den Salomon-Inseln und auch in Vanuatu aufflammten.

In Melanesien waren Austauschbeziehungen Grundlage des gesellschaftlichen Lebens: Die Europäer hatten jedoch außer dem Christentum nichts von ihren Gütern zurückgelassen, sondern vielmehr nur genommen. Die in den Häfen, Plantagen oder anderswo für die Europäer arbeitenden Einheimischen konnten jedoch ab und zu einen Blick auf die sagenhaften Güter erhaschen, welche die Europäer zu ihrem eigenen Gebrauch herantransportieren ließen. Diese Objekte des materiellen Reichtums erschienen ihnen in Träumen und Visionen, und sie versuchten, durch Anrufen der Ahnen und besondere rituelle Handlungen zu erreichen, daß ihre eigene Gesellschaft auch in den Genuß dieser Güter komme. Ihrer Meinung nach hatten die Europäer ihnen die Schiffsfrachten (cargo) – Kleidung, Nahrungs- und Transportmittel, Baumaterialien u. v. m. – unrechtmäßig vorenthalten. Außer der materiellen Seite spielen zumeist auch Aspekte des christlichen Glaubens eine Rolle, die als Versatzstücke in die neue Religion einfließen. Die Propheten dieser Cargo-Kulte sagten für die Zukunft gewaltige Umwälzungen voraus, infolge derer die Güter der Weißen in Fülle an die Einheimischen verteilt werden würden.

Die John-Frum-Bewegung auf Tanna (Vanuatu) ist eines der faszinierendsten Beispiele für die Cargo-Kulte:

Gegen Ende der 30er Jahre unseres Jahrhunderts zeigte sich auf einem Tanzplatz im Süden der Insel zum Kavatrinken versammelten Männern wiederholt eine Erscheinung. Dieser Mann mit der hellen Haut eines Mischlings trug eine Jacke mit schillernden Knöpfen und einen Hut im europäischen Stil. Er stützte sich auf einen leuchtenden Stab. Man errichtete ihm

# Die Toka-Feier – Bericht eines europäischen Beobachters der Gegenwart
*von Joël Bonnemaison*

Betrachtet man seine Grundbestandteile, dann ist der Ablauf des Rituals einfach: Eine Gruppe lädt eine zweite ein, bei ihr den *toka* zu tanzen; wird der Einladung Folge geleistet, tanzt sie als Antwort darauf ihrerseits den *nao*. Jeder der beiden Gruppen stellt eine ›Tanzgesellschaft‹ dar.

Bei jedem *toka* müssen die Gesänge und Tänze völlig neu geschaffen werden: Sie stellen die Überraschung dar, welche die Gastgeber erwartet. Die Zauberer und Dichter der Region ›White Sands‹ kommen zum Tanzen auf die Landspitze, wo Kasiken, ein legendärer Vorfahre göttlicher Herkunft, die Inspiration für den ersten *toka*-Tanz fand. Dort, am Fuße des magischen Baumes *nesesä,* kauen sie langsam die Zweige, während sie das Meer betrachten. Am selben Abend, beim *kava*, wenn das Getränk Wirkung zeigt und der Geist willenlos umhertreibt, kommt *Kasiken* und bläst die Worte und Rhythmen eines neuen Liedes vor. (...)

Die Feier dauert 24 Stunden. Sie beginnt am Abend mit den Tänzen des *napen-napen,* die die Frauen der *nao*-Gruppe vorführen. Die Tänzerinnen treten als Gruppe auf, ihre Gesichter sind bemalt, sie tragen bunte Baströcke, auf denen duftende Blätter *(nesei)* befestigt sind; als Kopfschmuck stecken sie sich Sperberfedern ins Haar. Sie begleiten ihre Tänze, indem sie auf aus Blättern geflochtene Körbe schlagen. Diese sind mit magischen Steinen gefüllt, die sie fruchtbar machen sollen (die ›Medizin‹ der Frauen). Um sie herum bildet sich ein Kreis. Dieser Kreis, der sich nur locker und ungeordnet formiert, heißt *kahwüa;* alle, die zum Fest gekommen sind, nehmen daran teil. Die Nacht gehört den Tänzern des *napen-napen* und dem *kahwüa,* welcher unaufhörlich um sie kreist.

Während der Nacht zeigen sich die Tänzer nicht, die im Morgengrauen den *toka* tanzen werden, sie bleiben ein wenig entfernt im Busch unter sich. Die Tänze des *napen-napen* und des *kahwüa* beginnen langsam und werden dann immer frenetischer, je näher das Morgengrauen rückt. Kurz vor Tagesanbruch rennen die kreisenden Gruppen des *kahwüa* auf die Mitte des Platzes zu und strömen dann zurück. Der rhythmische Tanz hört exakt in dem Augenblick auf, in dem die Nacht stirbt; es herrscht Stille, die Tänzer und Tänzerinnen der Nacht ziehen sich zurück, und alle erwarten mit dem Morgengrauen die Ankunft der *kweriya* und der Tänzer des *toka.*

Dieses Fest hat durchaus eine sexuelle Note. Bei den zum *kahwüa* Geladenen tanzen Männer und Frauen gemeinsam, und das ist bei den tradionellen Tänzen sehr selten. Im Schutze der Nacht und durch die Nähe begünstigt, ist die sexuelle Herausforderung erlaubt: Männer und Frauen haben das Recht, sich zu lieben, unter der Bedingung, daß die Zärtlichkeiten zurückhaltend sind und keine Folgen haben. Das Tageslicht setzt all dem ein Ende, und die Handlungen der Nacht werden am nächsten Tag durch das Blut der Schweine, die man opfert, reingewaschen – man sagt ›bezahlt‹.

Im Morgengrauen treten die Tänzer des *toka* feierlich auf. Die *kweriya,* ein riesiger Federbusch, der auf dem Ende eines Bündels langer Bambusstangen sitzt, kündet die Tänzer an. Sie ist das Symbol ihrer Macht und ihrer Ehre. Mehrere Männer des Clans der Herren *yrëmëra* tragen den traditionellen Federbusch, während in ihrer Mitte der *yrëmëra* schreitet, der den Titel innehat, den aber nichts sonst von den anderen unterscheidet. Sie führen nun den *toka*-Tanz auf, den sie monatelang im Geheimen vorbereitet haben. Dabei haben sie gefastet und jeglichen Kontakt mit Frauen vermieden.

Der *toka*-Tanz nimmt die alte *niel*-Sitte wieder auf (*niel* ist eine Anhäufung zum Austausch bestimmter Gaben an Naturprodukten, die auf dem Tanzplatz liegen, und auch das Symbol für Geschenk an sich). Er bezieht sich stets auf Themen aus der Landwirtschaft: Er preist die Fruchtbarkeit der Gärten von Tanna und den Kult der Riesenjamswurzel. Die Männer drehen sich im Kreis, dabei stampfen sie mit den Füßen auf den Boden und klatschen in die Hände. Die im Kreis Tanzenden symbolisieren den Pflanzhügel der Jamswurzel, während die, die sich daraus lösen, das Wachstum der Kletterpflanze pantomimisch darstellen. Der *toka*-Tanz wird immer mit einem Zweig getanzt, dessen weiß angemalte Spitze schnabelförmig gebogen ist. Indem sie den Zweig bewegen, geben die Männer vor, Geschenke anzuziehen; sie drücken pantomimisch ihre Freude angesichts des *niel* aus, der ihnen geschenkt wird. Kein Musikinstrument begleitet diese Tänze, nicht einmal eine Trommel, allein die Gesänge, das Geräusch der Schritte und das Klatschen der Hände geben den Rhythmus des Tanzes an.

Am Ende des *toka* tritt die Gruppe der Gastgeber auf: Die Tänzer antworten ihren Gästen, indem sie ihnen nun ihrerseits ihren eigenen *kweriya* zeigen, dann führen sie den *nao*-Tanz auf, bei dem man zu langen Garben verknotete Schilfrohre auf den Boden schlägt. Die Garben symbolisieren die zahlreichen *niel*-Gaben, die auf die *toka*-Tänzer warten. Danach folgt noch eine ganze Reihe von Tänzen zu verschiedenen Themen, welche die *nao*-Gruppe zu Ehren ihrer Gäste aufführt.

Gegen Ende des Nachmittags ›bezahlt‹ die Gastgebergruppe diejenigen, die gekommen sind, um den *toka* zu tanzen: Eine wahrhaft riesige Anzahl von Schweinen wird feierlich übergeben, die Tiere werden nacheinander herbeigebracht, einige davon auf hölzernen Gestellen, die von mehreren Männern getragen werden. Dutzende von fetten Schweinen, darunter die wertvollsten, die kurzhaarigen oder haarlosen *kapia,* werden von Gesängen und Tänzen begleitet präsentiert; 50 bis 60 Schweine werden getötet und dann in parallel verlaufenden Reihen in die Mitte des Tanzplatzes gelegt. Zu diesem *niel* kommen noch Gaben an *kava* und an Jamswurzeln hinzu, letztere haben zeremonielle Bedeutung. Die *toka*-Gruppe zieht nun an den Gaben vorüber und ergreift davon Besitz. Dabei sucht sich jeder Tänzer das Tier aus, das er mit nach Hause nehmen wird. Einige Wochen später wird ein Repräsentant der *toka*-Gruppe unter vier Augen soviele Tiere zurückgeben, wie sie erhalten hat: Mit dieser sehr einfachen Zeremonie schließt sich der Zyklus.

*Maske aus Rindenbaststoff von den Banks-Inseln*

*Schlitztrommeln auf einem Kultplatz, um 1900*

eine Hütte, in der er Kranken Spritzen gab. Man bekam ihn jedoch niemals richtig zu sehen. Als in der Folge tatsächlich wunderbare Heilungen auftraten, begann man zu glauben, daß Karapanemum, der Schwarze Gott von Tanna, von seinem Berg Tukosmera in der Nähe des Tanzplatzes hinabgestiegen war, um mit den Sterblichen in Kontakt zu treten. Schon von Anfang an zeigt sich darin die Opposition zu den Missionaren, denn gerade dieser Gott war von ihnen als Personifizierung des Satans angeprangert worden.

Erst nach einiger Zeit, gegen 1940, beginnt die Erscheinung auch zu sprechen: In der Sprache der Leute von Tanna nennt sie ihren Namen, John Frum, und verkündet – ein vages Schattengebilde in der Ferne – mit schriller, gepreßter Stimme ihre Zukunftsvision. John Frum sieht große Umwälzungen vorher, die Geburt einer neuen Welt, in der Tanna mit den Nachbarinseln Eromanga und Anatom wiedervereint sein würde, die Berge würden abgetragen und die Insel flach und überaus fruchtbar werden, und die Alten würden wieder jung sein. Er fordert die Leute von Tanna auf, sich auf diese sagenhafte Zukunft vorzubereiten, indem sie die Weißen von Tanna und den benachbarten Inseln vertrieben, das europäische Geld vernichteten und wieder einzig und allein den alten Traditionen wie den nächtlichen Tänzen, dem Kavatrinken, der gemeinsamen Garten- und Feldarbeit und der Mehr-Ehe huldigten. All dies waren Praktiken, die unter der strengen Kritik der Missionare immer mehr in Vergessenheit geraten waren. Der fremdenfeindliche Charakter der Äußerungen ist deutlich. Manche Beobachter sehen in den Cargo-Kulten Vorläufer der sich später in Melanesien entwickelnden nationalistisch gefärbten Unabhängigkeitsbewegungen.

Die Anhänger von John Frum (›John‹ soll sich auf Johannes beziehen, der nach der biblischen Überlieferung die Ankunft Christi ankündigte, und ›Frum‹ soll die melanesische Aussprache des englisch *broom*, ›Besen‹, sein. Der Besen galt in Tanna als rituelles Reinigungsgerät.) wurden immer zahlreicher, sie kamen gerade auch aus den Reihen der zum Christentum Bekehrten. Schließlich kam es zum Bruch mit der Mission und der europäischen Inselverwaltung, und ab 1941 wurden die meisten führenden Mitglieder der Bewegung auf andere Inseln des Archipels verbannt. Diese Strafmaßnahme hatte jedoch nicht die erhoffte Wirkung: Die Ausbreitung der Botschaft wurde nicht eingedämmt, sondern sie verbreitete sich auf fast allen Inseln Vanuatus und fand dort ebenfalls Anhänger. Für jeden eingesperrten oder ins Exil geschickten Führer betraten neue Männer die Bühne. Nachdem Japan 1941 in den Zweiten Weltkrieg eingetreten war, wurden Vila und Santo große Militärbasen der Amerikaner. Gerade die Führer der John-Frum-Bewegung wurden oft zur Strafe zur Mitarbeit an amerikanischen Projekten herangezogen. Hier sahen sie in der Realität die versprochenen Güter vor Augen – Jeeps, Panzer, Flugzeuge, Bulldozer, Waffen –, und daraus schlossen sie bald, John Frum müsse in Wirklichkeit Amerikaner sein. Viele der amerikanischen Soldaten, die die Maschinen mit so großer Perfektion bedienten, waren Schwarze. In den Augen der Melanesier waren wohl sie die rechtmäßigen Beherrscher der Welt, sie brachten ihr neues Geld mit sich – den amerikanischen Dollar –, sie würden die Gefangenen befreien und bald selbst nach Tanna kommen. Die Nachricht, daß John Frum in Wirklichkeit Amerikaner sei, sprach sich wie ein Lauffeuer herum, und als die Amerikaner schließlich für die Vorbereitung ihres Großangriffs auf die Salomon-Inseln viele Arbeitskräfte auf den Militärbasen von Santo und Vila benötigten, zählte fast die gesamte männliche Bevölkerung von Tanna zu den freiwilligen Helfern.

Im September 1943 begann eine neue Welle der Erscheinungen: Im Traum sprach John Frum diesmal zu Nelawiyang, einem Mann aus dem Norden Tannas. Nelawiyang erklärte sich zum König von Tanna und Amerika und behauptete, in direkter Beziehung zu Präsident Roosevelt zu stehen. Dieser habe ihm den Auftrag gegeben, eine Landebahn auf der Insel anzulegen. Mit seinen Anhängern, die sich zu einer Art Polizei formiert hatten, begann Nelawiyang den Bau eines Flughafens. Bei Tag wurde das Land für die Piste freigelegt, und in der Nacht tanzte man und trank Kava zu Ehren Johns. Auch diese Bewegung wurde durch Eingreifen der europäischen Inselverwaltung niedergeschlagen.

Selbst der Abzug der Amerikaner veränderte nichts an der Stärke der John-Frum-Bewegung. Die Verwaltung sah schließlich ein, daß die Deportationen (126 Deportierte von 1941 bis 1952) keine Wirkung auf die Bevölkerung hatten. In den 50er Jahren hatte etwa die Hälfte der Tannesen den christlichen Glauben abgelegt, und sie hing dem John-Frum-Kult als neuer Religion an. Angesichts dieser Lage sah sich die Kolonialverwaltung schließlich gezwungen, den Kult anzuerkennen, anstatt ihn weiterhin zu bekämpfen.

# Männerbünde

Besonders auf den nördlichen Inseln des Archipels waren vor dem Eintreffen der christlichen Missionare die Geheimbünde der Männer sehr lebendig. Sie standen im Ruf, mit den Seelen der Verstorbenen Kontakt aufnehmen zu können, ihre Mitgliedschaft stand allen Männern offen, wenn sie die nötigen materiellen Voraussetzungen mitbrachten. Der Eintritt in einen Männerbund und der Aufstieg in der dort herrschenden Rangordnung wurde durch Zahlungen in Form von Schweinen, Matten und Muschelgeld geregelt. Die Einnahme einer höheren Position in der Hierarchie brachte einem Mann mehr *mana*, d. h. intellektuelle Begabung und Leistungskraft in allen seinen Vorhaben – dies galt sowohl für sein irdisches Dasein als auch für sein Leben nach dem Tode. Ranghohe Mitglieder wurden nach dem Tode besonders geehrt, da man annahm, daß sie auch unter den Geistern der Verstorbenen wieder eine herausragende Position einnehmen würden. Zum Anlaß der Ehrung und Erinnerung wurden Rangstatuen geschaffen – sie gehören heute noch zu den schönsten Vertretern der materiellen Kultur des Landes.

*Rangstatue aus Baumfarn. Die wertvollen Eberzähne sind Zeichen für den hohen Rang des Besitzers, Foto um 1900*

> »Rangstatuen aus Baumfarn schnitzte man auf Ambrym zur Ehrung verstorbener Suque-(Geheimbund-)Mitglieder hohen Grades. (...) Stämme von Farnbäumen wurden etwa in Mannshöhe abgeschnürt, so daß deren unteres Ende sich verdickte und nach dem Fällen des Baumes als Kopfteil der Statue genutzt werden konnte. Das Material war relativ leicht zu bearbeiten und doch recht witterungsbeständig. Die Statuen wurden auch mit einem Lehm- oder Kalküberstrich versehen und mit farbigen Ringen, Scheiben und Schlangenlinien bemalt. Derartige Bildnisse standen in der Nähe von Männerhäusern (die besonders wertvollen ganz dicht an der Vorderwand), verschiedentlich auch im Dickicht verborgen oder an den Eingängen zu den Wohnhäusern ranghoher Bundmitglieder.
>
> Diese Baumfarnstatuen symbolisierten nur Ahnen der oberen Grade. Allein ein Mann hohen Ranges durfte sich ein solches Bildnis anschaffen und damit Beziehung zu einem so mächtigen Ahnengeist aufnehmen. So leistet sich z. B. der Sohn eines verstorbenen hohen Suque-Mitgliedes eine solche Statue, nachdem er durch viele Schweineopfer den Grad erlangt hatte, der ihn dazu berechtigte.«*
>
> Die Existenz von Männerbünden und ihre äußeren Ausdrucksformen wurden von den christlichen Missionaren in stärkster Weise bekämpft, was mit der Zeit zu ihrer Auflösung führte. Dasselbe Phänomen läßt sich bei der Magie beobachten: Für die alten Melanesier war die Magie ein Bestandteil des Lebens, sie begriffen sich als ›Bäume mit geweihten Wurzeln‹. Der Mensch lebt nicht nur im Irdischen, in jedem Augenblick seines Lebens steht er mit dem Überirdischen, dem Jenseits in Verbindung. Jeder Ort auf seiner Insel, jeder Weg und selbst Pflanzen und Steine erinnern an dieses doppelte Eingebettetsein. In vielen melanesischen Gesellschaften, darunter auch auf manchen Inseln Vanuatus, gründet sich die Magie auf die zwei Pole ›warm‹ und ›kalt‹. Unglück und Krankheiten sind auf einen mangelnden Ausgleich zwischen den beiden dualistischen Prinzipien zurückzuführen.
>
> Fruchtbarkeitskulte, die mittels magischer Steine ausgeführt wurden, sollten vor allem zu einer guten Jamsernte verhelfen, andere Zauber beeinflußten das Glück beim Fischfang oder auch in anderen Bereichen des Lebens.
>
> \* Gerd Koch: Führungsblatt 66, Völkerkundemuseum Berlin

Die Bewegung besaß zunächst keinen gezielt politischen Charakter und definierte sich vor allem aus der Negierung jeglicher konzentrierter Macht. Während der Kämpfe um die Unabhängigkeit Vanuatus standen die John-Frum-Anhänger auf Seiten der ›Gemäßigten‹, weil die zentralistische Auffassung der Vanuaaku Pati ihren Prinzipien widersprach.

Die Bewegung hat mit den Jahren ein wenig vom Schwung ihrer Gründerzeit verloren, aber noch heute versammeln sich jeden Freitagabend mehrere Hundert Anhänger Johns in Ipeukel an der Sulphur Bay, und zur großen Jahresfeier am 15. Februar kommen immer noch mehr als 3000 Menschen zusammen. Dabei wird eine amerikanische Flagge gehißt, vor der die ›Armee‹ der John-Frum-Anhänger vorbeidefiliert, von modernen Orchestern begleitete Tänze traditioneller Prägung erzählen die Saga von John, rote Kreuze schmücken die Anhänger – ein Zeichen dafür, daß man sich als Alternativkirche zu den christlichen Konfessionen versteht.

Beobachter der Feiern in den 80er Jahren berichten, daß der Parademarsch und das traditionelle Festmahl von alpenländischer Blasmusik begleitet wurden, die ein für einige Zeit in Tanna ansässiger Deutscher auf Schallplatten mitsamt eines batteriebetriebenen Plattenspielers auf der Insel zurückgelassen hatte.

Die John-Frum-Bewegung wird heute in der offiziellen Liste der religiösen Organisationen Vanuatus genannt.

## Rundfahrt um Efate

156 km beträgt die Route der sehr interessanten Inselrundfahrt um Efate, davon sind über 100 km nicht asphaltiert. Daher muß beim Fahren besondere Vorsicht walten, insbesondere an Regentagen. Die Reisebüros in Vila bieten die Rundfahrt als Tagestour an, sie kann auch im Taxi oder Mietwagen unternommen werden. Inselkenner raten, die Tour entgegen dem Uhrzeigersinn zu beginnen und mindestens sechs bis acht Stunden dafür zu veranschlagen.

Man verläßt Vila in Richtung Radisson Royal Palm Resort und kommt an den eindrucksvollen Gebäuden der University of the South Pacific vorbei, die moderne Architektur mit

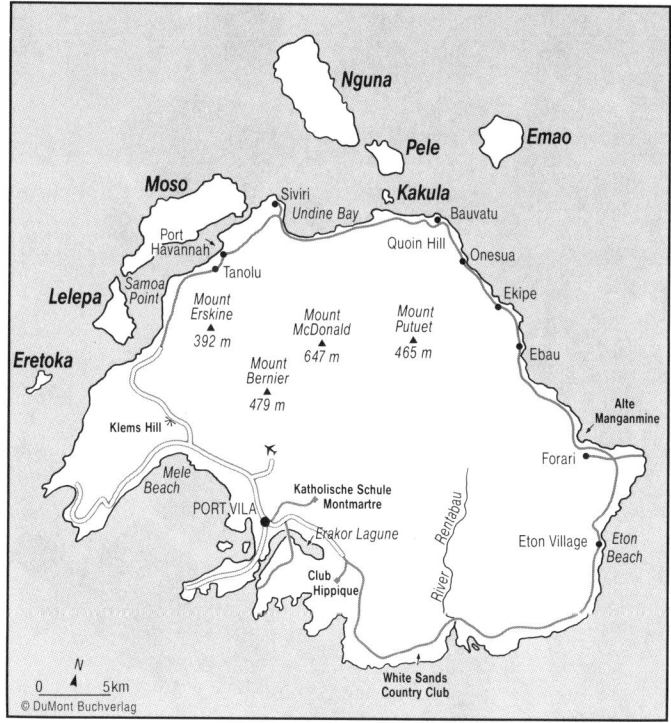

*Die Hauptinsel Efate*

melanesischen Elementen miteinander in Einklang bringen. Hier lohnt sich ein Abstecher: Auf der ersten Straße links hinter der Universität zweigt eine Schotterstraße ab. Nach einigen Kilometern bergan erreicht sie die **Bellevue-Plantage**, die einen herrlichen Blick über Vila und seine Umgebung bietet. Noch etwas weiter oben liegt die **katholische Missionsschule Montmartre**, ein Internat, in der den französischsprachigen Jugendlichen des Landes eine höhere Schulausbildung angeboten wird. Man kann es ebenfalls besichtigen.

Zurück auf der Hauptstraße bieten sich herrliche Ausblicke auf die türkisblauen Wasser der Lagune von Erakor. Hier liegt ›**Le Pandanus**‹, ein ausgezeichnetes Restaurant, und ein Stück weiter, mitten in einer Kopraplantage, die Reitschule ›**Club Hippique**‹. Vor allem in diesem Gebiet sind noch Zerstörungen durch den Hurrikan ›Uma‹ im Jahr 1987 bemerkbar. Im ›**White Sands Country Club**‹ kann man Golf spielen (9 Löcher) und in tropischer Umgebung reiten. Bei der Überquerung des River Rentabau ist Vorsicht geboten, denn nach starken Regenfällen kann sich das Bächlein in einen reißenden Fluß verwandeln.

Gleich hinter **Eton Village** biegt ein Weg ab zum **Eton Beach**, einem der beliebtesten Badestrände auf Efate. Für den Zugang zum Strand wird manchmal von den Dorfbewohnern eine kleine Gebühr erhoben. Gleich neben dem schön gelegenen Eton Beach mündet ein Bächlein ins Meer – so kann man sich nach dem Bad im Meer gleich mit Süßwasser abspülen! In der Nähe ist der Bau einer neuen Hotelanlage geplant.

Ein Dock, ein Förderband und ein Ladekran direkt am Meer zeigen den Standort der **Manganmine von Forari** an, die von 1962 bis 1978 in Betrieb war. Einige der Bergarbeiterfamilien blieben im Dorf. Heute müssen sie mit Verkäufen auf dem Markt in Vila ihr Leben fristen. 1991 hat eine australische Gesellschaft Interesse am Kauf der Mine angemeldet.

Es folgen nun dicht aufeinander mehrere Dörfer: Bei **Ebau** liegt ein hübscher Strand, vor dessen Benutzung man aber im Dorf Genehmigung einholen sollte. In **Ekipe** beherrscht das große Kirchengebäude die Szenerie. Schließlich gelangt man nach **Onesua**, wo die presbyterianische Kirche eine Sekundarschule unterhält. An der Ortsausfahrt links befindet sich eine **Seifenfabrik** (Tropic Soap Factory), in der man an Werktagen die Herstellung von Seifen und Körperölen aus Kokosnüssen beobachten kann.

Zwischen Onesua und dem nächsten Dorf, **Bauvatu**, liegt das **Flugfeld Quoin Hill**, das 1942 von den US-Streitkräften im Rahmen der Kämpfe um die Salomon-Inseln angelegt wurde. Die Flugbahn wird heute noch zu privaten Zwecken, in Notfällen und zum Training benutzt. In den letzten Jahrzehnten hat sich eine Lianenart in wildem Wuchs über große Teile von Efate ausgedehnt – für manche Beobachter sind die Amerikaner für die Einführung dieser Pflanze verantwortlich. Sie sollen durch den schnellwachsenden Kriecher ihre Anlagen auf biologische Weise getarnt haben.

An der Nordspitze Efates angelangt, kann man von zwei guten Restaurants aus den herrlichen Blick auf die vorgelagerten Inseln genießen, dem ›**Takara Island Resort**‹ und dem ›**Nagar Restaurant**‹.

◁ *Turmspringer von Pentecost. Die alte Sitte soll eine gute Jams-Ernte bewirken*

## VANUATU – RUNDFAHRT UM EFATE / PORT VILA

Von hier aus können auch Ausflüge nach **Rabbit Island** organisiert werden. Für Fahrten zur **Insel Nguna** mit ihrem 600 m hohen erloschenen Vulkan erkundigt man sich am Kai der Dörfer **Emoa** oder **Paonangisu**.

Auf dem Weg zur wunderschönen **Undine Bay** (s. Farbabb. 11, Genehmigung zum Betreten im Dorf **Siviri**) durchfährt man Harris Plantation, die größte Kopraplantage und Rinderfarm auf Efate.

Im Gebiet von **Tanolu** an der **Havannah Bay** waren im Zweiten Weltkrieg ca. 10 000 amerikanische Soldaten stationiert, und es sind noch Überreste der Bauten zu sehen, in denen James Michener seine »Tales of the South Pacific« spielen läßt. An kleinen Ständen am Straßenrand werden Souvenirs aus der Zeit der Amerikaner feilgeboten, so z. B. Coca-Colaflaschen von 1942-43, die vor allem bei amerikanischen Touristen so reißenden Absatz finden, daß man sich fragen muß, ob wirklich solch große Mengen davon im Land zurückgelassen wurden. **Port Havannah** war im letzten Jahrhundert ein Zentrum der europäischen Siedler, und John Higginson von der ›Compagnie Calédonienne des Nouvelles-Hébrides‹ hatte in diesem Gebiet das Zentrum seiner Besitztümer. Nach dem Krieg erst verlagerte sich das Siedlungszentrum Efates nach Vila: Das Gebiet um Port Havannah lag sehr niedrig, war daher häufig überflutet und hatte sehr stark unter Mücken zu leiden.

Die Straße liegt etwas erhöht, und es eröffnen sich immer wieder schöne Ausblicke auf die Inseln, die Efate westlich vorgelagert sind. Die berühmteste darunter ist **Eretoka**, auf der der Legende nach Häuptling Roy Mata begraben liegt. 40 Mitglieder seines Hofstaates sollen gezwungen worden sein, sich mit ihm lebendig begraben zu lassen. Ausgrabungen haben tatsächlich das Grab eines Adligen entdeckt, umgeben von mehreren Untertanen, die mit ihm in den Tod gingen.

Bevor man **Klems Hill** mit seiner 25% Steigung hinabfährt, sollte man sich am Ausgangspunkt einen Halt gönnen. Von dort bietet sich ein herrlicher Blick auf das Dorf **Mele** und die davorliegenden Strände, es zeigt sich die ganze Schönheit der Lage Vilas, man kann den Flughafen Bauerfield und auch den Golfplatz von Vila klar erkennen. Am eindrucksvollsten ist der Ausblick bei Sonnenuntergang.

Auf dem Weg zurück nach Vila ist ein Abstecher zum Strand von Mele anzuraten. Eine kleine Fähre bringt Besucher zum **Hideaway (Mele) Island**, auf dem ein sympathisches kleines Hotel liegt; die Schnorchelgründe sind hier besonders gut.

**Port Vila** hat zu Recht den Ruf, eine der schönsten Städte im Südpazifik zu sein. Das Stadtzentrum an sich ist nicht aufregend – es besteht aus einer Hauptstraße mit mehreren Abzweigungen –, das Bemerkenswerte an Vila ist vor allem seine Lage an malerisch geschwungenen Buchten und der Ausblick auf kleine vorgelagerte Inseln oder die Lagune, der sich von jedem Beobachtungspunkt aus wieder anders entfaltet. In Vila spürt man noch die Vergangenheit unter dem Kondominium: So gibt es eine englischsprachige Apotheke und ihr französisches Pendant, dasselbe gilt für Supermärkte, Buchhandlungen, Friseure, Schulen, Restaurants und Cafés. Die Besucher aus Australien schätzen an Vila das besondere französische Flair in der Gastronomie und in manchen der Geschäfte.

Das **Cultural Centre** in der Stadtmitte illustriert die Geographie und Geschichte Vanuatus. Die Ausstellungsstücke sind sehr interessant, und bald werden sie im neuen Parlaments- und Kulturgebäude einen ihrem Wert entsprechenden Platz erhalten. Die Terrassen des **Hotels Rossi** – das älteste Hotel der Stadt – und der französischen Cafés **La Terrasse** und **Le Café** sind berühmt für ihre schöne Aussicht. Im Stadtbild fallen mehrere Gebäude auf, die mit Kunstwerken von Aloi Pilioko geschmückt sind: das **Hauptpostamt,** eine Mauer neben dem Café La Terrasse und das sogenannte **Pilioko-Haus,** in dem das Künstlerpaar Pilioko-Michoutouchkine der Öffentlichkeit eine permanente Verkaufsausstellung von Textilien aus ihrer Kreation vorstellt. In einigen größeren Hotels werden Modenschauen der begehrten Kleidungsstücke abgehalten. Das Atelier der Künstler in der Nähe des Hotels ›Le Lagon‹ (auf dem Wege zu Pago Point) kann ebenfalls besichtigt werden; es beherbergt eine kleine, hervorragende Sammlung pazifischer Kunst.

Von den äußeren Inseln sind vor allem Santo (Marinepark) und Tanna (Vulkan) sowie Pentecost (Turmspringer) sehenswert.

*Reliefs am Pilioko-Haus in Port Vila*

# Salomon-Inseln

## Allgemeine Landeskunde

*Offizieller Name: Solomon Islands*

*Die Spanier, die sich auf der Suche nach den legendären Goldschätzen des Königs Salomo hier am Ziel glaubten, gaben den Inseln diesen Namen. Guadalcanal ist nach einem kleinen Ort in Südspanien benannt, dem Heimatort eines Schiffsoffiziers auf der ersten spanischen Expedition.*

*Hauptstadt: Honiara (ca. 30 000 Ew.) auf der Insel Guadalcanal*

*Lage: 154°–170° östlicher Länge und 5°–12° südlicher Breite*
*Landfläche: 30 000 km²; Meeresfläche: 1 340 000 km²*

Die Salomon-Inseln bestehen aus sieben Inselgruppen, die sechs große (Choiseul, New Georgia, Santa Isabel, Guadalcanal, Malaita, San Cristobal) und ca. 1000 kleine Inseln umfassen, welche in zwei parallelen Reihen verlaufen. Alle wichtigen Inseltypen des Pazifiks sind in diesem landschaftlich überaus abwechslungsreichen und reizvollen Land vertreten: hohe Gebirgsinseln, ausgedehnte Atolle, die zu den größten der Welt zählen, flache Riffinseln, gehobene Koralleninseln und zum Teil noch aktive Inselvulkane.

Über 90% der Landfläche ist von Bäumen bestanden, darunter fallen große Gebiete mit Regenwald. Die üblichen Tropenpflanzen, -früchte und -blumen (aus dem Land stammende und auch eingeführte) gedeihen aufgrund des warmen Klimas hervorragend.

Die interessantesten Gebiete der Fauna sind die Vogel-, Insekten- und Reptilienwelt. Letztere weist 70 Arten auf, darunter auch Krokodile.

Auf den Salomon-Inseln herrscht ein warm-feuchtes Äquatorialklima. Es sind nur geringe Jahresschwankungen festzustellen; die Regenfälle pflegen in den Monaten November bis April häufiger aufzutreten als während der anderen Jahreshälfte. Die Inseln liegen in einer Zone, die mit großer Häufigkeit von Hurrikanen heimgesucht wird. Erst in der Regenzeit 1991–1992 wurde die Insel Tikopia und ihre Umgebung wieder durch ein solches Unwetter verwüstet.

Von den über 300 000 Bewohnern der Salomon-Inseln sind ein Großteil Melanesier. Die Bewohner der Inseln Rennell und Bellona und einiger Inseln der Temotu-Provinz sind polyne-

> **Die künstlichen Inseln von Malaita**
>
> Die Insel Malaita ist heute wie auch vor Jahrhunderten die am dichtesten besiedelte Insel des ganzen Landes, und ihre Bevölkerungszahl übersteigt sogar die der Hauptinsel Guadalcanal. Der Bevölkerungsdruck war hier während der letzten vier bis fünf Jahrhunderte immer wieder so hoch, daß sich Inselbewohner gezwungen sahen, für ihre Bleibe künstliche Inseln in der Lagune anzulegen. Besonders in den Lagunen von Lau und Langa Langa trugen sie in mühevoller Handarbeit große Korallenbrocken vom Riff ins geschützte Laguneninnere und schufen so Erhöhungen von drei bis vier Metern. Wenn ein Paar sich entschließt, eine künstliche Insel anzulegen, wird es zunächst nur eine kleine Landfläche schaffen, die dann bei Wachstum der Familie nach und nach erweitert werden kann. Aus diesem Grund sind die Inseln von ganz unterschiedlicher Größe: Manche tragen nur ein bis zwei Wohnhäuser, während die bedeutendsten darunter bis zu 1200 m² ausmachen und manchmal sogar (kleine) Fußballfelder haben.
> Allen künstlichen Inseln ist jedoch die Dichte der Besiedlung und der Mangel an Ressourcen, vor allem an Trinkwasser, gemeinsam. Auch wenn den Lagunenbewohnern durch ihre genügsame, meeresbezogene Lebensweise kaum etwas zum täglichen Leben fehlt, halten sie dennoch weiter an ihrem Landrecht auf der großen Insel fest, die sie allerdings nur tagsüber zur Felderbestellung und Wasserversorgung betreten dürfen. Diese Lagunendörfer gehören zu den eindrucksvollsten Ansichten der Salomonen.

sischen Ursprungs. In Honiara und den Provinzhauptstädten leben auch kleinere Gruppen von europäischstämmigen und asiatischen Siedlern sowie Mikronesier aus Kiribati, die unter der britischen Kolonialherrschaft von ihren überbevölkerten Heimatinseln umgesiedelt worden waren.

Mehr als 80 verschiedene melanesische und einige polynesische Sprachen werden auf den Salomon-Inseln heute gesprochen. Zur landesweiten Verständigung dient die salomonesische Variante des Pidgin-Englisch; Englisch wird als Unterrichtssprache und in den internationalen Beziehungen verwendet.

Das Regierungssystem der Salomon-Inseln ist eine parlamentarische Demokratie mit einem Ein-Kammer-System für die Legislative. Das Parlament hat 38 Mitglieder; dazu zählen auch der Premierminister und 14 Kabinettsmitglieder. Da die Salomonen zum Commonwealth gehören, ist der Governor-General als Vertreter des englischen Königshauses Staatsoberhaupt des Landes, das am 7. Juli 1978 seine Unabhängigkeit erlangt hat.

In der Wirtschaft ist der primäre Sektor am stärksten ausgeprägt (Fisch, Kopra, Holz, Palmöl, Reis, Kakao); er ist jedoch krisenanfällig (Mißwirtschaft und Naturkatastrophen), und die Exportraten schwanken von Jahr zu Jahr stark. Der Lebensstandard auf den Salomonen ist sehr niedrig.

# SALOMON-INSELN – GESCHICHTE UND KULTUR

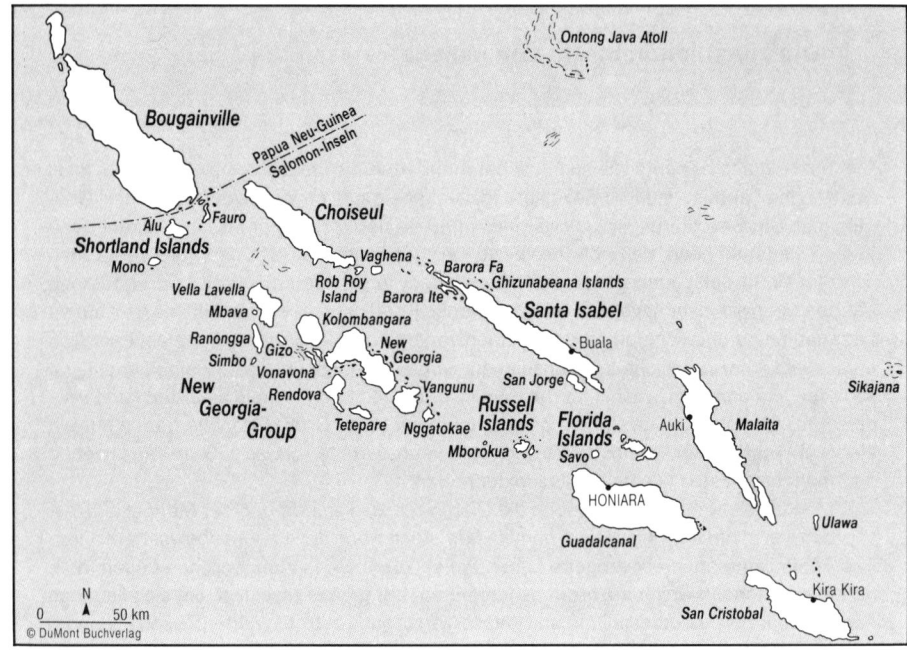

*Salomon-Inseln*

Der Tourismus – mit weniger als 10 000 Besuchern im Jahr 1989 – spielt in der Wirtschaft des Landes bis jetzt nur eine untergeordnete Rolle. Es bestehen jedoch Pläne, diesen Sektor weiter auszubauen. So ist 1992 zum ›Visit Solomon Islands Tourism Year‹ erklärt worden. Zweck dieser Aktion war es, die Einheimischen mehr mit den Zielen des Tourismus vertraut zu machen, auch die traditionellen Feste sollen für Besucher aus Übersee zugänglich werden.

## Geschichte und Kultur

Die Salomon-Inseln schreiben sich in den melanesischen Inselbogen ein, der sich von Papua-Neuguinea bis nach Neukaledonien erstreckt. Die geographische Nähe zu Papua-Neuguinea läßt vermuten, daß die ersten Menschen schon vor mindestens 10 000 Jahren auf den Salomonen gelandet sind. Auf einigen Inseln des Landes werden von kleinen Gruppen Papua-Sprachen gesprochen, die Relikte einer sehr frühen Besiedlung zu sein scheinen.

Die Insel Tikopia, die in der östlichen Landesprovinz gelegene polynesische Enklave, lieferte bis vor kurzem die ältesten archäologischen Funde innerhalb der politischen Grenzen der heutigen Salomonen: Sie stammen von 1800 bis 1600 v. Chr. und sind durch ihre Formgebung eindeutig der Lapita-Kultur und damit den austronesischen Wanderungen zuzuordnen.

In der Höhle von Poha, nur 6 km westlich von Honiara auf der Hauptinsel Guadalcanal gelegen, geben spektakuläre Felszeichen – Kreise, Zickzacklinien und geometrische Muster, die entfernt an Fische und an menschliche Köpfe erinnern – wertvolle Hinweise auf die Vorgeschichte in den zentralen Gebieten des Landes. Archäologen bringen diese ›melanesische Kunstgalerie im Fels‹ mit Siedlungsresten in Verbindung, die auf ein Alter von mindestens 3000 Jahren schließen lassen. Diese Schätzung wird durch den Stil der Felsgravierungen – auch hier ist der Lapita-Stil klar zu erkennen – weiter gestützt. Ein australisches Forscherteam konnte durch weitere Grabungen nachweisen, daß die Höhle von Poha schon sehr viel länger, nämlich seit etwa 6000 Jahren, bewohnt war. Damit gehört sie zum gegenwärtigen Zeitpunkt zu den ältesten belegten Siedlungsplätzen im Land.

Die Landbesitzer des Poha-Tals stehen Besuchern kritisch gegenüber. Eine Besichtigungserlaubnis kann manchmal über das National Museum oder das Guadalcanal Cultural Centre in Honiara beschafft werden. Vom Besucher wird erwartet, daß er sich in materieller Weise erkenntlich zeigt. Eine Exkursion auf eigene Faust ist ein grober Verstoß gegen die Landessitten.

Viele Denkmäler der frühen Geschichte sind heute noch nicht entdeckt oder erforscht worden. David Roe nennt bereits 15 weitere Fundorte von Felsgravierungen auf Guadalcanal

*Bewohner Malaitas mit Muschelgeld*

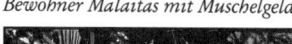

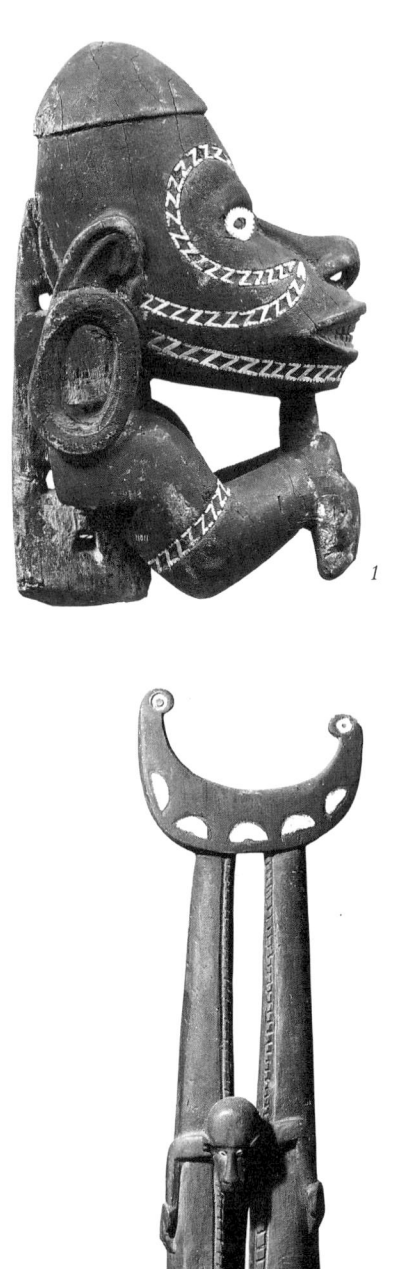

und 50 insgesamt im ganzen Land, die auf ihre weitere Erforschung warten. Auch angesichts der Tatsache, daß auf der Insel Buka, die politisch zu Papua-Neuguinea, geographisch und kulturell jedoch zu den Salomon-Inseln zählt, Siedlungsfunde bis zu 28 000 Jahre zurückverfolgt werden können, stehen den Archäologen auf den Salomonen mit Sicherheit noch weitere faszinierende Entdeckungen von Funden aus weit zurückliegenden Epochen bevor.

Töpferwaren im Lapita-Stil finden sich auf den Salomonen bis ins 8. Jh. n. Chr. Zu dieser Zeit ist schon deutlich ein Niedergang festzustellen, und wie in den anderen frühen austronesischen Siedlungsgebieten kommt diese Kultur aus unerklärten Gründen dann plötzlich zum Stillstand.

In der Zwischenzeit hatten die über Nordmelanesien in den Südpazifik eingewanderten Austronesier im Zentralgebiet des Ozeans ihre charakteristische polynesische Kultur entwickelt und sich immer weiter nach Osten hin ausgebreitet. Ab dem 12. Jh. unserer Zeitrechnung sind auch Bevölkerungsbewegungen in entgegengesetzter Richtung festzustellen: Kleine Kanus verließen die zentralpolynesischen Inseln im Bereich von Tonga, Uvea (Wallis) und Samoa und wandten sich westwärts. Als sie in das Gebiet der Salomon-Inseln kamen, mußten sie feststellen, daß die großen Inseln schon von Melanesiern besiedelt waren. Obwohl Polynesier und Melanesier beide ihre Herkunft hauptsächlich auf die austronesischen Wanderungen zurückführen, hatten sie sich zu diesem Zeitpunkt schon so stark voneinander wegentwickelt, daß eine Koexistenz nicht mehr möglich schien. Die polynesischen Neuzuwanderer mußten sich mit einigen unwirtlichen Atollen und weit abgelegenen Inseln zufriedengeben.

Zwischen dem 13. und dem 17. Jh. schließlich war die Macht der Tonganer im Pazifik so stark geworden, daß sie gelegentlich sogar Überfälle auf die weit entfernt liegenden Salomon-Inseln unternahmen. Um sich zu schützen, töteten die Einheimischen jeden Fremden, der sich der Insel näherte, auf der Stelle – eine Gewohnheit, die sie später auch im Kontakt mit den Europäern beibehielten.

Ausgrabungen, Legenden und Überlieferungen sowie das Fortleben mancher Traditionen bis zum heutigen Tage geben ein recht umfassendes Bild vom Leben der Salomonesen in voreuropäischer Zeit.

Trotz der bedeutenden polynesischen Einwanderung stellten die Melanesier weiterhin den Großteil der Bevölkerung. Bei ihnen spielte sich das Leben im Rahmen der Großfamilie ab, welche die Ländereien im Familienbesitz bewirtschaftete. Die Subsistenzwirtschaft machte jede Verwandtschaftsgruppe für sich weitestgehend autark, und die Kriegsführung war in vielen Fällen die häufigste Art der Kontaktaufnahme mit dem Nachbarn. Handelsbeziehungen bestanden vor allem zwischen den Inlandsbewohnern (›Buschleute‹) und den an der Küste Ansässigen (›Salzwasserleute‹).

◁ *Materielle Kultur der Salomon-Inseln: 1 Bugverzierung eines Kriegskanus (›Galionsfigur‹), Zentral-Salomonen, um 1890 – 2 Skulptierter Querbalken aus San Cristobal, Holz mit Einlagen aus Muschelschale, um 1890 – 3 Ahnenfigur*

## SALOMON-INSELN – GESCHICHTE UND KULTUR

Die Gesellschaften auf den polynesisch besiedelten Inseln waren stärker hierarchisch gegliedert als die ihrer melanesischen Nachbarn, und ihre Aktivitäten waren mehr auf das Meer als auf die Bestellung des Landes ausgerichtet. Ihre Schiffsbautechnik erreichte höchste Meisterleistungen, und es ist zum Beispiel von den Santa Cruz-Inseln bekannt, daß die Melanesier dort für ihr wertvolles Federgeld Boote bei den Polynesiern ›kauften‹.

»*Weit entfernt über dem Meer liegen zwei Inseln, wo Gold und Silber im Überfluß vorkommen. Auch schwarze Sklaven leben dort.*«

So lautete die Legende, welche die Inkas den Spaniern erzählten, als diese sich von den Goldschätzen der Anden enttäuscht zeigten. Mit der Zeit begann man in Südamerika von diesen Phantasie-Inseln als den ›Salomon-Inseln‹ zu sprechen, wo die sagenhaften Schätze des dunkelhäutigen Königs zu finden seien. Tatsächlich verließ dann 1567 auf Geheiß des Gouverneurs von Peru eine Expedition unter Alvaro Mendaña y Neyro die südamerikanische Küste, um den Pazifik auf der Suche nach den sagenhaften Salomon-Inseln zu durchqueren. Am 7. Februar

*Federgeldrollen vor dem Schatzhaus. Auf den Santa Cruz-Inseln wurde das kostbare Federgeld aus Rindenbast und den Federchen des roten Nektarvogels (Myzomela cardinalis) hergestellt, Aufnahme um 1900*

1568 gelangten sie zu einer Insel, die sie nach der Schutzheiligen der Reise (und der spanischen Königin) ›Santa Isabel‹ tauften. Aus der Hautfarbe der Einheimischen schlossen die Spanier, daß sie im verheißenen Land angekommen waren. Hinsichtlich der anderen Angaben – Gold und Silber – wurden sie jedoch aufs Äußerste enttäuscht: Nach sechs Monaten intensiver Suche auf den Inseln der Region hatten sie zwar 40 Mann Bootsbesatzung verloren, aber nicht das kleinste Klümpchen der Edelmetalle gesichtet.

Obwohl diese Reise ein völliger Mißerfolg war, richtete Mendaña, nach Südamerika zurückgekehrt, eine weitere Expedition aus. Sein Ziel war die Kolonisierung der entdeckten Inselgruppe durch die Spanier, und 1595 dirigierte er vier Boote mit mehreren Hunderten von zukünftigen Siedlern durch den Pazifik. Aber auch diese Reise stand unter einem schlechten Stern: Die Besiedelung ließ sich nicht durchführen, Krankheiten und Unwetter forderten ihren Tribut, Mendaña selbst fiel der Malaria zum Opfer, und schließlich erreichte nur ein Bruchteil der Ausgezogenen einen sicheren Hafen in der ›zivilisierten Welt‹ der Philippinen.

Nach den Spaniern unternahmen die Niederländer, Briten und Franzosen Entdeckungsreisen ins Gebiet der heutigen Salomon-Inseln, doch bis weit ins 18. Jh. hinein war in Europa die Kenntnis der Region äußerst unzureichend. 1785 schickt der französische König Ludwig XVI. den Grafen von La Pérouse auf eine vierjährige Expedition zur besseren Erkundung des Pazifiks. Von Brest aus nehmen die beiden speziell für die Expedition gebauten Schiffe ›Astrolabe‹ und ›Boussoule‹ Kurs auf Kap Hoorn. Drei an Entdeckungen reiche Jahre führen die Franzosen zur Osterinsel, nach Alaska und an die kalifornische Küste, dann über den Pazifik zu den Philippinen und von dort aus zu einer detaillierten Erforschung des Chinesischen und Japanischen Meeres bis nach Sibirien, dann weiter über Samoa und an Fidschi vorbei bis nach Australien. In Botany Bay trifft die französische Flotte im Januar 1788 auf den ersten Sträflingskonvoi aus England, der gerade auf dem neuen Kontinent angekommen war. Einen Monat später segeln die Franzosen ab, sie nennen Tonga, Neukaledonien, die Salomon-Inseln als weitere Reiseziele auf dem Heimweg nach Europa – und werden nie mehr gesehen!

Gegen Ende 1789 beginnt man in Frankreich die ›Astrolabe‹ und die ›Boussole‹ zu vermissen, aber aufgrund der Revolutionswirren kann erst 1791 eine Suchexpedition unter dem Kommando von Bruni d'Entrecasteaux ausgesandt werden. Sie bringt zahlreiche neue geographische Erkenntnisse über den Pazifik zurück nach Europa, jedoch keine Auskunft über den Verbleib der verschollenen Landsleute.

Einem Iren, dem Schiffskapitän Peter Dillon, gelang es schließlich, das Geheimnis zu lüften. Bei einem Aufenthalt in Tikopia im Jahre 1826 zeigt man ihm einen Schwertknauf mit der Erklärung, daß dieser von einem Schiffswrack im 250 Kilometer entfernten Vanikoro stamme. Als Dillon ein Jahr später Vanikoro besucht, fällt ihm auf, daß die Inselbewohner Teile französischer Uniformen tragen und europäische Gebrauchsgegenstände besitzen. Sie erinnern sich gut daran, daß etwa 40 Jahre zuvor in einem großen Sturm zwei große Schiffe auf Riff gelaufen waren. Die Überlebenden des Unglücks hatten dann einige Zeit auf Vanikoro gelebt, bevor sie auf einem aus Wrackteilen hergestellten Boot die Insel verließen. In der Nähe des Paeu River kann Dillon sogar die improvisierte Schiffswerft mit Resten von bearbeitetem Holz besichtigen.

## SALOMON-INSELN – GESCHICHTE UND KULTUR

*Insulaner vor pandanusgedecktem Haus, um 1900*

Die Entdeckungen Dillons und seine Beweisstücke wie der Schwertknauf (heute im Marinemuseum in Paris aufbewahrt) und ein von ihm auf Vanikoro gefundenes kleines Rad, ein Teil der Navigationsinstrumente (es schmückt heute ein Denkmal in Nouméa), setzten allen Spekulationen ein Ende. Seither haben Expeditionen von 1828 (unter Kapitän Dumont d'Urville), 1957 und 1986 weitere interessante Fundstücke zutagegebracht: französische Münzen des 18. Jh., Glasperlen für Tauschgeschäfte mit den Insulanern, nordamerikanische Bronzemesser, chinesisches Porzellan und Reste von Kleidungsstücken aus der Epoche von La Pérouse.

Mit dem 18. Jahrhundert endet auch das Zeitalter der Entdeckungen. Die Interessen der Europäer sind von nun an greifbarer Natur: Zunächst kreuzen vereinzelt Walfänger in den Gewässern, dann erscheinen die ersten Missionare, von denen nur wenige die dem neuen Glauben sehr feindlich gegenüberstehenden Inseln wieder lebendigen Leibes verlassen. Auf sie folgen die Menschenhändler, die das Land ausbluten lassen: Im letzten Drittel des 19. Jh. arbeiten 30 000 Salomonesen auf den Plantagen in Australien und Fidschi, doch nur wenige von ihnen hatten ihre Heimat freiwillig verlassen.

Das durch den Menschenhandel, durch von den Europäern eingeschleppte Krankheiten und durch Auswüchse der eigenen zerstörerischen Praktiken wie Kannibalismus und schwarze Magie vollends geschwächte Land wird für die Kolonialmächte eine leichte Beute.

Vor allem Großbritannien und Deutschland dehnen ihren Einflußbereich in der Region immer mehr aus; 1885 einigen sie sich auf eine Grenzziehung, die 1899 in einem Abkommen zugunsten von Großbritannien abgeändert wird. Zum Ausgleich dafür verzichten die Briten auf jegliche Landansprüche im Gebiet der Samoa-Inseln im Zentralpazifik. Von der geographischen und historischen Einheit der Salomonen verbleiben einzig Buka und Bougainville in den Händen der Deutschen. Nach dem Ersten Weltkrieg werden die beiden Inseln Teil des australischen Protektorats von Papua-Neuguinea, und bei Erlangung der Unabhängigkeit von Papua-Neuguinea im Jahr 1975 werden Buka und Bougainville als ›North Solomons Province‹ in den neuen Staat eingegliedert. Sie hatten gegen diese Maßnahme protestiert, weil sie sich nicht dazugehörig fühlten, die Salomonen standen ihnen durch Kultur- und Familienbande näher, aber nachdem die Gold- und Kupferminen auf Bougainville bei weitem die größte Einnahmequelle von ganz Papua-Neuguinea darstellten, gelangte ihre Stimme nicht bis in die internationalen Gremien. Vor allem Australien war nicht unglücklich bei dem Gedanken, Papua-Neuguinea mit einer soliden Geldquelle in die Unabhängigkeit zu entlassen, weil dies weniger finanzielle Verpflichtungen auf Seiten der ehemaligen Kolonialmacht bedeutete. Die Bougainville-Frage ist bis heute nicht geklärt. Seitdem Bougainville 1989 einseitig die Unabhängigkeit von Papua-Neuguinea erklärt hat, wird es durch dieses Land mit strengen Sanktionen belegt, von denen der völlige Abbruch der Kommunikation am schwersten wiegt. Aufgrund der traditionellen Bande und der geographischen Nähe – die Shortland-Inseln in den seit 1978 ebenfalls unabhängigen Salomonen liegen nur 9 km oder eineinhalb Stunden Bootsfahrt von Bougainville entfernt – können die ›Rebellen‹ in Bougainville mit Unterstützung von Teilen der Bevölkerung im Norden der Salomon-Inseln rechnen.

*Bewohner der Salomon-Inseln mit Brustschmuck aus einer Muschelscheibe (kapkap), um 1900*

SALOMON-INSELN – PAZIFIKKRIEG

☐ **Der pazifische Krieg in Guadalcanal**
Über vierzig Jahre lang lebte das Britische Protektorat der Salomon-Inseln wie im Dornröschenschlaf, bis es plötzlich durch die Ereignisse im Zweiten Weltkrieg aus seiner Ruhe gerissen wurde. Anfang Mai 1942 besetzten japanische Truppen auf dem Vormarsch nach Süden den Hafen Tulagi, die damalige Hauptstadt des Landes. Von dort aus setzten sie über nach Guadalcanal und begannen den Bau eines Flughafens. Im Falle der Fertigstellung hätte dieser eine direkte Bedrohung für die alliierten Basen in Vanuatu, Neukaledonien, Fidschi und sogar Australien und Neuseeland dargestellt. Die Amerikaner beeilten sich daher, die Ausführung dieses Plans im Keime zu ersticken.

Am 9. August 1942 gelang es den Amerikanern, in Tulagi zu landen; sie hatten auch die im Bau befindliche Landebahn auf Guadalcanal unter ihre Kontrolle gebracht. Als Vergeltungsschlag wurden sie am Abend desselben Tages von japanischen Booten in der Meerespassage zwischen Guadalcanal und Savo angegriffen. Die Schlacht von Savo gehört zu den größten Niederlagen in der gesamten amerikanischen Geschichte der marinen Kriegsführung: Die Kreuzer Astoria, Chicago, Vincennes, Quincy und das australische Boot Canberra wurden dabei versenkt, ein weiteres Schiff schwer getroffen. Nach ihnen ist der ›Iron Bottom Sound‹ (›die Meeresenge mit dem eisernen Grund‹) benannt.

Monatelang dauerten die Kämpfe an. Die Amerikaner hatten die von den Japanern begonnene Flugbahn ›Henderson Field‹ fertiggestellt und operierten von dort aus Luftangriffe auf die Japaner sowie Versorgungsaktionen für die eigenen Truppen, während die Japaner ihrerseits so häufige Angriffe auf die amerikanischen Stellungen führten, daß ihre Bewegungen den Spitznamen ›Tokyo Express‹ erhielten. Erst nach sechs Monaten gnadenlosen Kämpfens begann sich eine Entscheidung abzuzeichnen. Im Dezember 1942 verloren die Japaner den strategisch wichtigen Mount Austen auf Guadalcanal, weitere ebenso bedeutende Landstellungen folgten. Bis Februar 1943 zogen die Japaner 11 000 Soldaten von Guadalcanal ab, ohne daß die Amerikaner diese Truppenbewegungen bemerkten.

Insgesamt wurden in der Kriegskampagne von Guadalcanal 48 Schiffe versenkt, je 24 auf beiden Seiten, und etwa 1600 Amerikaner und zehnmal soviel Japaner getötet. Selten nur werden die Zehntausenden von Einheimischen erwähnt, die weniger durch die Kampfhandlungen selbst als vielmehr durch die Zerstörung ihrer Nahrungsmittelgrundlagen den Tod fanden.

Ein eindrucksvolles Beispiel für die geographische Unübersichtlichkeit des Landes ist die Tatsache, daß noch Jahrzehnte nach Abschluß der Kriegshandlungen versprengte japanische Soldaten gefunden wurden, die sich in den undurchdringlichen Wäldern versteckt gehalten hatten. So sollen sich 1978 zwei Soldaten den Behörden gestellt haben, nachdem der japanische Botschafter per Flugzeug Flugblätter mit der in japanisch geschriebenen Botschaft »der Krieg ist vorbei« über dem Urwald abgeworfen hatte. Dorfbewohner in manchen Gegenden des Landes behaupten, erst kürzlich weitere Japaner gesehen zu haben. Da solche Aussagen zahlreiche japanische Touristen auf der Suche nach ihrer Vergangenheit ins Land locken, stellen sie eine hervorragende Tourismuswerbung dar, und für ihren Wahrheitsgehalt kann wohl nicht immer garantiert werden.

Auch nach dem Abzug der US-Truppen am Ende des Zweiten Weltkriegs blieb das Land stark vom amerikanischen Einfluß geprägt. Das zeigte sich äußerlich an der Verlegung der Hauptstadt an den Ort des amerikanischen Truppenlagers in Honiara, an der Übernahme von Henderson Airfield als Hauptflughafen des Landes und an Veränderungen in der Lebensweise. Wie auch in Vanuatu hatte der plötzliche Kontakt mit westlichen Konsumgütern die traditionellen Gesellschaften erschüttert und Cargo-Bewegungen (s. S. 72 ff.) wie die ›Marching Rule‹ in Malaita bildeten sich aus, die für eine Zeitlang viele Anhänger in ihren Bann zogen.

> Dieser Mann
>     ist sehr stark.
> Er ist stärker als die Regierung.
> Er ist stärker als der Premierminister,
>     weil er derjenige ist,
>     der diese bedeutenden Männer umherschiebt,
>     der sie umherträgt.
> Er öffnet ihnen den Mund,
>     und sie sprechen mit Autorität.
> Er versüßt ihre Zungen,
>     und sie halten süße Reden.
> Er öffnet ihnen die Augen,
>     und sie sehen viele Wege für den Fortschritt.
>
> Dieser Mann
>     ist mein Freund.
> Er liebt den Schmuck über alles –
>     und schmückt sich auf alle möglichen Weisen.
> Aber er ist stärker als ich.
> Er läßt mich umherrennen
>     auf der Suche nach Arbeit,
>     in der Arbeit
>     so sehr, daß ich heute nur noch
>     aus Haut und Knochen bestehe.
>
> Dieser Mann
>     ist Mr. Dollar.
>                         *Celestine Kulagoe*

Für ein Land wie die Salomonen mit wenig Ressourcen und kaum entwickelter Infrastruktur ist es nicht immer leicht, den Versuchungen zu widerstehen, die das ausländische Geld mit sich bringt. 1974, also vier Jahre, bevor sein Land unabhängig wurde, verfaßte Celestine Kulagoe, damals ein salomonesischer Student an der Universität von Fidschi, sein kritisches Gedicht.

## SALOMON-INSELN / FIDSCHI

In Wirklichkeit haben sich die Salomon-Inseln bis jetzt weniger als andere Pazifikstaaten von Mr. Dollar verführen lassen. Etwa 90% der Bevölkerung lebt weiterhin im ländlichen Raum. Bis jetzt behauptet sich die traditionelle, autarke, sich häufig auf den Wanderfeldbau gründende Lebensweise weitgehend gegenüber der Marktwirtschaft, und dies hat eine gesunde, ausgeglichene Handelsbilanz zur Folge. Am Beispiel der Salomonen sieht man deutlich, daß ein sehr niedriger Lebensstandard die Menschen zu einer bodenständigen Lebensweise und der Erhaltung der Traditionen zwingen kann. Was für den Besucher vielleicht gerade den großen Reiz des Landes ausmacht, ist für die Bewohner selbst oft ein harter Kampf ums Überleben, zu dem sich keine Alternative bietet.

Auch vor den Salomon-Inseln machen die für die Region typischen Tendenzen nicht halt. Landflucht wird zu einem Problem: Die Hauptstadt Honiara, der bedeutendste urbanisierte Bereich des gesamten Landes, verzeichnet sehr starke Zuwachsraten, ohne den Zuwanderern befriedigende Arbeitsmöglichkeiten zu bieten. Die Bevölkerung der Salomon-Inseln gehört zu den jüngsten im Pazifik, und die Wachstumsrate ist mit 3,5% eine der höchsten in der Welt.

Heute sind schon etwa zwei Drittel der über 300 000 Einwohner Minderjährige, und das Land ist unfähig, für alle Heranwachsenden auch nur eine grundlegende Schulausbildung bereitzustellen. Diese Jugend ohne Zukunft wird für das Land schon bald eine große Belastung darstellen.

*Bewohner der Insel Vanicolo, um 1900*

# Fidschi

## Allgemeine Landeskunde

*Offizieller Name: Republic of Fiji*

*Lage: zwischen 177° West und 175° Ost und 15° bis 22° Süd*
*Landfläche: 18 400 km²; Meeresfläche: 1 350 830 km²*

*Hauptstadt: Suva (ca. 70 000 Ew.) auf Viti Levu*

Mehrere hundert Inseln bilden zusammen die Fidschigruppe. Man spricht häufig von den 333 Inseln des Landes, ein Inventar der Inselnamen weist jedoch fast 1000 Namen auf. Die drei größten Inseln des Landes sind Viti Levu, Vanua Levu und Taveuni. Von den anderen Inselgruppen sind die Yasawa- und Mamanuca-i-ra-Gruppe wegen der besonderen Schönheit ihrer Strände und Korallenformationen im Ausland bekannt. Östlich von Viti Levu liegt die Lomaiviti-Gruppe und südlich davon die Kadavu-Gruppe. Die Lau-Gruppe im äußersten Osten des Landes ist stärker polynesischen Charakters als das restliche Fidschi. Rotuma, ca. 390 km nordwestlich vom Fidschi-Archipel gelegen, gehört zwar politisch zu Fidschi, kulturhistorisch steht sie aber völlig allein. Die meisten Inseln Fidschis sind vulkanischen Ursprungs und haben ein ausgeprägtes Relief (mehrere Berge erheben sich zwischen 1000 m und 1400 m). In der Lau-Gruppe liegen auch einige Atolle.

Das Klima Fidschis ist tropisch-ozeanisch mit deutlich erkennbaren Spitzenwerten für Temperaturen, Niederschläge und Luftfeuchtigkeit in den Monaten Dezember bis April. Im Winter (Juli–August) kann eine kurze Phase mit recht kühlem Wetter auftreten. Auf den einzelnen Inseln ist ein starker Unterschied zwischen Luv- und Leeseite festzustellen: Da es sich auf der dem Wind zugewandten Seite viel mehr abregnet, sind die Niederschlagswerte sehr viel höher als auf der gegenüberliegenden windabgewandten Seite. Beim Überfliegen der Inseln ist diese Wetterscheide klar sichtbar (z. B. das Sigatoka-Tal auf Viti Levu). Manche Orte wie Suva sind für fast tägliche heftige Regenfälle bekannt.

In der ersten Hälfte des 19. Jh. war Levuka auf der kleinen Insel Ovalau die europäische Hauptstadt des Landes und einer der bedeutendsten Häfen im gesamten Pazifik. In der heute so verschlafenen Beach Street standen damals bis zu 52 Hotels, die Seefahrer, Händler, Weltenbummler und Abenteurer beherbergten. Doch bald zeigte sich, daß die Lage der Stadt nicht gut gewählt war: Levuka konnte sich nur auf einem schmalen Landstreifen zwischen Meer

# FIDSCHI – LANDESKUNDE

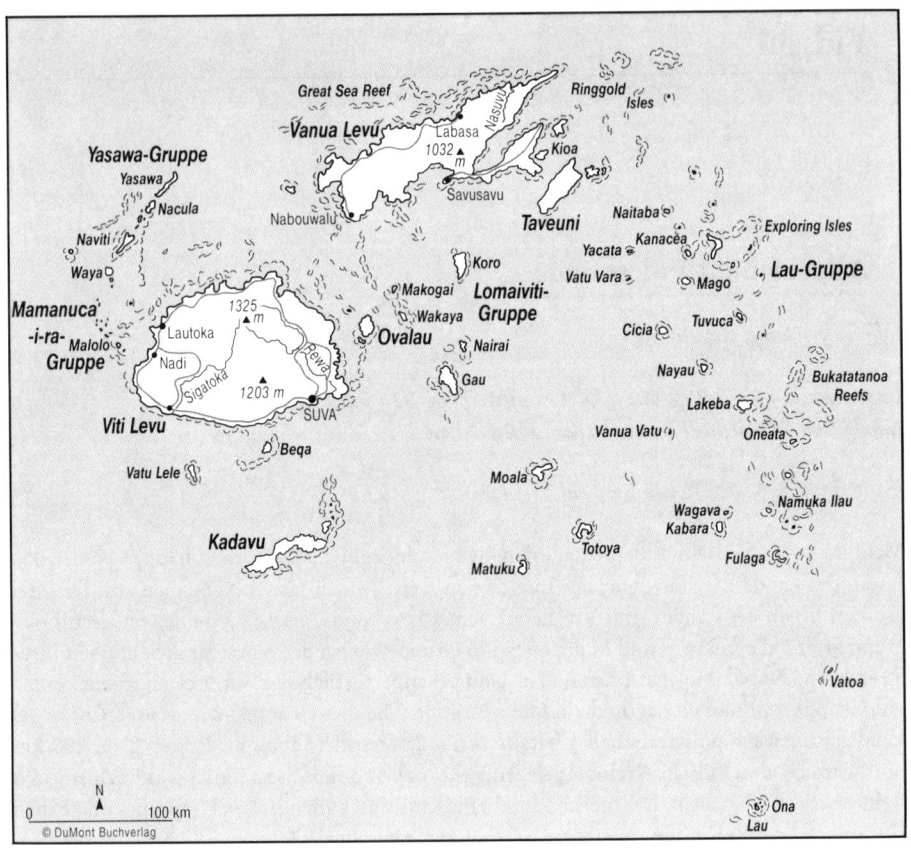

*Fidschi*

und steil aufragendem Gebirge ausdehnen. So machte man sich auf die Suche nach einem geeigneten Ort für die Gründung einer neuen Hauptstadt. Wenn der englische Colonel Smythe auf seiner Reise nicht gerade die Zeit von Ende Juli bis Ende September für seinen Aufenthalt im Gebiet des heutigen Suvas gewählt hätte, hätten möglicherweise die Konkurrentinnen für die Hauptstadtfunktion – Nadi auf Viti Levu und die Hafensiedlung Galoa auf Kadavu – den Sieg davongetragen. Colonel Smythe war von der Umgebung des von ihm geplanten Hauptstadtstandpunkts äußerst angetan, insbesondere von derem milden Klima. Es war ihm damals nicht bewußt, daß er seine Inspektion zur trockensten und kühlsten Jahreszeit abgehalten hatte. Wenn heute die Bewohner Suvas unter der großen Sommerhitze stöhnen oder wieder einen der nahezu täglichen Regenfälle des Ortes über sich ergehen lassen müssen, machen sie aus ihren Zweifeln an der Klugheit des Colonels keinen Hehl.

Der Umzug der Hauptstadt wurde 1877 offiziell rechtskräftig. Danach verlor Levuka sehr schnell seine Bedeutung, obwohl seine Bewohner zu Beginn noch für das Fortbestehen seiner ›Weltstadt-Rolle‹ gekämpft hatten. Heute liegt über Levuka ein ganz besonderer Zauber: Beim Wandern auf ›der Straße‹ fühlt man sich in die Kulissen einer Südsee-Handelsstadt aus dem vergangenen Jahrhundert zurückversetzt – dank des erzwungenen Stillstands seiner urbanen Entwicklung erfuhr Levuka nicht wie alle anderen Zentren im Pazifik (Papeete, Apia, Avarua...) umgreifende Veränderungen, sondern die Stadt zeigt sich nach wie vor im alten Gewand – ein Ort zum Träumen und für ein wenig Melancholie ...

Fidschi verfügt über eine reiche Vogelwelt (60 Arten). Anfang 1992 wurde ein Schmugglerring entdeckt, der Exemplare der farbenprächtigsten Gattungen heimlich aus dem Land brachte und für fünfstellige Summen in Übersee verkaufte.

Überall kann man die aus Indien zur Bekämpfung der Ratten eingeführten Mungos vorbeispringen sehen – diese Schleichkatzenart ist nun selber zur Plage geworden und stellt heute eine Bedrohung der Vogelwelt dar.

*Levuka um 1900*

FIDSCHI – LANDESKUNDE

*Siedlung im Landesinnern von Viti Levu*

Die Meereswelt (Korallen, Tropenfische, Muscheln u. v. m.) gehört zu den interessantesten in der ganzen Südsee, und Inseln wie Taveuni oder die der Yasawa-Gruppe sind wahre Paradiese zum Schnorcheln und Tauchen.

In den sechs Naturparks der Inseln kann man die tropischen Regenwälder bewundern, die die Inseln zur Hälfte bedecken. Am einfachsten zugänglich ist der nur 11 km von der Hauptstadt entfernte Colo-i-Suva Forest Park.

Die Bevölkerung Fidschis wurde Ende 1989 mit 727 134 angegeben, davon waren 351 996 melanesische Fidschianer (48,4%), 337 557 Inder (46,4%) und 37 581 Angehörige anderer Gruppen. Vor dem Militärcoup von 1987 stellten die Inder eine knappe Mehrheit in der Bevölkerung dar, seitdem wird von der Regierung eine gezielt pro-melanesische Politik verfolgt, die gerade die qualifiziertesten Inder aus dem Land getrieben hat.

Englisch ist Amtssprache. Unter den melanesischen Fidschianern ist das Standard-Fidschianisch, das sich auf den Dialekt von Bau gründet, am weitesten verbreitet, während die Inder vor allem Hindi sprechen. Im Landesgebiet existiert eine Vielzahl an anderen Sprachen, so z. B. andere melanesische Sprachen, aber auch polynesische Sprachen (in der Lau-Gruppe und auf Rotuma) und die der anderen Einwanderer wie Chinesen, oder die Siedler von Ocean Island in Kiribati (auf Rabi Island) und die Tuvaluaner auf Kioa zwischen Taveuni und Vanua Levu.

Am 10. Oktober 1970 erlangte Fidschi seine Unabhängigkeit. Es war 96 Jahre lang britische Kolonie gewesen. 17 Jahre wurde das Land dann durch ein Zweikammernsystem regiert und war Mitglied des Commonwealth. In der Folge der Wahlen von 1987, in der pro-indische oder zumindest tolerante Parteien die Mehrheit erzielt hatten, brachte sich die pro-melanesische Seite durch eine Reihe von Militärputschen, deren Anführer der damalige General Sitiveni Rabuka war, an die Macht. Nach der Erklärung der Republik durch die Putschisten wurde Fidschi aus dem Commonwealth ausgeschlossen.

Mehrere Jahre lang wurde die Militärregierung von den meisten Staaten der Erde nicht anerkannt, diplomatische und wirtschaftliche Beziehungen reduziert oder gar abgebrochen. Seit 1991 – und verstärkt seit den Wahlen von 1992 – intensivieren sich die Auslandsbeziehungen Fidschis wieder, obwohl das Prinzip der Gleichheit im Land weiterhin mit Füßen getreten wird.

Parallel zur politischen Instabilität entwickelten sich auch die verschiedenen Wirtschaftszweige negativ. Durch die Spannungen zwischen den ethnischen Gruppen entstanden bedeutende Verluste, so durch die Abwanderung hochqualifizierter Inder, die schwer füllbare Lücken im Arbeitsmarkt hinterließen, und durch die Streiks der indischen Zuckerfarmer, welche die Erhöhung der Pachtabgaben an die melanesischen Landbesitzer als übertrieben ablehnten. Streiks legten auch die Goldminen lahm. Der Tourismus, seit den 70er Jahren ein bedeutender Wirtschaftsfaktor, ging nach dem Putsch drastisch zurück. Wenn keine weiteren umwälzenden politischen Veränderungen in Fidschi eintreten, werden sich die Besucherzahlen wieder aufwärts bewegen und die Viertelmillion, die für 1989 gezählt wurde, hinter sich zurücklassen. Die Bekleidungsindustrie, ein traditioneller Sektor der fidschianischen Wirtschaft, konnte von 1990 bis 1991 einen 30%igen Anstieg der Exporte in EG-Länder (vor allem nach Großbritannien, Deutschland und Belgien) verzeichnen: es wurden 3,3 Mio. US $ umgesetzt.

Der Pazifik gibt uns außenstehenden Beobachtern immer wieder Rätsel auf. Der Ausgang der Wahlen von 1992 in Fidschi ist ein gutes Beispiel dafür: In der letzten Maiwoche wurde der Anführer der Putschisten von 1987, Sitiveni Rabuka, als neuer offizieller Premierminister des Landes vereidigt. Dies wurde nur durch die Unterstützung der stark indisch geprägten Labour Party möglich, die dafür eine umfassende Reform der rassistisch einseitigen Verfassung und eine Verlängerung der Landpachtverträge für indische Zuckerrohrfarmer forderte. In seiner Rede zur Vereidigung gab Rabuka seiner Überzeugung Ausdruck, daß er Inder keineswegs als Bürger zweiter Klasse ansehe, sondern vielmehr die Rechte und Chancen beider ethnischer Gruppen des Landes als gleichbedeutend erachte. Nur so könne Fidschi auf eine stabile Zukunft und wirtschaftliches Wachstum hoffen.

Fidschi wird in den nächsten Monaten und Jahren sicherlich noch weitere umfassende Veränderungen erleben – Nichtfidschianer sehen wohl besser von Prognosen ab ...

# FIDSCHI

## Geschichte und Kultur

Archäologischen Funden zufolge scheinen die ersten Siedler, Austronesier und Vertreter der Lapita-Kultur, vor über 3000 Jahren im Gebiet der Yasawa-Gruppe und, sich von dort aus verbreitend, der Westküste von Viti Levu eingetroffen zu sein.

Durch seine Lage und Besiedlungsgeschichte hat das Land eine zentrale Position inne: Hier treffen polynesische und melanesische Kultur in besonders intensiver Art und Weise aufeinander. Während die Fidschianer der Hauptinseln des Landes zum melanesischen Bevölkerungstyp gezählt werden, ist ihre Kultur weitestgehend polynesisch. Das wird besonders deutlich in der hierarchischen Gesellschaftsstruktur, die in der Geschichte der Inseln der Fidschi-Gruppe ein charakteristisches Merkmal ist – im Unterschied zu den melanesischen Kernländern wie Papua-Neuguinea oder den Salomon-Inseln.

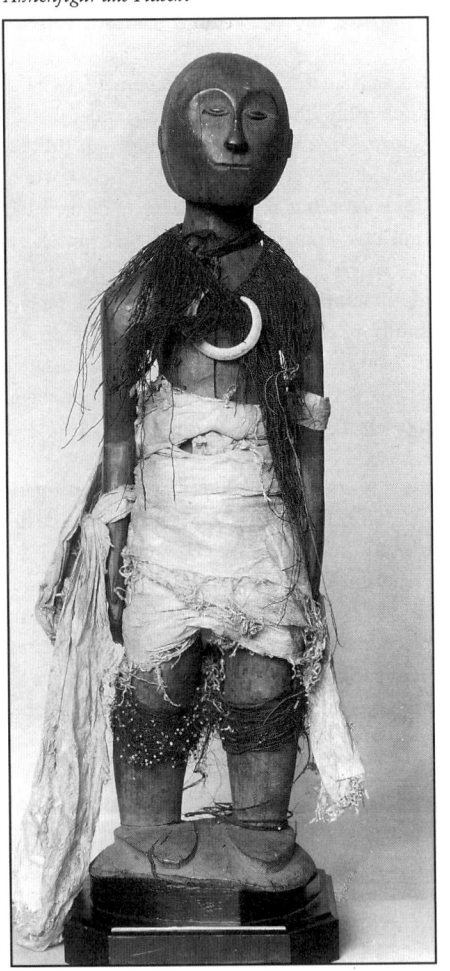

*Ahnenfigur aus Fidschi*

Die ersten Inseln Fidschis wurden von Abel Tasman 1643 gesichtet, Cook streifte die Gruppe 1774 nur an der südöstlichsten Ecke. Kapitän Bligh war 1789 der erste Europäer, der die Hauptinseln sah, als er, von den Meuterern der Bounty ausgesetzt, in einem offenen Boot einen großen Teil der Südsee durchquerte. Aus Sicherheitsgründen zog er es vor, dort nicht an Land zu gehen, besonders, nachdem sein Boot in den Yasawas von einem fidschianischen Kriegskanu gejagt worden war. Die Engländer benannten den Raum nach der größten Insel ›Viti Levu‹, deren Namen sie ›Fee-jee‹ aussprachen.

Trotz einer fast hundert Jahre dauernden britischen Kolonialherrschaft sind in Fidschi wie in wenigen anderen Gebieten des Pazifiks heute noch traditionelle Lebensweisen und Verhaltensmuster lebendig. Das Land ist

*Fidschianischer Krieger posiert in Perücke, kostbarem Hüfttuch aus Rindenbaststoff und mit Keulen bewaffnet für den Fotografen, um 1900* ▷

immer noch im Gemeinschaftsbesitz, und in den meisten Teilen des Landes wohnen die Menschen noch in von Häuptlingen regierten Dörfern. Der Zusammenhalt in der Großfamilie bestimmt weiterhin das soziale Leben auf Fidschi, und nur im Einflußbereich von Suva sind stärkere Veränderungen in der Gesellschaftsstruktur sichtbar, die dem Individuum mehr Platz einräumen.

In den überlieferten Ritualen der melanesischen Fidschianer spielen bis zum heutigen Tage zwei Elemente eine äußerst bedeutende Rolle: die Übergabe eines *tabua*, der Zahn des Pottwals, und die Darbietung des Getränks *yanqona*, der fidschianischen Variante des aus den Wurzeln des Pfefferbusches *(piper methisticum)* gewonnenen Kava-Trunks.

## Die Herstellung einer Pandanusmatte

Die Herstellung von Pandanusmatten gehörte zu den Aufgaben der Frauen im Pazifik. Heute sind diese Materialien in vielen Gebieten von europäischen Produkten verdrängt worden, doch in den Dörfern und abgelegenen Gebieten ist diese Tradition meist bei älteren Frauen noch lebendig. Die Matten sind sehr geschätzt, weil sie im heißen tropischen Klima einen kühlenden und hygienischen Bodenbelag darstellen. Im Zeitalter des Tourismus stellen die fein gewobenen Matten auch ein beliebtes Sammelobjekt bei ausländischen Besuchern dar.

Arbeit an einer mittelgroßen Matte aus *voivoi* (Pandanus)

| | |
|---|---:|
| Weg zum 30 Minuten entfernten Garten: | 1 Stunde |
| Ablösen von 200 Blättern von den Bäumen<br>Entfernen der Dornen am Blattstiel und an den Blatträndern<br>Bündeln und evtl. Zusammenrollen: | 6 Stunden |
| Sammeln von Feuerholz<br>Herantragen von Wasser<br>Sieden der Blätter: | 3 Stunden |
| Aufhängen zum Trocknen<br>Aufspalten in schmalere Streifen zum besseren Flechten: | 8 Stunden |
| Flechten und Fertigmachen: | 12 Stunden. |

Für eine mittelgroße Matte sind also mindestens 30 Arbeitsstunden anzusetzen. Im Jahre 1984 z. B. verdiente eine Frau aus Zentralfidschi (Koro) nicht mehr als 30 bis 50 Cents pro Stunde, wenn sie sich entschloß, diese Matte per Boot nach Suva zu schicken und dort an Touristen verkaufen zu lassen.

*Häuptling Cakobau war einer der mächtigsten Stammeshäuptlinge im 19. Jh.*

Die symbolische Bedeutung des Pottwalzahnes, der anläßlich wichtiger Feste und bei Vertragsabschlüssen bedeutenden Gästen überreicht wird, übersteigt seinen materiellen Wert um ein Vielfaches. Man kann ihn in den Häusern bedeutender fidschianischer Familien an der Wand hängen sehen, mit Öl glänzend gerieben und an einer aus Kokosfasern geflochtenen Schnur befestigt, aber man wird ihn nie als Souvenir in einem Laden erwerben können (seine Ausfuhr ist zudem strengstens verboten). Wenn man die Geschichte des Brauches bis zu seinen Ursprüngen zurückverfolgt, sieht man, daß die alten Sitten durch die Europäer doch gewisse Umorientierungen erfuhren.

Seit über 150 Jahren sind *tabua* bei den Fidschianern in Gebrauch. Davor erfuhr das hölzerne *bua-ta* eine ähnliche Verehrung. Dies waren auf Hochglanz polierte Holzstücke vom *bua*-Baum, die zu einer Form zurechtgeschnitten wurden, welche dem heute gebrauchten *tabua* ähnelt. Als die ersten Walfänger nach Fidschi kamen, brachten sie Walzähne zum Handeln mit. Die Fidschianer waren von der Ähnlichkeit beeindruckt, die diese mit ihrem hölzernen *bua-ta* aufwiesen. Die Fidschianer nannten sie *tabua*, in Ableitung von dem Wort *tabu* (ausgesprochen ›tambu‹), das heilig bedeutet. Korallensand, Kokosnußöl und die Blätter eines Baumes, der als *masi-ni-tabua* (Stoff für den *tabua*) bekannt ist, werden zum Polieren des *tabua* verwendet. Ein auf Hochglanz polierter *tabua* hat im heutigen Fidschi einen großen Wert. Das Museum in Suva besitzt mehrere historische Exemplare.

# FIDSCHI – SEHENSWÜRDIGKEITEN

Beide große ethnische Gruppen in Fidschi, die Inder und die Melanesier, haben ihre eigene Tradition der *firewalkers*. Bei den Indern ist dies eine religiös-spirituelle Übung, zu der erst seit kurzem auch Außenstehende als Beobachter zugelassen sind. Die Gabe, auf glühend heißen Steinen zu wandeln, ist auf der melanesischen Seite auf die Männer der kleinen Insel Beqa beschränkt. Der Legende nach soll einer ihrer Vorfahren einem Naturgeist das Leben gerettet und zum Dank dafür die Gabe der Herrschaft über das Feuer erhalten haben. Vor der Zeremonie muß daher immer die Erinnerung an dieses Ereignis wachgerufen werden. Auf diese Weise wird auch der dankbare Geist daran erinnert, und er schickt seine Untertanen, auf Farnstöcken sitzende Waldfaune, aus. Sie sind zwar für menschliche Augen unsichtbar, stellen aber in der Vorstellung der Beteiligten eine Art Teppich dar, auf dem sie, ohne Schmerzen zu verspüren, über die glühenden Steine wandeln können. Die Zeremonie verläuft nur dann erfolgreich, wenn sich die Männer aus Beqa durch rituelles Fasten und Enthaltsamkeit auf das Ereignis vorbereiten und während des gesamten Ablaufes fest an die Überlieferung glauben. Dies verleiht dem Ganzen eine tiefe Würde, auch wenn die Zeremonie im Rahmen eines Hotels oder Touristenkomplexes vor Fremden aufgeführt wird. Ein Besuch im sehr interessanten Kulturzentrum von Pacific Harbour auf Viti Levu findet durch das Zuschauen bei der *firewalking ceremony* seinen krönenden Abschluß.

## Sehenswürdigkeiten

Mit der fidschianischen Kultur machen verschiedene Zentren vertraut, so z. B. **Pacific Harbour** an der Coral Coast von Viti Levu und **Orchid Island** vor den Toren von Suva. Für Liebhaber von tropischen Gärten ist ein Besuch des **Garden of the Sleeping Giant** nur 7 km nördlich vom Flughafen in Nadi empfehlenswert, um die herrliche Orchideensammlung zu besichtigen.

*Unterwegs mit dem Bus auf Taveuni*

Das **Fiji Museum** liegt in den **Thurston Gardens** (Suva). Es wurde 1904 gegründet und ist damit das älteste Museum in der gesamten Region. Die sehr interessant zusammengestellte kleine Sammlung von Objekten aus der Landesgeschichte ist unbedingt eine Besichtigung wert, nicht nur wegen der Menschenfressergabeln. Die Tapa-Ausstellung im ersten Stock gehört zu den besten der Welt. Reiseveranstalter wie die Blue Lagoon Cruises bieten lohnende **Kreuzfahrten** an, z. B. zur Yasawa-Gruppe ab Lautoka.

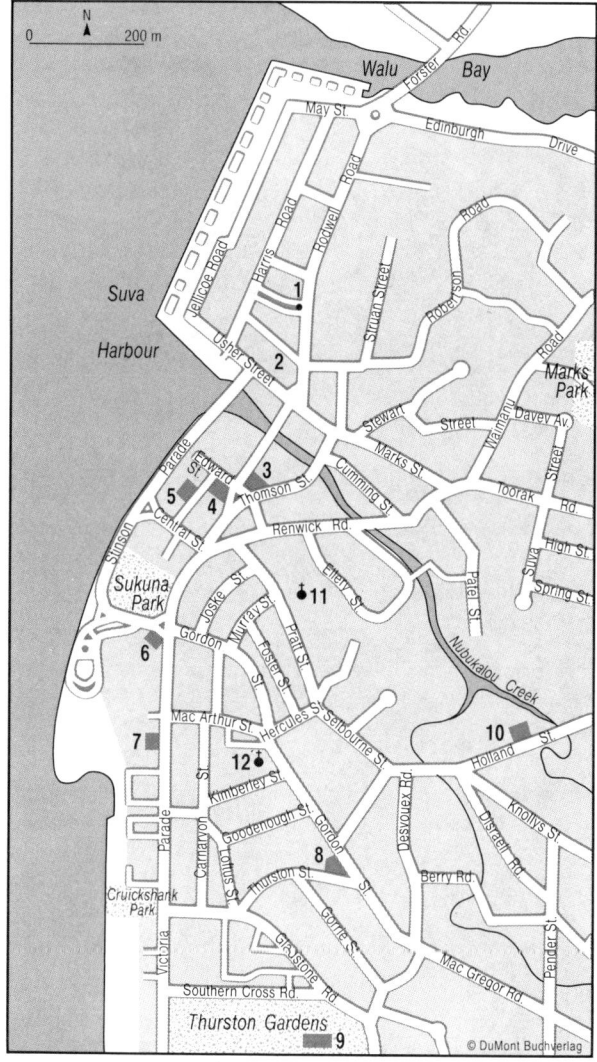

**Suva**
1 Busbahnhof
2 Markt
3 Fremdenverkehrsbüro
4 Post
5 Kunsthandwerkszentrum
6 Telekommunikationszentrale (Fintel)
7 Stadtbibliothek
8 Krankenhaus
9 Museum
10 Hindu-Tempel
11 Katholische Kirche
12 Holy Trinity Cathedral

*Strand auf den Marquesas-Inseln* ▷

# Polynesien

## POLYNESIEN

Die Inseln Polynesiens – es sind mehrere tausend – bilden ein weitgespanntes Dreieck, das sich über den größten Teil Ozeaniens erstreckt. Die Osterinsel im Osten, Neuseeland im Westen und Hawaii im Norden bilden die Spitzen des ›polynesischen Dreiecks‹. Wir werden uns im folgenden auf die innerpolynesischen Inselgruppen konzentrieren.

Kulturell gliedert man Polynesien in West- und Ostpolynesien. Schiffahrt, hierarchisch gegliederte Gesellschaftssysteme und eng geknüpfte Familienbande bestimmten im traditionellen Polynesien den Alltag. Wenn auch von den meisten dieser Traditionen im heutigen Leben nur noch wenig zu spüren ist, gehört Polynesien dennoch zu den reizvollsten Gebieten für den Südsee-Reisenden.

# Eine polynesische Tradition – die Namengebung: ›ingoa‹

Die Insel Atiu in der Südgruppe des Cook-Archipels ist bekannt für ihren besonderen Reichtum an polynesischen Traditionen. Die Praxis der Namengebung – *ingoa* – auf Atiu ist ein besonders interessantes Beispiel dafür: Geburtsnamen *(ingoa 'anau)* werden in der Regel wenige Tage nach der Geburt ausgewählt, wobei der Vater für das erste, dritte, fünfte Kind usw. zuständig ist, die Mutter für das zweite, vierte, sechste etc. Häufig erhalten die ersten Kinder die Namen der Eltern, mehrere Kinder eines Paares können denselben Namen tragen, besonders, wenn es sich dabei um eine Ehrung der Großeltern oder anderer illustrer Verwandter handelt.

Es ist eine besondere Ehre für einen Familienangehörigen, von den Eltern mit der Namengebung beauftragt zu werden: Der Namengeber hat das Recht, das Kind *taku tamaiti* – ›mein Kind‹ – zu nennen, er wird ihm immer zur Seite stehen, so wie auch der junge Mensch ihn nach Kräften unterstützen wird.

Im Laufe seines Lebens kann ein Polynesier neue Namen erwerben, z. B. die Brautnamen *(ingoa papa)* bei der Eheschließung oder die Totennamen *(ingoa mate)* beim Ableben eines bedeutenden Familienangehörigen. In früheren Epochen glaubte man, daß die Geister der Verstorbenen eine Weile bei den Angehörigen verblieben und deren Leben beeinflussen könnten – so versuchte man, sie durch die Annahme von Totennamen zu besänftigen.

Die Eltern sprechen ihre Kinder mit dem Geburtsnamen an oder, wenn das Kind einen solchen erhalten hat, mit dem Totennamen. Unter Ehegatten verwendet man die Brautnamen oder auch die im Laufe der Ehe erhaltenen Totennamen.

Die Verwendung des Totennamens durch einen anderen als ein Mitglied der engeren Familie würde als deplaziert angesehen werden und die eines Brautnamens als geradezu unverschämt. Geburtsnamen beziehen sich meist auf bestimmte Begebenheiten aus der Zeit um die Geburt, wie *Nga-tamariki-tere-moana-ki-te-'enua-mamo* – ›die jungen Burschen, die über das Meer in ein fernes Land segelten‹ oder *Te-upoko-'ina-o-Mea* – ›das ergrauende Haupt von Soundso‹. Nicht immer müssen die Namen an angenehme Ereignisse erinnern, so gibt es z. B. *Mate-anu-o-Mea* – ›der kalte (Ertrinkungs-)Tod von Soundso‹ –, *Maki-roa* – ›die lange Krankheit‹ – oder *Tangata-topa-patikara* – ›der Mann, der vom Fahrrad fiel‹. Heldennamen sind bestimmten Familien vorbehalten.

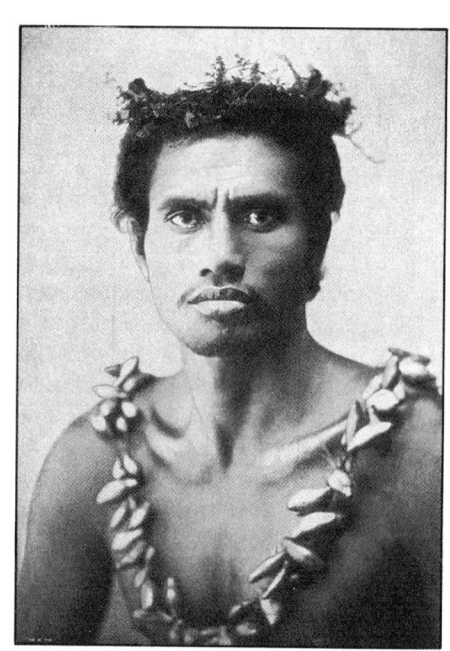

*Samoaner, um 1900*

Durch die traditionelle Art der Namengebung werden die wichtigsten Augenblicke eines Lebens – Geburt, Heirat und Tod – hervorgehoben. Dank der mit Ereignissen verknüpften Namen hatte die Gemeinschaft Gedächtnisstützen für das kollektive Gedächtnis, und die sozialen Bande zwischen ihren Mitgliedern wurden dadurch enger geknüpft und lebendig erhalten. Totennamen werden heutzutage immer weniger gebraucht – die wandelnden Geister waren nicht so einfach in Einklang zu bringen mit dem Christentum – während die Brautnamen als Zeichen der Verbundenheit im engen Familienkreis weiterhin ihre Verwendung haben.

Heute sind die Traditionen der Namengebung einem starken Wandel unterworfen. Die Existenz von Geburtsregistern, die Schulpflicht, die schriftliche Festlegung von Landbesitz, die Eröffnung von Bankkonten, Arbeitsverträge und alle weiteren Einrichtungen des modernen Lebens machen einen festen Vor- und Nachnamen nötig. So ist man dazu übergegangen, für offizielle Papiere seinen eigenen ersten Geburtsnamen als Vornamen und den ersten Geburtsnamen des Vaters als Nachnamen anzugeben.

POLYNESIEN

# Mana und Tabu

*von Klaus Helfrich*

Die in ganz Ozeanien verbreiteten Vorstellungen, die sich mit den Begriffen Mana und Tabu verbinden, haben insbesondere der traditionellen polynesischen Kultur ihre charakteristische Prägung verliehen. In Polynesien waren Mana und Tabu zwei überaus wichtige Ordnungsfaktoren, die namentlich in gesellschaftlicher, politischer und religiöser Hinsicht das Leben der Menschen entscheidend mitbestimmten. (...)

Die Grundbedeutung des aus dem ›Austronesischen‹ sich herleitenden polynesischen Wortes *mana* läßt sich am besten mit »außergewöhnliche Wirksamkeit« wiedergeben. In dieser Umschreibung kommt am ehesten zum Ausdruck, was Mana eigentlich meint: Es handelt sich um einen Begriff innerhalb eines Bezugssystems, in dem bestimmte Eigenschaften oder Summen von Eigenschaften auf ihre außergewöhnliche Intensität und Potenz hin geprüft und gegebenenfalls in bezug auf ihre Wirkung als *mana* oder nicht *mana* definiert werden. (...)

Was Mana konkret ist, läßt sich am einfachsten am Beispiel des Menschen erläutern: Auf Grund des Zusammenspiels bestimmter Eigenschaften kann beispielsweise ein Mensch ein »guter« Krieger sein. Unter den »guten« Kriegern befinden sich einige wenige, bei denen die »Kämpfereigenschaften« in solcher Intensität und Potenzierung auftreten, daß sich jene Menschen als weit über dem Durchschnitt stehende, »außergewöhnlich gute« Krieger erweisen, die auch aus dem schwersten Kampfgetümmel immer siegreich hervorgehen. Diese Menschen haben nach polynesischer Auffassung Mana, die übrigen Krieger – mögen sie auch »gut« sein – besitzen dagegen kein Mana.

Die individuellen Fähigkeiten – in dem genannten Fall die Kämpfereigenschaften – des Menschen, die weit über das normale Maß hinausgehen, sind also der tatsächliche Grund für das Mana. Ob nun ein Mensch Mana besitzt, das mißt sich für ihn und die anderen natürlich nur an seinem Erfolg. Wird etwa der stets siegreiche, also Mana besitzende Krieger doch einmal im Kampf besiegt, so ist dies nach polynesischer Ansicht nur möglich, weil er sein Mana verloren hat, oder – was auf das gleiche hinausläuft – weil sich das Mana seines Gegners als »stärker« erwiesen hat. Der letztgenannte Punkt macht deutlich, daß Mana, da es sich um einen Vergleichswert in einem Bezugssystem handelt, auch Abstufungen besitzt: Es gibt mehr oder weniger »starkes« Mana.

Der Mana-Besitz wirkt in Polynesien klassifizierend, denn er grenzt den Bereich des Außergewöhnlichen *(mana)* von dem des Gewöhnlichen *(noa)* ab. Für das stark entwickelte Geltungsbedürfnis der Polynesier ist diese Tatsache vor allem in Hinblick auf den Menschen wichtig: Der Besitz von Mana erhebt den Menschen über den Kreis seiner »gewöhnlichen« Mitmenschen und verleiht ihm daher Ansehen, Autorität und Rang. Daraus erklärt sich, daß insbesondere die Menschen in einer herausragenden gesellschaftlichen Stellung, die Häupt-

1  Französisch-Polynesien  Bora Bora  ▷

3 Französisch-Polynesien Tahiti
◁ 2 Französisch-Polynesien Moorea
4 Französisch-Polynesien Moorea

5  Neukaledonien  Im Süden der Grande Terre: Champ de Bataille

6  Französisch-Polynesien  Bora Bora

7  Französisch-Polynesien  Bora Bora ▷

8   Neukaledonien   Gebirgsmassiv von Tiébaghi im Norden der Grande Terre

9   Neukaledonien   Die Rivière des Pirogues im Süden der Grande Terre

10 Französisch-Polynesien Moorea

11 Vanuatu Undine Bay im Norden der Insel Efate ▷

13 Fidschi   Strand auf einer der Yasawa-Inseln
◁ 12 West-Samoa   Strand auf Savai'i
14 Fidschi   An der Coral Coast von Viti Levu

15   Französisch-Polynesien   Sonnenuntergang auf Tahiti ▷

linge, Priester, Handwerksmeister usw., in dieser oder jener Form Mana besitzen müssen, das gewissermaßen als Voraussetzung für die optimale Erfüllung ihrer jeweiligen Aufgaben angesehen wird. Zugleich sind die Mana-Besitzer aber auch einem ständigen Beweiszwang unterworfen, denn ihr Mana wird ja an ihrem Erfolg gemessen: Den Erfolgreichen legitimiert sein Mana, der Erfolglose hingegen hat kein Mana, und deshalb droht ihm der Verlust von Ansehen, Autorität und Rang. Somit erfüllt das Mana in der polynesischen Kultur eine bedeutsame Ordnungsfunktion, indem der Mana-Besitz soziale Rollen legitimiert oder zuweist; darüber hinaus ist das Mana eine nicht zu unterschätzende Antriebskraft im Handeln seiner Besitzer, die es immer wieder erfolgreich unter Beweis stellen müssen.

Aus der Natur des Mana folgt, daß nur wenige Menschen es besitzen können. Diese haben es entweder von ihren Ahnen (also durch Geburt) ererbt oder es im Lauf ihres Lebens durch »Übertragung« erworben. Das Häuptlings-Mana gilt zumeist als ererbter Besitz, Priester-Mana ist dagegen oft durch Magie erworben. Das Mana ist jedoch in keinem Falle wesensmäßig an seinen Besitzer gebunden: Es kann unter Umständen verlorengehen. Die Gründe für den Mana-Verlust beim Menschen sind vielfältig: Neben Alter, Tod, Niederlage im Kampf, plötzlicher Unentschlossenheit usw. sind es häufig vor allem rituelle Versehen und die absichtliche oder unabsichtliche Übertretung eines Tabu, die zum Verlust des Mana führen. So verliert ein Priester, der im Kult bestimmte wichtige Ritualvorschriften nicht beachtet, unweigerlich sein Mana; oder der schlafende Häuptling, über den versehentlich ein Rangniederer hinwegschreitet, geht auf Grund dieses Tabubruchs seines Mana verlustig.

Mana kann auch nichtmenschlichen Lebewesen, z. B. Göttern, Tieren oder Pflanzen, eignen. An der Tatsache des Mana-Besitzes orientiert sich das Verhalten der Menschen gegenüber diesen Lebewesen. So folgen etwa Macht und Einfluß der polynesischen Götter nicht aus ihrer Heiligkeit, sondern aus ihrem Mana. Denjenigen Göttern, die wenig oder überhaupt kein Mana besitzen, begegnen die Polynesier daher ziemlich respektlos oder gleichgültig.

Die »Vergegenständlichung« des Mana hat bei den Polynesiern zu der Vorstellung geführt, auch unbelebte Dinge könnten Mana besitzen, wie etwa bestimmte Häuser, Boote, Waffen, Steine usw.; ursprünglich handelte es sich bei diesen unbelebten Mana-Trägern vermutlich um Gegenstände, die ihr Mana durch den Kontakt mit lebenden Mana-Besitzern (z. B. mit Göttern oder Häuptlingen) »erworben« haben, denn das Mana gilt ja als übertragbar. Ein Beispiel für diese Auffassung liefert ein Brauch von Hawaii: Dort konnte ein Häuptling für den Fall seines Ablebens seinen Freunden oder treuen Dienern seine Knochen vermachen. Aus diesen Knochen schnitzte man Angelhaken. Man glaubte, das Mana des Häuptlings habe sich auf dessen Knochen übertragen und »hafte« diesen an. Deshalb hatten die aus den Häuptlingsknochen gefertigten Angelhaken ein eigenes Mana und versprachen somit besonders reichlichen Fischfang. Auch in diesem Fall maß sich das Mana natürlich am Erfolg: Blieb der erwartete reiche Fischfang mit dem Angelhaken aus, so hatte dieser entweder kein Mana gehabt oder es aus irgendeinem Grund verloren.

◁ 16 Cook-Inseln   Abendstimmung auf Rarotonga

# POLYNESIEN – MANA UND TABU

Aktueller Gebrauch des Wortes »tabu«: Betreten verboten! (Grundstück auf Bora Bora)

Schwieriger zu verstehen ist die Ansicht, es gebe auch nichtmaterielle Mana-Träger. Grenzfälle sind in dieser Hinsicht Orte oder gesellschaftliche Institutionen (Stämme, Bünde), die Mana besitzen können, denn hier kommen immerhin noch die physischen Komponenten (z. B. die Stammesmitglieder) als die eigentlichen Träger des Mana in Betracht. Die Zaubersprüche (z. B. die *karakia* der Maori) dagegen sind in der Tat nichtmaterielle »Träger« von Mana. Ihre Wirksamkeit folgt nicht aus dem Mana ihres Benutzers, sondern aus ihrem eigenen Mana. (...)

Der auch in unseren Sprachschatz eingegangene Begriff »tabu«, abgeleitet vom polynesischen *tapu*, bedeutet »verboten«. Während wir das Tabu rein negativ auffassen, kommt ihm in Polynesien daneben auch eine positive Bedeutung zu. Denn hier verbietet das Tabu sowohl bestimmte Handlungen als auch die Unterlassung bestimmter Handlungen, d. h. es kann Handlungen zwingend untersagen oder zwingend vorschreiben. Das Tabu ist so wenig wie das Mana eine religiös begründete Erscheinung, sondern ein auf alle Lebensbereiche sich erstreckendes Bezugssystem, in dem in Hinblick auf das einzelne Individuum bestimmte Handlungen als *tapu* (verboten oder vorgeschrieben) erklärt werden.

Die Verbindlichkeit des Tabu folgt aus der Autorität, die es begründet, die Respektierung des Tabu aus der Furcht vor den Konsequenzen seiner Übertretung. Ein großer Teil der Tabuvorschriften ergibt sich aus dem Mana. Das Mana ist nach polynesischer Auffassung für die gewöhnlichen Menschen oft sehr gefährlich. Deshalb wird der Umgang mit Mana-Trägern durch die Tabuvorschriften geregelt und überhaupt erst ermöglicht. Wird ein Tabu, das sich aus dem Mana-Besitz ergibt, absichtlich oder unabsichtlich gebrochen, so folgt die Strafe (Krankheit, Tod usw.) automatisch. Es liegt beispielsweise auf den Speisen, die ein Häuptling berührt hat, ein strenges Tabu, das sich aus dem Häuptlings-Mana ergibt. Ißt ein gewöhnlicher Sterblicher von diesen tabuierten Speisen, so muß er mit Krankheit oder Tod rechnen. So begründet der Mana-Besitz zahlreiche Tabuvorschriften und Verhaltensmaßregeln, die für die Nichtbesitzer eine Fülle komplizierter Ver- und Gebote beinhalten. Einschränkungen sind aber auch die tabuierten Persönlichkeiten unterworfen. So darf ein Häuptling viele Dinge nicht berühren, ja nicht einmal sein Schatten darf auf diese Dinge fallen, will er sie für seine Untergebenen nicht unbrauchbar machen.

Die Vielfalt der auf dem Mana-Besitz beruhenden Tabuvorschriften wird noch durch ein anderes Tabu vermehrt, das in der Autorität der mit »Tabuiergewalt« ausgestatteten Personen – zumeist Häuptlinge und Priester – begründet ist. So kann ein Häuptling einen bestimmten Platz kraft seiner Tabuiergewalt für »tabu« erklären; dieser Platz darf dann nicht mehr betreten werden. Bricht jemand dieses Tabu, so bestraft sich diese Übertretung häufig nicht von selbst, sondern wird von dem Häuptling oder von dessen Beauftragten geahndet. Mit der Tabuiergewalt haben ihre Inhaber ein machtvolles Instrument an der Hand, das sie gelegentlich willkürlich und zum Eigennutz, gewöhnlich jedoch als politisch, gesellschaftlich, religiös und wirtschaftlich wirksames Mittel bei der Verfolgung von das Allgemeinwohl betreffenden Zielen einsetzen. So können aus wirtschaftlichen Erwägungen bestimmte Fischgründe tabuiert werden, um den Fischen dort eine »Schonzeit« zu gewähren.

Die Gültigkeit eines Tabu kann zeitlich unbegrenzt oder begrenzt sein. Die aus dem Mana-Besitz sich ergebenden Tabuvorschriften sind im allgemeinen für »alle Zeiten« verbindlich, während die von einer befugten Person erlassenen Tabuvorschriften gewöhnlich nur für eine bestimmte Zeitdauer in Kraft sind. Jedenfalls beinhaltet die Tabuiergewalt die Möglichkeit, ein ausgesprochenes Tabu wieder aufzuheben. In dem oben genannten Fall kann das auf bestimmten Fischgründen ruhende Tabu nach einiger Zeit, wenn sich die Fische ausreichend vermehrt haben, wieder zurückgenommen werden. Dann ist der Fischfang an den vormals tabuierten Plätzen wieder erlaubt und gefahrlos. Die Aufhebung der zeitlich begrenzten Tabuvorschriften erfolgt dabei entweder durch eine entsprechende verbale Feststellung oder durch ein mehr oder minder kompliziertes Ritual.

# Samoa (West-Samoa und Amerikanisch-Samoa)

## Allgemeine Landeskunde

*Offizielle Namen: Western Samoa und American Samoa*

*Lage West-Samoa: Längengrade: 168°–173° W; Breitengrade: 13°–15° S*
*Landfläche: 2900 km²; Meeresfläche: 120 000 km²*
*Lage Amerikanisch-Samoa: Längengrade: 171°–173° W; Breitengrade: 13°–15° S*
*Landfläche: 197 km²; Meeresfläche: 390 000 km²*

*Hauptstädte: West-Samoa: Apia auf Upolu (ca. 36 000 Einwohner)*
*Amerikanisch-Samoa: Pago Pago auf Tutuila*

Bis zum Beginn des 20. Jh. hatten die beiden Samoas weitgehend eine gemeinsame Geschichte und Kultur. Während Tutuila dem Bezirk Atua auf Upolu unterstellt war und den dortigen Herrschern als Exilort für aufrührerische Untertanen diente, hatte die Manu'a-Gruppe eine eigene mächtige Herrscherdynastie, die Tu'i Manu'a. 1722 kamen Europäer zum ersten Mal in Kontakt mit Inseln des heutigen Amerikanisch-Samoa, als der niederländische Seefahrer Jacob Roggeven die Inseln Ta'u, Ofu und Olosega in der Manu'a-Gruppe sichtete und eine kurze Begegnung mit den Inselbewohnern hatte.

Im 19. Jh. ließen sich Missionare in Tutuila nieder, und der Hafen von Pago Pago wurde durch seine günstige geschützte Lage zu einem vielbesuchten Stützpunkt. 1900 teilten Deutschland und die Vereinigten Staaten Samoa untereinander auf, nachdem dort jahrzehntelange, teils kriegerisch ausgetragene Interessenkonflikte zwischen den Kolonialmächten geherrscht hatten. Den Amerikanern fiel der kleinere Teil mit einem der besten Naturhäfen des Südpazifiks zu.

Ein halbes Jahrhundert lang hatte die politische Teilung der beiden Samoas auf den traditionellen kulturellen Zusammenhalt kaum Einfluß. Erst als die USA 1951 das Statut von Amerikanisch-Samoa änderten – der Flottenstützpunkt wurde nun zu einer dem Innenministerium direkt unterstellten Kolonie – begannen sich aufgrund der veränderten administrativen und wirtschaftlichen Strukturen größere Unterschiede abzuzeichnen. West-Samoa ist seit 1962 ein unabhängiger Staat mit parlamentarischem Regierungssystem.

Die samoanischen Inseln sind überwiegend vulkanischen Ursprungs. Nur die Insel Rose, die östliche in der Manu'a-Gruppe, und Swains Island, 450 km nördlich von Tutuila, sind flache

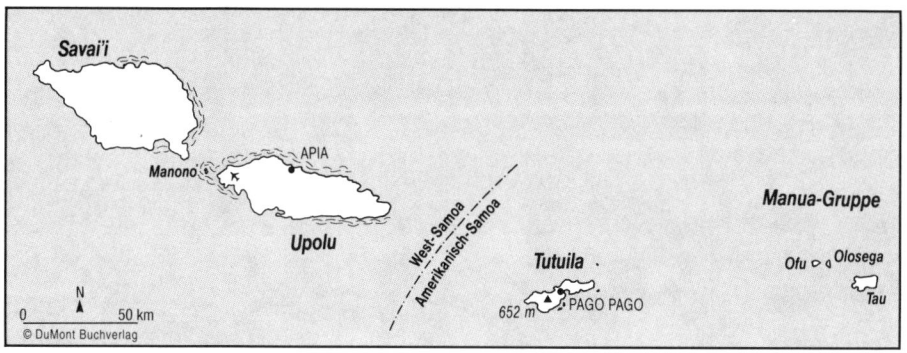

*West-Samoa und Amerikanisch-Samoa*

Atolle. Die größten Inseln der Gruppe sind Upolu (1100 km²) und Savai'i (1800 km²); höchster Berg ist der Mount Mata'aga (1858 m) auf Savai'i.

Die Tierwelt auf Samoa ist relativ artenarm; in den ausgedehnten Regenwäldern des Landesinneren findet man jedoch 34 Vogelarten, von denen 16 nur auf Samoa beheimatet sind. Die herrlichen Landschaften Samoas bieten gute Möglichkeiten des Kontakts mit der Natur. Es bestehen Pläne, einige besonders schöne Gebiete zu Naturparks zu erklären und zusätzliche Schutzgebiete für Land- und Seetiere einzurichten.

Von den 162 400 Bewohnern West-Samoas sind 157 000 Polynesier. Trotz einer sehr hohen Geburtenrate liegt der Bevölkerungsanstieg nur bei 0,11%. Dies ist auf die hohe Abwanderung zurückzuführen. Etwa 40 000 West-Samoaner leben in Neuseeland, von ihnen ist die Hälfte außerhalb von Samoa geboren.

Landessprache ist in beiden Samoas Samoanisch, eine polynesische Sprache. Englisch wird in der Wirtschaft, Verwaltung und im Tourismus verwendet. Aufgrund des stark auf die samoanische Sprache orientierten Schulsystems sind Leute mit guten Englischkenntnissen in West-Samoa seltener anzutreffen als in anderen Staaten des Pazifiks. Ältere Menschen in ländlichen Gebieten sprechen fast ausschließlich Samoanisch. Die Debatten im *fono* (Parlament) werden auf samoanisch gehalten und simultan ins Englische übersetzt. Der Landesname Samoa wird auf der ersten Silbe (auf ›a‹) betont. Geschriebenes ›g‹ wird wie ›ng‹ in deutsch ›singen‹ ausgesprochen.

In wirtschaftlicher Hinsicht ist West-Samoa auf fremde Hilfe angewiesen; zur Zeit sind u. a. Hilfsprogramme unter Beteiligung von Neuseeland, Australien, Deutschland, Japan und von internationalen Organisationen wie den Vereinten Nationen und der EG im Gange. Nach den verheerenden Verwüstungen von Hurrikan ›Val‹ im Dezember 1991 (fast alle öffentlichen Gebäude und 90% der Wohnhäuser waren zerstört, ebenso die meisten Felder und Plantagen) wird Samoa auf Jahre hinaus in stärkerem Maße von wirtschaftlicher Hilfe abhängig sein als

SAMOA – GESCHICHTE UND KULTUR

*Dorf auf Savai'i*

je zuvor. Nachdem Neuseeland aufgrund von wirtschaftlichen Schwierigkeiten die Einreise von *Pacific Islanders* ohne neuseeländischen Paß immer mehr erschwert, nimmt die Arbeitslosigkeit in Samoa zu. Ein zweites Auswanderungsziel sind die USA: über das ›Sprungbrett‹ Amerikanisch-Samoa geht es weiter nach Hawaii oder Kalifornien.

Der primäre Sektor ist nach wie vor wichtigster Wirtschaftsfaktor im Lande (Kopra, Kakao, Taro und Viehzucht für Export und Eigengebrauch). Außerdem existieren mehrere kleine Industriebetriebe (Brauerei, Holzverarbeitung).

Der Tourismus mit 55 000 Besuchern im Jahr (1989) ist eine wichtige Einkommensquelle für das Land. Dennoch hat sich Samoa für eine langsame Entwicklung dieser Branche entschieden. Man versucht, den Tourismus in die traditionelle Lebensweise der Samoaner zu integrieren.

## Geschichte und Kultur

»*Mein Samoa, du verdienst die Liebe deiner deutschen Brüder, von denen du durch die Habgier und Unersättlichkeit der Feinde getrennt bist. Meine Erzählung soll das Gedenken an dich wach erhalten und soll uns hinüberführen zu deinen sagenreichen und traumhaft schönen Gestaden. Talofa Samoa!*«

Diese Einleitung zu einer samoanischen Legendensammlung findet sich in einem Buch, das 1923 in Stuttgart gedruckt wurde, ein Jahrzehnt nach dem Ende der deutschen Kolonialherrschaft. Vieles von der spezifisch deutschen Ausprägung des Mythos ›Südsee‹ beruht wohl auf den Berichten der deutschen Forscher, Händler und Verwalter, die für einige Zeit in Samoa gelebt haben. Wir lassen als ein Beispiel Augustin Krämer, den Autor der eingangs zitierten Passage, noch einmal zu Wort kommen:

»(...) die Erzählungen von Königen und Helden (...) sollen zeigen, daß jene Völker durchaus nicht als geschichtslos bezeichnet werden dürfen, wie es von unzuständiger Seite geschehen ist. Für mich bestand nur die Aufgabe, alles zusammenzubringen und miteinander zu verbinden, um ein völkerkundlich richtiges Bild eines Naturvolkes aus der alten Zeit vor uns erstehen zu lassen. Die Lücken zu füllen und die Blüten und Blätter zu einem Strauße zu binden, war für mich nicht allzu schwer. Denn obwohl es über zwanzig Jahre her sind, daß ich zum letztenmal dieses schöne Inselreich verließ, so ist es mir, als ob dies erst vor wenigen Wochen geschehen wäre. Ich habe zu viele Tage unter diesen anmutigen Menschen gelebt, um sie je vergessen zu können. Ich habe die Küsten der Inseln umwandert, bin auf die Berge gestiegen und habe mich in den Wäldern umhergetrieben, auf die Korallenriffe bin ich hinausgepilgert, habe mit den Eingeborenen Fische gefangen und bin mit ihren Booten von Ort zu Ort gefahren, ihre Malangas (Familienbesuche im großen Rahmen) mitmachend, um mit ihnen denken und fühlen zu lernen. Wen einmal Samoa mit seinem Zauber erfaßt hat, den läßt es nicht mehr los. Welch ein Volk, das die Zeiten meistert, seine seelischen Kräfte zur Entfaltung bringt und dadurch sein Dasein anmutig und heiter gestaltet, vornehmlich durch die Verfeinerung der gesellschaftlichen Sitten, wodurch fast alle die rauhe äußere Urumkleidung abgestreift wurde.«

Aus dieser zweiten Äußerung spricht bereits eine tiefere Kenntnis Samoas, die auch in Augustin Krämers 1901 verfaßter wissenschaftlicher Monographie über Samoa und seine Traditionen zu Tage tritt – sie wurde zu einem allgemein bekannten und anerkannten Standardwerk.

Samoa wird häufig als die Wiege Polynesiens bezeichnet: Es soll nach der Legende mit dem Ursprungsland Avaiki zusammenfallen, und hier finden sich wirklich die hohen Berge mit wasserreichen Gebirgsbächen, die den fruchtbaren Vulkanboden der ausgedehnten Ebenen bewässern, und auch die fischreiche Lagune, von denen die polynesischen Völker in ihren Ursprungsmythen erzählen.

Die Samoaner sind sehr stolz darauf, daß von ihrem Kernland aus die polynesische Kultur weiter hinaus zu den anderen Inselgruppen des Pazifiks ausstrahlte, und dies ist einer der Gründe, weshalb hier die polynesischen Traditionen bis zum heutigen Tage besonders stark erhalten geblieben sind. Von ihren pazifischen Nachbarn müssen sie sich manchmal Arroganz und mangelnde Weltoffenheit vorwerfen lassen. So erzählt man sich, daß Sir Peter Buck, ein Neuseeländer halb europäischen, halb maorischen Ursprungs, bei einem Vortrag in Samoa die wissenschaftlich völlig begründete Theorie vorgestellt hatte, daß die Pazifikinsulaner alle von Asien eingewandert seien. Nachdem er geendet hatte, meldete sich ein samoanischer Zuhörer zu Wort: »Wir danken Ihnen für Ihren Vortrag. Die übrigen Polynesier mögen von Asien kommen, aber nicht die Samoaner. Die Samoaner stammen aus Samoa.«

Die ältesten Siedlungsspuren wurden gegen 1975 bei Grabungen durch eine Gruppe von amerikanischen Archäologen von der Universität Utah entdeckt. Die Datierung von Ton-

# SAMOA – GESCHICHTE UND KULTUR

*Mound Pulemelei auf Savai'i*

funden im Lapita-Stil weist auf eine Besiedlung durch Lapita-Leute um etwa 1000 v. Chr. im Gebiet von Mulifanua an der westlichen Spitze von Upolu hin – die Überreste des damaligen Dorfes liegen heute in der Lagune. In der näheren Umgebung dieser Fundstätte, nämlich auf dem Manono-Inselchen, und in Fasito'otai, östlich an den internationalen Flughafen angrenzend, siedelten Lapita-Leute vor etwa 2600 bis 1850 Jahren. Innerhalb des Einzugsbereiches des heutigen Apia finden sich die jüngsten bekannten Lapita-Kulturstätten, nämlich in Sasoa'a im Falesa-Tal und in Vailele (zwischen 300 v. Chr. und 200 n. Chr. für die letztere).

Viele Aspekte der samoanischen Frühgeschichte liegen im Dunkeln. So fand man bis zum heutigen Tag keine zufriedenstellende Erklärung für die Existenz der bedeutenden Monumente aus Erde und Stein wie den **Mound Pulemelei in Palauli** im südöstlichen Savai'i, den man als das größte durch Menschenhand errichtete Gebäude der voreuropäischen Zeit im Pazifik ansieht. Andere berühmte Bauten dieser Art sind der ›**Star Mound**‹ **von Mulifanua,** ein Erd- und Steinhügel in Sternform, der ca. 1600 Jahre alt ist, oder der ›**Mound von Laupule**‹ in Vailele, der nach der Legende von Tupuivao angelegt wurde, einem Helden, der vor ungefähr 400 Jahren lebte.

Heute wird von Fremdenführern gerne erzählt, daß diese gewaltigen Anlagen zum Taubenfang gebaut wurden. Diese Erklärung erscheint jedoch sehr unglaubwürdig, wenn man das Ausmaß der Arbeit mit dem angestrebten Ziel vergleicht. Die Archäologen aus Utah fanden bei ihren Teilausgrabungen in Mulifanua auch keine Anzeichen, die auf eine Nutzung als Begräbnisstätten hingewiesen hätten. Sie entdeckten jedoch, daß von diesem Erd- und Steinhügel aus ein gemauerter Weg zu einer großen Lichtung führte, auf der sich höchstwahrscheinlich eine Kultstätte, *malae*, befand. So ist es möglich, daß diese Mounds für religiöse Zwecke angelegt wurden und als Tempel oder Kultstätten dienten.

Andere Steinbauten, Befestigungsanlagen, Wege, Terrassen zur landwirtschaftlichen Nutzung und Mauern, zeugen ebenfalls vom hohen Entwicklungsstand der samoanischen Gesellschaft bereits in den Jahrhunderten kurz nach Christi Geburt.

Ausgrabungsfunde weisen darauf hin, daß in voreuropäischer Zeit weniger Dörfer an der Küste lagen als heute. Es ist schwierig, nach mehreren Jahrhunderten des Kontaktes mit Kulturen, die von außerhalb des Pazifiks kommen, noch genau zu rekonstruieren, wie die tradi-

*In einem samoanischen Dorf um 1920*

tionellen Dorftypen in Samoa aussahen. Um 1830 liegt das typische samoanische Dorf bereits in Küstennähe, wobei sich die Häuser um ein Malae gruppieren. Viele Archäologen nehmen jedoch an, daß dies zur damaligen Zeit eine sehr neue Entwicklung war, die aus den Landungen der Europäer an den Küsten resultierte – die Siedlungen kamen sozusagen den Landeplätzen der Europäer entgegen. In der voreuropäischen Zeit mögen einige Dörfer an der Küste und an Flußmündungen gelegen haben, die Mehrzahl aber war wohl landeinwärts zu finden, wobei die Häuser wahrscheinlich in einer Reihe nebeneinander standen.

Seit der Zeit Krämers hat sich auch in der samoanischen Gesellschaft manches geändert, die wichtigsten Grundstrukturen haben sich jedoch erhalten. So prägt die *áiga*, die Großfamilie, das tägliche Leben. Ihr Haupt ist der *matai*, der über die Verteilung der der Familie zur Verfügung stehenden Ländereien entscheidet. Traditionsgemäß unterstand alles Land dem *matai*, und die Früchte der Feldarbeit fielen direkt der Gemeinschaft zu; heute führt zunehmender westlicher Einfluß dazu, daß die Felder mehr und mehr als Eigentum der Kleinfamilie betrachtet werden und fest bei ihr verbleiben.

Der *fono* oder Gemeinderat vereint alle *matai* eines *nu'u*. Der *nu'u* ist die grundlegende politische Einheit Samoas und damit mehr als ein Dorf im üblichen Sinne, er ist ein Zusammenschluß von erweiterten Familien, die auf eine gemeinsame Geschichte zurückblicken können. Ausdruck dieser Verbundenheit ist der *fa'alupega*, eine Aufreihung von zeremoniellen Grußadressen, die jedem Dorf seine eigene Identität und Geschichte zuschreibt. Durch den *fa'alupega* wird auch genau die rangliche Einstufung der einzelnen *matai* festgehalten: Er ist somit die Verfassung des *nu'u*. Seit dem 19. Jh. wurden die *fa'alupega* eines jeden samoanischen Dorfes von den Missionaren der Londoner Missionsgesellschaft schriftlich in einem Buch mit dem Namen »O le Tusi Fa'alupega« festgehalten. Hierin erscheinen die Haupt- und Nebentitel der Adligen in den Gemeinden, die Zusatztitel für Häuptlingskinder und die Lokalisierung der Wohnstätten der Häuptlinge sowie der Kultplätze; allerdings ist diese wertvolle Zusammenfassung der politischen Struktur Samoas mit ihrer geschichtlichen Begründung nur Eingeweihten verständlich.

Bis zum Beginn des 20. Jh. waren die ›Dörfer‹ Samoas weitestgehend voneinander unabhängig. Diese politische Eigenständigkeit drückt sich heute noch aus in der Diversität der Traditionen: Jeder *nu'u* hat seine eigenen Sitten und eine innere Struktur, die ihn von jedem anderen Dorf im Lande unterscheiden. Samoaner sagen dazu: »E tala tau Toga ae tala tofi Samoa« – »tonganische Geschichten handeln vom Krieg, samoanische Geschichten aber handeln von Teilungen.«

Bis zum heutigen Tage unterscheidet man zwei Arten von *matai*: die *ali'i* und die *tuláfale*. Die Vorfahren der Träger des *ali'i*-Titels lassen sich bis in die mythologische Ursprungswelt zurückverfolgen, und durch die direkte Abstammung vom Schöpfergott Tagaloa-a-lagi tragen die *ali'i* göttliches *mana* und sind dadurch geheiligt.

Die *tuláfale*-Titel gründen sich zwar auf Genealogien, welche in den Ursprüngen den *ali'i* nahestanden, das göttliche *mana* jedoch geht ihnen ab. Ihre Tätigkeit in der Gemeinschaft ist eher praktischer Art: Sie können Sprecher des *ali'i* oder auch Meister in bestimmten Handwerken und Tätigkeiten sein, wie im Hausbau, beim Jagen oder Fischfang, beim Tatauieren, beim Botendienst, der Pflege der Traditionen oder dem Geschichtenerzählen und vieles mehr.

Beide Adlige, *ali'i* und *tuláfale*, hatten eine wichtige Rolle im Dorfleben: So hörte sich der *ali'i* zunächst den Rat der *tuláfale* an, bevor er eine Entscheidung fällte, der Wille des *ali'i* wiederum wurde von den *tuláfale* offiziell vor der Dorfgemeinschaft verkündet. Beim Tod eines Adligen kommen heute wie auch in der Geschichte die bedeutendsten Mitglieder der *'áiga* zusammen, um über die Wahl eines würdigen Nachfolgers abzustimmen, denn der Titel geht in der Regel nicht automatisch vom Vater auf den Sohn über. Dies führt in vielen Fällen zu Unstimmigkeiten und ganz besonders dann, wenn es um einen der vier höchsten Titel im Lande, die *tama 'áiga*, geht.

Der Tradition gemäß schloß sich die Dorfbevölkerung in Gruppen zusammen. So gab es *'o le nu'u o tama'ita'i* (das Frauendorf) und *'o le nu'u o ali'i* (das Männerdorf), die sich untereinander die Gemeinschaftsarbeiten aufteilten: Die meisten Tätigkeiten waren von vornherein geschlechtsspezifisch definiert. In der Vergangenheit hatten vor allem die Schwestern der *matai* und besonders die des *ali'i* das Sagen, da die Schwester-Bruder-Beziehung eine ganz besondere Wertschätzung erfuhr. Der Kern des Frauendorfes war die *aualuma*, zu der (entgegengesetzt zur Darstellung Krämers, der darin nur die jungen Mädchen sah) alle Frauen des Dorfes gehörten. Frauen, die in das Dorf eingeheiratet hatten, waren jedoch davon ausgeschlossen. Zu den Aufgaben der *aualuma* gehörte es, der *taupou*, der Dorfjungfrau, zu dienen, das Dorf in Ordnung zu halten und sich um die Verpflegung der ins Dorf kommenden Gäste zu kümmern.

## Die Dorfjungfrau *(taupou)* und ihre Titel
### von Augustin Krämer

Jedes Dorf, welches der Beachtung sich erfreuen will, muß einen Häuptling haben, von dessen Ansehen in Beziehung auf die Stellung seiner Familie der Grad dieser Beachtung abhängig ist (...). Jeder dieser Häuptlinge strebt nun danach, innerhalb seiner engeren Familie am Orte, vornehmlich unter seinen Söhnen, einen geeigneten Nachfolger zu finden, auf den nach seinem Tode der Familienname übergehen soll. Während der Lebzeiten des Vaters hat dieser Lieblingssohn, *manaia* genannt, keinen besonderen Namen (...). Anders bei der Lieblingstochter des Häuptlings. Meist schon in jungen Jahren wird dieselbe zur Dorfjungfer bestimmt und sucht sogar schon in dieser Zeit ihren Pflichten als solche nachzukommen (...). Anmuth und Bescheidenheit sind hier die Züge, welche für die Wahl massgebend sind. Ihre Erziehung ist eine sehr sorgfältige (...). Wie der Häuptling so erhält die *taupou* von den besten Speisen. Sie nimmt zwar an den allgemeinen Arbeiten der Frauen (Mattenflechten, Rindenstoffbereitung u. s. w.) teil, doch braucht sie sich der gröberen Arbeiten, des Herbeischaffens von Bananenblättern zum Kochen und Zuckerrohrblättern zum Hausbedecken, des Suchens von Muscheln, Seegurken, Nacktschnecken und all dem andern eßbaren *figota* in der Strandlagune u. s. w. im allgemeinen

## SAMOA – DIE DORFJUNGFRAU

nicht zu unterziehen. Deshalb pflegt ihr Teint heller zu sein als der der übrigen Mädchen, wovon ja auch der Name *Sina* (weiss) für solche hohe Mädchen stammt; deshalb auch die schlanken wohlgepflegten Hände und die geschmeidige sammetweiche Haut, welche durch die feinen, besonders für sie parfümierten Öle stets in Reinheit und Duft erhalten wird. Wohin sie auch wandert, zum Bade, zum Suchen von Blüten und wohlriechendem Laub im Walde, zum Besuch von Freunden und Verwandten, stets ist sie begleitet von einigen älteren Frauen *(soafafine)*, welche für sie sorgen und für die Erhaltung ihrer Jungfräulichkeit verantwortlich sind. Liess sie sich als junges Mädchen die Haupthaare lang wachsen, so werden dieselben beim Eintritt ihrer Reife kurz geschnitten und an den übri-

*Eine taupou im Festschmuck*

gen Körperstellen, Achselhöhle und Scham, rasiert. Jetzt tritt sie auch an die Spitze der jungen Mädchen ihres Dorfes oder Dorfteils und nimmt als Führerin *(sa'o)* dieser Mädchengemeinschaft *(aualuma)* den Titel der Dorfjungfer, der *taupou*, an, welcher meist der Name einer berühmten Frau der Familie des Häuptlings ist. (...)

In gewisser Beziehung gehört die *taupou*, wenn sie ihren Titel bekommen hat, als solche nicht mehr absolut ihrer Familie an, sondern sie tritt in den Dienst der Gemeinde, die wiederum ihr zu dienen bestrebt ist. Ihr Hauptaufenthalt ist fürderhin das grosse Haus *(faletele)* des Dorfhäuptlings, wo sie auch in der Nacht mit den Mädchen des Dorfes, der *aualuma,* zu schlafen pflegt und welches, wenn die Abendfeuer erloschen sind, von keinem jungen Manne des Dorfes mehr betreten werden darf. Auch während der übrigen Zeit ist der Verkehr mit diesen ziemlich eingeschränkt, und nur die Söhne einiger *tulafale* (adliger Sprecher), die zur speciellen Bedienung bestimmt sind, müssen stets in ihrer Nähe sein. Dieses Abtrennen gebietet schon das nahe verwandtschaftliche Verhältnis von Bruder und Schwester, welche stets mit einer gewissen Scheu sich gegenseitig unterhalten, indem jedes indecente Wort, jede unanständige Gebärde beim Zusammensein solch naher Verwandter streng verboten ist, während, wenn die Männer und Frauen unter sich sind, dieselben sich, auch wenn sie sehr nahe verwandt sind, hierin keine Schranken aufzulegen brauchen. Und wer die alten samoanischen Weiber kennt, der weiss, dass sie das auch gewiss nicht tun. Deshalb ist das Zusammensein der jungen Männer und Mädchen oft ein recht gezwungenes, und die jungen Männer gehen lieber auswärts, wenn sie sich unterhalten wollen. Anders aber, wenn Gäste von auswärts in ein Dorf kommen. Dann beginnt für die Mädchen eine fröhliche Zeit. Die *taupou* steht in dem Vordergrund der Feste als Wirtin; deshalb war das eifrigste Bestreben der Alten, die junge Auserwählte schon möglichst früh im Tanze auszubilden, sie anzulernen den natürlichen Schmuck von Blüten in Form von Brustketten, Halsbändern *('ula)* und Lendenschürzen *(titi)* herzustellen; deshalb wurde sie jahraus, jahrein im Kawabereiten unterwiesen, damit sie nun die Gäste empfange und unterhalte, allerdings nur, wenn unter der Reisegesellschaft selbst keine solche *taupou* sich befindet. In diesem Falle tritt sie bescheiden zurück. Sind es aber hohe Häuptlinge mit ihrem Gefolge, dann nehmen die Lustbarkeiten kein Ende, und Lärm und Freude herrscht Tag und Nacht in dem sonst so stillen Dorfe.

Wie bei diesen Festen, so pflegt auch bei allen andern Festlichkeiten, die das gesamte Dorf betreffen, insbesondere bei den Essenshuldigungen *(ta'alolo),* die den Titelhäuptlingen dargebracht werden, die *taupou* eine hervorragende Rolle zu spielen, indem sie mit dem grossen Kopfputz *(tuiga),* dem Stirnband aus Nautilusschalen gefertigt *(palefuiono),* dem Halsband aus klein geschliffenen Pottwalzähnen *('ulalei)* und mit feinen Matten angethan, blumengeschmückt und wohlgesalbt, im Verein mit den anderen *taupou* der Dorfschaft und den ebenso gekleideten *manaia* Keulen schwingend, springend und tanzend dem geschlossenen Haufen der Gemeinde, welcher das Essen trägt, vorherzieht, bis dieser unter Geschrei seine Gaben vor dem Grosshäuptling niederlegt. Auch bei grossen Tänzen pflegen *taupou* und *manaia* diese kostbarsten samoanischen Schmuckstücke zu tragen (...).

Mit dem Anwachsen des Ruhmes einer schönen und vornehmen *taupou* pflegen sich auch bald zahlreiche Brautwerber *(soa)* einzustellen (...). Schon um diese Zeit oder lange bevor muss der Häuptling an einen Ersatz für seine Tochter denken, für den Fall, dass diese durch eigenen Willen oder den der Dorfschaft aus ihrer Stellung als *taupou* scheidet. Sind keine jüngeren Schwestern mehr da, so wird er bei den näheren oder weiteren Verwandten seiner Familie nach einem solchen Ersatz suchen, der dann an die Stelle der früheren *taupou* tritt.

## SAMOA - GESCHICHTE UND KULTUR

In der polynesischen Kultur ist die *malaga* ein wichtiger Faktor: Dies sind Reisen von größeren Gruppen mit dem Ziel, Verwandten einen Besuch abzustatten, politische und spirituelle Probleme zu besprechen, Heiraten auszuhandeln oder einfach Neuigkeiten zu überbringen. Der *aualuma* oblag es, so gut wie möglich für die Besucher zu sorgen, die mit einer solchen *malaga* im Dorf eintrafen.

Der *fono* (Gemeinderat) entschied über wichtige politische Fragen, und ihm unterstand auch die gerechte Verteilung der Nahrungsmittel. Die titellosen Männer der *'aigas* waren in einer Gruppe mit dem Namen *'aumága* zusammengefaßt, was »die Stärke des Dorfes« bedeutet. Sie und ihre Familien führten einen Großteil der anstehenden Arbeiten im Dorf aus, sei es in der Landwirtschaft, bei der Herstellung von Gewändern und Schmuck, beim Hausbau oder der Verteidigung.

Erst seit 1991 haben die Mitglieder der *'aumága* auch das Recht, an den demokratischen Wahlen Samoas teilzunehmen, bis dahin war dies den *matai* vorbehalten. Die Frauen jedoch haben bis heute noch kein Wahlrecht, und es sind nur wenige Stimmen vernehmbar, die ein solches fordern.

*Fale im Bau, um 1920*

Der Stolz auf die traditionelle Lebensweise macht West-Samoa zu einem der Länder Polynesiens, in dem die überlieferte Kultur noch am besten erhalten ist. West-Samoa hat sich seit 1965 für die Entwicklung des Fremdenverkehrs ausgesprochen, vom Besucher werden Interesse und Einfühlungsvermögen erwartet. So sind die Besucherzahlen im Vergleich zu anderen Ländern nur langsam angestiegen. Bringt der Besucher die gewünschten Eigenschaften mit, kann er in Samoa außergewöhnliche Eindrücke sammeln. Dabei ist es hilfreich, schon einige der Grundverhaltensregeln zu kennen:

Beim Betreten eines Dorfhauses *(fale)* sind Schuhe und Strümpfe auszuziehen, im Inneren vermeide man tunlichst, quer über die Matten zu gehen. Es gilt als sehr unhöflich, in einem *fale* stehend zu jemandem zu sprechen. Männer sitzen mit übereinandergeschlagenen Beinen, Frauen ziehen die Beine seitlich an, niemals dürfen die Beine nach vorne ausgestreckt werden, da dies eine Beleidigung des Gastgebers darstellen würde. Im Sitzen auf dem Boden ungeübten Besuchern wird manchmal zur Vermeidung von Muskelkrämpfen eine Matte angeboten, unter deren Schutz sie die Beine ausstrecken dürfen.

Man sollte nie in einem Dorf umhergehen, ohne vorher bei den Dorfältesten um Erlaubnis gefragt zu haben. Dasselbe gilt für Strände und Wanderwege. Was für den Europäer vielleicht wie unbewohnte Wildnis aussehen mag, ist für den Einheimischen oft geheiligtes Familienland und unbefugtes Betreten eine grobe Verletzung samoanischer Traditionen. Häufig werden dann einige Dorfbewohner, oft auch Kinder, den Besucher auf seinen Wegen begleiten.

Bei der Fahrt im Privatwagen ist bei der Annäherung an Dörfer besondere Vorsicht angeraten. Kinder, aber auch Tiere können unvermittelt auf die Dorfstraße hinauslaufen, und der Verursacher von Unfällen, bei denen Menschen, aber auch die hochgeschätzten Borstentiere zu Schaden kommen, zieht einen manchmal fast lebensbedrohenden Zorn von seiten der Dorfbevölkerung auf sich.

Die typischen *fale* sind eine besondere Attraktion für die Touristen. Wir fragen uns, wie Eigentum und Privatleben in diesen rundum offenen Konstruktionen geschützt sein können; der Samoaner denkt da ganz anders: Die im Dorf existierenden Güter gehören im Prinzip der Dorfgemeinschaft, und Besonderheiten in der Verteilung sind durch die Rangposition der Familie festgelegt. Es ist ein ungeschriebenes Gesetz, nicht in die offenen *fale* hineinzublicken und möglichst diskret daran vorbeizugehen. Ein *fale* darf nur auf Aufforderung betreten werden. Wenn man sich in der Nähe eines *fale* befindet, in dem ein *fono* abgehalten wird, sollte man Schweigen einhalten. Manchmal werden Besucher auch zum 'ava, dem Kavatrinken, eingeladen. Beim Annehmen der Schale (meist aus einer halben Kokosnuß gefertigt) gieße man zunächst einige Tropfen der Flüssigkeit auf den Boden, indem man *manuia* (Glück) sagt, dann trinke man die Schale möglichst in einem Zug aus. Gäste von außergewöhnlicher Bedeutung werden mit der königlichen 'ava-Zeremonie geehrt.

In den meisten Dörfern und in manchen Stadtteilen von Apia ist der Tag durch Glockenläuten geregelt; besonders am Abend ruft die Glocke zum Gebet, und um 10 Uhr etwa kündigt sie den Beginn der Nachtruhe an.

Am Sonntag sollten keine lauten und störenden Aktivitäten unternommen werden und in der Kirche keine Blumen getragen werden.

## O le tala i le fugafuga –
## Die Geschichte von der Seegurke
*nach Augustin Krämer*

Die Fische und die Vögel führten Krieg. Der Tag wurde bestimmt, an welchem der Krieg beginnen sollte. Als nun der Morgen herankam, da ging die Kriegspartei der Fische auf das Riffflach, während die Kriegspartei der Vögel herunterkam; sie trafen sich auf dem Riffflach. An jenem Orte war der Kampfplatz des Krieges; sie trafen aufeinander in dem Kriege gerade auf diesem Platze.

Sie kämpften nun und die Fische wurden ins Meer geworfen. Da rief die Seegurke: Bravo Vögel, bravo Vögel. Da begannen die Fische wieder heraufzusteigen und die Vögel wurden ans Land geworfen. Da rief wieder die Seegurke: Bravo Fische, bravo Fische. Aber keine von den beiden Kriegsparteien wusste, welcher die feige Seegurke zugehöre; deshalb hat die Seegurke zwei Mäuler.

So ist es auch mit den Menschen; wenn einer doppelsinnige Reden führt, dann sagt man von ihm folgendes Wort: Er hat wie eine Seegurke zwei Mäuler. Denn die feigen Menschen sind bekannt.

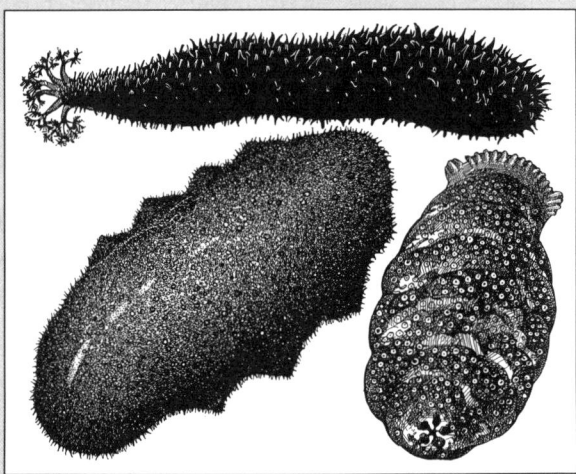

*Verschiedene Seegurken – einige Arten werden als Leckerbissen geschätzt*

Die Kontakte mit den Europäern durchliefen die aus anderen Ländern bereits bekannten Phasen: Zunächst kamen die Entdecker und Abenteurer, dann die Händler und Walfänger und schließlich die christlichen Missionare. Erster europäischer Entdecker war der Niederländer Roggeveen, der auf der Suche nach der ›Terra Australis Incognita‹ vorbeikam. (Abel Tasman war 1642 ganz in der Nähe vorbeigesegelt, ohne die Existenz der Inseln zu ahnen.)

Die Arbeit der Missionare war in gewissen Kreisen schon vorbereitet worden durch eine samoanische Legende, in welcher die Kriegsgöttin Náfanua ankündigte, daß eine neue Religion nach Samoa kommen und die alten Götter ablösen würde. Auch europäische Abenteurer, die auf den Inseln lebten, hatten schon andeutungsweise – und nicht immer im Sinne der Kirchen – vom Gott der Christen gesprochen. 1830 landete John Williams von der Londoner Missionsgesellschaft, und dank der Mithilfe der polynesischen *teachers* (Katechisten) aus Tahiti und Rarotonga konnten die Protestanten gute Erfolge verbuchen. Durch die Verbindungen zwischen Samoa und Tonga gewannen die Methodisten in Samoa ebenfalls an Raum, obwohl dies ursprünglich von John Williams und seinen Leuten unterbunden werden sollte. Als die Katholiken 1845 landeten, waren die meisten Gemeinden des Landes schon in Händen der anderen Konfessionen, und man hatte den Einheimischen schon dringlich eingeschärft, den ›Papisten‹ keinen Empfang zu bereiten. So konzentrierten sich die Katholiken zunächst auf Randgruppen, später auf Samoaner mit Europäern unter ihren Vorfahren; im Verlauf der Jahrzehnte gewannen auch sie an Einfluß.

Das 19. Jahrhundert war eine sehr bewegte Epoche für Samoa. Hier trafen zum ersten Mal in der Geschichte des Landes zwei völlig entgegengesetzte Weltauffassungen aufeinander: die *fa'a Samoa*, die samoanische Lebensweise, und die Lebensweise der Europäer. Die Lage wurde noch dadurch kompliziert, daß beide Seiten wiederum durch innere Rivalitäten aufgespalten waren, so die Samoaner durch Streitigkeiten um die Erbnachfolge, um den Rang der größten Häuptlinge, und die ›Europäer‹ – Briten, Amerikaner und Deutsche – durch ihren jeweiligen Nationalismus und ihre unterschiedlichen wirtschaftlichen Interessen.

Es gibt wenige objektive Quellen aus dieser Zeit, deren tragische Ereignisse den heutigen Beobachter immer noch in den Bann schlagen. Wir geben eine Interpretation wieder, die durch ihre detaillierte Darstellung besticht und den Schlüssel für viele spätere Ereignisse, vor allem auch in der deutschen Kolonialzeit, zu geben scheint. Sie ist in der hervorragenden Veröffentlichung »Lagaga« zur modernen samoanischen Geschichte zu finden:

Nach langen Kämpfen vereinte Málietoa Vainu'upó schließlich auf sich die fünf höchsten Titel der samoanischen Häuptlingsfamilien des gesamten Landes. In seinem Todeswunsch 1841 verfügte er für alle überraschend, daß diese Titel auf verschiedene Nachfolger aufgeteilt werden sollten. Er war vor seinem Tode Christ geworden, und es ist möglich, daß er nach der Prophezeiung Náfanuas dem Christentum mehr Chancen für die Zukunft gab als dem überlieferten Herrschaftssystem. Andere Zeugen meinen, er habe rechtmäßig nur Einfluß auf die Vergabe eines Titels gehabt, bei den anderen hätten andere Familien das Auswahlrecht gehabt. Sollte es sein Ziel gewesen sein, durch eine gerechte Verteilung der Titel die unselige Kette der Stammeskriege zu durchbrechen, so hatte er sich geirrt. Sein Bruder Taimalelagi hatte den Málietoa-Titel und einige mehr von ihm erhalten, war damit aber nicht zufrieden.

## SAMOA - STAMMESKRIEGE

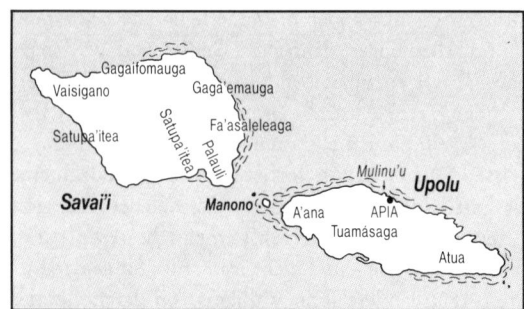

*Stammesgebiete in West-Samoa*

1842 trat Málietoa Taimalelagi aus der protestantischen Kirche aus und führte mit seinen Streitkräften aus Fa'asáleleaga Krieg gegen Satupa'itea und Palauli. Nach diesem Krieg standen das starke Manono, Tuamásaga auf Upolu und fast ganz Savai'i auf seiner Seite.

Die Dörfer in A'ana waren durch einen Krieg in den Jahren 1829 bis 1832 stark verwüstet worden. In den zehn darauffolgenden Jahren hatten sie sich mit Hilfe der Missionen wieder von ihren Verlusten erholt. Dies mißfiel den Häuptlingen von Manono, denen ein starker Nachbar als Bedrohung ihrer Vorherrschaft erschien. Als 1847 eine Gruppe von Leuten aus Manono von einer Reise nach Sale'imoa nach Tuamásaga zurückkehrte, fühlten sich die Bewohner von Fasito'outa bedroht und stellten zum Schutz junge Männer als Wachtposten auf. Als die Reisenden aus Manono dies beim Vorbeisegeln sahen, glaubten sie an einen Angriff, dem sie durch einen raschen und erfolgreichen Angriff von ihrer Seite zuvorkamen.

Sie waren nicht mehr stark genug, erneut eine Abwehr aufzubauen, und zogen sich als die unterlegene Seite *(váivai)* zu ihren Verbündeten nach Atua zurück.

1848 war es den A'ana-Leuten gelungen, sich von Europäern Boote bauen zu lassen, auf denen Schußwaffen angebracht waren. Erneut brach Krieg aus. Zum ersten Mal in ihrer Geschichte stand den in ihren großen Schnellkanus bisher unschlagbaren Kriegern von Manono ein Feind gegenüber, der – ausgerüstet mit europäischen Feuerwaffen – überaus gefährlich war. Die Leute von A'ana bauten sich in Lufilufi westlich vom heutigen Apia Befestigungsanlagen; die aus Manono errichteten ihren Stützpunkt auf der Halbinsel Mulinu'u. Die Forts auf den Landspitzen sollten den jeweiligen Gegner vom Landen und Eindringen in das Hinterland abhalten. Drei Jahre lang brachen immer wieder Kämpfe zwischen den gegnerischen Parteien aus, bis man 1851 mit Unterstützung der Missionare zu einem Waffenstillstand gelangte, der für beide Seiten unbefriedigend war, da es weder Sieger noch Besiegte gab, man in Machtfragen aber Eindeutigkeit wünschte.

Dieser Krieg war der letzte, bei dem es um rein samoanische Angelegenheiten ging, und der erste, bei dem europäische Waffen in großem Stil eingesetzt worden waren. Zwischen 1851 und 1857 kam es wieder zu feindlichen Zusammenstößen, dennoch kehrten mehr und mehr Leute aus A'ana in ihre angestammten Gebiete zurück. 1858 starb Málietoa Taimalelagi, und Málietoa Molí, ein Sohn von Málietoa Vainu'upo, trat an seine Stelle.

Während der 50er Jahre hatten sich einige bedeutende Veränderungen im Land vollzogen, die von den kriegsführenden Samoanern kaum wahrgenommen wurden. So hatte sich der Hafen von Apia zu einem der Zentren im Pazifikhandel entwickelt. Er konnte sich mit Papeete in Tahiti und Levuka in Fidschi messen. Der Strom ausländischer Seeleute, die nun nach Apia kamen, zog die Eröffnung zahlreicher Bars, Hotels und Geschäfte nach sich. Darüber hinaus kamen auch mehr und mehr europäische Geschäftsleute ins Land, die sich hohe Gewinne davon versprachen, tropische Produkte anzubauen und in Europa zu verkaufen. 1847 wurde G. Pritchard, ein ehemaliger Missionar der Londoner Missionsgesellschaft, zum ersten britischen Konsul in Samoa ernannt. Sein Sohn folgte ihm 1856 auf diesem Posten nach. 1853 wurde der erste offizielle Vertreter wirtschaftlicher Interessen der USA in Samoa eingesetzt, und ab 1861 gab es einen deutschen Konsul in Samoa. Im Stadtgebiet von Apia hatten nun die Konsuln die höchste Autorität.

Beim Tode von Málietoa Molí im Jahr 1860 konkurrierten wiederum zwei Kandidaten um die Nachfolge: Sein Halbbruder Talavou, ein erfahrener Mann, der der Mission kritisch gegenüberstand und in früheren Kriegen seinen Onkel Málietoa Taimalelagi unterstützt hatte, und Laupepa, Málietoa Molís Sohn, ein sehr junger Mann, der in einer kirchlichen Schule zum christlichen Glauben gefunden hatte. Die beiden Zweige der Familie konnten sich nicht einigen, und so wurden beide Kandidaten von ihren Anhängern zum Häuptling eingesetzt. Die Europäer hatten in der Zwischenzeit ihre Stellung immer weiter ausgebaut.

1856 begann eine wirtschaftliche und politische Entwicklung, die Samoa während der nächsten 50 Jahre stark beeinflussen sollte: August Unshelm, der Vertreter der deutschen Handelsgesellschaft ›Johann Caesar Godeffroy und Sohn‹, traf, von Valparaiso in Chile kommend, in Apia ein. Er sah für Polynesien gewaltige wirtschaftliche Möglichkeiten voraus und wählte Apia zum Zentrum seiner Aktivitäten. Schon fünf Jahre später hatte die Firma bedeutenden Einfluß auf Samoa gewonnen und weitere Handelsstützpunkte in Fidschi und Tonga eröffnet.

Überall im Lande entwickelten sich Handelsstationen. Es heißt, daß die Samoaner frei-

*Samoanischer Krieger im Tapa-Gewand, Stich nach einer Fotografie im Godeffroy-Album*

## SAMOA – STAMMESKRIEGE

*Kavabereitung in einem Fale*

willig ihr Land verschleuderten. Man muß sich jedoch dabei vergegenwärtigen, daß die Europäer von den Kriegen zwischen den Samoanern profitierten, indem sie von den jeweiligen Siegern das frisch eroberte Land der unterworfenen Gegner erwarben. Oft verkaufte auch ein *matai*, ohne die Einwilligung seiner 'aiga einzuholen. Manche Gebiete wurden von denselben *matais* sogar mehrmals verkauft. Im Krieg waren viele Ländereien zerstört worden, und die im Streit liegenden Parteien hatten oft keine Zeit gehabt, ihre Felder zu bestellen – so waren sie auf Einkäufe bei den Händlern in Apia angewiesen, die sie nur durch Landverkauf bezahlen konnten.

Die Probleme im Zusammenleben von Europäern und Samoanern nahmen zu. Sie entstanden u. a. dadurch, daß die Häuptlinge von Samoa im Stadtgebiet von Apia ihre Autorität verloren; auch fühlten sich die Pflanzer auf den verschiedenen Plantagen ohne Schutz den Verwüstungen durch Stammeskriege ausgeliefert. So wurde – zunächst in Konsularkreisen – der Ruf nach einer Zentralregierung laut.

Den Europäern schwebte es vor, einen König an die Spitze einer parlamentarischen Monarchie zu setzen. Sie wußten wenig über das komplizierte samoanische Häuptlingssystem und ahnten nicht, daß die Wahl eines Königs von ganz Samoa dessen Familie ein Prestige verleihen würde, das sie über alle anderen erheben und somit das labile Gleichgewicht im Lande, anstatt es zu festigen, erneut bedrohen würde. Auch an die für die samoanische Gesellschaft so wichtige Rolle der Sprecherhäuptlinge dachten die Konsuln nicht.

Der britische Konsul Williams, ein Sohn des Missionars John Williams, schlug Málietoa Laupepa zum König vor, weil er die samoanischen Einwohner von Tuamásaga hinter sich hatte, wo die meisten Europäer lebten. Die Anhänger Laupepas bereiteten nun eine Konföderation *(faitasiga)* vor, in welcher alle Distrikte Samoas unter Vorsitz des Königs vertreten sein würden; als Hauptquartier wählten sie Matáutu (Apia). Als diese Nachricht Málietoa Talavou und den Seinen zu Ohren kam, errichteten sie ihrerseits ihren Hauptsitz in Mulinu'u und erklärten sich zu den rechtmäßigen Trägern des Konföderationsgedankens. Daraufhin flammten die alten Rivalitäten wieder heftig auf. Ein Bürgerkrieg, ›Krieg der Faitasaga‹ genannt, brach 1869 aus. Aufgrund der Lage der Hauptquartiere wurde Apia selbst stark zerstört, und unter den europäischen Siedlern wurde der Ruf nach der Errichtung einer Kolonie laut, die mehr Sicherheit gewährleisten sollte.

Friedensgespräche führten schließlich dazu, daß sich Málietoa Talavou nach Savai'i zurückzog und Málietoa Laupepa sich mit einem anderen Vertreter des Adels die Königswürde teilte. Die beiden *fonos* zur Vertretung der Distrikte forderten eine genaue Prüfung der Ansprüche auf Landbesitz. Dies wiederum mißfiel den Kolonisten, insbesondere den Deutschen und den Amerikanern.

Auf amerikanischer Seite operierten die Landspekulanten der ›Central Polynesian Land and Commercial Company‹; auf deutscher Seite bauten ›J. C. Godeffroy und Sohn‹ ihren Einfluß weiter aus. Der deutsche Konsul, Theodor Weber, war ein Mitarbeiter der Gesellschaft und wurde nach dem Tode von Unshelm oberster Geschäftsführer.

Theodor Weber war ein sehr dynamischer Mann, der nicht nur effizientere Wirtschaftsweisen im Pazifik einführte, sondern auch die politische Lage für die Zwecke seiner Firma zu steuern wußte. Weber erfand ein vereinfachtes Verfahren der Kopraproduktion sowie Nutz- und Absatzmöglichkeiten der dabei entstehenden Abfälle (Koprareste als Rinderfutter, Kokosnußschalen als Polstermaterial). Die Gewinne wuchsen, und die Firma Godeffroy und Sohn war in der Folge an einer Erweiterung ihres Land- und Plantagenbesitzes sowie an einer deutschen Kolonisierung des Landes sehr interessiert.

Samoa genügte Weber jedoch nicht als Absatzmarkt: In wenigen Jahren hatte er die Geschäftsbeziehungen Godeffroys über den ganzen Mittel- und Westpazifik ausgedehnt. Auf Hunderten von Inseln waren Unterhändler der Gesellschaft angesiedelt. Sie verliehen dem deutschen Einfluß im Pazifik dadurch ungeheure Breitenwirkung. Feste Handelsvertretungen für Godeffroy bestanden in Fidschi, Tonga, Niue, Wallis und Futuna, Tokelau, auf den Ellice-und-Gilbert-Inseln (heute Tuvalu und Kiribati), auf den Salomon-Inseln, den Neuen Hebriden (heute Vanuatu), in Nauru und auf den mikronesischen Archipels der Karolinen, Marshall-Inseln und Marianen.

In Samoa hatte Weber 30 000 ha vom besten Land der besten Insel, Upolu, erworben. Sein Plan, im Pazifik ein riesiges deutsches Kolonialreich aufzubauen, fand im Deutschland der 50er und 60er Jahre viele Anhänger. Viele Inseln im Pazifik waren zum damaligen Zeitpunkt noch nicht offiziell von einer Großmacht in Besitz genommen worden, und jeder, der irgendwo

## SAMOA – STAMMESKRIEGE

als erster eine Fahne hißte, konnte nach der damaligen Auffassung der europäischen Mächte Anspruch auf das Land anmelden.

Der Deutsch-Französische Krieg von 1870/71 verlagerte die deutschen Interessen nach Europa. Die Firma ›Godeffroy und Sohn‹ mußte in den 70er Jahren Bankrott anmelden – sie hatte durch die Blockade des Hamburger Hafens und ungeschickte Spekulationen in anderen Gebieten der Welt starke Verluste erlitten. An ihre Stelle trat die ›Deutsche Handels- und Plantagengesellschaft der Südseeinseln zu Hamburg‹, kurz D. H. & P. G. genannt.

Erst während der 80er Jahre erwachte wieder ein deutsches Interesse an der Kolonialisierung des Südpazifik. Zu diesem Zeitpunkt waren die Chancen dafür weit weniger günstig als ein Jahrzehnt zuvor; dennoch gelang es den Deutschen, in einigen Gebieten ihre Vormachtstellung auszubauen.

1873 traf der amerikanische Colonel Albert B. Steinberger in spezieller Mission für den amerikanischen Präsidenten in Apia ein, um über die Errichtung einer Kohlestation im Zentralpazifik sowie Landgewinnung für die Amerikaner zu verhandeln. Vor seiner zweiten Reise 1874 hatte er in Hamburg Geheimverhandlungen geführt und die Deutschen seines Beistands versichert, wenn sie ihm bei der Einrichtung einer stabilen Regierung in Samoa helfen würden. In einem geheimen Abkommen wurde den deutschen Händlern u. a. zugesagt:

- Genehmigung der Einführung von Arbeitskräften unter Arbeitsvertrag
- Anerkennung aller deutschen Landforderungen

- Einführung einer Kopfsteuer für *matais:* Jeder *matai* sollte verpflichtet werden, pro Jahr 60 Pfund Kopra und 60 Pfund Kokosfasern an die Regierung abzuführen, welche dies wiederum an Godeffroy verkaufen würde
- Godeffroy wird zum Berater der samoanischen Regierung in Geldangelegenheiten

Steinberger war bei der einheimischen Bevölkerung sehr beliebt. Es gelang ihm, Premierminister in einer konstitutionellen Monarchie zu werden. Seine Aktivitäten standen in immer krasserem Widerspruch zu den wirtschaftlichen Zielen der Europäer in Samoa. Schließlich wurde er 1876 auf einem britischen Schiff nach Fidschi deportiert.

Die politische Lage komplizierte sich mehr und mehr durch die Verquickung von samoanischen Interessen mit denen der ausländischen Mächte. Delegationen der samoanischen Regierung waren an Großbritannien und die USA mit der Bitte um stärkere Protektion herangetreten, hatten aber nichts erreichen können. Málietoa Laupepa wurde von den Deutschen 1887 auf die Marshall-Inseln verbannt, weil er dem deutschen Favoriten um die samoanische Führungsposition im Lande im Weg stand.

1888 brach ein Krieg aus, der zu einer in Samoa noch nie dagewesenen Eskalation von Gewalt unter allen Beteiligten führte. Die ausländischen Mächte sandten Kriegsschiffe nach Samoa, um ihren Staatsangehörigen beizustehen. Am 16. März 1889 befanden sich sieben Kriegsschiffe der drei um ihre Macht in Samoa kämpfenden Parteien Großbritannien, USA und Deutschland im Hafen von Apia. Als Sturmwarnungen gegeben wurden, wollte keine

*Tauschhandel mit Südsee-Insulanern, Stich aus dem »Münchner Bilderbogen«, um 1900*

als erste den Ort verlassen, und sechs der sieben Schiffe wurden vom Hurrikan zerstört. 92 Deutsche und 63 Amerikaner fanden den Tod, als die Schiffe gegen Korallenriffe und Ufer gedrückt wurden. Die Samoaner vergaßen für einen Augenblick alle Streitigkeiten und halfen durch ihren Einsatz, viele Menschenleben zu retten. Vier der sechs untergegangenen Kriegsschiffe liegen heute noch auf dem Grund des Hafens von Apia.

Das Interesse der Großmächte an Samoa war dadurch ein wenig abgekühlt. Sie setzten sich noch im selben Jahr an den Verhandlungstisch und schlossen den Berliner Vertrag, der für Samoa eine unabhängige Regierung unter König Málietoa Laupepa vorsah. Nur in Apia sollten die drei Konsuln das Recht haben, die Aktivitäten des Stadtrates zu kontrollieren.

Aus den Kämpfen der Samoaner untereinander war jedoch Matá'afa, Laupepas Opponent, siegreich hervorgegangen, was weitere Kämpfe nach sich zog. Nach dem Tod von Málietoa Laupepa im Jahr 1898 brachen die Streitigkeiten um seinen Nachfolger verstärkt wieder auf.

1899 schlossen die drei kolonialen Mächte mehrere Abkommen, durch die der Berliner Vertrag annuliert und klare Verhältnisse in puncto Landansprüche geschaffen wurden: Deutschland bekam freie Hand für die Annexion von West-Samoa, die Vereinigten Staaten erhielten die Erlaubnis, über Ost-Samoa zu befehlen, und Großbritannien verzichtete auf alle Ansprüche in Samoa. Dafür trat Deutschland den Engländern alle Rechte in Tonga, Niue und auf den nördlichen Salomon-Inseln ab.

West-Samoa war nun deutsche Kolonie. Es scheint, daß die Samoaner diese Entwicklung zu Beginn mit Erleichterung sahen, weil sie sich dadurch ein Ende der mörderischen Bürgerkriege erhofften. Zudem versprach Gouverneur Wilhelm Solf, er werde sich bei seiner Regierung von der samoanischen Tradition leiten lassen. Der Kaiser wurde zum obersten Herrscher von Samoa eingesetzt; die einheimischen Adligen verloren an Macht und hatten bestenfalls noch Beraterfunktion bei den Vertretern der kaiserlichen Regierung.

Solf unterstützte mit seiner Politik die deutschen Großgrundbesitzer, so daß er bald die einheimischen kleinen Plantagenbesitzer gegen sich hatte. Auch seine Entscheidung, Melanesier und Chinesen zur Plantagenarbeit nach Samoa zu transportieren, stieß auf Widerstand. Mit der Zeit wurde den Samoanern klar, daß Solf ihre Traditionen nur respektierte, wenn sie sich in seine Pläne einfügten. 1908 gründete sich die ›Mau a Pule-Bewegung‹ in Savai'i, die sich offen der deutschen Kolonialherrschaft widersetzte. Ihre Führer wurden 1909 auf die Marianen ins Exil geschickt.

Die Bilanz der Gouverneurszeit Solfs ist im allgemeinen positiv, wenn man sein Verhalten mit dem anderer ausländischer Administratoren vergleicht. So kann man bei samoanischen Historikern etwa lesen:

»Die deutsche Verwaltung von Samoa ist von vielen Historikern bewundert worden. Man hat behauptet, Gouverneur Solf sei seiner Zeit voraus gewesen, indem er gerecht und weise über die Samoaner herrschte. Im Vergleich mit den Gouverneuren anderer Kolonien während derselben Periode ist dieser Anspruch wahrscheinlich wahr. In anderen Teilen der Welt ermunterten die Regierungen die weißen Siedler, rissen Land an sich und wandten Gewalt gegen die einheimischen Völker an, die sich dem entgegensetzten. Solf schützte samoanische Landrechte, behütete Samoaner davor, zur Plantagenarbeit gezwungen zu werden, beschränkte das Siedeln

*Gouverneur Solf und der samoanische Häuptling Tamasese auf Besuch in Berlin 1911*

von Weißen in Samoa und gab dem Land eine Epoche voller Frieden und Wohlstand. Deshalb erinnern sich viele alte Leute an die deutsche Periode – oder sie haben davon gehört – als eine gute Zeit in der samoanischen Geschichte. In der Tat sandten die samoanischen Führer, als sie 1923 mit der neuseeländischen Verwaltung unzufrieden wurden, an Solf ein Telegramm – er war damals deutscher Botschafter in Japan – mit der Bitte, er solle doch wieder als Gouverneur zurückkommen.«*

Bei Ausbruch des Ersten Weltkrieges hatte Neuseeland, ohne einen Schuß abzugeben, West-Samoa annexiert. 1920 wurde unter Mißachtung der Quarantänebestimmungen einem Boot die Einfahrt nach Apia erlaubt. Seine Mannschaft brachte die spanische Grippe ins Land. Die Epidemie raffte 8500 Menschen dahin, 22% der Bevölkerung von West-Samoa.

Mit dem Versailler Vertrag hatte Neuseeland offiziell die politische Herrschaft über West-Samoa erhalten, aber bald stieß die Regierung auf den Widerstand der Mau-Bewegung, zu der

---

\* Malama Meleisea u. andere: »Lagaga«, S. 120

# SAMOA – GESCHICHTE / ROUTENVORSCHLÄGE

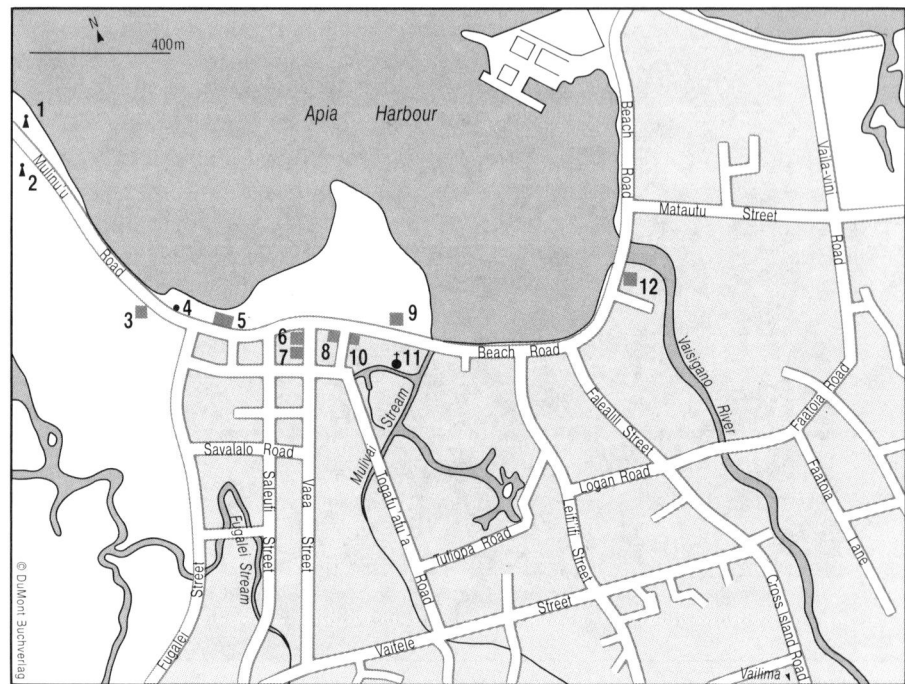

**Apia**  1 Deutsches Flaggen-Denkmal  2 Deutsches Kriegerdenkmal  3 Tusitala-Hotel  4 Bushaltestelle  5 Markt  6 Polynesian Airlines  7 Deutsches Konsulat  8 Bank  9 Fremdenverkehrsbüro  10 Post  11 Katholische Kirche  12 Aggie Grey's Hotel

auch prominente Europäer aus Apia gehörten. Neuseeland konnte jedoch einige Jahrzehnte lang seine Macht behaupten.

Wie in so vielen pazifischen Inselgruppen stellte der Zweite Weltkrieg auch in Samoa einen Wendepunkt in der Geschichte des Landes dar. Nach dem Krieg wurde Samoa den Vereinten Nationen unterstellt, unter Beibehaltung der neuseeländischen Verwaltung.

Am 1. Januar 1962 wurde West-Samoa als eines der ersten Länder der Region unabhängig. Das Staatsoberhaupt ist traditionsgemäß ein Vertreter des Hochadels. Seine Rolle ist dem des Monarchen im britischen System vergleichbar: Er repräsentiert, regiert jedoch nicht. Die Legislative Versammlung *(fono)* hat ihren Sitz in einem 1972 im traditionellen Stil errichteten Gebäude auf der historisch bedeutsamen Mulinu'u-Halbinsel.

Heute spielt West-Samoa in vieler Hinsicht eine wichtige Rolle im Pazifik, so z. B. als Sitz des katholischen Kardinals und als Universitätsstandort: Alafua bei Apia ist der Sitz des agrarwissenschaftlichen Zweiges der University of the South Pacific.

Die neuesten Entwicklungen hinterlassen auch im Stadtbild von Apia ihre Spuren. So ist die Hafeneinfahrtsrinne von Apia zu Beginn der 90er Jahre wieder tiefer ausgegraben worden, da sie gefährlich versandet war. Die dadurch gewonnenen 600 000 m³ Land wurden direkt in der Stadtmitte an der ›Water Front‹ aufgeschüttet. Die darauf errichteten mehrstöckigen Gebäude, Büros, Banken etc. verändern das Stadtbild deutlich.

Am zweiten Adventswochenende 1991 wütete der Hurrikan ›Val‹ mehrere Tage lang im Gebiet von Samoa. Er richtete Schäden in Höhe von 300 Mio. US-Dollar an, Zehntausende von Menschen (über 90% der Bevölkerung) wurden obdachlos, 15 starben und viele wurden verletzt. Alle Schulen und Krankenhäuser waren zerstört, dazu ein Großteil der Pflanzungen und viele Kokosplantagen. Samoa wird sicher einige Jahre benötigen, um sich von diesem Schlag zu erholen.

## *Samoanische Weisheiten*

*Pflücke die Brotfrucht zunächst an den äußeren Ästen – Erledige die schwierigeren Arbeiten zuerst*

*Die Kokosnuß ist süß, aber sie muß mit den Zähnen geöffnet werden – Alles hat seine guten und seine schlechten Seiten*

*Er kann nicht einmal eine Kokosnuß austrinken – Er ist ein schwacher alter Mann*

*Das Treffen von Segelbooten – Zwei Freunde, die sich rasch im Vorbeigehen grüßen*

## Routenvorschläge: West-Samoa

Ein schöner Tagesausflug von **Apia** aus führt zunächst nach Osten, dann durch das Gebirge und an der Südküste **Upolus** entlang. Es ist sinnvoll, sich vor der Fahrt nach dem Zustand der Straßen zu erkundigen, da dieser je nach Wetter und dem Stand der gerade durchgeführten Straßenarbeiten sehr stark variiert.

Wir folgen zunächst der Küstenstraße von Apia nach Osten, wobei wir geruhsame Dörfer an malerischen Buchten durchqueren. Ein erster Halt empfiehlt sich bei der Kirche und dem Methodistenkolleg **Piula-College,** hinter dem man zu den direkt am Meer gelegenen **Süßwasser-Pools** hinuntersteigen kann – an heißen Tagen ein herrlicher Ort, um sich abzukühlen! (Öffnungszeiten werktags von ca. 10–16.30 Uhr).

Bei **Falefa** biegt die Straße ins Landesinnere ab und führt zum **Mafa-Paß** hinauf, vom dem aus man eine gute Aussicht auf die Ostküste genießt. Gute Fahrer im Jeep können bei trockenem Wetter einen Abstecher nach **Fagaloa** und seiner tief eingeschnittenen Bucht einlegen. Mehrmals weisen an dieser Gebirgsstraße Schilder auf landschaftlich herrlich gelegene **Wasserfälle** hin (Falefa Falls, Fuipisia Falls, Sopo'aga Falls) – ein Halt lohnt sich unbedingt.

## WEST-SAMOA – INSELRUNDFAHRT UPOLU / SAVAI'I

Bei der Kreuzung an den Sopo'aga Falls biegt man nach Westen in Richtung **Falealili** ab. Hinter einigen an der Strecke gelegenen Dörfern verbergen sich recht hübsche Strände, für deren Benutzung ein geringer Betrag Eintrittsgeld bezahlt werden muß. Ein kurzer Aufenthalt am Coconut Beach bietet sich noch an, bevor man über eine relativ gut ausgebaute Gebirgsroute nach Apia zurückfährt.

Wer mehr als einen Tag Zeit hat, sollte an den **Sopo'aga Falls** (hier ist übrigens die Heimat von »My Samoan Chief«, der von Fay G. Calkins in ihrem Buch so nett beschrieben wird) nach Osten abbiegen. Hier liegt einer der schönsten Küstenstreifen Upolus mit guten Bademöglichkeiten, besonders im Bereich zwischen **Saleapaga** und **Lalomanu**. Das Gebirge tritt ganz nah ans Meer heran, und die Aussicht aufs Meer mit den Inseln Nu'utele und Nu'ulua ist ebenfalls nicht ohne Reiz. Im **Landstrich von Aleipata** liegt ein Dorf neben dem anderen entlang einem schönen Strand, der durch die letzten Hurrikans gelitten hat. Die Dorfschulen stehen auf Holzpfosten offen direkt über dem Strand, und das Meer ist hier wegen des oft niedrigen Wasserstandes eher für Muscheln ausschlürfende Schweine geeignet als für Badende. Wenn die Straße hinter Aleipata für den Verkehr geöffnet ist (sie ist immer in sehr schlechtem Zustand) kann vielleicht der Rückweg direkt durchs Landesinnere gewählt werden. Wem die Reden des fiktiven Südseehäuptlings Tuiavii in E. Scheurmanns Buch »Der Papalagi« gefallen haben, kann jetzt dessen ›Heimatort‹ **Ti'avea** aufsuchen, zu dem eine Abzweigung rechter Hand führt. Der Heimweg erfolgt dann über den Mafa-Paß und die Nordküste nach Apia.

Übernachtungen in den Hütten der Dorfbewohner müssen im voraus über das Touristeninformationsbüro in Apia gebucht werden. Sie sind an der Südküste derzeit in Poutasi, Tafatafa, Lotofaga, Vavau und Lalomanu möglich.

*Upolu und Savai'i*

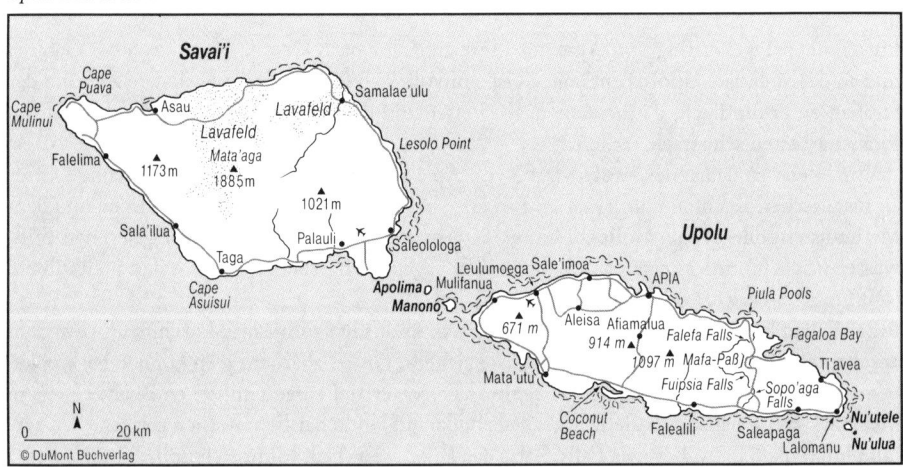

*Strand an der Ostküste Savai'is*

**Savai'i,** die größte Insel des Landes, ist von Upolu aus mit dem Flugzeug oder aber mit der Fähre zu erreichen. Die Abfahrtszeiten und -orte der preiswerten Fährschiffe verändern sich ständig, so daß sogar eine Prognose für den nächsten Tag unmöglich ist. Wer sie benutzen will, muß u. U. viel Zeit und Geduld aufbringen. Es lohnt sich, eine Tour bei einer Reiseagentur zu buchen, weil sich dann die samoanischen Organisatoren darum kümmern, daß man rechtzeitig am richtigen Schiff ist (z. B. Oceania Travel gleich neben dem Tusitala-Hotel). Für einen Besuch von Savai'i sollten auf jeden Fall mehrere Tage eingeplant werden, da es auf der Insel viel zu sehen gibt. Schiffsanlegestelle und Flughafen liegen an der südöstlichsten Ecke der Insel. Wer von der Fähre aus direkt an der Anlegestelle einen Bus erwischen möchte, muß sich beeilen und sein Ziel schon vorher kennen. Kommt man zu spät, sind manche Busse noch vor dem Marktgebäude von Saleolologa zu erreichen, wo sie einen Halt von unbestimmter Dauer einlegen. Die Straße an der Südseite der Insel ist in sehr gutem Zustand. Die malerische Strecke führt durch Dörfer mit *fales,* Gärten und Kirchen. Archäologisch Interessierte sollten bei **Palauli** die Abzweigung ins Landesinnere nehmen, denn hier liegt die **Steinkonstruktion von**

**Pulemelei,** die eine der größten von Menschen errichteten Bauten im Südpazifik darstellt (Führer empfehlenswert, da von der Straße her schwer zu finden).

Bei **Taga** führt eine Seitenstraße zu den **Blow Holes** an der Felsküste, deren Wasserfontänen besonders bei Flut beeindruckend hoch schießen. Je weiter man nach Nordwesten gelangt (eigentlich eine der ›Bilderbuchlandschaften‹ Samoas mit Dorfhütten an palmenbestandenen Stränden), um so mehr macht sich der verheerende Einfluß von Hurrikan Val bemerkbar, der im Dezember 1991 vier volle Tage lang besonders über Savai'i gewütet hat. Viele Dorfbewohner haben alles verloren, und sie werden nach abgeschlossenem Wiederaufbau der Kirchen ihre Häuser ins Landesinnere verlegen. Dennoch haben sie die Hoffnung nicht vollends aufgegeben: Die Gärten begannen schon Monate nach der Katastrophe dank des Einsatzes ihrer Besitzer wieder zu grünen. Die Verluste dessen, was zuvor noch vom ›Regenwald‹ gestanden hatte, sind wohl unersetzlich ...

Von **Asau** aus führt die Straße an der Nordküste entlang (mittelmäßiger Zustand), quer durch nicht einmal 100 Jahre alte **Lavafelder** (Ausbrüche zwischen 1905 und 1911). Was damals die Bewohner vieler Dörfer auf immer hatte fliehen lassen, ist heute eine besondere Attraktion für geologisch interessierte Besucher. Die Rundreise endet mit der Rückfahrt durch die schönen Küstendörfer im Osten Savai'is.

# Amerikanisch-Samoa

Amerikanisch-Samoa verbindet die samoanische Tradition mit dem American Way of Life. Während in der Verwaltung und Politik, in der Redekunst und auch in der Erziehung traditionelle samoanische Elemente weiterleben, sind andere nur noch Teil historischer Aufzeichnungen und persönlicher Erinnerungen, wie etwa die Funktion der samoanischen Hütte:

In früheren Zeiten hatte jede Dorfgruppe ihre Hütte. Die Höhe der Plattform, auf der diese Hütte stand, gab Auskunft über den Rang der Bewohner: Die für Gäste bestimmte Hütte stand auf der höchsten Erhebung, darauf folgte die des Häuptlings. Andere Gemeinschaftshäuser beherbergten die verheirateten Männer ohne Titel, die Jünglinge oder die jungen Mädchen und Witwen. Es zeugte von schlechten Manieren, die nach allen Seiten offenen Bauten tagsüber vor fremden Blicken zu schützen. Bei Regen und vor dem Schlafengehen wurden nur einige aus Kokoswedeln geflochtene ›Raumteiler‹ zwischen den Holzpfosten der Konstruktion aufgestellt. Am Tage wurde die Hütte nur ›geschlossen‹, wenn ein Schwerkranker im Raum lag.

Erste Veränderungen traten mit der Einführung des Wellblechs auf: Vorher hatte jeder Wanderer auf Samoas Pfaden die Gästehütte an ihrer Rundform gleich erkannt – nach Traditionsrecht durfte sich ein jeder ihr nähern und sie zum Ausruhen betreten. Da das Wellblech für die Konstruktion von Rundhütten weniger gut geeignet war als die Naturmaterialien, wurde die Rundform durch die sehr viel weniger charakteristische Form des Ovalrunds ersetzt – ein Rückschritt für die samoanische Gastlichkeit.

Heute werden – mit Ausnahme von Hotelanlagen – die traditionellen Hütten kaum mehr gebaut, da ihre Errichtung sich auf Familienstrukturen gründet, die heute nicht mehr stark

## Erzählungen aus Samoa – Margaret Mead und William Somerset Maugham

»Das Leben des Tages beginnt in der Morgendämmerung; wenn der Mond bis zum Tagesanbruch geschienen hat, sind die Rufe der jungen Männer auch schon vor der Dämmerung von den Hügeln zu hören. Nach der unbehaglichen, von Geistern bevölkerten Nacht schallen nun fröhliche Zurufe vom einen zum anderen, während sie eilig mit ihrer Arbeit beginnen. Sobald der Tag zwischen den sanften braunen Dächern dämmert und die schlanken Palmen sich vom farblosen, glitzernden Meer abheben, schlüpfen Liebende vom Stelldichein unter Palmen oder auf dem Strand im Schatten von Kanus nach Hause, damit das Licht jeden Schläfer am richtigen Ort findet. Hähne krähen schläfrig, und von den Brotfruchtbäumen ertönt eine schrille Vogelstimme. Das eindringliche Tosen der Riffsee scheint plötzlich gedämpft – nur noch Begleitmusik für die Geräusche des erwachenden Dorfes. Säuglinge schreien, aber nach ein paar kurzen Jammertönen reichen ihnen die schlaftrunkenen Mütter gleich die Brust. Kleine Kinder schlüpfen von ihrem Lager, laufen hinunter zum Strand und waschen sich die Gesichter am Meer. Knaben, die zeitig fischen wollen, suchen ihre Angelgeräte zusammen und wecken ihre Gefährten, die noch nicht aus dem Bett finden. Da und dort werden Feuer angezündet; der weiße Rauch ist in der bleichen Dämmerung kaum sichtbar. Nach und nach kommen sie alle in Bewegung; ungekämmt und in Laken gehüllt, reiben sie sich die Augen und stolpern zum Strand. ›Talofa! Talofa!‹«

Diese begeisterte Schilderung eines samoanischen Morgens stammt von Margaret Mead. Sie verbrachte von 1925 bis 1926 ein knappes Jahr in Amerikanisch-Samoa und den Großteil davon in der Manu'a-Gruppe, weil sich die Inseln dort durch ihre ›Rückständigkeit‹ besser für ethnologische Forschungen eigneten.

Jüngere Untersuchungen, z. B. durch Derek Freeman, belegen, daß Margaret Mead viele Fehlinterpretationen des samoanischen Lebens aufstellte, weil es ihr nicht gelang, die Brille des ›westlichen‹ Forschers abzusetzen. Wenn die heutige Soziologie Margaret Meads Texte zur Südsee weiterhin hoch in Ehren hält, so ist dies nicht auf die Exaktheit ihrer Beschreibung zurückzuführen, sondern darauf, daß die Forscherin als eine der ersten versuchte, einige europäisch-amerikanische Wertmaßstäbe durch den Vergleich mit anderen Völkern zu relativieren.

Auch William Somerset Maugham kann sich der Faszination Samoas nicht entziehen. Eine Reise führte ihn von 1916 bis 1917 quer durch Polynesien.

»Der Stille Ozean ist unbeständig und wandelbar wie die Seele des Menschen. Manchmal liegt er grau da mit mächtiger Dünung, manchmal ist er wild gebauscht und trägt weiße Wellenkämme. Nicht häufig zeigt er sich blau und glatt, dann aber ist er von anmaßendem Blau. Hemmungslos brennt die Sonne aus wolkenlosem Himmel nieder. Der Passatwind geht einem ins Blut und erfüllt es mit der ungeduldigen Forderung nach dem Unbekannten. Die hochaufrollenden Wogen umgeben einen üppig von allen Seiten, und man vergißt die schwindende Jugend mit ihren grausamen und süßen Erinnerungen vor lauter Sehnsucht, dieser rastlosen, unaushaltbaren Sehnsucht nach Leben.«

# AMERIKANISCH-SAMOA

Die Atmosphäre Pago Pagos schildert William Somerset Maugham u. a. in »Regen«, einer seiner bekanntesten Erzählungen:

»Ein dünner Streifen silbrigen Strandes wuchs rasch zu Hügeln an, die bis zum Kamm mit üppiger Vegetation bewachsen waren. Die dichten, grünen Kokospalmen reichten fast bis zum Wasserrand; dazwischen sah man die Strohhäuser der Samoaner und hie und da weiß aufleuchtend eine kleine Kirche. (...) Jetzt gelangte man zur Hafeneinfahrt (...). Das Schiff drehte scharf und glitt langsam hinein. Es war ein großer, geschützter Hafen, breit genug, eine Flotte von Kriegsschiffen aufzunehmen. Und ringsum erhoben sich hoch und steil die grünen Berge. Nahe der Einfahrt, dem vollen Wind der See ausgesetzt, stand das Haus des Gouverneurs. Die Sterne und Streifen baumelten schlaff an der Fahnenstange. An drei, vier schmucken Bungalows fuhr man vorbei, an einem Tennisplatz, und dann kam man zum Kai mit seinen Lagerhäusern. (...) Eine Menge eifriger, lärmender und fröhlicher Eingeborener war von allen Teilen der Insel gekommen. Manche aus Neugier, manche, um mit den Reisenden, die nach Sydney fuhren, Tauschhandel zu treiben.

*Das Schlagen von Tapa (Rindenbaststoff)*

Sie brachten Ananas und riesige Stauden von Bananen, Tapa-Tücher, Halsbänder aus Muscheln und Haifischzähnen, Kava-Schalen und kleine Nachbildungen von Kriegskanus. Amerikanische Matrosen, schmuck und sauber, glatt rasiert und mit offenen Gesichtern, schlenderten herum, und an einer Seite stand eine kleine Gruppe von Beamten.«

Während die Hauptfiguren der Erzählung wegen des heftigen Regens in Pago Pago festsitzen, haben sie Zeit, über dieses Naturphänomen nachzusinnen:

»Dieser Regen war nicht wie der englische, der sanft zur Erde fällt, sondern gnadenlos und irgendwie furchtbar; man spürte in ihm die Bosheit der primitiven Naturkräfte. Er rieselte nicht, er stürzte hernieder. Er kam wie die Sintflut und prasselte auf das Wellblechdach mit einer stetigen Hartnäckigkeit, die einen verrückt machen konnte. Voller Wut schien er daherzufegen. Und manchmal hatte man das Gefühl, schreien zu müssen, wenn das so weitergehen sollte, und gleich darauf fühlte man sich so kraftlos, als wären einem sämtliche Knochen weich geworden. Jämmerlich war einem zumute, und alle Hoffnung schwand.«

genug sind. Mehrere verheerende Wirbelstürme in den letzten Jahrzehnten beschleunigten die Modernisierung der Bausubstanz zudem sehr stark: Die vom Unwetter zerstörten traditionellen Bauten wurden im Zuge von US-Hilfsprogrammen durch stereotype Häuschen aus Beton und Wellblech ersetzt.

Das Land ist heute ein nichtintegriertes Territorium der Vereinigten Staten; die Verwaltung untersteht weiterhin dem US-Innenministerium. Die Bewohner von Amerikanisch-Samoa haben den Status von ›US-Nationals‹, d. h. sie dürfen ohne Beschränkung in den USA leben und arbeiten, sie können jedoch nur unter bestimmten Bedingungen ›US-Citizens‹ mit vollen Bürgerrechten – wie der Teilnahme an den amerikanischen Präsidentschaftswahlen – werden. Die Exekutivgewalt liegt beim Gouverneur, der seit Ende der 70er Jahre vom Volk gewählt wird. Die Legislative wird von einem Zwei-Kammern-System ausgeübt; der Senat setzt sich aus in traditionellen Verfahren ernannten Häuptlingen *(matais)* zusammen, während der Zugang zum Abgeordnetenhaus in freien Wahlen erfolgt.

Amerikanisch-Samoa ist stark von den USA abhängig. Bei der Bevölkerung werden nur selten Rufe nach größerer Unabhängigkeit laut, da die für südpazifische Verhältnisse recht gute wirtschaftliche Lage nur mit Hilfe massiver amerikanischer Unterstützung beibehalten werden kann. Die Gouverneure der letzten Jahre versuchen mehr und mehr, dem Land auch andere Quellen für Hilfsgelder zu erschließen, um die einseitige Abhängigkeit von den USA auszugleichen.

Amerikanisch-Samoa zählt heute etwa 43 000 Einwohner, davon sind ca. 90% Polynesier. Der Einfluß der europäischen und asiatischen Minoritäten im Land auf Wirtschaft und Verwaltung übersteigt ihren zahlenmäßigen Anteil an der Landesbevölkerung bei weitem. Zeitweise kamen viele Einwanderer aus anderen polynesischen Gebieten, vor allem West-Samoa und Tonga, ins Land, heute werden nur begrenzte Kontingente an Fremdarbeitern zugelassen. Die Bevölkerung von Amerikanisch-Samoa ist äußerst jung (über 50% sind unter 18 Jahre). Viele junge Samoaner, vor allem solche mit höherer Schulbildung, wandern aus auf den amerikanischen Kontinent und nach Hawaii. Heute leben etwa doppelt bis dreimal soviele Menschen aus Amerikanisch-Samoa in Übersee wie in der Heimat.

Amerikanisch-Samoa hat eine für den Südpazifik relativ untypische Wirtschaftsstruktur. Die Landwirtschaft spielt vor allem für den Eigenbedarf eine Rolle – sie ist schon räumlich sehr stark durch die schroff abfallenden Felsen eingeschränkt –; der Großteil der Bevölkerung arbeitet im tertiären (Regierungsbüros, Tourismus) und sekundären Sektor (Fischkonservenfabriken).

Insbesondere um die dicht besiedelte Hauptstadt Pago Pago treten ökologische Probleme auf, die durch die Zerstörungen der letzten Hurrikans (z. B. Val im Dezember 1991) noch verstärkt werden. Nach dem Verzehr von im Hafen von Pago Pago gefangenen Fischen kam es in letzter Zeit häufig zu Lebensmittelvergiftungen, für die man die im Zweiten Weltkrieg dort versenkten Waffenarsenale verantwortlich macht.

Der Tourismus ist ein wichtiger Wirtschaftsfaktor im Land. Die Zahlen zeigen gegenwärtig ansteigende Tendenz, so daß die Zahl der Besucher pro Jahr (1989: 47 188) die Einwohnerzahl übertrifft. Dabei ist jedoch zu beachten, daß hierin auch die Urlaubsheimkehrer aus den Vereinigten Staaten und die Familienbesucher der in der Industrie beschäftigten Fremdarbeiter mit eingeschlossen sind (23 340 der Einreisenden klassifizieren sich als ›Pacific Islander‹).

Auf Amerikanisch-Samoa kann man keinen typischen Südsee-Urlaub verbringen, aber es ist sicherlich ein interessanter Aufenthaltsort für Reisende, die sich auf der Suche nach landschaftlichen Reizen und gemütlichem Dorfleben von den verstädterten Bereichen um Pago Pago Harbor wegbewegen.

## Rundfahrt um Tutuila

Eine Besichtigung von Tutuila läßt sich von Pago Pago Harbor in zwei Halbtagestouren mit dem Wagen bewerkstelligen.

Zunächst führt die Route durch eine Anzahl modern anmutender Dörfer in Richtung Westen. Die wenigen *fales,* die hier noch stehen, wurden z. T. recht unschön aus Stahl und Zement errichtet. Sie werden nur noch zu besonderen Anlässen, aber nicht mehr im Alltag benutzt. Dafür scheinen die zahlreichen *stores* viele Kunden anzuziehen.

Die Straße gleich nach Pago Pago Harbor führt zwischen steil abfallenden Gebirgswänden und dem Meer entlang. Sie ist von hohem landschaftlichem Reiz. Nachdem man am Flughafen und am schön gelegenen Golfplatz vorbeigefahren ist, biege man von der Hauptstraße in Richtung **Vaitogi** ab, um dort die schroffen schwarzen Klippen zu bewundern.

Wer Zeit hat, kann Abstecher zu den malerischen Felsformationen **Steps Point** und **Sliding Rock** miteinplanen. Auf der Hauptstraße ist das **Dorf Leone** die nächste Sehenswürdigkeit: Im Dorfzentrum stehen zwei Häuptlingsfales und eine der ältesten Kongregationalistenkirchen, vor der ein Denkmal an die Ankunft des ersten Missionars, John Williams, im Jahre 1832 erinnert. Das Kircheninnere ist mit Holz verkleidet, was dem Gebäude eine in der Region seltene Eleganz verleiht. Schmale, nur bedingt zum Baden geeignete Sandstrände mit vorgelagerten Felsformationen im Meer begleiten uns auf der Fahrt bis nach **Amanave**. Mit einem

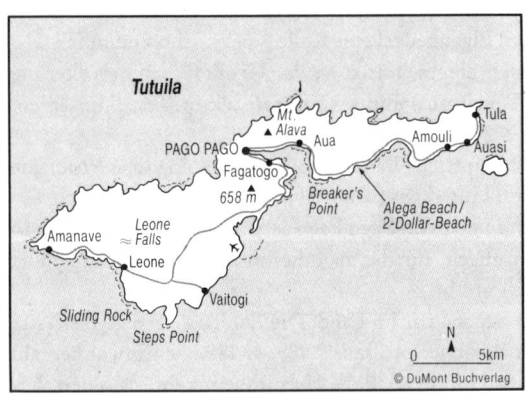

*Tutuila*

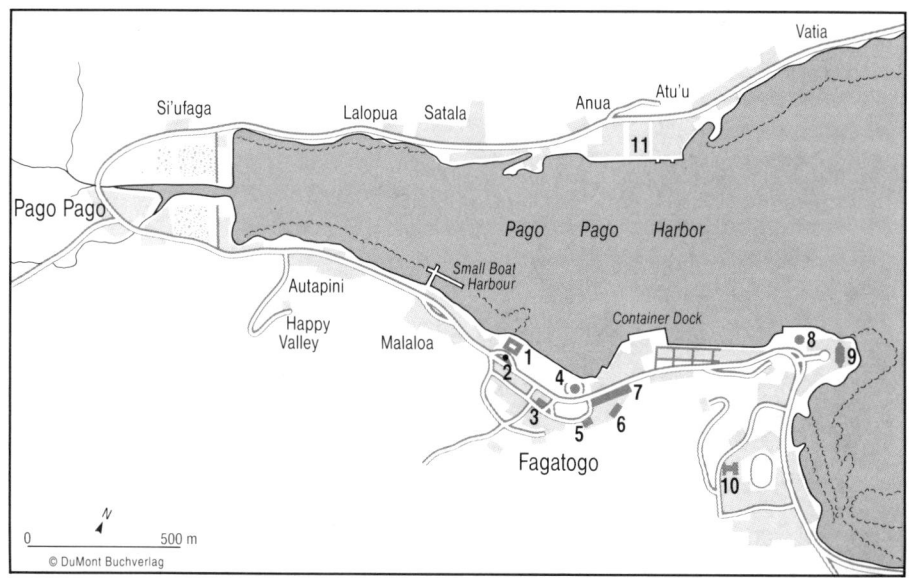

**Pago Pago Harbor** *1 Markt 2 Busbahnhof 3 Communications Office (Internationale Telefonverbindung) 4 Fono 5 Telegraphenamt 6 Bank 7 Lumana'i Building (Post) 8 Fremdenverkehrsbüro 9 Rainmaker Hotel 10 Pazifik-Bibliothek 11 Fischkonservenfabriken*

Geländefahrzeug kann man noch auf einer weniger guten Straße ein paar Dörfer weiterfahren, bis der Weg völlig aufhört.

Wir beginnen die zweite Halbtagesfahrt in Pago Pago Harbor (von der Terrasse des ›**Rainmaker Hotels**‹ genießt man eine beeindruckende Aussicht auf die schöne Bucht). Wir passieren das Regierungszentrum und das **Jean-Haydon-Museum** von Fagatogo. Hier kann man sich über handwerkliche Traditionen und über die Geschichte des Landes informieren. Das Museum liegt am **Hafen,** der für seine sichere Lage im ganzen Pazifik gerühmt wird. Beim letzten Hurrikan, Val, wurden durch die Flutwelle dennoch neun asiatische Fischkutter aufs Riff gesetzt, die an der Einfahrt zu Pago Pago Harbor ankerten – ihre Wracks können nun zu den besichtigenswerten Objekten des Landes addiert werden. In der Bucht gleich gegenüber vom Hafen befinden sich die zwei großen Fischkonservenfabriken, die einen bedeutenden Beitrag zur Wirtschaft des Landes leisten. Der unbestritten schönste Ausblick auf Amerikanisch-Samoa (seitdem die Seilbahn auf dem Mount Alava stillgelegt ist) bietet sich von der Schulter des **Rainmaker Mountain** aus (zur Auffahrt im Dorf Aua in Richtung Gebirge einbiegen). Die Küstenstraße nach **Tula** führt durch geruhsame, noch stärker traditionell wirkende Dörfer an schönen Stränden entlang (Bademöglichkeit z. B. am **Alega Beach** oder am **2-Dollar-Beach,** an der pro Besucher $ 2 entrichtet werden müssen). Von der kleinen Anlegestelle im Dorf **Auasi** setzen Fischerboote zur davor gelegenen Insel **Aunu'u** über, und in Tula bzw. Onenoa endet die befahrbare Straße auf dieser Inselseite.

# AMERIKANISCH-SAMOA / TONGA

*Gemeinschaftsküche auf Upolu, West-Samoa – in Amerikanisch-Samoa werden die traditionellen Hütten kaum noch gebaut*

Lohnende Ausflugsziele für Wanderer sind auch der Aussichtspunkt **Breaker's Point, Blunt's Point,** eine Geschützstelle während des Zweiten Weltkriegs (vor der Wanderung unbedingt Zustand des Weges erkunden, der von Gestrüpp überwuchert sein kann), oder die malerisch gelegenen Wasserfälle wie z. B. **Leone Falls, Alega Falls** und **Virgin Falls.**

# Königreich Tonga

## Allgemeine Landeskunde

*Offizieller Name: Kingdom of Tonga*

*Längengrade: 173°–177° W; Breitengrade: 15°–23,5° S*
*Landfläche: 699 km²; Meeresoberfläche: 700 000 km²*

*Hauptstadt: Nuku'alofa auf Tongatapu (ca. 30 000 Ew.)*

Das Land umfaßt mehrere Inselgruppen, die im Osten durch den 10 882 m tiefen Tongagraben begrenzt werden: die Tongatapu-Gruppe mit der Hauptinsel desselben Namens, daran im Norden anschließend die Ha'apai-Gruppe, die Vava'u-Gruppe und die Niuatoputapu-Gruppe. Von den ca. 169 Inseln ist nur etwa ein Fünftel bewohnt. Die am nördlichsten gelegenen Inseln der Niuatoputapu-Gruppe sind vulkanischen Ursprungs und werden mit großer Häufigkeit von Vulkanausbrüchen heimgesucht. Nach der großen Eruption von 1946 auf Niuafo'ou siedelte die Regierung die gesamte Inselbevölkerung, 1300 Menschen, auf 'Eua in der Südgruppe an. Die tonganische Regierung untersagte ihnen die Rückkehr an den Fuß des weiterhin aktiven Vulkans; dennoch war zehn Jahre nach der Evakuierung die Hälfte der Inselbevölkerung wieder in der alten Heimat.

Tonga liegt bereits am Rand der Tropen. Die Jahresdurchschnittstemperatur für Nuku'alofa beträgt 24 °C, sie kann aber in den Wintermonaten bis unter 20 °C fallen. Die Luftfeuchtigkeit beträgt im Jahresmittel 76%.

Tongas Tierwelt ist berühmt für ihre Fledermäuse, die man zu Tausenden in den Bäumen von Kolivai – westlich von Nuku'alofa – bewundern kann. Die Meeresfauna Tongas (tropische Fische, Muscheln, Korallen) ist sehr reich.

Auf den meisten Tonga-Inseln ist die Kokospalme landschaftsprägend. Manche der äußeren Inseln – insbesondere 'Eua – verfügen über ausgedehnte Waldgebiete mit einem für die Region sehr großen Artenreichtum.

Die Bevölkerung Tongas ist fast zu 100% polynesisch; bei der letzten Volkszählung 1986 wurden 94 649 Einwohner gezählt. Aufgrund der hohen Abwanderungsraten nach Übersee beträgt das jährliche Bevölkerungswachstum nur 1,5%. Tonganisch, eine polynesische Sprache, und Englisch sind offizielle Sprachen des Landes.

# TONGA - LANDESKUNDE

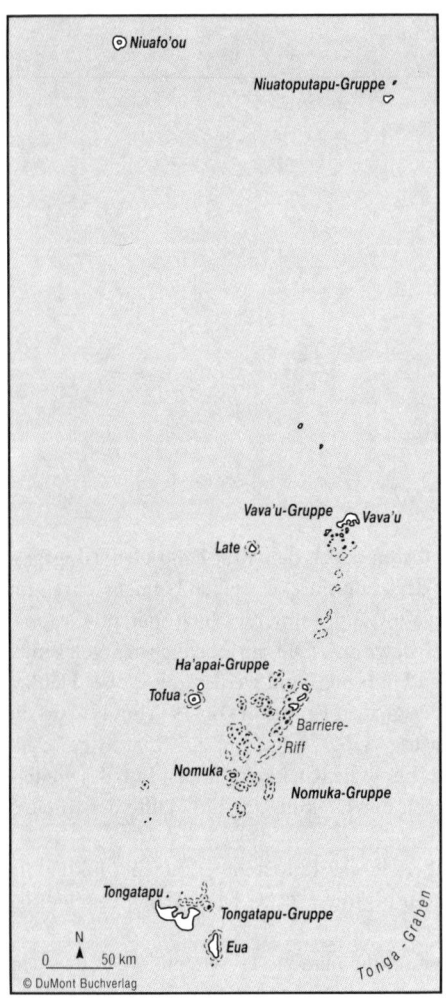

*Königreich Tonga*

Tonga ist eine konstitutionelle Monarchie. Das einzige Königreich der Südsee ist auch gleichzeitig der einzige Inselstaat der Region, welcher nie direkt einer Kolonialmacht unterstellt war. Dennoch war Tonga wie seine pazifischen Nachbarn seit dem 19. Jh. verstärkt dem Einfluß der Kolonialmächte ausgesetzt. Großbritannien spielt dabei bis heute die wichtigste Rolle, aber auch Deutschland, die Vereinigten Staaten und Neuseeland haben die Geschichte Tongas mitgeprägt.

Hauptkirche im Lande ist die Free Wesleyan Church, an deren Spitze der König steht; außerdem existieren weitere methodistische Zweigkirchen. Die Vertreter der katholischen Kirche sind für eine kritische Haltung der hierarchischen Gesellschaftsstruktur gegenüber bekannt. Seit über 100 Jahren sind die Mormonen im Land, und ihr Einfluß weitet sich ebenso aus wie der von amerikanischen Sekten jüngeren Datums (man schätzt, daß heute über ein Viertel der Tonganer Bewegungen angehören, die nicht zu den traditionellen Kirchen zählen). Wie im übrigen Pazifik ist in Tonga der Sonntag allein zum Kirchgang bestimmt, und alle anderen Tätigkeiten ruhen. Sogar unverfänglich anmutende Beschäftigungen wie Schwimmen und Sonnenbaden sind dann nur Touristen erlaubt und dies wiederum nur an ihnen speziell zugewiesenen Stränden.

Die Landwirtschaft ist in Tonga sehr stark entwickelt (60% der Bevölkerung ist in diesem Sektor beschäftigt), und die Exporte von Kopra, Bananen und anderen tropischen Früchten, von Vanille, Kavapulver, Taro und Jams sind wichtige Devisenbringer für das Land. Die Erschließung von neuen Märkten - wie z. B. in den letzten Jahren der Anbau von Kürbissen für den japanischen Markt - hat zum Ziel, die negative Außenhandelsbilanz teilweise abzubauen. Hierbei treten jedoch Umweltprobleme zutage, denn die großflächige Anlage von Kürbiskulturen erfordert Wassermengen, welche die Vorräte einer flachen Insel vom Typ Tongatapus um ein Vielfaches übersteigen. Es muß daher auf das Grundwasser zurückgegriffen werden, das aber gleichzeitig eine wichtige Grundlage für die Versorgung der Inselbevölkerung darstellt.

Der Tourismus ist ein bedeutender Wirtschaftszweig Tongas. Die Besucherzahlen gingen jedoch von 45 000 (1986) auf 21 000 (1989) zurück, was vor allem auf die wirtschaftlichen Probleme in den Hauptherkunftsländern Neuseeland, Australien und den Vereinigten Staaten zurückzuführen ist. Tonga ist kein Urlaubsziel für den Jetset. Die eher bescheidene Infrastruktur des Landes – auch in den als ›international‹ ausgeschriebenen Einrichtungen – und die ruhige Landschaft ohne sofort ins Auge fallende Superlative sprechen eher den Genießer an, der nicht zu hohe Ansprüche an materiellen Luxus stellt. Wer sich dafür interessiert, eines der Gebiete Polynesiens kennenzulernen, in denen die Traditionen noch besonders lebendig sind, ist in Tonga richtig.

## Geschichte und Kultur

»Seine Majestät König Taufa'ahau Tupou der Vierte wurde am 4. Juli 1967 in der königlichen Kapelle von Nuku'alofa zum König von Tonga gekrönt.

Man schätzt, daß sich ca. 40 000 Menschen in der Hauptstadt Nuku'alofa versammelt hatten, um an der ergreifenden Zeremonie teilzunehmen. 77 Länder hatten hochrangige Vertreter entsandt; darunter waren auch die persönlichen Vertreter von Königin Elisabeth II. von Großbritannien, der Herzog und die Herzogin von Kent. Vertreter der Regierungen Großbritanniens, der Vereinigten Staaten von Amerika, Australiens, Neuseelands und der benachbarten Pazifikterritorien Fidschi, Samoa (sowohl West-Samoa als auch Amerikanisch-Samoa), Niue und der Wallis-Inseln nahmen ebenfalls an der Krönungsfeier teil.

An diesem Tag boten die Palastanlagen einen aufsehenerregenden und farbenfrohen Anblick, denn unter das tonganische Volk mischten sich Hunderte von Besuchern aus Übersee, um der glanzvoll inszenierten Krönung beizuwohnen.

Genau um 10 Uhr morgens erschien Seine Majestät am Palastportal, um sich in einer Prozession zur Königlichen Kapelle zu begeben. Sobald die Blaskapelle der tonganischen Polizei die tonganische Nationalhymne gespielt hatte, führte Seine Majestät, angetan in Krönungsuniform und Robe, die königliche Prozession den Weg zur Kapelle entlang, der mit feinen Matten belegt war und zwischen Reihen von sitzenden Frauen verlief. Als die Prozession die Königliche Kapelle betrat, erklang Psalm 122 »Ich freute mich über die, die mir sagten«, gesetzt von Charles Edward Horsley, welcher durch den Maopa-Chor der Free Wesleyan Church of Nuku'alofa eine ergreifende Wiedergabe erfuhr. (...)

Um 10 Uhr 26 wurde von der Grußbatterie am Meeresstrand eine einzige Salve abgefeuert, als der Hochwürdige G. C. Harris die goldene Krone, die mit rotem Samt und Hermelin verziert war, auf das Haupt Seiner Majestät setzte. Gleich darauf erschallten im gesamten Königreich die Kirchenglocken, und der Klang der *lallis* (hohle Baumstämme, die mit kurzen Stäben oder mit Holzschlegeln geschlagen werden) verkündet die Nachricht, daß Seine Majestät zum König von Tonga gekrönt worden war. (...)

Seine Majestät wurde nicht nur zum konstitutionellen Monarchen von Tonga in einer europäischen Krönungszeremonie gekürt, er wurde auch durch die alte traditionelle Einsetzung des Königs, die ›Taumafa Kava Ceremony‹ zum Staatsoberhaupt.

Am Donnerstag, den 6. Juli 1967, brachten Hunderte von Leuten zwischen Tagesanbruch und Mittagsstunde Körbe voller Nahrungsmittel nach Nuku'alofa, was Teil der traditionellen Einsetzung von Kronprinz Tupouto'a Tungi als König war. Dazu gehörte auch die Übergabe einer großen Anzahl von riesigen gemästeten Schweinen, den puaka toho. Sämtliche Vorbereitungen waren am Mittag abgeschlossen, und der König nahm seinen Platz im großen Kavakreis ein, bei dem die Adligen, die Häuptlinge und die Sprecher des gesamten Königreichs zusammensaßen. (...)«*

---

* Amanaki Taulaki: »His Majesty King Taufa'ahau Tupou IV of the Kingdom of Tonga. A Biography.«

## Die tonganische Gesellschaft
*von Gundolf Krüger*

Unter den Seefahrervölkern der Südsee gibt es kein bedeutenderes Eroberervolk als die Tonganer. Auf der Grundlage eines straff organisierten Staatswesens beherrschten sie mit ihren hochseetüchtigen Doppelbooten *(tongiaki)* in der Vergangenheit weite Gebiete des Zentralpazifiks. Tonga war in der Zeit vor dem europäischen Kontakt die einzige Inselgruppe in Polynesien, die unter der Regentschaft eines einzigen Königs vereint war und zentralistisch verwaltet wurde. Das tonganische Inselreich, dessen Vorherrschaft sich zeitweilig über Samoa und Viti (Fidschi) in nördlicher Richtung bis hin zu den Ellice-Inseln (heute: Tuvalu) erstreckte, besteht nunmehr tausend Jahre. Im Mittelpunkt historisch weitgehend ungebrochener Macht steht bis heute der König. (...)

Die traditionelle Gesellschaft Tongas war eine absolute Monarchie, die sich aus zwei Klassen zusammensetzte: dem Adel und dem Volk. (...) Während der Adel sich von den Göttern ableitete, galten die Angehörigen des Volkes als Abkömmlinge von Strandmaden und Würmern. Das einfache Volk bestand aus Pflanzern und Fischern, die gegenüber ihren Häuptlingen tributpflichtig waren und das Land bzw. die Fischgründe als Lehen bewirtschafteten. Eine gesellschaftliche Sonderstellung nahmen die Haus- und Bootsbauer ein. Sie genossen als handwerkliche Spezialisten *(tufunga)* eine besondere Wertschätzung. (...)

Trotz seiner sakralen Abstammung war der *tu'i tonga* den Grundsätzen tonganischer Verwandtschaftsauffassung verpflichtet: Mit ihnen verbanden sich gewisse Möglichkeiten familiärer Einflußnahme auf den König. Kennzeichnend für die tonganische Familie *(kainga)* ist das Prinzip der Patrilinearität (Abstammungsregelung über die väterliche Linie) und die Primogenitur (Vorrangstellung des/der Erstgeborenen).

Durch prunkvolle Zeremonien wie die oben beschriebene Krönungsfeier hat sich der König von Tonga in aller Welt, aber auch bei seinem eigenen Volk einen Namen gemacht. Die Schilderung, die ein tonganischer Lehrer von der Krönung seines Staatsoberhauptes gibt, zeigt deutlich die wichtige Rolle des Königtums in der tonganischen Gesellschaft. In der Krönungszeremonie sind verschiedene Kulturelemente sichtbar: Einerseits wird versucht, die Rolle des Königs aus lokalen Traditionen herzuleiten, andererseits treten aber auch christliche und vor allem europäische Elemente englischer Prägung zutage.

Während in fast allen anderen Regionen Ozeaniens die konstitutionellen Monarchien von Europäern eingerichtet wurden, ist das Königtum seit vielen Jahrhunderten eine Konstante der tonganischen Gesellschaft.

Tonga gehört zu den am frühesten besiedelten Regionen Polynesiens. Dem heutigen Stand der Wissenschaft nach war es wahrscheinlich die erste Inselgruppe, die von aus Fidschi kommenden Vertretern der Lapita-Kultur berührt wurde. Funde auf Tongatapu, der größten Insel der Gruppe, belegen eine Besiedlung bereits gegen 1300 v. Chr. Die Keramikfunde aus der

---

Charakteristisch für Tonga ist zudem aber, daß innerhalb der Verwandtengruppen weibliche Personen immer einen höheren Status hatten als männliche. Dies bedeutet, daß in der elterlichen Generation die höchste Verwandte immer die älteste Schwester des Vaters und die Standesniedrigen immer die jüngsten Brüder der Mutter sind. Eine besondere Ehrerbietung genoß die älteste Tochter der Schwester einer männlichen Person: Zu ihr befand man sich in der sog. *fahu*-Beziehung, die zur lebenslangen Darbringung zeremonieller Geschenke verpflichtete. Vor dem Hintergrund dieses verwandtschaftlichen Statussystems erklärt sich die herausragende Bedeutung der Schwester des Königs *(tu'i tonga fefine)* und ihrer ältesten Tochter. Durch sie wurde die Allmacht des obersten Herrschers relativiert. Der politische Einfluß solcher Frauen, ihr nicht zu unterschätzender Führungsanspruch, ist in der Geschichte Tongas vielfach belegt. (...)

Sichtbar zum Ausdruck kamen Macht und Herrschaft des Königs und seiner Häuptlinge bei Dorf- und Distriktversammlungen *(fono)*. Die *fono* waren nicht wie im benachbarten Samoa demokratische Diskussionsrunden, sondern trugen auf Tonga den Charakter eines Rapports, bei dem alle Untertanen widerspruchslos Befehle entgegenzunehmen hatten. Den Abstand zum Volk dokumentierte dabei die Kleidung. Als besondere Würdezeichen galten das Festkleid des Häuptlings, ein Lendenumhang aus Rindenbaststoff, appliziert mit Hibiskusfasern, und vor allem die Gürtelmatte *(ta'ovala kie)*, die aus den Oberhautstreifen von Pandanusblättern geflochten wurde.

Auch bei geselligen Zusammenkünften wahrten die Tonganer standesgemäß Abstand zueinander. Unter strenger Beachtung gesellschaftlicher Etikette versammelten sich Volk, Adel und König zu gemeinsamen Trinkrunden. Diese sogenannten *kava*-Gemeinschaften, bei denen ein erfrischender und leicht anregender Trank aus dem *kava*-Strauch *(piper methysticum)* in Kokosschalen herumgereicht wurde, waren auf Tonga derart verfeinert, daß sie allgemein als Höhepunkt polynesischer Förmlichkeit betrachtet werden den.

## TONGA - GESCHICHTE UND KULTUR

*Festschmuck zum Regierungsjubiläum von König Taufa'ahau Tupou auf Tongatapu*

Frühzeit weisen durch die Muster ihrer Verzierungen noch auf nahe Verwandtschaft mit neukaledonischen und fidschianischen Ausgrabungen hin; ab dem 5. Jh. v. Chr. finden sich auf den Töpferwaren keinerlei Dekorationen mehr, und um die Zeitenwende scheint diese Technik völlig aufgegeben worden zu sein, ohne daß die Gründe dafür offen zutage träten. Ausgrabungen in der Nordgruppe des Landes und insbesondere auf Niuatoputapu brachten ebenfalls Lapita-Töpfereien und Hausrat aus vorchristlicher Zeit zum Vorschein.

Für das erste nachchristliche Jahrtausend fehlen in Tonga jegliche Zeugnisse. In dieser Periode hat der Nachbar Samoa zahlreiche interessante Funde aufzuweisen (dies entschädigt die Samoaner jedoch nur teilweise dafür, daß sie im Wettstreit um die Frage »Waren die ersten Polynesier Tonganer oder Samoaner?« im Augenblick eine Länge zurückliegen).

Die Auswertung von Stammbäumen erlaubt es dann wieder, ab 950 n. Chr. die tonganische Geschichte weiterzuverfolgen. In diese Zeit fällt die Gründung der großen Herrscherdynastie der Tu'i Tonga. Es ist möglich, daß die ersten Vertreter dieser Familie bewußt die Erinnerung an frühere Zeiten getilgt haben, um selber größer und bedeutender dazustehen. Eine tonganische Ursprungslegende leitet zudem die Herkunft des Tu'i Tonga direkt von den Göttern ab. Auf diese Weise wird der Herrschaftsanspruch auf mythologischer Grundlage legitimiert.

Die Legende erzählt, daß der Gott Tangaloa - er nimmt in der polynesischen Welt eine wichtige Stellung ein und wird oft mit dem Schöpfergott gleichgesetzt - über einen Kasuarinenbaum auf die Erde herabstieg. Der Weg vom Himmel zur Erde führte schnurstracks nach Tonga - das erscheint ganz natürlich für jeden, der das Selbstbewußtsein der Tonganer kennt -

*Der Trilithon von Ha'amonga-a-Maui*

und in die Arme einer schönen jungen Inselbewohnerin. Aus dieser Romanze entsprang ein Knabe, 'Ahoe'itu, der sich, als er alt genug war, über den Kasuarinenbaum dem himmlischen Reiche seines Vaters näherte, denn er wollte gerne mehr über diese Regionen erfahren. Während sein Vater ihm mit Wohlwollen entgegentrat, waren seine im Himmel ansässigen Brüder über seine Existenz weniger erfreut. Sie köpften 'Ahoe'itu und aßen seinen Körper auf. Als Tangaloa dies hörte, war er sehr erzürnt. Er ließ seine Söhne den Körper des Ermordeten wieder zusammensetzen und hauchte ihm Leben ein. 'Ahoe'itu stieg daraufhin wieder auf die Erde hinab, seine Stiefbrüder mußten ihm auf des Vaters Geheiß folgen. Von diesem Zeitpunkt an hatten sie und ihre Nachfahren die Aufgabe, 'Ahoe'itu und seiner Familie zu dienen.

Nach und nach bauten die aufeinander folgenden Dynastien der Tu'i Tonga ihren Einfluß immer weiter aus. Um 1200 wird die Residenz in Mu'a auf Tongatapu errichtet. Von dort aus wurde ein Gebiet regiert, das die gesamte Tongagruppe umfaßte. Auch benachbarte Inselgruppen wie Samoa, Niue, Fidschi und Uvea gerieten nach und nach unter tonganischen Einfluß. In diese Epoche fällt auch die Errichtung bedeutender Bauten im Osten von Tongatapu: es entstehen die ersten Langi-Grabstätten in Lapaha (hier lag die Königsresidenz Mu'a) und auch der berühmte Trilithon von Ha'amonga-a-Maui.

Der **Trilithon** – im Volksmund auch ›die Last von Maui‹ genannt, denn dieser Gott soll die Materialien dazu in seinem Kanu von der Insel Uvea herantransportiert haben – besteht aus zwei aufrecht stehenden Pfeilern, die ca. 5 m hoch, 4,25 m breit und 1,4 m dick sind. Sie tragen einen Sturz mit den Ausmaßen 5,8 m × 1,4 m × 0,61 m. Allein die sichtbaren Teile der beiden tragenden Korallenblöcke wiegen jeweils zwischen 30 und 40 Tonnen. Bis in die 50er Jahre hinein vermuteten die Archäologen, daß das Monument die Umrahmung eines Königsthrones oder ein Eingangstor zur königlichen Stadt gewesen sei. Die Legende erzählt hingegen, daß Tu'itatu'i, der elfte Tu'i Tonga, mit der Errichtung des Trilithons seinen beiden Söhnen Lafa und Talaiha'apepe eine symbolische Weisheit mitteilen wollte: Vereinte Stärke zwischen Brüdern ist zu großen Dingen fähig.

Der heutige König von Tonga hat vor einigen Jahrzehnten höchstpersönlich Untersuchungen und Messungen am Trilithon vorgenommen und dabei Einkerbungen entdeckt, die darauf hinweisen könnten, daß das Monument astronomischen Zwecken gedient haben mag. Bis zum heutigen Tage ist das Geheimnis dieses im südpazifischen Raum einzigartigen Bauwerks nicht völlig geklärt.

Will man der Überlieferung Glauben schenken, so geschah die Verlegung der königlichen Residenz auf die Bitte einer Prinzessin hin, der Tochter des Tu'iatu'i, die sich durch den Lärm der Wellen auf dem Riff in ihrer Ruhe gestört fühlte. Tatsächlich liegt seit der zwölften Dynastie der Tu'i Tonga die königliche Residenz nicht mehr direkt beim Trilithon, sondern in Mu'a, einige Kilometer weiter im Landesinneren.

In **Mu'a** findet sich eine der bedeutendsten Grabanlagen der Tongagruppe. Auch in anderen Landesteilen existieren einige der sogenannten **Langi-Gräber**, die dem Tu'i Tonga und seinen höchsten Adligen als letzte Ruhestätten dienten, so in Vava'u, Ha'apai und an anderen Orten auf Tongatapu, doch in Mu'a ist ihre Anzahl und räumliche Konzentration am höchsten. Die Gräber haben meist die Form von Steinpyramiden, und viele Hunderte von Arbeitern mußten zu ihrer Errichtung Hand anlegen. Baumaterial war Korallenstein, der u. a. an den Riffs vor Tongatapu abgebaut wurde. Der Transport der Steinquader, ihr Zusammenfügen ohne Mörtel oder andere Zutaten sowie ihre handwerkliche Vollendung wecken auch beim heutigen Besucher noch tiefe Bewunderung. Die Grabpyramiden von Lapaha gehören unbestritten zu den wichtigsten archäologischen Denkmälern in der gesamten Pazifikregion, und die Tatsache, daß sie aus Pietätsgründen nicht für Ausgrabungen freigegeben wurden, erhöht nur noch ihren Reiz.

Die Botschaft des Trilithons, ›vereint ist man stark‹, scheint sich bis zu den nachfolgenden Dynastien nicht fortgesetzt zu haben, denn während der späteren Jahrhunderte waren Königsmorde und Palastrevolten an der Tagesordnung. Der 24. Tu'i Tonga, der gegen Ende des 15. Jh. regierte, war all dieser Streitigkeiten überdrüssig: Er beschränkte die Funktionen des Tu'i Tonga auf die spirituelle Ebene und schuf für weltliche Belange die neue Dynastie der Tu'i Ha'atakalaua, die er mit seinem Bruder besetzte. Diese neue Herrscherfamilie der *hau* war zwei Jahrhunderte lang äußerst einflußreich, und ihnen ist auch eine Phase der inneren Befriedung des Landes zuzuschreiben. Im 17. Jh. wurde schließlich ein weiterer Titel geschaffen, der in der Folgezeit die beiden Vorgänger an Macht überflügeln sollte: der des Tu'i Kanokupolu. Als die ersten Europäer in Tonga eintrafen, lag die größte Macht im Staate bereits bei dieser Dynastie.

Die Mitglieder der niederländischen Expedition unter Schouten und Le Maire sichteten als erste Europäer einen Teil der Tonga-Inseln, als sie bei ihrer Pazifiküberquerung von 1616 auf

Inseln in der Niuatoputapu-Gruppe trafen. Abel Tasman, ebenfalls ein Niederländer, entdeckte 1643 'Eua und Tongatapu, wo er für drei Tage an Land ging. Auch Kapitän Cook darf in der Entdeckungsgeschichte Tongas nicht unerwähnt bleiben: Im Oktober 1773 hielt er sich für fünf Tage in Tongatapu auf – das gab ihm und seinen gelehrten Reisegefährten Zeit zu ersten Studien der tonganischen Gesellschaft und ihrer Sitten. Im Juni 1774 kehrte er auf derselben Reise zu den südlichen Tonga-Inseln zurück, und 1777 verbrachte er zweieinhalb Monate in der Region. Er verlieh den Inseln der Ha'apai-Gruppe den Namen ›Freundliche Inseln‹, der heute oft für das gesamte Land verwendet wird. Die Meuterei auf der Bounty fand 1789 ebenfalls in der Ha'apai-Gruppe statt.

Die ersten Besucher aus Europa stellen in ihren Aufzeichnungen die hervorragende Schiffahrtstechnik der Tonganer deutlich heraus und ebenso die sehr stark hierarchisch gegliederte Gesellschaftsstruktur. Beides waren wichtige Faktoren für die außergewöhnliche Ausdehnung

*Kapitän Cook landet auf Tonga. Zeitgenössischer Stich von Robert Bénard, der die Bewohner des Landes als ›edle Wilde‹ in antikisierender Manier zeichnete*

des tonganischen Reiches. So soll Schouten gesagt haben, daß es nur wenige Schiffe in Holland an Geschwindigkeit mit den tonganischen Doppelbooten aufnehmen könnten. Der vielgereiste Kapitän Cook war von seinen Aufenthalten in der Tonga-Gruppe wegen des ausgeteilten Zeremoniells, das er dort vorfand, ganz besonders angetan. Cooks Aufzeichnungen verbergen jedoch nicht, daß die Königsverehrung in Tonga in einer für Europäer zumindest befremdlichen Weise ausgedrückt wurde. In Gegenwart des Königs mußten alle Untertanen sitzen, denn es galt als unschicklich, ihn zu überragen. Das Vorbeigehen des Königs wurde durch einen Boten angekündigt, so daß jedermann Zeit hatte, sich rechtzeitig zu Boden zu werfen. Wollte man einer höhergestellten Persönlichkeit und besonders dem König eine noch größere Ehre erweisen, so duckte man sich neben dem Vorbeiziehenden nieder, beugte den Kopf zu dessen Fuß hinunter und legte kurz Handflächen und Handrücken auf seine Fußsohlen. Cook beobachtete einen Häuptling, der immer wieder gezwungen war, in seinem Einherschreiten innezuhalten, um seinen Untergebenen den Fuß hinzustrecken. Cook sah während seiner drei Besuche im Land nicht die Gesamtheit der Tonga-Inseln. Er hielt sich vor allem in der Südgruppe mit Tongatapu und 'Eua auf (hier waren ihm schon andere Europäer als Erst-Entdecker zuvorgekommen), und auf seiner letzten Reise widmete er sich besonders der Ha'apai-Gruppe. Vielerorts findet man Cooks Spuren in Tonga, bis hin zu den Rindern, die in Erinnerung an seine Einführung im Land *puaka Tute*, ›Cooks Schweine‹, genannt wurden.

## Die Meuterer von der Bounty

Wenige Südseegeschichten haben die Phantasie der Europäer mehr beflügelt als die der Meuterer von der Bounty:

Die Berichte der Entdeckungsreisen des 18. Jh., besonders von Cook und Bougainville, hatten den Vegetationsreichtum der in den südlichen Meeren gelegenen Inseln über alle Maßen gerühmt. So wurde 1787 in London ein Boot ausgestattet, das Pflänzlinge aus dieser üppigen tropischen Inselwelt in englische Kolonien bringen sollte, die von Hungersnöten geplagt waren. Besonders ausgeprägt war der Nahrungsmangel in Jamaica, der Drehscheibe des Sklavenhandels im karibischen Ozean.

Die Bounty verließ England im Dezember 1787 und nahm Kurs auf die Südspitze Amerikas. Am Kap Horn geriet die Expedition jedoch in starke Stürme, die ein Weiterkommen unmöglich machten. Kapitän Bligh sah sich gezwungen, die Route zu ändern und beschloß, den Atlantik nochmals zu überqueren, um den Pazifik über den Indischen Ozean anzufahren. Nach einer Reise über das Kap der Guten Hoffnung und Tasmanien im Süden des australischen Kontinents kam die erschöpfte Bootsbesatzung am 26. Oktober 1788 in Tahiti an, ihrem ersten Ziel.

Während des sechs Monate dauernden Sammelns von Brotfruchtsetzlingen hatten die Matrosen und Offiziere Zeit, die Süße der Tropen und die Gastfreundlichkeit der Insulaner – insbesondere des weiblichen Teils – zu genießen. Am 4. April wurden die Segel gesetzt. Auf dem Rückweg traten die schon seit Monaten schwelenden Konflikte innerhalb der Besatzung immer deutlicher zutage. Auslöser waren meist verschwundene Nahrungsmittel, aber dahinter versteckten sich schwerwiegende Spannungen zwischen Kapitän Bligh und Fletcher Christian, seinem ersten Offizier. Am 27. April – sie befanden sich nordöstlich von Tofoa in der Tonga-Gruppe – gerieten die beiden wegen einer Handvoll verschwundener Kokosnüsse wieder aneinander, und Kapitän Bligh soll dabei in einem Wutanfall sein Gegenüber schwer beleidigt haben. Über die darauf folgenden Ereignisse gehen die Zeugnisse der Beteiligten stark auseinander. Sicher ist, daß Fletcher Christian die Lage als unerträglich empfand. Es scheint, als habe er in der Nacht versucht, auf einem improvisierten Floß das Schiff zu verlassen, was wegen der starken Brandung jedoch unmöglich war. Kurz vor Sonnenaufgang des nächsten Tages, dem 28. April 1789, trat Christian in Begleitung einiger weiterer Offiziere und eines Seemanns in die Stube des noch schlafenden Bligh. Sie ergriffen ihn, fesselten ihm die Hände auf dem Rücken und drohten, ihn beim geringsten Laut zu töten. Zusammen mit 19 Getreuen setzten sie den Kapitän in einem kleinen Beiboot aus, das sie mit Nahrungsmitteln und Gegenständen des täglichen Gebrauchs ausstatteten. Die Meuterer nahmen abseits der befahrenen Routen Kurs nach Osten, während sich Bligh mit seiner Bootsbesatzung gen Westen wandte. Nachdem sie bei der Landung auf einer der Tonga-Inseln von der Bevölkerung angegriffen worden waren und einen der Ihren verloren hatten, entschlossen sich Bligh und seine Leute, vor der Ankunft im fernen Ziel Indonesien nicht mehr an Land zu gehen. Strengste Disziplin und völlige Einschränkung beim Nahrungsverbrauch ließen die Mannschaft während ihrer 41 Tage dauernden Seereise in der engen Schaluppe überleben. Sie legte 8334 km zwischen Tonga und Timor zurück, eine der bedeutendsten Leistungen in der Geschichte der Navigation. Bei Blighs Rückkehr nach England wurde ein Prozeß eingeleitet, und ein Schiff machte sich auf den Weg in den Pazifik, um die Meuterer zu finden. Diejenigen, welche am letzten Teil der Reise nach Pitcairn nicht mehr teilgenommen hatten, sondern in Tahiti geblieben waren, wurden gefaßt und ihnen wurde in London der Prozeß gemacht.

Die Meuterer machten sich auf die Suche nach einer abgelegenen Insel, auf der sie sich ansiedeln und vor der Justiz verstecken wollten.

Nach einigen Umwegen erreichten die Meuterer auf der Bounty am 15. Januar 1790 die unbewohnte Insel Pitcairn und ankerten an der Stelle, die heute Bounty Bay heißt. Nachdem der gesamte Schiffsinhalt an Land gebracht worden war, setzte man die Bounty unter Feuer; sie brannte bis zum Wasserspiegel herab – dies sollte verhindern, daß man von See aus auf die Meuterer aufmerksam werden könnte.

18 Jahre lang waren nun die Meuterer ihrem Schicksal überlassen. Bald waren Gewalt und Wahn an der Tagesordnung. Als John Williams, dessen Frau nach wenigen Wochen beim Suchen von Vogeleiern tödlich abgestürzt war, zwei Jahre darauf die Frau eines Polynesiers forderte, brachen wilde Kämpfe aus, während derer fünf Meuterer, darunter auch Fletcher Christian, und alle polynesischen Männer ermordet wurden.

Nach einer Reihe weiterer Massaker und Selbstmorde waren nur noch John Adams und die 19 Kinder der Meuterer am Leben. Adams übernahm die Erziehung und stützte sich dabei auf die aus der Bounty geretteten Bücher, insbesondere die Bounty-Bibel. Es ist überliefert, daß er sehr hohe moralische Ansprüche an die heranwachsende Generation stellte.

Als sich 1808 der Kapitän der ›Topaz‹ Pitcairn näherte, war er erstaunt, Rauch von dieser auf den Karten als unbewohnt ausgezeichneten Insel aufsteigen zu sehen. Seine Überraschung wuchs ins Grenzenlose, als einige polynesisch aussehende Jünglinge zu seinem Boot heranruderten und ihn auf Englisch begrüßten. Seitdem liefen englische und andere

> Schiffe bevorzugt Pitcairn an, bis zum Tode Adams 1829 waren es über 30. Ihre Berichte von der mustergültigen Gesellschaftsordnung unter dem Patriarchen Adams lösten eine wahre Flut von Geschenken aus der ganzen Welt aus. Die Gerichtsbarkeit wurde nicht mehr eingeschaltet.
> Nachdem die Bevölkerungszahl für die Insel untragbar wurde, versuchten die Inselbewohner 1831 nach Tahiti auszusiedeln – sie kamen schon im selben Jahr wieder zurück. Die Aussiedlung nach Norfolk Island ließ die Insel für zwei Jahre unbewohnt, von 1856 bis 1858, 1863 zählte Pitcairn dann wieder 43 Menschen.
> Die Entscheidung, die Church of England zugunsten der Adventistengemeinde aufzugeben, wurde 1883 getroffen; dies markierte bedeutende Änderungen im Inselleben. Alle Schweine auf der Insel wurden getötet, und die Inselbewohner wurden zu völligen Antialkoholikern.
> Seit 1948 entsendet Neuseeland regelmäßig einen Schullehrer nach Pitcairn. Die Jugend zieht es fort von der engen Insel, insbesondere nach Neuseeland. In den letzten 20 Jahren ist die Inselbevölkerung auf die Hälfte zusammengeschrumpft, und sie beträgt mit knapp 60 Leuten nur noch ein Viertel der Anzahl von vor 50 Jahren.

Häuptling Finau veranstaltete zu Cooks Ehren glanzvolle Feiern; es wurden zu Bergen aufgetürmte Jamswurzeln präsentiert, auf denen riesige gemästete Schweine lagen, und zur Unterhaltung der Gäste wurden Box- und Ringkämpfe aufgeführt, an denen sogar Frauen teilnahmen, ebenso beeindruckende Schaukämpfe mit Keulen und Gruppentänze, die so geschickt und exakt ausgeführt waren, daß sie laut Cook auch ein europäisches Theaterpublikum in ihren Bann geschlagen hätten. Die Feierlichkeiten zogen sich über mehrere Tage und Nächte hin. Cooks natürliches Mißtrauen scheint ihn in diesem Augenblick im Stich gelassen zu haben, denn er hatte keine Ahnung davon, daß während dieser Zeit sein Leben an einem seidenen Faden hing: Die Bewohner der von ihm ›freundlich‹ genannten Inseln trachteten ihm nach dem Leben. Die materiellen Güter der Europäer hatten die Habgier der Inselhäuptlinge geweckt. Sie planten, Cook und seine Gefährten zu übermannen, während diese unbewaffnet und arglos den Vorführungen zusahen, sie zu töten und dann ihr Schiff auszurauben. Nur die Stunde für die Attacke mußte noch festgelegt werden. Die meisten sprachen sich für einen nächtlichen Überfall aus, doch Finau war dafür, bei Tag anzugreifen, um sicher zu gehen, daß die Opfer nicht im Schutze der Dunkelheit entkamen. Sie konnten sich auf keine gemeinsame Stunde einigen, und dieser Tatsache hatte Cook noch zwei weitere Lebensjahre zu verdanken, bevor er in Hawaii einem Anschlag zum Opfer fiel.

Unser Wissen über Cooks Besuch auf Tonga haben wir William Mariner zu verdanken. Dieser junge Buchhalter des englischen Kaperschiffs ›Port au Prince‹ geriet nach einem Überfall im Jahre 1806 in die Gewalt des Häuptlings Finau 'Ulukalala II. Seinen vier Jahre währenden Aufenthalt in Tonga beschrieb er in einem in London veröffentlichten Buch, das zu einem Bestseller des 19. Jahrhunderts wurde.

Die letzten Jahre des 18. und die ersten beiden Jahrzehnte des 19. Jahrhunderts waren in Tonga durch blutige Kämpfe um die Vorherrschaft bestimmt. Ab 1820 zeichnete sich eine Wendung in der Geschichte des Landes ab. In diesem Jahr starb der regierende Tu'i Kanokupolu, und sein Sohn Taufa'ahau folgte ihm als Häuptling von Ha'apai nach. Zwei Jahre später trafen die ersten methodistischen Missionare in Tonga ein. (Ihnen war 20 Jahre früher eine Missionarsgruppe der Londoner Missionsgesellschaft vorausgegangen, deren Tätigkeit ein gewaltiger Mißerfolg gewesen war.) Trotz anfänglicher Schwierigkeiten gelang es den Methodisten, Anhänger zu finden. Die Taufe des Häuptlings von Ha'apai, der sich seitdem nach dem englischen König ›George‹ nannte, bedeutete einen Durchbruch des Christentums in der Region. Als George bald danach auch die Herrschaft über Vava'u erhielt, stand bereits die Bevölkerung zweier großer Inselgruppen des Landes auf Seiten der Wesleyaner.

*Der Tu'i Tonga zur Zeit Kapitän Cooks*

Nach dem Tod seines Großonkels, der den Titel des Tu'i Kanokupolu innegehabt hatte, gelang es George im Jahre 1845, diesen Titel auf sich zu übertragen. Nachdem er mit Hilfe der methodistischen Missionare seine letzten Widersacher besiegt hatte, regierte er unter dem Namen King Siaosi Tupou I. die gesamte Tonga-Gruppe. Der Tu'i Tonga hatte durch die Ausbreitung des Christentums seinen Einfluß verloren, da die neue Religion den spirituellen Bereich besetzte, der ihm als letztes Gebiet verblieben war. Gegen Ende des Jahrhunderts konnte daher König George offiziell die Titel aller drei Dynastien des Hochadels unter seinem Namen vereinen.

Die äußerst fruchtbare Zusammenarbeit zwischen dem ›Vater des modernen Tonga‹ und der wesleyanischen Mission setzte sich auch in den darauffolgenden Jahren fort. So verfaßten die Missionare einen schriftlich festgehaltenen Gesetzescode, der ab den 50er Jahren für das gesamte Land verbindlich wurde und als Grundlage für die heute noch gültige Verfassung von 1875 diente. Die Abschaffung der Leibeigenschaft durch die Verordnung von 1862 ist ebenfalls vor dem christlichen Hintergrund zu sehen. Reverend Shirley Baker war wohl der methodistische Missionar, der die Politik Tongas am stärksten mitprägte; 1879 vertauschte er sogar seinen Missionarsstatus mit dem eines Premierministers. In diese Zeit fällt auch der Abschluß von Verträgen mit Deutschland (1876), Großbritannien (1879) und den Vereinigten Staaten (1888), welche die Sicherung von Tongas Status und die Wahrung vieler ökonomischer Interessen der Großmächte in der Region zum Ziel hatten.

*Tonganer beim sonntäglichen Kirchgang (Tongatapu)*

Baker war eine sehr umstrittene Persönlichkeit. Sein Einfluß auf den alternden König war bedeutend. So überredete er den Monarchen, sich von der Mutterkirche loszusprechen und die ›Free Wesleyan Church of Tonga‹ zu gründen. Seitdem leidet Tonga unter der Kirchenspaltung. So existieren heute allein vier Kirchen methodistischer Denomination, und die Zerrissenheit der traditionellen Kirche hat zu einer explosionsartigen Entstehung von Sekten in Tonga geführt.

König George Tupou I. starb 1893 im Alter von 96 Jahren. Unter seinem Großenkel George Tupou II. wurde ein Protektoratsvertrag mit England unterzeichnet, der de facto erst 1970 aufgelöst wurde. In Tonga haben die Kolonisierungsbestrebungen der politischen Mächte nie zum Ziel geführt. Man könnte sagen, daß hier eher eine religiöse ›Kolonie‹ entstanden ist, die ihre Stärke aus der engen Verbindung zwischen Kirche und Staat bezieht. Die eingangs erwähnte Krönungszeremonie des jetzigen Monarchen ist in diesem Licht etwas besser verständlich.

Von 1918 bis 1965 regierte Königin Salote Tupou III. als 21. Tu'i Kanokupolu. Sie war bei ihrem Volk sehr beliebt und nicht nur durch ihre Körpermaße (1,89 m) eine große Königin. Manche Europäer mögen sich daran erinnern, wie sie 1952 zur Krönungsfeier von Elisabeth II.

*Der König Taufa'ahau Tupou als Kanzler der
University of the South Pacific*

von England bei strömendem Regen in der offenen Kutsche am Buckingham-Palast vorfuhr, da es das tonganische Zeremoniell nicht gestattet hätte, sich vor einem anderen Monarchen bedeckt zu zeigen. Am Ende der Regierungszeit von Königin Salote wurden Stimmen laut, die ein Ende des Königtums forderten – heute, 30 Jahre später, steht die tonganische Monarchie nach wie vor auf festen Füßen. Dies ist nicht zuletzt auf die Persönlichkeit des aktuellen Monarchen zurückzuführen.

König Taufa'ahau Tupou wurde am 4. Juli 1918 in Nuku'alofa geboren. Die tonganische Geschichtsschreibung legt Wert darauf, daß durch seine Geburt die drei Dynastien des Hochadels in einer Person vereint wurden. Nach Abschluß seiner Schullaufbahn in Tonga besuchte der Kronprinz als erster Tonganer die Universität in Australien und kehrte Anfang der 40er Jahre mit neuen Ideen wieder in die Heimat zurück. Er hätte gerne seine Studien in Europa fortgesetzt, der Zweite Weltkrieg vereitelte jedoch Pläne in dieser Richtung. So widmete er sich von dieser Zeit an seinem Lande und hatte verschiedene Kabinettsposten inne, bevor er 1949 Premierminister wurde. Er versuchte, auf der Basis seiner Kenntnisse der Landestradition modernes Gedankengut in die tonganische Gesellschaft einfließen zu lassen und somit eine

## TONGA - SEHENSWÜRDIGKEITEN

langsame und natürliche Modernisierung einzuleiten. Diese Politik der inneren Befriedung und des gemächlichen Fortschritts hat er auch als König beibehalten.

Wenn heute kritische Stimmen laut werden, so richten sie sich mehr gegen Ungerechtigkeiten im System der politischen Vertretung des Volkes als gegen die Monarchie an sich. So setzt sich noch heute die Gesetzgebende Versammlung aus acht vom König ernannten Kabinettsmitgliedern, sieben Vertretern des Adels und nur sieben vom Volk gewählten Vertretern zusammen. Überzeugte Demokraten würden den König gerne etwas ›höher‹ setzen – das heißt, ihm einen Teil des Einflusses nehmen, den er aus seiner Volksnähe und seiner konstitutionellen Position bezieht, und seine Rolle mehr auf repräsentative Funktionen beschränken – aber an eine Zukunft ohne Monarchie scheint in Tonga niemand zu denken.

**Nuku'alofa**  *1 Königspalast   2 Bank   3 Post   4 Markt und Busbahnhof   5 Fremdenverkehrsbüro   6 Telekommunikation   7 Fähre   8 Deutsches Konsulat   9 Königsgräber   10 Basilica of St. Anthony of Padua   11 Kunsthandwerkszentrum*

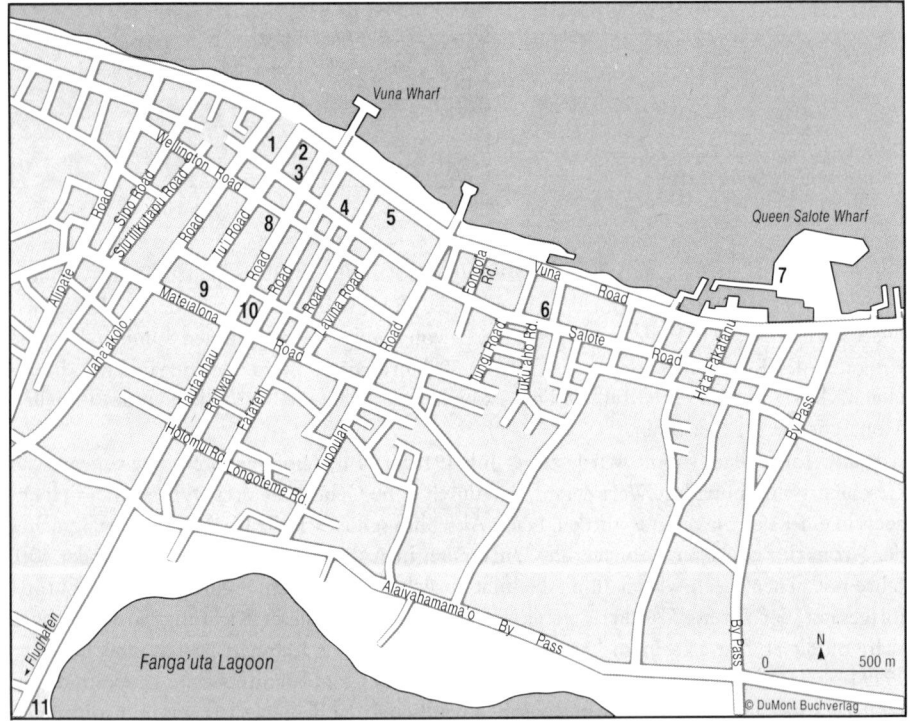

# Sehenswürdigkeiten und Urlaubsaktivitäten

Auf Tongatapu sind verschiedene Küsten-, Strand- und Riffbereiche zu **Nationalparks** erklärt worden. Es bestehen Bestrebungen, in bestimmten bewaldeten Bereichen von Vava'u sowie in Teilen der bemerkenswerten Wälder von 'Eua ebenfalls Landschaftsschutzzonen einzurichten. Auch das neue **Tongan National Centre**, wenige km südlich der Hauptstadt gelegen, ist einen Besuch wert. Es wurde mit japanischen Hilfsgeldern in Höhe von 6,5 Mio. Pa'anga errichtet. Dort kann man Handwerkern bei der Arbeit zusehen, etwas über die traditionelle Küche der Tonganer erfahren oder an einer Kavazeremonie teilnehmen und traditionelle Geschichten hören. Die Vergangenheit wird durch die im Museum ausgestellten Objekte pazifischer Kunst dokumentiert.

Der **Königspalast** und die angrenzende königliche Kapelle in **Nuku'alofa** – beide orientieren sich am viktorianischen Stil – gehören zu den bedeutendsten historischen Gebäuden in Tonga.

Die besten **Badestrände** des Landes sollte man nicht auf der Hauptinsel Tongatapu suchen. Die ihr vorgelagerten und äußeren Inseln eignen sich besser für diesen Zweck. Auf Tongatapu bestehen jedoch gute Möglichkeiten, diverse Wassersportarten zu betreiben.

*Die Hauptinsel Tongatapu*

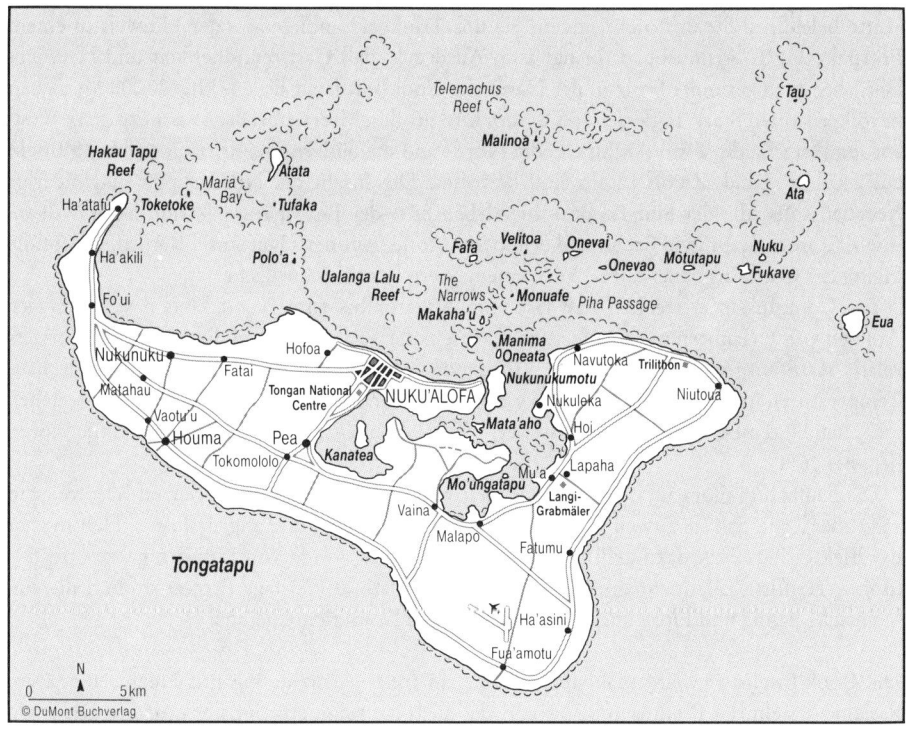

# Cook-Inseln

## Allgemeine Landeskunde

*Offizieller Name: Cook Islands*

*Längengrade: 156°–167° West; Breitengrade: 8°–23° Süd*
*Landfläche: 240 km²; Meeresfläche: 2,3 Mio. km²*

*Hauptstadt: Avarua auf Rarotonga*

»Bitte beleidigen Sie uns nicht, indem Sie uns Trinkgeld anbieten« – der Hinweis in einem Prospekt des Tourismusbüros bringt zum Ausdruck, daß Gastfreundlichkeit und Herzlichkeit, aber auch gesunder Stolz in der Natur der Cook-Insulaner liegen. Nur 20 000 Menschen bevölkern einen Staat, in dessen fast 2 Mio. km² großen Meeresoberfläche nahezu ganz Westeuropa Platz fände. Zwei Archipele, die Nord- und die Südgruppe, bringen es mit 15 Inseln auf 240 km² Land. Zwölf Inseln sind bewohnt. Die Inseln der Nordgruppe sind niedrige Korallenatolle, die der Südgruppe – hier leben 88% der Bevölkerung – sind hohe Vulkaninseln (Rarotonga) sowie flache und erhobene Atolle. Auf der Hauptinsel Rarotonga lebt die Hälfte der Cook-Insulaner auf 65 km², einem Viertel der Gesamtfläche.

Die Cook-Inseln erstrecken sich fast vom Äquator bis zum Wendekreis des Steinbocks. Auf den von Urlaubern meist aufgesuchten Inseln der Südgruppe sind die Jahreszeiten bereits relativ stark ausgeprägt, und in den Wintermonaten von Mai bis August können durchaus Temperaturen um 15° auftreten. Temperaturen, Niederschläge und Luftfeuchtigkeit erreichen zwischen Dezember und März Höchstwerte. Der Jahresmittelwert für die Tagestemperaturen liegt bei 26 °C.

Die Fauna und Flora auf den Cooks ist relativ artenarm. Hunde existieren auf Rarotonga in so großer Zahl, daß sie zuweilen eine richtige Plage werden – ihre angriffslustige Haltung hat das Elektrizitätswerk dazu geführt, die Rubik »Ableser wurde von Hunden gejagt« mit $ 5 in ihre Tarifliste aufzunehmen. Das Cook Islands Natural Heritage Project studiert die einheimische Fauna und Flora und gibt hervorragende Dokumente heraus.

Die Cook-Inseln sind ein unabhängiger Staat in freier Assoziierung mit Neuseeland. Dem Parlament steht der Premierminister vor, der auch die Kabinettsminister ernennt. Die traditionellen Führer sind im House of Ariki zusammengefaßt, das in bezug auf Landrecht und Brauchtum Mitspracherecht besitzt. Staatsoberhaupt des Commonwealth-Staates ist die englische Königin, die durch den Queen's Representative vertreten wird.

Trotz vielfältiger Bemühungen bleibt der primäre Wirtschaftssektor (mit Exporten von Tropenfrüchten nach Neuseeland) krisenanfällig. Ein bedeutender Teil der Rarotonganer lebt direkt oder indirekt von Arbeitsstellen in der Verwaltung. Der Tourismus ist derzeit die Haupteinkommensquelle mit 40 000 Besuchern im Jahr (1991) und ansteigender Tendenz.

Offizielle Sprachen des Landes sind Rarotonganisch, eine polynesische Sprache, und Englisch. Jede der äußeren Inseln hat eine eigene Sprache, die in sich in manchen Fällen (besonders in der Nordgruppe) stark vom Rarotonganischen unterscheidet.

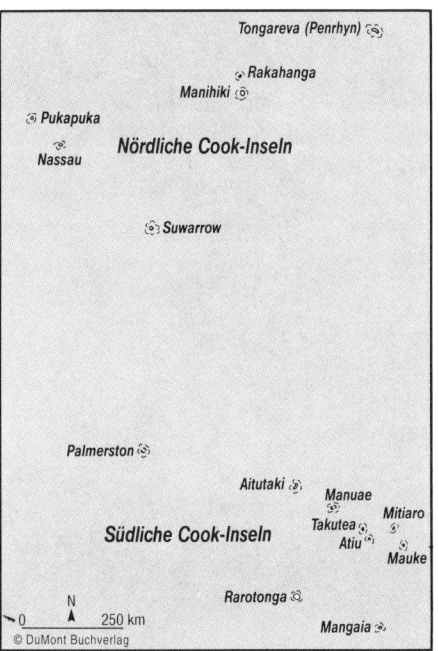

*Cook-Inseln*

## Geschichte und Kultur

Die ersten Siedler sind wohl im Verlaufe der großen polynesischen Wanderungswellen des 7.–9. Jh. n. Chr. im Gebiet der heutigen Südgruppe der Cook-Inseln eingetroffen. Ihr Ursprungsland, das in den Überlieferungen den Namen ›Avaiki‹ trägt, mögen die Marquesas-Inseln gewesen sein. Von dort aus führte ihre Route über die Gesellschafts-Inseln und dann weiter nach Westen. Ihnen folgten im 11. Jh. weitere Einwanderer, die durch die legendären Personen des Karika aus Samoa und Tangiia aus Tahiti symbolisiert werden.

Tangiia war ein Krieger aus adligem Geschlecht, der mit seinem Pflegebruder Tutapu in Fehde lag. Auf seiner Flucht von Tahiti kreuzte sich im Gebiet der Tuamotu-Gruppe sein Weg mit dem des samoanischen Kriegers Karika, und sie kamen nach kurzem anfänglichem Kampf überein, sich miteinander zu verbünden. Karika gab Tangiia den Rat, zunächst gen Westen (raro, d. h. ›mit den herrschenden Winden‹) und dann nach Süden *(tonga)* zu segeln und eine dort gelegene Insel zu unterwerfen. Tangiia folgte diesem Rat und setzte die Fahrt fort; die Gewässer kühlten immer mehr ab, so daß die Hände der Ruderer vor Kälte erstarrten – daran erkannte Tangiia, daß er zu weit gegen Süden vorgestoßen war, und er korrigierte seine Route durch eine Schwenkung nach Norden.

# COOK-INSELN – GESCHICHTE UND KULTUR

*Familienfest auf Mitiaro. Der Erdofen (umu), in dem zehn bis zwölf Schweine gegart werden, wird vorbereitet*

So erreichte er schließlich die angegebene Insel und ging auf ihrer Nordseite im natürlichen Hafen von Avarua an Land. Es gelang ihm mit seinem Gefolge, das durch die Ankunft Karikas noch Verstärkung erhalten hatte, die bereits besiedelte Insel ›Rarotonga‹ zu unterwerfen. Die größte Gefahr drohte ihm von Tutapu, seinem Verfolger, der ebenfalls auf der Insel gelandet war, im zweiten natürlichen Hafen auf der östlichen Inselseite bei Ngatangiia. Die erste Begegnung der feindlichen Gruppen fand im Nordosten statt. Dort, am Fuße des Berges Ikurangi, verlor Tutapu seinen Halsschmuck *(kiikii)* – das Land trägt dort heute noch diesen Namen in Erinnerung an den ersten Sieg über den Eindringling. Karika und Tangiia verfolgten Tutapu weiter, Karika am Meeresufer und Tangiia im Landesinneren. Er benutzte dazu die einige Generationen zuvor vom heldenhaften Häuptling Toi aus Korallenblöcken angelegte Inlandstraße, welche fast die gesamte Insel umrundete.

Tutapu war der letzte Überlebende aus seinen Reihen, aber auch ihn traf der Speer des Rächers Tangiia. Schließlich fiel er in die Hände seiner Feinde, die ihn so lange im Erdofen kochten, bis sein Gesicht *(mata)* erwärmt *(vera)* war – ein noch heute gültiger Ortsname, Matavera, hält die Erinnerung daran wach.

Noch immer war der Kochprozeß nicht abgeschlossen: Erst von Kaukura, einem weisen Häuptling, erhielt Tangiia das Rezept, wie man Menschen im Erdofen gar kochen kann – Beschwörungen und Zauberformeln müssen den Vorgang begleiten.

In den Augen mancher geschichtskundiger Rarotonganer liegt im Racheakt des Tangiia an Tutapu der Ursprung des Kannibalismus auf Rarotonga. Es bestehen Gemeinsamkeiten zwischen der Legende und der Form des Kannibalismus, die bis zum Eintreffen der Missionare im 19. Jh. auf Rarotonga praktiziert wurde: Nur Opfer von Kriegshandlungen – vor allem Racheakten – sind für den Erdofen bestimmt, die Vorbereitung ist rituell eingebettet, und in den meisten Fällen gilt der Grundsatz ›Männer essen Männer‹. Sicherlich war auf der kleinen Insel außer der zeremoniellen Bedeutung auch der Nahrungsmangel ein auslösender Faktor für den Kannibalismus – dieser scheint nach zerstörerischen Hurrikanen und in Phasen der Übervölkerung besonders stark gewesen zu sein.

Die Inselbevölkerung teilte sich in zwei, später in drei Distrikte auf: Arai-te-Tonga (das Gebiet um Avarua), Takitumu (die südliche Hälfte der Insel) und Puaikura (das Gebiet des heutigen Arorangi); in Notzeiten diente jeweils die Bevölkerung des schwächeren Distrikts den beiden übrigen als Nahrungsquelle. Oft wurden auch im Kampf unterlegene Bevölkerungsteile in die Täler verbannt, während sich die Stärkeren die Fischereirechte sicherten und unbefugte Eindringlinge in ihr Gebiet mit dem Tode bestraften.

Die überragende Bedeutung des Meeres kommt in den Sprichwörtern und Redewendungen zum Ausdruck, die bis zum heutigen Tage noch geläufig sind.

## Sprichwörter von den Cook-Inseln

*»Kare e meitaki e rua rangatira e runga i te pai«* – *»Es ist nicht gut, wenn ein Kanu zwei Kapitäne hat«* »E rima ruru ia te ika?« – *»Bringt seine Hand Fische?«* In Mangaia in der Südgruppe ermahnt man die Kinder: *»E tito te vaka e aku tamariki«* – *»Seid gefaßt darauf, daß durch ein Leck Wasser ins Boot dringen kann.«*

Die Phase der europäischen Entdecker eröffneten die iberischen Seefahrer im Gebiet der Nordgruppe. Alvaro de Mendaña sichtete 1595 Pukapuka und Pedro Fernández de Quirós – er war bereits bei Mendaña Steuermann gewesen – kam 1606 als Kapitän der Capitana und Almiranta als erster Europäer in Kontakt mit Manihiki und Rakahanga. Er war so von der Schönheit der Bewohner Rakahangas angetan, daß er die Insel ›Gente Hermosa‹ – ›Schöne Menschen‹ – nannte und von den Frauen sagte: »Richtig gekleidet, waren diese Frauen unsern Spanierinnen an Schönheit mehr als ebenbürtig.«

Auf seiner zweiten und dritten Weltreise gelangte Kapitän Cook in die Region. Als erster Vertreter der Alten Welt erblickte er 1773 Manu'ae, 1774 Palmerston und 1777 Atiu, Takutea

COOK-INSELN – GESCHICHTE UND KULTUR

*Omai von der Insel Raiatea (Gesellschafts-Inseln) diente Cook als Übersetzer, zeitgenössischer Stich*

und Mangaia. Trotz der Übersetzerdienste Omais aus Raiatea, den er an Bord genommen hatte, erwies sich die Kommunikation mit den Einheimischen als äußerst schwierig; Mißtrauen herrschte vor. Atiu war eine der wenigen Inseln, auf denen Cook seine Schiffsbesatzung an Land schickte – doch als die Seeleute entdeckten, daß dort ein gewaltiger Erdofen vorbereitet wurde, brachten sie sich unverzüglich in Sicherheit, weil sie sich über ihre Rolle beim Festmahl nicht sicher waren. Cook benannte die erste von ihm in der Region entdeckte Insel Manuʻae nach einem der Lords der britischen Admiralität Hervey's Island. Dieser Name war im 19. Jh. für die Gesamtheit der Inseln der Südgruppe in Gebrauch.

Die ›Bounty‹ sichtete 1789 wahrscheinlich zwei Inseln, als erste Aitutaki, noch unter Kapitän Bligh, und nach der Meuterei Rarotonga, als sie Kurs zurück nach Osten nahm. Ein Jahr zuvor hatte die ›Lady Penrhyn‹, eines der Schiffe aus der ersten Flotte, die Strafgefangene aus England nach Botany Bay in Australien transportierte, die Insel in der Nordgruppe, die auf polynesisch Tongareva heißt, gesichtet und mit ihrem Bootsnamen versehen.

Die sporadischen Kontakte zwischen Europäern und Polynesiern intensivierten sich im Verlauf des 19. Jh.: Ab 1821 dehnten die Missionare der Londoner Missionsgesellschaft ihren Einfluß auf die Inseln der Südgruppe und wenige Jahrzehnte später auch auf die Atolle der Nordgruppe aus, und Handelsschiffe auf der Suche nach Walen, Sandelholz, Kopra und Seegurken durchquerten die Gewässer oder gründeten Stationen auf den Inseln.

Ab der Mitte des 19. Jh. wurden immer mehr Arbeitskräfte für die großen Plantagen auf anderen Pazifikinseln abgeworben. Einfälle peruanischer Sklavenhändler in die Nordgruppe

*Kapitän James Cook, zeitgenössischer Stich*

reduzierten zwischen 1862 und 1863 in sieben Monaten die Bevölkerung auf drastische Weise – bis internationale Proteste dem teilweise von den Missionaren unterstützten Handel Einhalt geboten.

Die Einbrüche in der Bevölkerungszahl infolge des Menschenraubs wurden durch die Epidemien noch verstärkt, welche die Schiffsbesatzungen und später die Rückkehrer mitbrachten: Eine Handvoll Infizierter konnte oft den Tod für Hunderte von Insulanern mit sich bringen.

Bis zum Ende des 19. Jh. bildeten die Cook-Inseln keine Einheit; es bestanden mehrere kleine Inselgruppen, die zwar im Rahmen von Gesamtpolynesien lose miteinander in Verbindung standen, sich jedoch in ihren Traditionen, kulturellen Kontakten und Sprachen voneinander unterschieden.

Beinahe durch das gesamte 19. Jh. hindurch war die protestantische Kirche die vorherrschende Macht in der Region. Die Vertreter der Londoner Missionsgesellschaft bauten zum ersten Mal ein nach europäischen Maßstäben konzipiertes Netz von Kontakten auf. Die ersten Kontakte waren geschickt durch die Tätigkeit sogenannter *teachers* – aus dem Pazifik stammender, frisch bekehrter Christen – angeknüpft worden, die auf den verschiedenen Inseln ausgesetzt wurden und erst nach ein paar Jahren wieder abgeholt wurden, sofern sie den Aufenthalt überlebt hatten. Der englische Missionar John Williams setzte in Aitutaki 1821 erstmals zwei Tahitianer aus. Die sprachlichen und kulturellen Hürden zwischen den *teachers* und den Einheimischen waren geringer, als dies bei einem europäischen Missionar der Fall gewesen wäre, und die Tahitianer bekehrten in den zwei Jahren ihres Aufenthaltes viele Menschen

zum Christentum. Besonders einer der beiden, Papeiha, missionierte in der Folge mit sehr großem Erfolg auf einer Vielzahl von weiteren Inseln in der Region. Rarotonga entwickelte sich bald zum Mittelpunkt der Mission, insbesondere durch die Gründung der Bibelschule von Takamoa in Avarua im Jahre 1837, die bis zum heutigen Tag Einheimische für den Dienst im eigenen Land und in Übersee ausbildet. In der Nachfolge des Tahitianers Papeiha fanden sich bald rarotonganische Missionare auf den Missionsstationen in vielen Teilen des Pazifiks, so der berühmte Ta'unga, der bis nach Neukaledonien reiste, oder Maretu, der auf den Inseln der Cook-Gruppe arbeitete. Ihnen verdanken wir wertvolle Beobachtungen über das Leben im Pazifik während dieser Epoche:

»Kleidung, Haarschnitt und überzählige Ehefrauen. Nachdem dieses Boot (der Missionare) eine Weile fort gewesen war, kam es zurück, und die Leute versammelten sich zur Taufe. Man versuchte, Wege zu finden, um die Leute zum Tragen des *pareus* (knielanges Hüfttuch) zu bewegen, aber sie weigerten sich, weil die Männer dies für schmachvoll hielten, da sie so wie Frauen aussehen würden. Die Männer hatten die Sitte, (kurze) Lendentücher zu tragen, wobei jedoch der Rest des Körpers unbekleidet blieb. Dies war die Sitte, aber (gemäß dem neuen System) mußten diejenigen, welche keinen *pareu* trugen, die Gruppe der *amuri raa* verlassen, das heißt die Gruppe derer, die getauft werden wollten. Als die Leute einsahen, daß das Tragen von *pareus* eine gute Sache war und daß die, die

*Schlitztrommel aus Mangaia*

*Streitäxte aus Mangaia* ▷

sie trugen, recht hatten, schnitten sie Löcher in ihre *pakaku* und *tikoru* (traditionelle Kleidung für spezielle Anlässe) und trugen sie wie Ponchos. Den Leuten gefiel diese Idee bald.

Es gelang auch, die Männer zu überreden, sich ihr Haar abzuschneiden, aber sie sagten, daß dies eine schlechte Idee sei, weil ihr langes Haar ihr Schmuck sei und gerade dieses Männer attraktiv mache. Einige schnitten sich jedoch das Haar ab, und die anderen sahen sie und sagten, daß es ihnen zum Vorteil gereiche. Danach wurde das Haar von den Köpfen aller Männer abgeschnitten.

Dann versuchte man, eine Art und Weise zu finden, wie man im Falle der Vielweiberei die Frauen von ihren Männern trennen könnte. Ein Mann konnte nur eine Frau haben, nämlich die erste der Frauen, die ein Kind zur Welt brachte, und sie mußte behalten werden. Die Männer trauerten um ihre Frauen, und letztere um ihre Ehemänner und Kinder. Es war äußerst schwierig, die Trennung durchzusetzen, bis die Leute merkten, daß sie lange auf die Taufe würden warten müssen, wenn sie sich nicht von ihren überzähligen Ehefrauen trennten. Einige lösten sich daher von ihren Frauen in Mehrehe (und behielten nur ihre erste Ehefrau bei). Als sie mehr über das Wort Gottes erfuhren, gaben die anderen auch ihre zweiten Frauen auf (...).«

Maretus Zeugnis in der Wiedergabe von Marjorie Crocombe zeigt die Oberfläche der tiefgreifenden Umwälzungen, die die polynesische Gesellschaft auf allen Gebieten durch den Ein-

fluß der Missionare erfuhr. Die traditionellen Götterstatuen wurden als Götzen angesehen und zerstört, im Rahmen einer äußerst strengen puritanischen Moral wurde jeglicher Ausdruck von Lebensfreude untersagt. Die Missionare veranlaßten sogar weitgreifende Umsiedlungen der Bevölkerung in die Nähe der Kirchen und in die küstennahen Gebiete, um sie besser kontrollieren zu können. Der heutige Name der an der Küste verlaufenden Straße *ara tapu* – ›der heilige Weg‹ – erinnert noch an diese Tat der ›heiligen Männer‹.

### Schöpfungsmythen auf den Cook-Inseln
*nach William Wyatt Gill: »Cook Islands Custom«, 1892*

Streng genommen hatten die Herveý-Insulaner keine Vorstellung von einem Schöpfer, da man annahm, daß die Inseln aus der Tiefe von Avaiki, der Unterwelt, herausgezogen worden waren, die auch Po, die Nacht, genannt wurde.

Die ursprüngliche Vorstellung, die die Herveý-Insulaner vom Sein haben, ist ein Punkt; dann etwas Pulsierendes; danach, etwas Größeres – Immerwährendes.

Sie stellen sich das Universum als Hohlraum einer riesigen Kokosnußschale vor, deren Inneres Avaiki genannt wird. Ganz unten in der Kokosnußschale ist ein dicker Stamm, der sich allmählich auf einen Punkt zu verjüngt, der den wahren Anfang aller Dinge darstellt. Dieser Punkt ist ein Geist, der den Namen ›Die-Wurzel-aller-Existenz‹ trägt. Oberhalb dieses äußersten Punktes befindet sich ein anderer Geist, genannt ›Atem‹ oder ›Leben‹, stämmiger und stärker als der vorige. Der dickste Teil des Stammes ist ›Der-Langlebige‹. Diese drei ortsverwurzelten, empfindungsfähigen Geister sind die Grundfesten und garantieren das Fortdauern und das Wohlbefinden des ganzen übrigen Universums.

Im Inneren der Kokosnußschale, in den tiefsten Tiefen von Avaiki, lebt eine Frau oder ein Dämon aus Fleisch und Blut, genannt *vari-ma-te-takere* (verkürzt zu *vari*) – ›Der-wahre-Anfang‹. Vari riß sich mehrmals drei Stücke aus der Seite und verlieh ihnen menschliche Form. Ihnen wurde jedoch niemals ein *marae* oder ein Abbild geweiht oder ein Opfer gebracht.

Die erste der sechs ursprünglichen Gottheiten ist Avatea oder Vátea (Mittag), halb Mann und halb Fisch, dessen Augen die Sonne und der Mond sind. Offenbar ist Avatea der Gott des Lichtes. Die zweite ursprüngliche Gottheit ist Tinirau (Der Unzählbare), Herr über alle Fische. Die dritte ist Tango (Die Stütze). Die vierte ist Tumuteananoa (Echo), eine Göttin, die man als weibliche Wohnstätte in hohlen Felsen wahrnimmt. Die fünfte Gottheit, Raka oder Unruhe, ist Herr über die Winde. Am Rand des Horizonts befindet sich eine Anzahl von Windlöchern. Jedem Kind ist ein solches Windloch zugeteilt, durch das es nach Belieben bläst. Die sechste und letzte der ursprünglichen Gottheiten ist wiederum weiblichen Geschlechts, Tu-metua oder Tu-papa, die mit der Großen Mutter Vari ganz am Grunde von Avaiki, im Stillen-Land, weilt. Zeichen und Lächeln sind die einzige Sprache seiner Bewohner, um der Göttin Trost zu spenden. Tu (kurz für Tu-metua oder Tu-papa) war die Schutzgöttin von Moorea. Ihr war die vierzehnte Nacht eines jeden Mondes geweiht.

Eine bedeutende Veränderung war die Abschaffung des Kannbalismus. Der Missionar William Wyatt Gill konnte 1892 bemerken: »In heidnischen Zeiten war es üblich (...), alle Fremden abzuschlachten. Wenn in Rarotonga ein Fremder in Sichtweite eines ihrer Häuptlinge landete, war er in Sicherheit, aber selbst dann war es nicht weise, sich ohne den Häuptling weiter in den Urwald vorzuwagen. Heutzutage jedoch wird der Fremde recht freundlich empfangen, oft viel besser als er es verdient. (...) Der Zufluß von Besuchern veranlaßt einen

> In seinen Träumen sah Vátea, der Älteste der ursprünglichen Götter, eine Frau, Papa (Das Fundament), die er später zur Gattin gewinnen konnte. Papa war die Tochter von Timátekore (Nichts-mehr). Tangaroa und Rongo waren die Zwillingssöhne von Vátea und Papa. (Auf den Gesellschaftsinseln ist Oro – Rongo – der Sohn von Ta'aroa, nicht sein Zwillingsbruder.) Sie waren die ersten Wesen im Universum, die völlig menschliche Gestalt hatten, und sie verfügten nicht über eine zweite Erscheinungsform.
> Vátea und Papa hatten drei weitere Söhne (Tonga-iti, Tangiia und Tane-papa-kai). Dies sind die Hauptgötter der Hervey-Insulaner und (mit zahlreichen Variationen und Hinzufügungen) von Ostpolynesien. Den Kindern von Vátea und Papa sind die Maraes zugeeignet; sie erhielten die Gaben und schenkten den Gebeten der Menschheit Ohr.
> Der Schutzgott von Mangaia ist Rongo, dessen Frau Taká ihm eine Tochter namens Tavake gebar. Der Stolz der drei ursprünglichen Stämme auf Mangaia gründet sich darauf, daß sie durch Tavake von derem Vater Rongo abstammen, d. h. sie sind göttlichen Ursprungs.
> Nun war Rongo auch die gefürchtete Gottheit von Tahiti und den Inseln unter dem Winde, unter der leicht abgeänderten Bezeichnung ›Oro‹. Das Ursprungsmarae von Oro in Ostpolynesien war Opoa auf der Insel Raiatea; von dort aus breitete sich der Kult auf alle benachbarten Inseln aus. (...)
> Tangaroa wurde besonders auf Rarotonga, Aitutaki, Samoa und den Gesellschaftsinseln verehrt. Auf den tahitianischen Inseln und den Gesellschaftsinseln wurde Ta'aroa als der Urheber der Welt angesehen, und als Vorfahr von Göttern und Menschen. In Samoa wurde Tangaloa als der große Schöpfer betrachtet.
> Die Götter waren in zwei Arten aufgeteilt: ›die im Tageslicht Lebenden‹ und ›die im Schatten oder der Nacht Lebenden‹. Die ersten kümmerten sich eifrig um die Angelegenheiten der Sterblichen und weilten, wenn auch unsichtbar, unter ihnen. Gleichwohl stiegen sie oft in die Unterwelt hinab, in die wahre Heimat der Hauptgötter. Die zweiten kamen häufig in die Welt herauf, um an den Angelegenheiten der Menschheit teilzunehmen, aber sie zogen es vor, im Geist-Land, der Nacht, zu verweilen. Von einigen glaubte man, daß sie unaufhörlich in der Dunkelheit von Avaiki verblieben.
> Viele der Gottheiten, die in der Hervey-Gruppe und auf anderen Inseln im östlichen Pazifik verehrt wurden, waren kanonisierte Priester, Könige und Krieger, von deren Geistern man glaubte, daß sie in verschiedene Vögel, Fische, Reptilien, Insekten usw. eingingen. Seltsamerweise waren sie den ursprünglichen Gottheiten in keiner Weise untergeordnet.

raschen Wandel in den Sitten; dennoch denke ich, ein unvoreingenommener Beobachter muß zugeben, daß man sich im christlichen Polynesien besser um den Fremden kümmert als im christlichen Britannien.«

Durch strenge Gesetze, die sogenannten ›Blue Laws‹, die zum Teil bis zum heutigen Tag unterschwellig weiterexistieren, füllte die Kirche das durch ihr Eingreifen entstandene Machtvakuum; sie regelte das Leben auf den Inseln bis ins kleinste Detail, und lokale Polizeikräfte verliehen diesen Verfügungen praktischen Ausdruck. Es gelang den Missionaren auch, den Einfluß anderer Europäer auf ein Mindestmaß zu beschränken. Die Tatsache, daß die Missionare 60 Jahre lang den Sonntag am falschen Tag gefeiert hatten, weil sie die Datumsgrenze nicht berücksichtigt hatten, zeigt den Grad ihrer Isolierung.

Zunächst kümmerten sich die europäischen Großmächte wenig um Rarotonga und die benachbarten Inseln, erst gegen 1880 glimmt auf britischer Seite langsam Interesse auf. Strategische Gründe lagen dieser Entwicklung zugrunde: Ab 1881 wurde am Panamakanal gebaut, und auf der gesamten Strecke zwischen Panama und Sydney lag keine englische Kohlenstation – so rückten die bisher als wertlos angesehenen Inseln mitten im Pazifik plötzlich in den Blickpunkt des Interesses. Zudem waren die Franzosen dabei, ihre Macht von Tahiti ausgehend immer weiter auszudehnen, sie deportierten Menschen, vor allem aus der Nordgruppe, um sie auf ihren Plantagen in Französisch-Polynesien arbeiten zu lassen, und sie versuchten, auf Rarotonga ein Handelsmonopol zu errichten. Angesichts der – wirklichen oder eingebildeten – Gefahr einer Übernahme der Inseln durch die Franzosen rief eine Gruppe von Häuptlingen Neuseeland zu Hilfe, denn diese britische Kolonie hatte in der Vergangenheit bereits taktisch geschickt die Verwandtschaft zwischen den Maoris in Neuseeland und den Cook-Insulanern hervorgehoben. Auf beiderseitigen Besuchen war schon die Möglichkeit angesprochen worden, in Rarotonga und den benachbarten Inseln eine ›Kolonie der Kolonie‹ zu errichten.

Die von Neuseeland schließlich erstellten Annexionsdokumente waren so unklar gefaßt, daß noch jahrelang um ihre Auslegung gestritten wurde, sowohl was das Statut der Inseln betraf, ihre Anbindung entweder an Großbritannien oder Neuseeland, als auch die Anzahl der betroffenen Inseln. Während der 90er Jahre des 19. Jh. wurde den Einheimischen mit dem ›Federal Government of the Cook Islands‹, das sich aus Häuptlingen und gewählten Vertretern zusammensetzte, ein gewisses Mitspracherecht in politischen Angelegenheiten eingeräumt. Die Phase der relativen Selbstbestimmung fand ein Ende mit dem ›Cook and other Islands Act‹ von 1901, der Neuseeland als Kolonialmacht bestätigte und zum ersten Mal die 15 Inseln der Nord- und Südgruppe in einem Staatsgebilde zusammenschloß.

In dieser Epoche erscheint zum ersten Mal die Bezeichnung Cook Islands als offizieller Name. Johann Adam von Krusenstern, der Leiter der ersten russischen Weltumseglung von 1803 bis 1806, hatte den Namen geprägt, um den Europäer zu ehren, der sich so intensiv mit der Erforschung der pazifischen Inselwelt befaßt hatte. Die Bezeichnung wurde erst am Ende des 19. Jh. geläufig, vorher war er nur sporadisch für nicht genau definierte räumliche Einheiten verwendet worden.

*Familie auf Rarotonga*

Die Bande zum Mutterland Neuseeland waren eng geknüpft: 1915 wurde im neuseeländischen Kabinett sogar ein Cook Islands-Ministerium gegründet, im Ersten Weltkrieg kämpften fast 500 Cook-Insulaner auf britischer Seite auf den Schlachtfeldern in Europa, vor allem in Frankreich und im Mittelmeer; die Handelsbeziehungen, insbesondere der Export von Agrarprodukten wie Orangen, nahmen bedeutende Ausmaße an. Erst nach dem Zweiten Weltkrieg wurden erste Schritte zur Dekolonisierung unternommen, die schließlich zur Verfassung von 1964 führten. Auf der Grundlage dieser neuen Verfassung wählten die Cook-Inseln 1965 ein Parlament, das sich wiederum für ein besonderes Statut aussprach, nämlich die freie Assoziation mit Neuseeland. Diese Regelung verleiht den Cook-Inseln Souveränität in inneren Angelegenheiten; Neuseeland hat in der Verteidigungs- und bis zu einem gewissen Grade in der Außenpolitik ein Mitspracherecht.

Die Bewohner der Cook-Inseln und von Niue, das unter einem ähnlichen Statut steht, besitzen außer ihrer eigenen auch die neuseeländische Staatsangehörigkeit, was ihnen einen Vorteil vor anderen Pazifikinsulanern verschafft: Sie können in unbegrenzter Zahl und ohne Formalitäten nach Neuseeland einreisen und dort arbeiten, während andere Länder streng begrenzte Kontingente an Einwanderern zugestanden bekommen. Dieses Privileg führt aber zu einer Entvölkerung der Cook-Inseln: Viele Bewohner der äußeren Inseln wandern zunächst nach

Rarotonga und ziehen von dort aus zumeist nach Neuseeland, seltener auch nach Australien oder in die Vereinigten Staaten weiter.

Gegenwärtig stehen etwa 40 000 Cook-Insulaner in Übersee den nur etwa 20 000 im Heimatland Verbliebenen gegenüber – mit zwei Dritteln der Bevölkerung im Ausland haben die Cook-Inseln eine der höchsten Abwanderungsraten auf der Welt, die für die Stagnation der wirtschaftlichen und sozialen Entwicklung im Heimatland verantwortlich ist.

Durch ihre geringe Fläche und die gewaltigen Entfernungen voneinander sind die 15 Cook-Inseln kaum mehr als isolierte Enklaven in der Weite des Ozeans. Jedem Quadratkilometer Land stehen 7625 km² Meeresfläche gegenüber. Die Inselbevölkerungen können nur einen Bruchteil der Meeresressourcen nutzen. Zu einer breiteren wirtschaftlichen Nutzung oder auch nur zur Kontrolle der Gewässer zum Schutz vor unerwünschten Eindringlingen wie den asiatischen Treibnetzflotten reichen die Mittel des Landes nicht aus.

Die traditionelle Subsistenzwirtschaft wird immer mehr durch die Marktwirtschaft verdrängt, ohne daß die Cooks – von der Agrarwirtschaft einmal abgesehen – wettbewerbsfähige Produkte in ausreichenden Mengen anzubieten hätten. Die Handelsbilanz fällt dadurch negativ aus. Einer wachsenden Zahl von Importen steht eine abnehmende Zahl von Exporten gegenüber. Dieses Handelsbilanzdefizit kann nur durch massive ausländische Hilfsprogramme und durch Überweisungen von Familienangehörigen in Übersee notdürftig ausgeglichen werden.

Im Zeichen der Rezession, welche raum heimsucht, stehen Entlassungen, Arbeitnehmern, und Einsparungen an der Entwicklungshilfe an – die zwei wichtigsten Devisenbringer fallen dadurch weg. die Industriestaaten im südlichen Pazifikraum heimsucht, stehen Entlassungen, besonders von ›ausländischen‹ Arbeitnehmern, und Einsparungen an der Entwicklungshilfe an – die zwei wichtigsten Devisenbringer fallen dadurch weg.

*Te Rua Manga (The Needle): Felsspitze auf Rarotonga*

In ihrer Geschichte sind die Cook-Inseln – vor allem Rarotonga und in geringerem Maße auch andere Inseln der Südgruppe – massiv durch den Kontakt mit der Außenwelt geprägt worden. Viele Traditionen gingen zunächst durch die Missionierung und später durch die Modernisierung der Sozialstrukturen verloren. Man kann heute eine gewisse Renaissance alter Traditionen sowie die Entwicklung neuer Zeremonie- und Ritualmuster oder Ausdrucksweisen beobachten, sei es bei der Inthronisierung von Häuptlingen, bei der Verleihung von Adelstiteln, beim Tanz oder in der Musik. In manchen Bereichen greifen alte und neue Strukturen ineinander, so berät etwa die Versammlung der Häuptlinge, das 1965 gegründete House of Ariki, die von den Europäern eingerichtete Institution des Parlaments in Fragen, die die traditionelle Gesellschaftsordnung betreffen. Die Macht der Häuptlinge heute liegt vor allem in ihrem Landbesitz. Land ist ausnahmslos im Besitz von Cook-Insulanern und kann nur für eine Periode von maximal 60 Jahren verpachtet werden.

Auf Rarotonga bestimmt vornehmlich die Kleinfamilie, *ngutuare tangata*, die soziale Struktur, während auf den äußeren Inseln die *kopu tangata*, die erweiterte Familie, noch lebendig ist. Die Bevölkerung eines Dorfes ist unter dem Begriff *oire tangata* zusammengefaßt. Mehrere *oire* bilden einen Stamm unter der Herrschaft eines *ariki*, eines Distrikthäuptlings. Die Bezeichnung *vaka* (›Kanu‹) für den Stamm verweist auf die Geschichte der polynesischen Wanderbewegungen. Das Land eines Distrikts ist in *tapere* aufgeteilt, die den *ngati* oder Leuten eines bestimmten Namens – entweder einer bedeutenden Großfamilie oder einem Teil eines Stammes – unter der Leitung eines Adligen, des *mataiapo*, unterstehen. Angehörige des niederen Adels, die *rangatira*, sind für kleinere Stücke Landes verantwortlich.

*Ta'unga*, die Priester, spielten vor der Zeit der Europäer eine wichtige Rolle in der Stammesgemeinschaft; ihre Kunst wurde in der Familie weitervererbt, ihnen oblag die Verkündigung von Omina und der Vollzug magischer Handlungen, die erfolgreichen Kampf oder Fischfang, eine reiche Ernte oder die Vernichtung eines Gegners bewirken sollten. Heute heißen auf den Cook-Inseln die Männer und Frauen *ta'unga*, die besondere Fähigkeiten und Kenntnisse besitzen, zum Beispiel Naturheiler, Geschichtskundige oder Künstler.

## Eine Fahrt um die ›Garteninsel‹ Rarotonga

Wir beginnen unsere Fahrt in der Hauptstadt **Avarua**. Nachdem wir uns im Fremdenverkehrsbüro mit einem kleinen Inselplan ausgerüstet haben, besteigen wir entweder am Geschäftszentrum Cook's Corner den werktags regelmäßig von 8–16 Uhr verkehrenden Inselbus, oder wir leihen uns in einer der Agenturen des Stadtzentrums einen Motorroller, Wagen oder Jeep. (Nicht vergessen: für motorisierte Transportmittel muß man für eine geringe Gebühr bei der Polizei eine Cook Islands Drivers Licence erstehen – unter Vorlage eines nationalen oder internationalen Führerscheins.) Eine sehr angenehme Art, die Insel kennenzulernen, ist auch eine Fahrradtour. Mehrere Hotels und Motels vermieten Drahtesel *(push bikes)*.

Um einen ersten Eindruck von der Insel zu gewinnen, empfiehlt sich eine Rundfahrt auf der am Meer gelegenen Hauptstraße (Ara Tapu) im Uhrzeigersinn. Auf Rarotonga herrscht Links-

## COOK-INSELN – FAHRT UM RAROTONGA

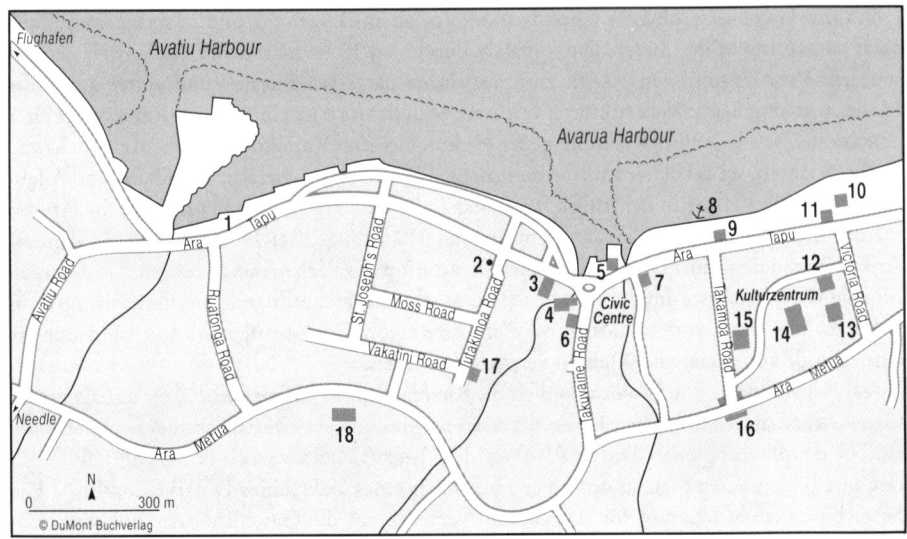

**Avarua** *1 Markt  2 Bushaltestelle  3 Fremdenverkehrsbüro  4 Banana Court-Bar  5 Frauen-Handarbeitszentrum  6 Post  7 Kino  8 Wrack der Yankee  9 Altes Missionshaus  10 Paradise Inn  11 Charlie Brothers Home Market  12 Museum  13 Bibliothek  14 Konzerthalle  15 Universität  16 Theologisches Seminar  17 Telecom  18 Rarotongan Perfumes (Parfüm-Fabrik)*

verkehr, und man befindet sich immer direkt auf der Meeresseite: Hier bieten sich die schönsten Ausblicke auf Meer und Gebirge. Die Inlandsstraße Ara Metua ist sehr viel älter; sie führt durch die Hauptanbaugebiete der Insel. Heute bildet sie keinen geschlossenen Kreis mehr, Abstecher von der Hauptstraße aus sind jedoch eine hervorragende Gelegenheit, Einblicke in das ländlich geprägte Leben der Insel zu erhalten.

Der Kreisverkehr von Avarua ist das Herz des modernen Rarotonga, und so ist es kein Wunder, daß sich viele der äußeren Cook-Inseln ebenfalls Verkehrsinseln schufen, um das Flair der Hauptstadt nachzuahmen. Die dahinterliegenden Gebäude – Postamt, historischer Justizpalast und Sitz des Premiers – fielen im Mai 1992 einem Brand zum Opfer – ein Geschäfts- und Bürohaus (Civic Centre) ist an ihrer Stelle geplant. Der schräg gegenüber liegende **Women's Handicraft Shop** verfügt über ein kleines, aber interessantes Sortiment von Handarbeiten der einheimischen Frauen. Gleich hinter der Brücke liegt das **Kinogebäude:** Bei einem Kinobesuch ist es oft spannender, das Publikum zu beobachten als die Filme, die sich selten durch ihre Qualität auszeichnen.

Etwas weiter rechter Hand erblickt man zunächst den **Palast der Häuptlingsfamilie Karika Ariki** (das Grundstück bitte nicht betreten), dann einige alte Häuser im Kolonialstil mit breiten Terrassen und von Pflanzen geradezu überwucherten Gärten. Hinter dem einstigen **Missionshaus** – heute beherbergt es eine geschmackvolle Kunsthandlung und ein exklusives Perlengeschäft – auf der linken Straßenseite liegt das **Wrack der ›Yankee‹**, die in einem Wirbelsturm am Riff zerschellte (mit Holzschild ausgezeichnetem Fußweg zum Meer folgen). Gegenüber biegt rechts eine kleine Straße zur malerisch gelegenen **Stadtkirche** der ›Cook Islands Christian Church‹ (errichtet 1855) ab, auf dem Friedhof davor fällt die Grabstatue des ersten Premiers der Cook-Inseln, Albert Henry, ins Auge. Auf den Friedhöfen sind vor allem Menschen von den äußeren Inseln und Ausländer begraben, während die Rarotonganer meist direkt auf dem Familiengrundstück im Garten vor dem Wohnhaus ihre letzte Ruhe finden. Gleich hinter der Kirche aus Korallenstein (auch das jedes Wochenende neu mit Blumen geschmückte Innere mit seinen Logen für die Honoratioren ist sehenswert) befindet sich die ›Zweigstelle‹ der fidschianischen **Südpazifikuniversität** (hier werden sehr interessante Publikationen zum Verkauf angeboten). Ihr gegenüber liegen die **Stadtbibliothek** und ein kleines **Museum,** das eine Muschelsammlung, wenige Handarbeiten und Bilder zum Leben auf den Cook-Inseln zeigt. Noch weiter in Richtung Landesinnere ist der Sitz des **Theologischen Seminars:** Eine Allee von mächtigen Araukariabäumen führt auf die ehemaligen Gebäude einer Missionsschule aus dem 19. Jh. zu, die eindrucksvoll auf dem Hügel liegen.

Zurück auf der Hauptstraße führt der Weg an gepflegten blühenden Hecken entlang, die ahnen lassen, wie Rarotonga zu seinem Beinamen ›Garden Island‹ kam. Direkt gegenüber vom

*Rarotonga*

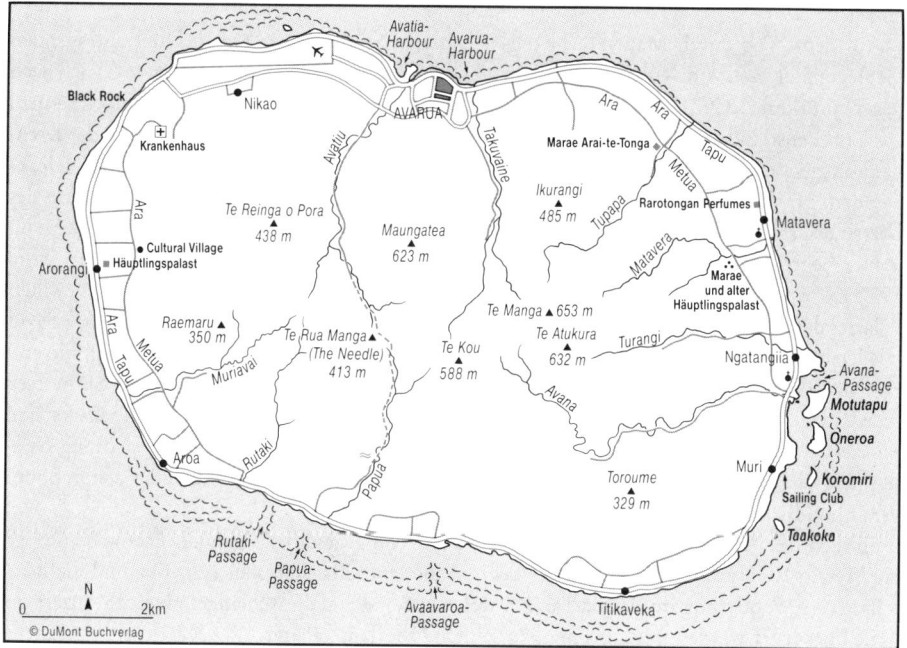

›Motel Paradise Inn‹ und dem Geschäft ›Charlie Brothers Home Market‹ lockt ein Abstecher auf der Victoria Road zum **Cultural Centre**. Es beherbergt ein schönes, modernes Museum mit Kulturobjekten aus der Region. Zum Kulturkomplex gehören auch die Staatsbibliothek, die Staatsarchive und eine Konzerthalle. Rund um das Kulturzentrum liegen die sogenannten ›Hostels‹, die den Cook-Insulanern von den äußeren Inseln bei festlichen Anlässen Unterkunft bieten; auf dem Hügel dahinter thront die Residenz des Vertreters von Neuseeland.

Von hier aus kann man entweder auf der rückwärtigen Straße weiterfahren oder aber auf die Hauptstraße zurückkehren, die hier an der Ambulanzstation des Krankenhauses und an diversen Ministerien vorbeiführt. Die nächste Sehenswürdigkeit ist das **Marae Arai-te-Tonga**, das etwa 3 km vom Kulturzentrum entfernt an der Ara Metua gelegen ist. Von der Hauptstraße aus weist ein kleines, unauffälliges Holzschild auf die Abzweigung hin; am Ort selber ist ebenfalls eine unscheinbare Holztafel angebracht. Dieser Ort hat eine wichtige symbolische Bedeutung, vor allem für die Adelsfamilien von der Nordseite der Insel. Mehr oder weniger von Gestrüpp überwucherte Steine geben die Grenzen der verschiedenen Teilbereiche an, innerhalb derer sich die Familien je nach Rang bei Zeremonien wie der Inthronisierung oder bei Weihe- und Trauerfeiern aufzustellen haben. Die Maraes, traditionelle heilige Stätten der polynesischen Kultur, haben auch für die modernen Rarotonganer noch eine wichtige Bedeutung, und der Besucher sollte sich daher dort diskret verhalten.

Etwa 6 km von der Stadt entfernt, am Ortsbeginn von **Matavera,** kann man im schön begrünten Garten von **Rarotongan Perfumes** bei Kaffee und Kuchen eine Verschnaufpause einlegen.

Auf dem Weg durch Matavera bieten sich herrliche Ausblicke auf die steil aufragenden Gebirgsgipfel, z.B. vom Vorgarten der katholischen Pfarrkirche von Matavera aus. Gleich nach der schmucken CICC - **Dorfkirche von Matavera** mit ihrem charakteristischen Glockenturm aus Korallenstein kann man wieder rechts in Richtung Inland abbiegen und sich bei der Kreuzung am großen Baum – dies ist eine typische Ortsangabe im Stil der Inselbewohner – nach links wenden. Nach einem guten Kilometer Weges liegen rechter Hand einige wichtige Orte des Distriktes Takitumu, der die ganze Südhälfte der Insel umfaßt: ein durch eine niedrige Steinmauer begrenztes Marae, auf dem die aktuelle Königin von Takitumu, Pa Ariki, im Jahre 1990 gekrönt wurde (s. Farbabb. 24), und etwas weiter südlich alte Mauern des historischen Palastes der Häuptlingsfamilie. Hinter dem Kirchgebäude von Ngatangiia führt die Back Road wieder hinaus in Richtung Meer. Hier, im Mündungsbereich des Avana-Baches, liegt die einzige natürliche Hafeneinfahrt der gesamten Insel – durch das vom Bach geführte Süßwasser entstand die als ›Avana-Passage‹ bekannte Unterbrechung im Korallenriff. Eine **Gedenkstätte** erinnert an die legendären Kanus, die gegen 1350 wohl von dieser Stelle zur Besiedlung Neuseelands ausgefahren sind: Die sieben im Keisrund aufgestellten Steine sollen die sieben Boote versinnbildlichen, die nach der Legende die Flotte bildeten.

Südlich des Avana-Baches, also auf dem der Kirche gegenüberliegenden Bachufer, zweigt ein Weg in Richtung Gebirge ab. Hier beginnt die landschaftlich sehr reizvolle und nicht zu schwierige Wanderung im Avana-Tal, bei welcher der sich dahinschlängelnde Bach unzählige Male überquert werden muß, bis man zu seinem Oberlauf gelangt.

Südlich der Avana-Passage bei Ngatangiia liegen die wohl schönsten **Strände** von Rarotonga, deren Reiz in ihrem feinen weißen Sand und in den zauberhaften Ausblicken auf die vier am Lagunenrand gelegenen Motus (kleine, baumbestandene Inselchen) besteht. Gute Schwimmmöglichkeiten gibt es z.B. beim Sailing Club (Hinweisschild auf der Straße folgen). Die interessantesten Korallenformationen liegen an der seewärts gerichteten Spitze des südlichsten Motus, Taakoka. Von der Straße aus bieten sich im darauffolgenden Titikaveka immer wieder herrliche Ausblicke auf die bei Sonnenschein türkisblaue Lagune. Direkt vor der Anlage des Sheraton-Hotels folge man dem Pfeil ›Waterfall‹, um zu einem der beiden Ausgangspunkte der Inseldurchquerung zu gelangen.

Die Westseite der Insel weist die höchste Dichte an Hotels und Restaurants und auch einige sehr schöne Sandstrände auf. Hier ist die Chance am größten, Piri Puruto, den ›schnellsten Kokospalmenkletterer der Welt‹, in Aktion zu erleben. Vom Krankenhaus auf dem **Hospital Hill** hat man einen schönen Ausblick auf den Nordostteil der Insel. Die Lavafelsen von **Black Rock** sind ein geeigneter Ort zum Betrachten des Sonnenuntergangs. An das Gelände des Golfplatzes schließt sich die Landebahn des Internationalen Flughafens an, die zum Teil auf von der Lagune abgewonnenem Land errichtet wurde. In den Unterkünften der Bauarbeiter, die den Flughafen errichteten, ›wohnt‹ heute das Parlament der Cook-Inseln! In **Avatiu Harbour** liegen Containerschiffe und außerhalb der Hurrikansaison auch Yachten aus der ganzen Welt. Von hier ab beginnt ›Downtown Avarua‹, mit dem Marktbereich, der katholischen Kirche und dem Geschäftszentrum.

Ein kleiner, interessanter Ausflug ins Landesinnere beginnt beim Verkehrsknotenpunkt in der Stadtmitte: Man folgt der Straße vor dem Post Office landeinwärts in Richtung Takuvaine-Tal. Oberhalb der bewohnten Gebiete (sich beim Wassereinlaß links halten) liegen kunstvoll in Terrassen angelegte Taro-Plantagen; von hier bieten sich auch wunderschöne Ausblicke aufs Gebirge.

**Wanderungen** im Inselinneren von Rarotonga sind sehr beliebt, insbesondere die Inseldurchquerung, die an der gespaltenen Felsspitze Te Rua Manga (The Needle) vorbeiführt.

*Festlich geschmücktes Kanu in Rarotonga*

# Niue

## Allgemeine Landeskunde

*Längengrad: 169° W; Breitengrad: 19° S*
*Landfläche: 258 km²; Meeresoberfläche: 390 000 km²*
*Hauptstadt: Alofi (ca. 3000 Einwohner)*

Nukututaha, ›die allein stehende Insel‹, oder Fonuagalo, ›die vergessene Insel‹, hieß Niue in früheren Zeiten; die heutigen Bewohner nennen sie liebevoll-realistisch *the rock* (›der Felsen‹). In der Tat ist Niue ein völlig isoliert liegendes Felseiland und zugleich das größte gehobene Korallenatoll der Welt. Es gibt keine Berge auf Niue, durch unterirdische Bewegungen erhoben sich alte Korallenriffe und bildeten die zerklüfteten Felsküsten mit ihren tiefen Schluchten und die beiden Landterrassen, die heute die Insel gliedern (die Küstenterrasse liegt 28 m über dem Meeresspiegel und die Plattform im Inneren der Insel erreicht 69 m).

Durch seine Lage am Rand der Tropen und in der Zone der kühlenden Südostpassate herrscht auf Niue ein angenehmes Klima. Vor allem in den Wintermonaten (von Mai bis August) und in den Nächten ist eine deutliche Abkühlung zu spüren. (Jahresmittel der Höchsttemperaturen: 27 °C; Minimum: 20 °C.) In der Zeit zwischen Dezember und April können Wirbelstürme auftreten.

Niue ist ein unabhängiger Staat in freier Assoziation mit Neuseeland. Seine Bürger sind gleichzeitig Mitglieder des Commonwealth und neuseeländische Staatsbürger. Niue ist eine Demokratie nach britischem Modell. Das Parlament *(Fono Ekepule)* hat 20 Mitglieder, von denen 14 die Dorfbezirke vertreten und sechs für das Land in seiner Gesamtheit stehen. Die allgemeinen geheimen Wahlen finden alle drei Jahre statt. An der Spitze des Landes steht der Premier; er stellt auch das Kabinett auf.

Es leben ca. 2200 Menschen auf Niue, von denen beinahe alle Polynesier sind. Etwa 12 000 gebürtige Niueaner sind nach Neuseeland ausgewandert. Die Abwanderungstendenzen scheinen sich auch im Zuge der wirtschaftlichen Krise Neuseelands nicht abzuschwächen. Die Arbeitsplätze auf Niue beschränken sich auf wenige Stellen in der Verwaltung (1991 mußten sogar die Gefängnisangestellten entlassen werden, weil keine Gefangenen mehr da waren, die sie hätten bewachen können). Viele Dörfer des Hinterlands sind mittlerweile verlassen. Die dort lebenden Menschen waren auf die Landwirtschaft angewiesen (Produktion von Limonen, Passionsfrucht und Kopra), deren Erträge ab 1959/60 durch Wirbelstürme und schlechte Weltmarktpreise sehr stark zurückgingen – ihre Bewohner wurden als erste von der im Aufschwung befindlichen neuseeländischen Wirtschaft angezogen. Bis heute mußten alle sechs Dorfschulen schließen, nur in Alofi existieren noch eine Grundschule und ein Gymnasium. Die soge-

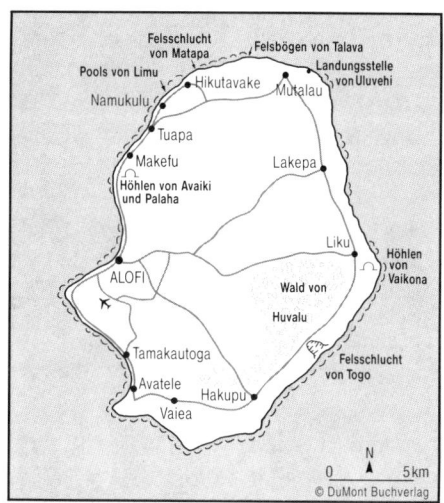

*Niue*

nannten *shell houses* – Konstruktionen mit Mauern und Dach, aber kahlen Fenster- und Türhöhlen – wurden nach den Hurrikans mit neuseeländischer Hilfe errichtet. Meist waren die Bewohner jedoch schon vor ihrer Fertigstellung ausgewandert. Man sieht den zahlreichen Hausskeletten in den Dörfern Niues an, daß sie nur kurz oder nie bewohnt waren.

Die Kluft zwischen einheimischer Produktion und Nachfrage nach ausländischen Produkten ist gewaltig. In der Handelsbilanz von 1987 verhalten sich die Exporte zu den Importen 1:5. Darin hat sich bis heute nicht viel geändert. Niue gehört zu den Weltrekordlern, was die Pro-Kopf-Summe von Hilfsgeldern betrifft. Bis zum Jahr 2000 will Neuseeland seine Unterstützungen drastisch kürzen, was für Niue eine Reihe von zusätzlichen wirtschaftlichen Problemen mit sich bringen wird.

Das Niueanische ist eine polynesische Sprache, die mit dem Tonganischen, aber auch dem Samoanischen verwandt ist. Auf der Insel existierten zwei Dialekte: *motu* im Norden – die ›Sprache der Leute von der Insel‹ –, im Süden *tafifi* – die ›Sprache der Fremden‹, der Leute von weither (dieser Teil der Insel stand unter besonders starkem tonganischen Einfluß). Heute scheinen sich diese Unterschiede zugunsten einer gemeinsamen Sprache immer mehr abzuschwächen.

## Geschichte und Kultur

Die ersten Besiedler scheinen zwischen 700 und 1100 n. Chr. in kleinen Gruppen aus Ostpolynesien – wahrscheinlich aus Samoa, Pukapuka oder Aitutaki – nach Niue gekommen zu sein; ihnen folgten seit Beginn des 16. Jh. tonganische Kriegsexpeditionen.

# NIUE – GESCHICHTE UND KULTUR

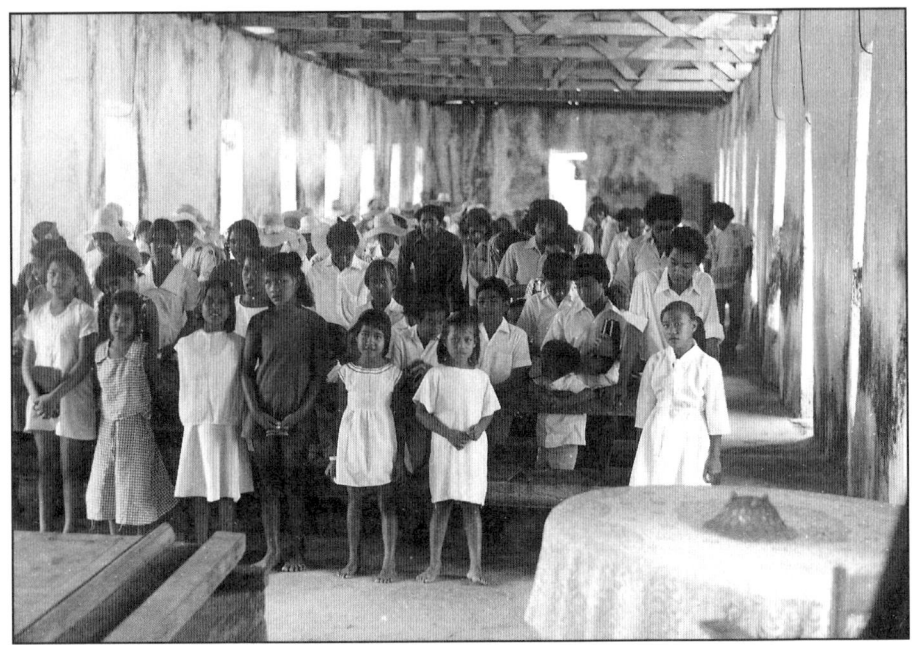

*Niueaner beim Gottesdienst*

Erster europäischer Entdecker war James Cook, der am 20. Juni 1774 an der Westküste drei vergebliche Landungsversuche unternahm, in Tuapa (Falekula), Opaahi (Alofi) und Oneonepata (Avatele). Die Insulaner zeigten sich ihm gegenüber sehr kriegerisch – sie führten einen Kriegstanz auf und hatten sich dazu die Zähne mit dem Saft der wilden Banane gerötet, was ihnen das Aussehen von blutrünstigen Kannibalen verlieh. Ethnologen haben inzwischen herausgefunden, daß dies eine übliche und nicht ausgesprochen feindselige Art der Begrüßung war. Kapitän Cook jedoch sah von weiteren Begegnungen mit Bewohnern der Insel ab, der er den Namen ›Savage Island‹ – Insel der Wilden – verlieh.

Die ungünstigen landwirtschaftlichen Bedingungen mögen zur relativ späten Besiedlung der Insel beigetragen haben. Nur wenige Zentimeter dicke Schichten Ackerboden, hier und da eingestreut zwischen unwirtlichen Felszacken korallinen Ursprungs, dienen den Kulturen als Nahrung. Oft ist die Bodenkrume so dünn, daß die Pflanzen nur an der Oberfläche Wurzeln ausbilden und deshalb von Wirbelstürmen sehr leicht weggerissen werden können. Nach jeder Ernte muß das Land zehn Jahre brachliegen. Während dieser Zeit bildet sich ein undurchdringliches Dickicht aus hohen Büschen, das nach althergebrachter Methode mittels Brandrodung beseitigt wurde. Seit kurzem werden verstärkt Bulldozer zur Urbarmachung eingesetzt, da durch Bruch und Entwurzelung mehr organisches Material erhalten bleibt als beim Abbrennen.

Unter den harten Lebensbedingungen überlebten auf Niue einige traditionelle Techniken der alten Polynesier länger als auf anderen, von der Natur begünstigteren Inseln. In Dürrezeiten sammelte man noch bis vor kurzem wilde Jamswurzeln *(hoi)* und bereitete sie auf eine besondere Weise zu. Für die traditionellen Gewänder aus Rindenbaststoffen, deren Verzierung auf Niue mit außergewöhnlicher Meisterschaft ausgeführt wurde, verwendete man vor allem die Rinde der Banianfeige, die sehr viel schwerer zu bearbeiten war als die des sonst in Polynesien üblichen Papiermaulbeerbaumes.

Da Reichtümer nie im Überfluß vorhanden waren, entwickelten sich auch keine komplizierten hierarchischen Gesellschaftsstrukturen zur Verteilung von Gütern. Tapferkeit, Stärke und Zusammenhalt in der Familie sind die Tugenden, auf denen die Gesellschaft aufbaut. Es gibt kein Stammes- oder Häuptlingssystem. Der Vorstand einer jeden Großfamilie hat allein bei der Landverteilung ein gewisses Gewicht; die Dorfältesten haben in Dorfangelegenheiten ein Mitspracherecht.

Im Vergleich zu anderen Inseln Polynesiens hatte Niue wenig Kontakt mit der Außenwelt. Innere Kämpfe und Streitigkeiten wirkten sich auf das Leben weit verheerender aus als Einfälle von Feinden aus der Fremde. Die Legende vom falschen Fest erzählt von einem solchen Konflikt:

Eine Gruppe von Kriegern überfiel eine natürliche Festung. (Die zerklüfteten Steilküsten an der Ostseite Niues erwecken auch beim heutigen Besucher manchmal den Eindruck von Trutzburgen, und in der Geschichte wurden diese schwer zugänglichen Gebiete tatsächlich oft zum Schutz aufgesucht.) Die Eindringlinge warfen die überraschten Gegner durch Öffnungen im Felsen direkt ins Meer, was deren sicheren Tod bedeutete. Einer der Überfallenen versteckte sich jedoch in einer Felshöhle, bis die Angreifer sich zurückgezogen hatten und setzte dann die Seinen über die grausame Attacke in Kenntnis. Diese wollten den schrecklichen Überfall nicht ungesühnt lassen. Sie überlegten sich eine List, um die Tat zu rächen:

Gesandte wurden mit Geschenken für die Gegner ausgeschickt. »Laßt uns ein Friedensfest feiern, nachdem ihr euch als soviel stärker als die Unseren erwiesen habt!« lautete die Botschaft, die sie überbrachten – die Empfänger scheinen die Einladung ohne Argwohn angenommen zu haben.

Die Gastgeber gaben sich alle erdenkliche Mühe, das Fest vorzubereiten, Wurzeln auszugraben, zu schälen und in Kokosmilch zu kochen, Schweine zu schlachten und im Erdofen zu rösten und Früchte zu sammeln. Sie hoben auch eine große Grube aus, in die sie einige Pfosten rammten. Dann legten sie Kokosblätter so darüber, daß die Vertiefung nicht mehr zu sehen war. Kurz vor der Ankunft der Gäste verteilten kleine Kinder mit geringem Körpergewicht die appetitlich zubereiteten Speisen auf dieser Konstruktion.

Die Gäste trafen ein, sie waren schon hungrig von der langen Reise. Doch jedes polynesische Fest wird zunächst durch lange Reden eingeleitet, in denen ausführlich die Verdienste des Gegenübers gewürdigt werden. Zunächst hatten die Gastgeber das Wort, und die Gaste sahen sich gezwungen, trotz knurrender Mägen ebenso ausführlich und mit blumenreicher Rhetorik darauf zu antworten. Als endlich dieser Teil des Protokolls beendet war, durften sie als erste essen, während der Gastgeber zusah – so will es die polynesische Höflichkeit. Vom Hunger getrieben, stürzten sie sich alle gemeinsam auf die Speisen, ohne die darunter versteckte Grube zu bemerken. Die Verluste auf ihrer Seite sollen noch größer gewesen sein als die der Gastgeber beim Angriff auf das Fort.

Mehrere Legenden erklären die Herkunft des Namens Niue. Eine romantische Liebesgeschichte erzählt von einem jungen Mann aus Niue, der auf einer Bootsreise bis nach Vava'u in der Tonga-Gruppe kam und sich dort unsterblich in die Tochter eines Häuptlings verliebte. Dem Vater der Angebeteten war jedoch zu Ohren gekommen, daß auf der Heimatinsel des Jünglings die wichtigste Pflanze des Pazifiks fehlte – die Kokospalme! Er übergab daher dem Niueaner zwei Keimlinge dieses wertvollen Gewächses mit den Worten: »Geh und pflanze dies auf deiner Insel! Komme dann wieder, wenn die Kokospalme Früchte trägt!« Die Keimlinge gediehen, und der wohl nicht mehr ganz so junge Mann (die Kokospalme trägt frühestens nach fünf bis sieben Jahren, erst in der Gegenwart werden Hybride gezüchtet, die weniger Zeit benötigen) konnte seine Geliebte heimführen. *Niu-e* – »Siehe da, Kokosnüsse!« ist der Ausruf ankommender Reisender, die erstaunt sind, auf dem kargen Felsen Kokospalmen wachsen zu sehen, Abkömmlinge der ersten, durch die Liebesgeschichte ins Land gebrachten Pflanzen.

Eine andere Legende schildert die Rückkehr einer mit Gastgeschenken beladenen Bootsexpedition. »Seht mal, Kokosnüsse«, sollen die Heimkehrer beim Anlegen ausgerufen haben, »wir bringen euch Kokosnüsse von den auf unserer Reise angefahrenen Inseln mit!«

Der Name ›Niue‹ weist auf die große Bedeutung hin, welche die Kokospalme und ihre Frucht für die Pazifikinsulaner hat. Es ist ausgeschlossen, daß im Meereswasser treibende Kokosnüsse auf den hochgelegenen Korallenplattformen Niues von alleine hatten Fuß fassen können, nur der Mensch kann die Kokospalme hierher gebracht haben. Mit großer Wahrscheinlichkeit führten die ersten Siedler keimende Nüsse in ihren Kanus mit sich, da diese zur Grundausstattung einer jeden Expedition gehörten – ein Teil diente als Nahrung während der Reise, ein anderer wurde in Form von Keimlingen bei der Neubesiedlung von Inseln in den Boden gesetzt.

# Besichtigungsvorschläge

Es ist empfehlenswert, Niue zunächst auf einer allgemeinen Inselrundfahrt zu erkunden: Sie erstreckt sich über ca. 70 km und dauert etwa drei Stunden (sie steht häufig auf dem Programm der Hotels oder Reisebüros). Wer danach die wichtigsten Höhlen, Strände und Badestellen in gezielten Ausflügen (Wanderungen) kennenlernen möchte, muß dafür schon eine Woche Zeit veranschlagen. Besonders berühmt sind die **Felsschlucht von Togo** (gesprochen Tongo), bei der die Felsklippen einen reizvollen Strand mit einigen Kokospalmen umschließen, die **Felsbögen von Talava**, die **Kalksteinhöhlen von Avaiki und Palaha**, die **Felsenschlucht von Matapa**, die herrlich erfrischenden **Wasserbecken von Limu**, in denen sich aus dem Felsen austretendes Süßwasser zum Salzwasser des Meeres mischt und bunte Korallenformationen zu bewundern sind, und die **Landungsstelle von Uluvehi**, an der die peruanischen Menschenfänger ihre Beute von der Insel schleppten. Die **Höhlen von Vaikona** im Osten Niues werden von Kennern zu den schönsten im Pazifikraum gezählt.

*Die Felsbögen von Talava*

Einige Bereiche im Inland, wie der **Wald von Huvalu,** und an den Küsten sind wegen ihrer traditionellen Bedeutung für die Niueaner oder auch aus Gründen des Umweltschutzes tabu und sollten daher nur betreten werden, wenn man ausdrücklich die Genehmigung dazu erhalten hat (erkundigen Sie sich in Ihrem Hotel). Bei vielen Ausflügen empfiehlt es sich, die Hilfe eines einheimischen Führers in Anspruch zu nehmen, da die Wege und Höhlen allein nicht immer leicht zu finden sind. Auch wenn die Orientierung nach der Aufstellung der neuen Wegweiser in der nächsten Zeit wohl etwas einfacher sein wird, sind die Erklärungen eines Ortskundigen häufig ein interessanter Beitrag zu einer Wanderung. Niue liegt weitab von ausgetretenen Touristenpfaden und wird wohl auch in der Zukunft noch lange als ›discovery island‹ seinen Reiz für abenteuerlustige Besucher zu erhalten wissen. Wer im Urlaub ein ruhiges, einfaches und naturnahes Leben sucht, ist auf Niue genau richtig.

Niue ist ein Paradies für Schnorchler und Taucher. Das Riff umrundet große Teile der Insel; es liegt sehr nahe bei der Küste und erlaubt daher einen relativ einfachen Zugang zum Korallenabfall und zur Tiefsee. Die Insel verfügt über eine begrenzte Anzahl von Badestränden, deren geringe Liegefläche durch ihre landschaftlich schöne Lage ausgeglichen wird. Beliebte Badeplätze sind z. B. der kleine **Strand von Tamakautoga** oder das **Utuko Reef** direkt in Alofi, ebenso die Pools von Limu oder bei Matapa.

Wer sich im Fischfang versuchen will, kann dies von einem Boot aus tun (von Avatele aus können z. B. Fahrten mit dem Auslegerboot bis auf die hohe See organisiert werden) oder aber direkt von der Höhe der Korallenklippen. Möglichkeiten zum Tennis oder Golfspielen (9 Löcher) bestehen für eine geringe Gebühr (NZ$ 10) im Niue Sports Club direkt hinter dem Flughafen.

Das **Huanaki Museum & Cultural Centre** liegt zwischen Niue Hotel und der Stadtmitte von Alofi. Im Kulturzentrum lernen junge Mädchen und Frauen von Älteren traditionelle Handarbeitstechniken. Das Museum ist montags bis freitags von 8 bis 15 Uhr geöffnet; es informiert über die Geologie der Insel und über Handarbeits- und Fischfangtechniken. In einem kleinen Laden gleich nebenan werden qualitätvolle Handarbeiten angeboten (Di und Mi von 9–14 Uhr, Fr von 11–14 Uhr).

Der **Wochenmarkt in Alofi** findet am Freitagmorgen statt; vor Sonnenaufgang haben hier schon die meisten Produkte ihren Besitzer gewechselt.

Auch das **Fale Fono** (Parlament) lohnt die Besichtigung: Auf höfliche Nachfrage beim Pförtner wird meist der Zugang gewährt, wenn nicht gerade Sitzungen stattfinden. Bemerkenswert ist der historische Rindenbaststoff an der Rückwand des Sitzungssaals, der aus einem Wellingtoner Museum wieder den Weg in sein Ursprungsland gefunden hat. Von der Terrasse des Gebäudes aus genießt man einen herrlichen Blick über die Bucht von Alofi. Das Gebäude ist ein Geschenk Neuseelands zur Unabhängigkeit Niues; als Gegengabe wurde von Niue ein Stück Land abgetreten, um darauf die Residenz des Vertreters der neuseeländischen Regierung zu errichten.

An der Westküste, 5 km nördlich von Alofi, liegt das **Grab von Peniamina**. Der Samoaner war von protestantischen Missionaren als Katechist ausgebildet worden und brachte 1846 als erster erfolgreich das Christentum ins Land.

*Die Kokosnußkrabbe (Palmendieb) wird im Pazifik als Delikatesse geschätzt*

# Wallis und Futuna

## Allgemeine Landeskunde

*Lage: 176°–178° westlicher Länge und 13°–14° südlicher Breite*
*Fläche: 265 km² (Land), 300 000 km² (Meer)*
*Hauptstadt: Mata Utu auf Wallis (etwa 800 Einwohner)*

Wallis (polynesischer Name: Uvea) mit einer Fläche von 150 km² und Futuna, zusammen mit Alofi 115 km² groß, liegen 240 km voneinander entfernt. Beide Inseln sind vulkanischen Ursprungs. Während Futuna jedoch ein ausgeprägtes Relief zeigt (Mont Puke 524 m), ist Wallis eine verhältnismäßig flache Insel (höchste Erhebung Mont Lulu mit 151 m). Wallis ist eine 3–4 km breite Lagune mit etwa 20 Inselchen vorgelagert, in Futuna schließt das Riff direkt ans Festland an. Futuna ist durch eine nur 2 km schmale Passage von der kleinen Insel Alofi getrennt, die nicht permanent bewohnt ist.

Das Klima ist tropisch. Die Temperaturen liegen das ganze Jahr über hoch (24°–29°C), ebenso die Luftfeuchtigkeit; nur Juli und August sind in der Regel etwas kühler und trockener. Hurrikans treten vor allem von Dezember bis März auf.

Die Gemeinsamkeiten zwischen den beiden Inseln liegen in der Gegenwart und in der Frühgeschichte der Region. Sowohl auf Wallis als auch auf Futuna wurden Tonscherben und Besiedlungsspuren aus der Lapita-Zeit gefunden, deren Alter auf ca. 3000 Jahre geschätzt wird – diese Funde werfen ein neues Licht auf die Besiedlungsgeschichte Zentralpolynesiens. Nach der Inbesitznahme durch die Tonganer (Wallis) und Samoaner (Futuna) gehörten Wallis und Futuna bis zur europäischen Kolonisierung verschiedenen Kulturkreisen innerhalb der polynesischen Welt an. Sie unterscheiden sich bis zum heutigen Tag hinsichtlich ihrer Geschichte, Gesellschaft, Sprache und Traditionen. Seit der Zeit der Entdecker und Händler und besonders seit dem Eintreffen der Missionare gegen Mitte des vergangenen Jahrhunderts näherten sich die Eilande einander an. Heute sind sie in einem französischen Überseeterritorium zusammengefaßt, in dem Wallis politisch dominiert. Die Inselbewohner besitzen die französische Staatsbürgerschaft. Ein Territorialrat *(Conseil territorial)* und eine Territorialversammlung *(Assemblée territoriale)* setzen den politischen und rechtlichen Rahmen des Landes.

Nur die beiden Hauptinseln Uvea und Futuna sind bewohnt. Zu den 8000 Wallisianern und 4000 Futunesen in der Heimat addieren sich die über 14 000 Auswanderer, die in Neukaledonien leben und arbeiten. Seit den 30er Jahren hat das Land mit schweren wirtschaftlichen

## WALLIS – GESCHICHTE UND KULTUR

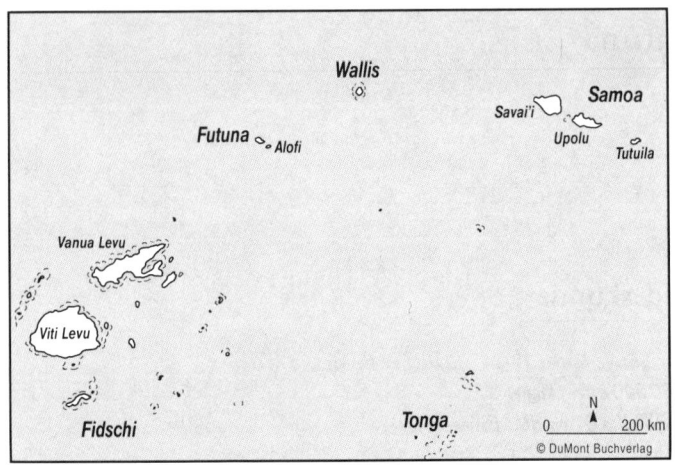

*Wallis und Futuna*

Problemen zu kämpfen, die zur Emigration großer Bevölkerungsteile Richtung Nouméa führten. Andere ethnische Gruppen spielen nur eine untergeordnete Rolle. Die 200 im Land ansässigen Europäer sind meist in der Verwaltung angestellte Franzosen, Händler und Missionare, von denen die Mehrzahl auf Wallis lebt.

Sprachen sind Wallisianisch, eine dem Tonganischen verwandte Sprache, und Futunesisch. Französisch und Wallisianisch sind Amtssprachen.

Subsistenzwirtschaft herrscht vor; die Produktion der Hauptagrarprodukte Jams, Taro, Maniok und Bananen ist für den Export völlig unbedeutend. Das Land lebt von Überweisungen von Familienangehörigen in Neukaledonien und von Hilfsgeldern, die hauptsächlich aus Frankreich und den EG-Fonds stammen.

Bis jetzt haben sich die Häuptlinge einer Entwicklung des Tourismus entgegengestellt. In jüngster Zeit wurden vereinzelt Stimmen laut, die einen zahlenmäßig begrenzten Individualtourismus nicht mehr unbedingt ablehnen. Bis zum heutigen Tag jedoch sind die Bewohner von Wallis und Futuna überhaupt nicht auf Touristen eingestellt. Die Einreise ins Land ist zwar möglich, Erfahrungen haben aber gezeigt, daß man auf den Inseln ohne gute Kenntnisse zumindest des Französischen und ohne Freunde in einheimischen Familien in seinem Aktionsradius relativ eingeschränkt ist.

## Geschichte und Kultur

☐ **Wallis**
Nach der Legende legten vor etwa 500 Jahren die tonganischen Häuptlinge Hoko und Tauloko auf Wallis an, und Hoko krönte Tauloko zum ersten *hau* (König) von Wallis. Nach dem Tod

von Tauloko entsandte der Tui Tonga (König von Tonga) einen bedeutenden Kriegshäuptling namens Gaatialili, um seine Folge anzutreten. Gaatialili hatte den Auftrag, die gesamte Insel zu unterwerfen. Zwei hohe Würdenträger, Kalafilia und Haavakatolo, stellten mit ihren Familien sein Gefolge dar. Bei ihrer Ankunft auf der Insel wurde in der Nähe des Lanutavake-Sees ein Gedenkstein, der Stein von Fatuahina, als Dank an die Götter für ihren Schutz auf der Seereise aufgestellt. Von dort aus teilten die Häuptlinge die Insel unter sich auf: Hoko und Gaatialili erhielten den Südosten, Fakate den Norden und Kalafilia den Westen. Die Umgebung des Sees wurde zu einer riesigen Festung ausgebaut, von der aus sich Straßen über das gesamte Land erstreckten. Während sich der Süden der Insel rasch unterwerfen ließ, setzte der Norden starken Widerstand entgegen, der durch blutige Angriffe gebrochen werden mußte; erst dann konnte sich die Herrscherdynastie konsolidieren. Zunächst hielt sie noch enge Bande zur tonganischen Gesellschaft aufrecht.

Gegen Ende des 16. Jh. gelang es der herrschenden Klasse von Wallis, ihre Unabhängigkeit vom Königreich Tonga zu erklären und ein eigenes Königtum einzurichten. Der Schwerpunkt der Besiedlung liegt seit der tonganischen Zeit auf der Ostseite der Insel, die den kühlen Passatwinden ausgesetzt und daher der Gesundheit zuträglicher ist.

Zwei Jahrhunderte später begann eine neue Phase für die Insulaner: die des Kontakts mit Kulturen, die nicht aus dem Pazifikraum stammen. Nach der Entdeckung durch den britischen Kapitän Wallis 1767 legten zunächst vereinzelt Walfänger an, und 1837 trafen katholische Missionare ein. Sie waren ursprünglich nach Tonga entsandt worden, dort aber hatte sich der König auf Betreiben der bereits ansässigen protestantischen Missionare gegen eine Ansiedlung

*Pandanusblätter werden zum Dachdecken geglättet (Futuna)*

## Die Geschichte des fabelhaften Kanus Lomipeau

Früher (und sogar heute noch) konnte man nur sehr schwer die Bitte nach einem Gut ablehnen, das man besaß. Wenn sich dies dennoch ereignete, machte der Fordernde ein *fakatautagi,* das heißt, er mußte alles tun, um die Beleidigung ungeschehen zu machen, die ihm widerfahren war. Normalerweise versuchte der Beleidigte, das herbeigesehnte Objekt zu erlangen, schöner noch als das ursprünglich erbetene, und er schenkte oder zeigte es dem anderen, um ihn zu erniedrigen. Die folgende Geschichte, die mehrere Jahrhunderte alt ist, zeigt deutlich, was ein Fakatautagi ist:

Während der Regierungszeit von Havea Fakahau, in etwa zu Beginn des 16. Jh., erbauten die Leute von Uvea ein riesiges Doppelkanu namens Lomipeau. Uvea stand immer noch unter toganischer Herrschaft, und Telea war dort König.

Man erzählt, daß eines Tages Peautu, ein toganischer Häuptling, den Entschluß faßte, die Gefährtin von Havea Fakahau mit Hilfe eines Freundes zu entführen. Die beiden Toganer legten in Vaiola an und begaben sich dann nach Niuvalu, wo der König Havea Fakahau seine Residenz hatte. Nachdem sie ihr Vorhaben ausgeführt hatten, machten sich die beiden Toganer auf den Rückweg zu ihrem Boot. Als sie aber in Vaiola ankamen, stießen sie auf einen Häuptling von Lauliki, der gerade dabei war, die Segel ihres Doppelkanus zu hissen. Dieser Häuptling von Lauliki hieß Tahitala, er war der Sohn von Luaufiufi und von Mataulutavai. Peautu erteilte Tahitala einen sehr strengen Tadel; er weigerte sich, ihm sein Kanu auszuhändigen und vertrieb ihn. Tahitala war sehr verärgert; er beschwerte sich bei seinem Vater Luaufiufi und seinem Bruder Mataliki. Da die Toganer ihm das Boot nicht aushändigen wollten, forderte er, daß man ihm ein Kanu baue, um die Beleidigung abzuwaschen.

Das Kanu mußte schöner sein als das der Toganer, das war eine Ehrenfrage. Die besten Bootsbauer im Land arbeiteten mit vereinten Kräften und stellten das Kanu Lomipeau her. Bei Abschluß der Arbeiten fand in Lauliki eine große Kavazeremonie statt. Dieser Kava war nicht weniger eindrucksvoll als das Kanu Lomipeau. Gemäß der Überlieferung soll der Hügel von Tutuagakava oberhalb des Dorfes Malaetoli in der Tat auf die Erde zurückgehen, die nach dem Herausreißen einer riesigen Kavapflanze zur Seite gefallen sei, auf dieselbe Weise sei auch der Lanutuli-See entstanden.

Das fabelhafte Kanu setzte Segel in Richtung Tonga und verließ Uvea durch die Avatolu-Passage im Westen der Insel. Man erzählt, daß die Menschen an Bord – es waren ihrer 4000 – nach der Ausfahrt aus der Passage die Segel zu hissen begannen und daß sie sich bei Beendigung dieses Manövers bereits in Sichtweite von Niua befanden, der ersten Insel des Tonga-Archipels. (...) Schließlich landete das Kanu in Tonga. Die Toganer hatten noch nie ein solch großes Kanu gesehen, und die Neuigkeit verbreitete sich überall. In diesem Augenblick kam Peautu mit seinem Boot an, und als er Lomipeau erblickte, fragte er die Umstehenden, was es damit auf sich habe. Man antwortete ihm: »Dieses Kanu gehört Tahitala, dem Mann, den du in Uvea beleidigt hast!« Aber Telea, der König von Tonga, war der Herrscher über Uvea, und er beschloß, daß dieses Kanu ihm dienen würde. Später kehrte Lomipeau unter Lasukau und Munihalakau nach Uvea zurück, um dort die großen Basaltbrocken zu holen, aus denen die tonganischen Monumente errichtet sind. Man erzählt, daß dieses große Kanu danach auf den tonganischen Strand von Lifuka gezogen wurde, zum Malae von Pagai, und dort soll es noch unter dem Sand vergraben sein.

Diese Legende ist in Uvea bis zum heutigen Tage sehr lebendig und mehrere Orte auf der Insel erinnern an die Zeit, als das fabelhafte Kanu Lomipeau erbaut wurde, um sich für die von den Tonganern erhaltene Beleidigung zu rächen.*

*Polynesisches Doppelkanu*

* nach Daniel Frimigacci, in: »Au pays des trois royaumes«

## WALLIS / FUTUNA - GESCHICHTE UND KULTUR

*Die Kirche von Mata Utu, im Vordergrund ein kataoaga, die Ansammlung von rituellen Geschenken anläßlich eines Festes*

ausgesprochen. Bischof Pompallier entschied sich daher dafür, jeweils zwei Missionare in Wallis und Futuna auszusetzen, um zumindest dem weiteren Vordringen des Protestantismus nach Osten einen Riegel vorzuschieben.

Obwohl die Missionare in Wallis nach Möglichkeit versuchten, sich nicht in die Streitigkeiten um Macht und Vorherrschaft einzumischen, waren ihre Erfolge doch mit dem Ausgang von Kämpfen zwischen den Familien des Landes verknüpft. Der Sieg der Kriegspartei des Tuugahala, in der sich eine Anzahl von Anhängern des neuen Glaubens befand, führte 1840 zu einer Massenkonversion, die mit der Taufe des Königs am 30. Oktober 1842 ihren Höhepunkt erreichte. Zu diesem Zeitpunkt hatte die gesamte Bevölkerung den katholischen Glauben angenommen, und der König bat darum, Wallis unter französisches Protektorat zu stellen, um den Katholizismus auf der Insel vor dem britisch-protestantischen Einfluß zu schützen. Der damalige französische König, Louis Philippe, lehnte die Anfrage ab. Erst vier Jahrzehnte später, unter der Bedrohung einer zunehmenden Expansion von Seiten der Engländer, bewegten die Missionare Königin Amelia, nochmals um den Protektoratsstatus zu bitten, der 1887 dann tatsächlich gewährt wurde. Der von Frankreich entsandte ›Resident‹ hatte lange Zeit neben dem starken Königstum und der einflußreichen Kirche sehr wenig Macht. Ab dieser Zeit sind Wallis und Futuna administrativ zusammengeschlossen.

Über Jahrzehnte hinweg gelang es den Missionaren, die Inseln von der Außenwelt und ihren ›verderblichen Einflüssen‹ weitestgehend zu isolieren. Die geographische Lage verstärkte diese Tendenz zur Weltabgeschiedenheit. Besonders die ersten Missionare verstanden es, überlieferte Traditionen zu übernehmen und sie in das neue christliche Wertesystem einzufügen. Während z.b. die Protestanten auf anderen Inseln das Kavagewächs als heidnisch anprangerten, verfuhren die Katholiken in Wallis geschickter: Sie nahmen der Kavazeremonie alle heidnischen Elemente, ließen sie aber als Einrichtung zur Stützung und Aufrechterhaltung der sozialen Kontakte weiterleben. Während der über hundertjährigen weitgehenden Alleinherrschaft der Kirche konnten nicht alle Kulturtraditionen gleichermaßen überleben – diejenigen, die sich in das christliche Wertesystem einpassen ließen, hatten mehr Chancen als andere. Deutlicher Ausdruck des Despotismus der Kirche sind die »Gesetze von Uvea«, die 1870 das Alltagsleben bis ins kleinste Detail regelten und die Grundlagen für viele Aspekte des heutigen Lebens schufen, so die sonntäglichen Distriktsversammlungen, die Wahl des Dorfhäuptlings, das Verbot, Land an Fremde zu veräußern und vieles mehr.

Von 1942 bis 1946 waren 6000 amerikanische Soldaten auf Wallis stationiert. Wallis lag nie im eigentlichen Kampfgebiet, aber die Umwälzungen, welche die Anwesenheit so vieler Fremder, ihrer Sitten und ihrer finanziellen Mittel auf diesem kleinen Pazifikeiland mit sich brachten, waren gewaltig. Die GIs gelangten nicht bis nach Futuna, und das ist einer der Gründe, weshalb die Modernisierung in Wallis heute sehr viel weiter fortgeschritten ist als in Futuna.

Die »Gesetze von Uvea« wurden zu dieser Zeit der neuen Situation angepaßt und die Strafen in Dollar und Schilling ausgedrückt:

»Erstes Gesetz, Kirchenangelegenheiten betreffend: Es ist verboten, bei der Messe zu fehlen. – 1 Dollar. Der Küster an der Kirchenpforte muß die Personen, die mit einem Stück Tabak hinter dem Ohr oder im Ohr in die Kirche eintreten wollen, auffordern, es zu entfernen. Wenn der Aufforderung nicht Folge geleistet wird, ist die Strafe – 2 Dollar. Es ist verboten, gelb angemalt zur Kirche zu kommen – 1 Schilling. Es ist verboten, mit rot gefärbten Haaren zur Kirche zu kommen – 1 Schilling. Jedem Kranken, z. B. Trägern von offenen Wunden und anderen Krankheiten, ist der Zutritt zur Kirche untersagt – 1 Dollar. Es ist verboten, am Sonntag zu arbeiten – 3 Dollar ...«

## ☐ Futuna

Obwohl Futuna über 150 Jahre früher als Wallis in Kontakt mit den Europäern kam – 1616 durch die Entdeckung von Schouten/Le Maire – wurden äußere Einflüsse in geringerem Maße wirksam als in Wallis. Bis in die jüngste Vergangenheit war sehr wenig über Futuna bekannt.

Auch die Geschichte Futunas liegt noch größtenteils im Dunkelen. Ein französisches Archäologenteam unter der Leitung von Daniel Frimigacci stieß bei Ausgrabungen, die noch nicht abgeschlossen sind, auf eine Reihe von interessanten Funden: Die ältesten darunter stammen aus Asipani (bei Fiua-Toloke nahe der Nordspitze). Die Funde belegen eine Besiedlung um etwa 700 v. Chr.; diese frühen Ozeanier gehörten der Lapita-Kultur an und siedelten in kleinen, an der Küste gelegenen Dorfgemeinschaften. Gegen Mitte des ersten nachchristlichen Jahrtausends

# FUTUNA – GESCHICHTE UND KULTUR

verlegte sich die Besiedlung mehr und mehr auf die Täler und Hochebenen, während die fruchtbaren Küstenstreifen eine intensivere Kultivierung erfuhren. In diese Zeit fallen auch die ersten Spuren des Taroanbaus; so hat man in Asipani unter einer 1,50 m hohen Sedimentschicht eine Taroparzelle mit einer Abflußrinne und 60 Pflanzlöchern aus der Zeit von 700–1000 n. Chr. ausgegraben. Die Archäologen nehmen an, daß in dieser Periode die Grundlagen für die Landverteilung und die Sozialstruktur in Futuna gelegt wurden. Einige der heutigen *kutuga* (durch Familienbande zusammengeschlossene Gruppe von Personen) sind möglicherweise auf diese weit zurückliegende Phase der Verteilung der Ländereien zum Taroanbau in Parzellen *(vusiga)* zurückzuführen.

Die Kriegsführung scheint ein wichtiger Faktor im Leben der frühen Futunesen gewesen zu sein. Bei den Ausgrabungen fand man neben einfach gehaltenen *Malae* (die oft nur aus einer Reihe von aufgestellten Steinblöcken bestehen, als Rückenstützen für die im Rat Versammelten) eine große Anzahl von bedeutenden Befestigungsanlagen. So wird das Fort im Gebiet von Mata Uta auf der Hochebene von Asoa an der Südspitze von Futuna auf ein Alter von 1000 Jahren geschätzt, während die diesbezüglichen Überlieferungen sich nur bis ins 16. Jh. verfolgen lassen.

Dank der gut ausgebauten Befestigungsanlagen in Futuna, die auch aus dem steilen Gebirgsabfall zur Küste hin strategischen Nutzen schlugen, gelang es der tonganischen Dynastie von Uvea (Wallis) nicht, ihre Macht auf die Nachbarinsel auszudehnen, obwohl sie im 16. Jh. mehrere militärische Expeditionen mit diesem Ziel aussandte.

Viele Jahre später versuchte eine andere Gruppe von Fremden ihren Einfluß auf die Futunesen auszudehnen. Am 12. November 1837 wurden Pater Chanel und Bruder Nizier auf der Insel zur Missionierung zurückgelassen. Ihnen war ein schweres Schicksal beschieden: Sie gerieten durch ihren Aufruf zum Frieden unwissentlich in Gegensatz zu den verschiedenen Häuptlingsfamilien, die Machtkämpfe miteinander ausfochten. Drei Jahre lang kam kein französisches oder ›katholisches‹ Boot zu ihrer Verstärkung, und sie lebten in tiefster Armut – die Insulaner, in deren Gesellschaft sich das Mana (s. S. 112 ff.) einer Person auch in materiellen Dingen zeigt, konnten sie nur verachten. Die Missionare hatten Probleme bei der sprachlichen Verständigung mit der Inselbevölkerung, so daß ihnen auch der Einblick in die tiefere Bedeutung mancher traditioneller Gesten und Handlungen verborgen blieb.

Als der Sohn des Königs sich zum Christentum bekehrte und bei einer Mahlzeit mit dem Pater Yamswurzeln aß – ein unverzeihlicher Verstoß gegen das Tabu, das Männern erst nach der Geburt ihres ersten Sohnes den Genuß dieser Wurzel erlaubt – nahm die Tragödie ihren Verlauf. Die Königsfamilie hatte von Pater Chanel schon einen Affront erlebt: Er hatte in seinem Kampf gegen den Kannibalismus eine Sammlung von menschlichen Knochen vor der Herrscherresidenz ins Feuer geworfen und dabei, ohne es zu wissen, auch die sterblichen Überreste eines königlichen Vorfahren mitverbrannt. Die königliche Autorität konnte Beleidigungen dieser Art nicht länger hinnehmen. Am Morgen des 28. April 1841 wurde Pater Pierre Chanel von Musumusu, einem Krieger, im Auftrage des Königshauses getötet.

Die anderen Missionare auf Futuna, Bruder Nizier und fünf Protestanten, verließen fluchtartig die Insel. Als sie ein Jahr später, am 8. Januar 1842, auf die Insel zurückkehrten, bat die Mehrzahl der Futunesen darum, getauft zu werden. Dieser Stimmungsumschwung hatte ganz pragmatische Ursachen: Die Inselbewohner fürchteten eine Bestrafung durch die militärisch überlegenen Europäer und den mächtigen Anwärter auf den Königsthron, der sich während seines Exils in Uvea zum Katholizismus bekehrt hatte. 1842 war die erste Phase der Missionierung für Wallis und Futuna abgeschlossen, die Mehrzahl der Insulaner hatte zum damaligen Zeitpunkt den katholischen Glauben angenommen.

Mit der Zeit vertiefte die Kirche ihren Einfluß immer mehr. So wurden in Futuna z. B. auf Betreiben der christlichen Missionare die meisten Siedlungen wieder an die Küsten verlegt, um ihnen einen besseren Überblick über die Lebensweise der Bewohner zu gewähren, als ihnen das in den abgeschlossenen Tälern möglich gewesen wäre.

Pater Pierre Chanel ist heute der einzige Heilige des Pazifiks. Die Basilika von Poi in Futuna birgt seine Reliquie, die Pilger aus der ganzen Region zum Gebet anzieht. Im Jahr 1991 wurde die 150-Jahr-Feier des Märtyrertodes mit großen Feierlichkeiten begangen, zu denen Persönlichkeiten aus der ganzen Welt und sogar die Nachfahren des Mörders als Ehrengäste geladen waren.

*Kanus am Strand von Futuna*

## WALLIS UND FUTUNA

Wallis und Futuna haben auch in den 30 Jahren, in denen sie Teil der französischen Republik sind, ihre polynesische Identität zu wahren gewußt. Die hierarchische Struktur der Gesellschaft aus einfachem Volk *(tua)* – Adligen *(aliki)* und den Königsfamilien lebt neben den demokratischen Formen des aktuellen politischen Systems weiter.

Der König von Wallis trägt den Titel *lavelua*. Ihm stehen sechs Minister zur Seite. Der König ist für seine Regierung auf die Unterstützung seiner Minister angewiesen. Die gesellschaftliche Hierarchie führt in der Theorie nicht auf eine Anhäufung der Güter beim Monarchen und seiner Familie hinaus, sondern auf eine gerechte Auf- und Umverteilung der von der Bevölkerung erworbenen oder erwirtschafteten Güter. Die Macht eines Königs gründet sich auf den Respekt und die Achtung, die ihm seine Untertanen entgegenbringen. Machtmißbrauch kann vom Volk geahndet werden und bis zur Absetzung des Königs führen.

**Die räumliche Aufteilung der *kaiga*:** Das Land in Futuna ist in *kaiga* gegliedert. Jeder Familie gehört ein *kaiga* (in vielen polynesischen Sprachen bedeutet *kaiga* Großfamilie, was auf die enge Verbindung von Land und Familie hinweist). *Kaiga* sind lange Streifen Landes, die sich vom Strand bis ins Landesinnere erstrecken. Nahe beim Strand stehen Versammlungshäuser und Bootshaus, der eigentliche Wohnbezirk liegt etwas weiter landeinwärts. Er wird durch die Schweinemauer begrenzt, die das Borstenvieh davon abhalten soll, in die dahinterliegenden Pflanzungen einzudringen. An diese wiederum schließt sich der Wald der Familie an.

*ۥۥۥ* Grabstelle
● Kochstelle *(maumu)*
○ Fale
ϙ Brotfruchtbaum *(mei)*

Uta: Landesinnere, Wald
Vao: Kokospalmen- und Bananenpflanzung
Vusiga: Tarofeld
Kau a matua: Schweinemauer
Fale uvo: Junggesellen-Versammlungshaus
Fale tauasu: Dorf-Versammlungshaus
Afolau: Bootshaus

Die kleine Insel Futuna ist in zwei Königreiche aufgeteilt: Sigave (die Nordhälfte der Insel) unter dem König mit dem Titel *Sau* und Alo (die Südhälfte der Insel sowie die Insel Alo) unter dem *tuiagaifo*.

Im Territorialrat *(Conseil territorial)* präsidiert der von Frankreich entsandte *Administrateur supérieur*. Die drei Könige sind Mitglieder des Rates, dazu drei weitere, vom Präsidenten ernannte Personen. Wallis und Futuna sind in Paris durch einen Abgeordneten und einen Senator sowie einen Abgesandten im Ministerium für Überseegebiete vertreten.

Die Legislative liegt bei der Territorialversammlung *(Assemblée territoriale)*, deren 20 Mitglieder (13 aus Wallis und 7 aus Futuna) alle fünf Jahre in geheimen, freien Wahlen gewählt werden. Der Administrator hat ein Vetorecht bei Entscheidungen der Territorialversammlung, insofern diese nicht wirtschaftliche oder soziale Fragen betreffen, die der Autorität der Könige unterstehen.

Moderne demokratische Institutionen und traditionelle Königsherrschaft koexistieren relativ reibungslos in dem Inselreich. Man versucht, ein Problem zunächst auf Dorfebene zu lösen, bevor man es vor höhere Instanzen trägt. Die größte Macht liegt wohl weiterhin bei den Königen, denn wie ein Wallisianer bemerkt: »Die Verwaltung existiert nur an den Wochentagen von 7 bis 13 Uhr, während ein König 24 Stunden lang am Tag König ist und auf die Unterstützung seiner Untertanen zählen kann.«

*Briefmarken aus Wallis und Futuna*

# Tokelau

*Längengrade: 171°–173° West; Breitengrade: 8°–10° Süd*
*Hauptstadt: Fakaofo auf Fale*

*Namenswahl: Es existieren zwei Erklärungen: Tokelau ist das polynesische Wort für die Windrichtung Nordwest, der Inselname wird von der Richtung abgeleitet, in die die ersten Besiedler gesegelt waren. Eine andere Überlieferung leitet den Namen von Toke (Spitze) und lau (Blatt) her – die ersten Ankömmlinge sahen vom Meer aus hinter den hohen Brechern zunächst nur die Blattspitzen der Inselvegetation und hielten dies bei der Benennung fest.*

## Allgemeine Landeskunde

Atafu, Nukunonu und Fakaofo, die drei Inseln, die zusammen Tokelau bilden, können als Paradebeispiele für ein Südseeatoll angesehen werden. Sie sind sich in der äußeren Form sehr ähnlich: Ein Kranz aus winzig kleinen Inselchen ist auf der einen Seite durch ein Korallenriff vom offenen Meer getrennt, auf der anderen Seite liegt eine ausgedehnte Lagune. Einer Landfläche von insgesamt 12 km² stehen 290 000 km² Meeresoberfläche gegenüber. Knapp 2000 Einwohner verteilen sich über die drei Atolle, der Anteil an Nicht-Polynesiern darunter ist verschwindend gering. Etwa 300 Tokelauaner leben in West-Samoa und über 3000 in Neuseeland. Dem Besucher wird zunächst die paradiesische Seite des Atollebens ins Auge fallen: das türkisblaue und glasklare Meer, die besondere Helligkeit des Lichtes, das auf allen Seiten vom Meer gespiegelt wird, die Kokospalmen, Pandanusbüsche und der gemächliche Lebensrhythmus der Bewohner. Die südlich von Fakaofo gelegene Insel Olohenga gehörte traditionell zur Tokelau-Gruppe, heute ist sie als Teil von Amerikanisch-Samoa unter Verwaltung der Vereinigten Staaten.

Das Land ist eine neuseeländische Kolonie. Seine Bewohner sind Untertanen der britischen Krone und neuseeländische Staatsbürger. Das neuseeländische Außenministerium ernennt einen Administrator of Tokelau. Dieser hat seinen Sitz in Wellington und wird im Office of Tokelauan Affairs (Apia) durch den Official Secretary vertreten; auf jeder der drei Inseln hat er ebenfalls einen Vertreter, den *faipule*. Jede Insel hat einen Ältestenrat *(taupulega)* mit einem Dorfvorsteher *(pulenuku)*. Jeder Taupulega entsendet 15 Mitglieder in den *fono*, der Entscheidungen trifft, die das ganze Land betreffen. Der *general fono* wird durchschnittlich zweimal jährlich abgehalten (im April und im Juli/August), der Sitz ist immer abwechselnd auf einer der drei Inseln.

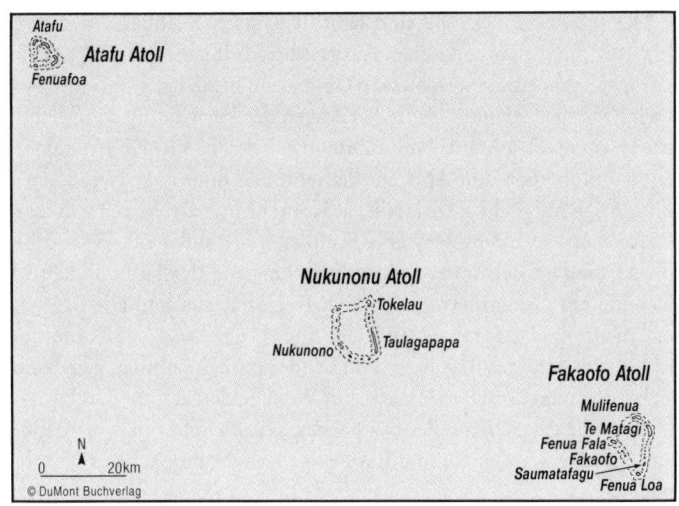

*Tokelau*

Das Land hat äußerst spärliche Ressourcen. Da die Bevölkerung außer den Produkten ihrer Subsistenzwirtschaft auch immer mehr Konsumgüter benötigt, wächst ihre Abhängigkeit von neuseeländischer und anderer ausländischer Hilfe zusehends.

Die Nahrung ist einfach in Tokelau: Die Lagune garantiert reichen Fischfang. Man ißt zum Fisch Kokosnüsse in ihren verschiedenen Reifestadien, Pandanus, Sumpftaro *(pulaka)*, trockenen Taro *(tamu)*, Maniok oder Brotfrucht, und man trinkt Kaleve, ein süßes, aus dem Saft der Kokospalme gewonnenes Getränk. Manchmal wird im einzigen Geschäft des Dorfes eine Büchse Fleisch und ein Sack Reis oder Zucker dazugekauft. An großen Festtagen werden einige Schweine geschlachtet. Tokelau ist berühmt für seine ›schwimmenden Schweine‹, eine Besonderheit, die es mit anderen benachbarten Pazifikinseln, z. B. Tonga und Futuna, teilt. Die Schweine leben im Niedrigwasser, das sich an den Strand anschließt, und sie ernähren sich hauptsächlich von Meeresgetier, etwa Muscheln, die sie ausschlürfen.

## Geschichte und Kultur

In Tokelau sind die Traditionen immer noch stark; das zeigt sich z.B. in der Beziehung zwischen Bruder und Schwester, die von höchstem Respekt geprägt ist. Es gibt hier keine Flughäfen und Autos, keine Diskotheken und keine Gefängnisse. Dafür wird die Natur sehr hoch geschätzt, sogar die Riffpartien in der Lagune haben ihren Namen. Im Versammlungshaus von Fakaofo steht ein großer Korallenblock, der Tui Tokelau, dem früher magische Kräfte zugeschrieben wurden (sein Aufsatz in Kopfform stammt aus jüngster Zeit).

## TOKELAU – GESCHICHTE UND KULTUR

Die Inseln der Gruppe sind heute viel stärker isoliert als während der voreuropäischen Epochen, als die polynesischen Auslegerboote ohne Schwierigkeiten Hunderte von Kilometern zurücklegten. Heute verbietet das Gesetz den Insulanern, auf eigene Faust über die Grenzen der Lagune hinauszufahren, da in den Augen der Verwaltung die Gefahr des Schiffbruchs zu groß ist. So sind selbst Atafu, Nukunonu und Fakaofo für den Kontakt untereinander auf das nur einmal monatlich von Apia aus verkehrende Boot angewiesen, das außer Funk und Telefon die einzige Möglichkeit darstellt, in Kontakt mit der Außenwelt zu treten.

Tokelau war in der Geschichte Einflüssen von außen oft relativ hilflos ausgesetzt. Das galt für die Missionare der kongregationalistischen und der katholischen Kirche, die auch hier ihre Kämpfe um die Vorherrschaft in der Region austrugen. Die Begegnung ging ›unentschieden‹ aus, denn von drei Inseln fielen je eine und eine halbe an jede Konfession. Der Einfluß der Kirche ist bis zum heutigen Tag überall im Lande deutlich sichtbar, ganz besonders am Sonntag, wenn sich die gesamte Inselbevölkerung in Weiß gekleidet zum Kirchgang einfindet.

Über die ersten Besiedler des Landes liegen keine genauen Angaben vor, in den Legenden aus Tokelau werden Samoa, Rarotonga und Nanumanga in Tuvalu als Ursprungsinseln genannt.

Commodore John Byron auf der Dolphin, ›entdeckte‹ als erster Europäer am 24. Juli 1765 Atafu; Nukunonu wurde von Kapitän Edward Edwards auf der Pandora im Jahre 1791 gesichtet – er war auf der Suche nach den Meuterern der Bounty. Fakaofo wurde vermutlich zum ersten Mal 1835 von einem Walboot angesteuert.

Im 19. Jh. kann sich Tokelau nicht über mangelnde Internationalität der Kontakte beklagen. Zunächst fielen auch hier peruanische Sklavenhändler ein, die die Bevölkerung um einen bedeutenden Teil dezimierten, dann siedelten sich Koprapflanzer deutscher, französischer, amerikanischer und schottischer Herkunft an. Die schillerndste Persönlichkeit in dieser Gruppe war wohl ein capverdischer Koprahändler mit portugiesisch-afrikanischen Vorfahren.

Seit 1877 stand die Tokelau-Gruppe unter englischer Verwaltung, die zunächst von Fidschi ausgeübt wurde, dann von 1889 bis 1909 von West-Samoa aus, bis sie 1910 nach Tonga verlegt wurde. Während der letzten Phase unter den Engländern, von 1916 bis 1925, befand sich die Verwaltung auf dem 2200 km entfernten Ocean Island. 1925 trat Großbritannien Tokelau an Neuseeland ab. Nachdem Neuseeland durch den Völkerbund auch die Vormundschaft für West-Samoa zugesprochen bekommen hatte, wurde die Verwaltung für die Tokelau-Inseln nach Apia transferiert; 1948 wurde der Archipel völlig der neuseeländischen Souveränität unterstellt. Auch nachdem West-Samoa seine Unabhängigkeit erlangt hatte, blieb die Verwaltung Tokelaus durch Neuseeland in Apia. Der Administrator von Tokelau nimmt indessen in Wellington die Interessen des Landes wahr.

Die Begrenztheit der natürlichen Ressourcen und die Enge des Lebensraums sind deutlich spürbar, wenn man durch die Dörfer der Inseln wandert. Hier liegen die Häuser dicht an dicht nebeneinander, jeder einzelne Baum ist einer Großfamilie *(kau kaiga)* zugeteilt. Im Gegensatz zu den ersten Eindrücken eines Inselbesuchers, der sich zunächst in ein üppiges Tropenparadies versetzt glaubte, ist die Atoll-Landschaft in Wirklichkeit gerade noch an der Grenze der Lebensfähigkeit: Landwirtschaftlich nutzbare Böden sind rar und äußerst nährstoffarm; die

*Bootsanlegesteg aus Korallengestein in der Lagune von Atafu, Stich von 1841*

Pflanzungen der Insel erleiden zudem starke Schäden durch Salzwasser in der Luft, insbesondere aber durch verwüstende Hurrikane, wie sie alle paar Jahre auftreten.

Die Insel Fale wurde zum Standort des Hauptdorfes Fakaofo, weil sie windgeschützt liegt und die Fischgründe hier gut zugänglich sind. Durch die Praxis des Kochens im Erdofen aus Korallenblöcken liegt das Niveau von Fale heute 4 m höher als vor der Besiedlung durch die Menschen – so zahlreich waren die Korallenstückchen, die man aus der Lagune für den ›Umu‹ herantrug. Vor 25 Jahren lebten etwa 650 Personen auf einer 4,5 ha großen Fläche. Man gründete eine Neusiedlung auf der benachbarten Insel Fenua Fala, die bei Ebbe sogar zu Fuß erreicht werden kann. Die Bevölkerung ist seitdem etwas lockerer verteilt, psychologisch haben jedoch die Neusiedler ihre Bande zur alten Heimat noch nicht aufgegeben.

Seit den 60er Jahren erlaubt es die Auswanderung nach Neuseeland, die drangvolle Enge Tokelaus zu verlassen, und heute leben zwei von drei Tokelauanern im ›Mutterland‹. Angesichts der Höhe der Hilfsgelder, die Neuseeland für die 1600 auf dem Archipel Verbleibenden aufwendet ($NZ 2,64 Mio. für 1984), werden in Wellington immer wieder mehr oder weniger scherzhaft Stimmen laut, die vorschlagen, die Inselbevölkerung doch mit drei Jumbojets ins Mutterland zu holen, um sich unnötige Ausgaben zu ersparen.

# Französisch-Polynesien

## Allgemeine Landeskunde

*Offizieller Name: Polynésie Française*

*Längengrade: 131°–156° West; Breitengrade: 7°–29° Süd*
*Landfläche: 4000 km²; Meeresfläche: 5 030 000 km²*

*Hauptstadt: Papeete auf Tahiti (ca. 24 000 Ew.)*

Bei Französisch-Polynesien denkt man meist nur an Tahiti, in Wirklichkeit umfaßt das Land jedoch über 115 Inseln, die sich von Norden nach Süden gesehen auf folgende fünf Gruppen verteilen: die Marquesas-Inseln, die Tuamotu-Gruppe, die Gesellschafts-Inseln (mit Tahiti), die Austral-Inseln und die Gambier-Gruppe. 82 davon sind Atolle, die anderen sind gebirgig und vulkanischen Ursprungs.

Wir konzentrieren uns in der folgenden Beschreibung auf die Gesellschafts-Inseln mit den ›Inseln im Wind‹ (Iles du vent), die dem Passatwind zugewandten Eilande Tahiti und Moorea, und den ›Inseln unter dem Wind‹ (Iles sous le vent), Huahine, Raiatea, Tahaa, Bora-Bora und Maupiti, da diese per Boot oder Flugzeug leicht zu erreichen sind und eine ausreichende touristische Infrastruktur aufweisen.

Die meisten Inseln Französisch-Polynesiens liegen in der tropischen Klimazone. Die wärmere und feuchtere Regenzeit fällt in die Sommermonate (von Dezember bis Februar), aber auch die anderen Monate sind nur geringfügig kühler. Auf der den Passatwinden zugewandten Ostseite der Inseln sorgt häufig eine Brise für Abkühlung. Einer artenreichen marinen Fauna steht eine vergleichsmäßig arme terrestrische Fauna gegenüber.

Tahiti ist berühmt für seine üppige und dichte tropische Flora. Das besondere Geschick der tahitianischen Gärtnerinnen und Gärtner und das feuchtwarme Klima sind für das außergewöhnliche Gedeihen der Pflanzen verantwortlich. Nationalpflanze ist der Tiare-Busch mit den weißen, stark duftenden Blüten, die von geschickten Händen zu Blumenketten und Blütenkränzen verarbeitet werden.

Ende der 80er Jahre belief sich die Bevölkerung von Französisch-Polynesien auf 192 000 Personen. Davon bezeichnen sich 75% als Maoris, 10% als Europäer und 15% als Asiaten, wobei jedoch zu beachten ist, daß die meisten Menschen im Land von verschiedenen ethnischen Grup-

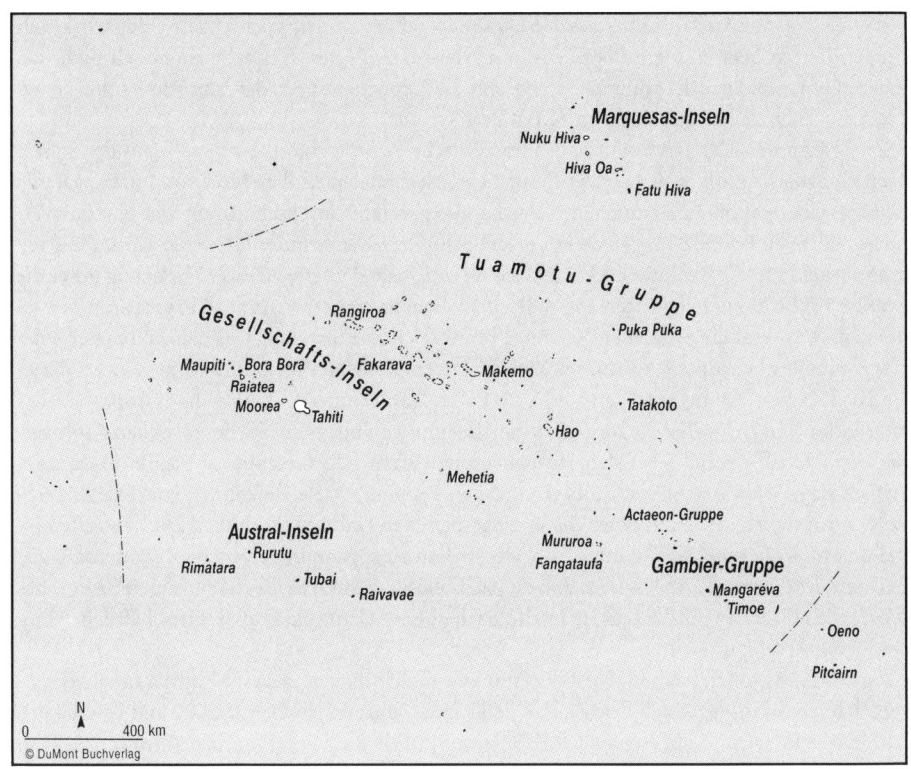

*Französisch-Polynesien*

pen gleichzeitig abstammen und sich nur kulturell zu einer bestimmten Gruppe bekennen. Fast die Hälfte der Bevölkerung lebt auf Tahiti.

Die offiziellen Sprachen des Landes sind Französisch und Tahitianisch. Die polynesischen Sprachen der anderen Inselgruppen können mitunter sehr stark vom Tahitianischen abweichen.

Französisch-Polynesien ist seit 1957 ein französisches Überseeterritorium. Als Folge auf den Ruf nach Unabhängigkeit wurde dem Land 1984 ein ›Statut der internen Unabhängigkeit‹ gewährt. Die Legislative liegt bei der Territorialversammlung *(Assemblée territoriale)*, deren 41 Mitglieder alle fünf Jahre in freien Wahlen gewählt werden. Aus ihren Reihen rekrutieren sich die acht bis zehn Minister, aus denen die Regierung besteht. Ein von Frankreich eingesetzter Hochkommissar ist für die Verbindung mit dem Mutterland verantwortlich. Ihm unterstehen darüber hinaus so wichtige Bereiche wie die Außenpolitik, Finanzen, Außenhandel, Verteidigung, Bürgerrecht, der öffentliche Staatsdienst, die höhere Schulbildung und die Massenmedien Radio und Fernsehen.

Der Lebensstandard in Französisch-Polynesien gehört zu den höchsten im Südpazifik; seit einigen Jahren liegt er sogar über dem von Neuseeland. Diese Tatsache ist jedoch nicht auf innere Dynamik zurückzuführen – so decken die Exporte nur 5% der Importe – sondern auf massiven finanziellen Beistand von Seiten Frankreichs.

Zu Beginn der 60er Jahre wurde das französische Atomforschungszentrum aus der Sahara nach Französisch-Polynesien verlegt. Seitdem wurden auf den Atollen Moruroa und Fangataufa (Austral-Gruppe) im äußersten Süden des Landes pro Jahr durchschnittlich vier bis fünf Versuche gezündet. Bis 1975 fanden diese Versuche direkt in der Atmosphäre statt, danach führten die Entwicklung der Technik und massive internationale Proteste zu ihrer Verlegung unter die Erdoberfläche. Bis zum heutigen Tag gehen die Versuche weiter, wenn auch in größeren Zeitabständen. Während die offiziellen Vertreter Frankreichs sie für völlig ungefährlich halten oder dies zumindest behaupten, verstummen in der internationalen Presse die Stimmen nicht, die an die Risiken von Atomversuchen und ihre Spätfolgen erinnern. Zahlreiche Kampagnen der internationalen Umweltschutzorganisation Greenpeace sind gegen die französischen Atomversuche im Pazifik gerichtet. (Mehr Informationen dazu bei: Greenpeace Pacific Campaign, Private Bag, Wellesley Street, Auckland, New Zealand.) Viele Bewohner von Französisch-Polynesien stehen dem Phänomen mit einer gespaltenen Haltung gegenüber. Die häufigste Einstellung ist wohl eine gleichgültige, in vielen Fällen ist sogar eine schwache Zustimmung zur Existenz des Centre d'Expérimentation du Pacifique zu spüren, da dieses im wahrsten Sinne des Wortes den Goldesel für das Land darstellt, nach dessen Abzug ein großer wirtschaftlicher Einbruch vorhersehbar wäre.

Trotz seines großen Namens hat Tahiti nur eine verhältnismäßig kleine Zahl an Besuchern zu verzeichnen; so bewegte sich ihre Zahl in den letzten Jahren zwischen 130 000 und 140 000 pro Jahr. Diese Tatsache ist auf eine gezielte Tourismuspolitik zurückzuführen, die sich verstärkt an kleine Gruppen äußerst wohlbetuchter Urlauber aus Übersee wendet – von denen 1992 viele ausblieben. Für weniger finanzkräftige Besucher wird es aufgrund der extrem hohen Preise im Land schwer sein, eine Nische für ihre Bedürfnisse zu finden, und Rucksackreisende sind im Lande völlig verpönt.

# Geschichte und Kultur

Nach Kiribati ist Französisch-Polynesien das Land mit der größten Ausdehnung in der Region – seine Meeresoberfläche entspricht in etwa der Landfläche von Europa. Lange Zeit waren die Bewohner der weit im Meer verstreuten Inselgruppen verschiedenen Einflüssen ausgesetzt.

Wahrscheinlich verließen im dritten nachchristlichen Jahrhundert die ersten Polynesier Samoa in Richtung Osten und gelangten auf ihrer Reise in die Marquesas-Inseln. Sie waren die ersten Siedler im Gebiet des heutigen Französisch-Polynesien. Die Marquesas-Inseln entwickelten sich in der Folge zu einem Ausstrahlungszentrum für die weitere polynesische Expansion.

17   Fidschi   Frauen in Suva, Viti Levu ▷

19 Polynesierin aus Tahiti
◁ 18 Salomon-Inseln Dorf auf Santa Ana            21    Fidschi   Viti Levu, Markt in Sigatoka ▷
20 Polynesier im Festschmuck

23 Cook-Inseln   Als Ägypter verkleidete Rarotonganer am Gospel Day
◁ 22 Polynesische Tänzerinnen und Tänzer
24 Cook-Inseln   Rarotonga, Einsetzung der Königin Pa Ariki

25  Vanuatu   Masken von der Insel Malekula

27  Vanuatu   Maskentanz auf der Insel Malekula ▷

26  Vanuatu   Männer von der Insel Malekula

28 Salomon-Inseln  Maskenträger von der Insel Santa Ana
29 Vanuatu  Mann mit geschnitztem Boot
30 Vanuatu  Kleiner Namba aus Malekula ▷

31 Vanuatu   Namba-Frau aus Malekula

32 Salomon-Inseln   Kwaio von der Insel Malaita

33 Salomon-Inseln   Mit Frangipani-Blüten geschmückte Mädchen

35   Wunderstrauch und Bougainvillea ▷

34 Salomon-Inseln   Buschmann von der Insel Santa Ana

Von hier stammten die Menschen, die im 4. Jh. die Gambier-Inseln und die Osterinsel besiedelten, und im 5. Jh. ging von hier die Entdeckung und Kolonisierung der Hawaii-Inseln aus. Im 7. Jh. folgte ein bedeutender Aufbruch in südwestliche Richtung, der die ersten Siedler auf die Inseln in der Gesellschaftsgruppe brachte. Von dort aus kann man die polynesischen Wanderungen weiter bis hin zu den Cook-Inseln verfolgen, von wo die großen Kanureisen nach Neuseeland ausgingen (8. Jh.), mit denen das polynesische Dreieck geschlossen wurde.

*»Ein Arkadien,
dessen Könige wir sein werden.«*
Joseph Banks

Erster europäischer Entdecker im Gebiet von Französisch-Polynesien war Magellan, der 1521 die Tuamotu-Inseln streifte. Mendaña entdeckte 1595 eine Inselgruppe, die er dem Vizekönig Perus zu Ehren »Las Islas Marquesas de Mendoza« nannte. Quirós streifte die Tuamotu-Gruppe 1606. Le Maire und Schouten entdeckten 1616 eine ganze Reihe von Inseln (u. a. Rangiroa, Manihi), und 1722, ein Jahrhundert später, kam ihr Landsmann Roggeveen als erster Europäer in Sichtweite der Gesellschafts-Inseln. Gegen Ende des 18. Jh. kann man geradezu von einem ›Besucherboom‹ in der Region sprechen. Der englische Kapitän Wallis landete 1767 auf Tahiti und nahm die Insel im Namen seines Königs Georgs III. in Besitz. Auf ihn folgte ein Jahr später der Franzose Louis de Bougainville, dessen entzückte Beschreibungen der Insel wie die seines Begleiters Philibert de Commerson für den ›Mythos Tahiti‹ verantwortlich sind, der bis heute lebendig ist:
»Unter dem schönsten Himmel geboren, sich nährend von den Früchten einer ohne menschliches Zutun fruchtbaren Erde, regiert eher von Familienvätern als von Königen, kennen die Bewohner Tahitis keinen anderen Gott als den der Liebe.« (Philibert de Commerson)
Nun hatte Tahiti auch nicht mehr lange auf den unermüdlichsten Entdeckungsreisenden des Pazifiks zu warten: 1769 landete Cook zum ersten Mal auf Tahiti; er kam 1773 und 1777 wieder. 1789 kreuzte die Bounty in den Gewässern der Region.

Nach der Epocheneinteilung der Archäologen ist die materielle Kunst der Polynesier zur Zeit der ersten Kontakte mit den Europäern als ›neolithisch‹ – jungsteinzeitlich – einzustufen: Sie stellten ihre Werkzeuge aus Naturmaterialien wie Holz, Stein und Muscheln her. Metalle waren ihnen ebenso unbekannt wie das Rad. Der geringen technischen Entwicklung standen hochkomplizierte gesellschaftliche Systeme gegenüber, die besonders in Tahiti und auf den gesamten Gesellschafts-Inseln zu einer herausragenden Blüte gelangten.
Beim ersten Kontakt mit den Europäern – mit Kapitän Wallis im Jahre 1767 – lebten mehrere zehntausend Polynesier auf der fruchtbaren Gebirgsinsel Tahiti. Der wichtigste zeitliche und soziale Bezugspunkt dieser Menschen waren die Ahnenreihen, deren detaillierte Kenntnis von Generation zu Generation sorgfältig weitergereicht wurde – sie wiesen einem jeden seinen Platz in der Gesellschaft zu. An der Spitze einer meist dreistufigen Hierarchie stand die Gruppe der

FRANZÖSISCH-POLYNESIEN – GESCHICHTE UND KULTUR

## O-Tahiti: Aus Georg Forsters »Reise um die Welt«

Der Natur- und Völkerkundler Georg Forster nahm an der großen Forschungsreise teil, die Kapitän Cook zwischen 1772 und 1775 in den Pazifik führte. Seine 1777 in englischer und 1778 bis 1780 in deutscher Sprache veröffentlichte »Reise um die Welt« gehört zu den interessantesten historischen Texten über die Südsee.

»Ein Morgen war's, schöner hat ihn schwerlich je ein Dichter beschrieben, an welchem wir die Insel O-Tahiti, zwei Meilen vor uns sahen. Der Ostwind, der uns bis hierher begleitet, hatte sich gelegt; ein vom Lande wehendes frisches Lüftchen führte uns die erfrischendsten und herrlichsten Wohlgerüche entgegen und kräuselte die Fläche der See. Waldgekrönte Berge erhoben ihre stolzen Gipfel in mancherlei majestätischen Gestalten und glühten bereits im ersten Morgenstrahl der Sonne. Unterhalb denselben erblickte das Auge Reihen von niedrigen, sanft abfallenden Hügeln, die den Bergen gleich, mit Waldung bedeckt, und mit verschiedenem anmutigen Grün und herbstlichem Braun schattiert waren. Vor diesen her lag die Ebene, von tragbaren Brotfrucht-Bäumen und unzählbaren Palmen beschattet, deren königliche Wipfel weit über jene empor ragten. Noch erschien alles im tiefsten Schlaf; kaum tagte der Morgen und stille Schatten schwebten noch auf der Landschaft dahin. Allmählich konnte man unter den Bäumen eine Menge von Häusern und Canots unterscheiden, die auf den sandichten Strand heraufgezogen waren. Eine halbe Meile vom Ufer lief eine Reihe niedriger Klippen parallel mit dem Lande hin, und über diese brach sich die See in schäumender Brandung; hinter ihnen aber war das Wasser spiegelglatt und versprach den sichersten

*Reinhold und Georg Forster*

Ankerplatz. Nunmehr fing die Sonne an die Ebene zu erleuchten. Die Einwohner erwachten, und die Aussicht begann zu leben. (...) Die Wohnungen der Indianer lagen einzeln, jedoch ziemlich dicht beieinander, im Schatten der Brotfrucht-Bäume auf der Ebene umher, und waren mit mancherlei wohlriechenden Stauden, als Gardenia, Guettardia und Caulophyllum umpflanzt. Die einfache Bauart und die Reinlichkeit derselben stimmte mit der kunstlosen Schönheit des um sie her liegenden Waldes gut zusammen. Sie bestanden nämlich mehrenteils nur aus einem Dach, das auf etlichen Pfosten ruhte, und

> pflegten übrigens, an allen Seiten offen, ohne Wände zu sein. Diese sind auch bei dem vortrefflichen Klima des Landes, welches vielleicht eins der glücklichsten auf Erden ist, vollkommen zu entbehren, (...) Indessen gab es doch mitunter einige Wohnungen, die vermutlich nur deswegen, damit man innerhalb verborgner sein könnte, mit einer Art von geflochtenen Rohr-Hürden eingeschlossen waren, und welches sie denn einem großen Vogelbauer ziemlich ähnlich machte. In diesem Wandwerk war eine Öffnung zur Tür gelassen, die mit einem Brette zugemacht werden konnte. Vor jeder Hütte sah man eine kleine Gruppe von Leuten, die sich ins weiche Gras gelagert hatten oder mit kreuzweis übereinandergeschlagenen Beinen zusammensaßen und ihre glücklichen Stunden entweder verplauderten oder ausruheten.«

*ari'i*, sie leiteten ihre Abstammung von den Göttern her. Ihre Mitglieder und ihre Besitztümer standen unter dem Schutz mächtiger Tabus. Ihnen oblag die Herrschaft über die einzelnen Distrikte, in manchen Fällen konnte ihnen ein ›Großhäuptling‹ vorgesetzt sein, der seine Vorfahren auf die allerhöchsten Götter zurückführte.

Auf der so dicht besiedelten Insel spielte die Verteilung der Ländereien eine sehr wichtige Rolle. Daher war die zweite Klasse der tahitianischen Gesellschaft, die *ra'atira* genannten Landverwalter der einzelnen Distrikte, ebenfalls sehr mächtig. Sie arbeitete eng mit den *ari'i* zusammen. Die Masse der Bevölkerung gehörte zu den einfachen Leuten, den *manahune,* von denen einige über kleine Stücke Landes als Familienerbe verfügten, während andere landlos waren und direkt im Dienste ihrer adligen Herren standen.

Wertvoll geschmückte Kleidung, mächtige Doppelboote und immense Nahrungsvorräte waren allein Besitz der Höherstehenden, während das Volk kein Recht darauf hatte. Auch gesellschaftlich relevante Handwerke wie das Tatauieren, die Heilkunst oder der Fischfang, aber auch der Hausbau und Steinmetzarbeiten waren meist dem Adel vorbehalten. Europäische Beobachter polynesischer Gesellschaften stellten immer wieder mit Erstaunen fest, daß das Volk sich nicht über Ungerechtigkeiten beklagte, sondern vielmehr seine Herrscher liebte.

Die *marae*-Anlagen, heilige, den Göttern geweihte Bauwerke aus verschiedenen Materialien, sind eines der charakteristischsten Merkmale der polynesischen Kultur der Gesellschafts-Inseln. Sie sind räumlicher Ausdruck der sozialen Ordnung, denn jedem ist gemäß seiner Stellung in der Genealogie auch auf dem Marae sein Platz zugewiesen. Die Maraes können sich in Form und Funktion geringfügig zwischen den Inseln unterscheiden; auch in einem Gebiet existieren verschiedene Typen nebeneinander.

Am verbreitetsten waren die privaten Maraes – *marae tupuna* – relativ einfache, rechteckige Anlagen, auf denen aufgerichtete Steine mit symbolischer Bedeutung standen. Sie waren mit der Großfamilie assoziiert, die hier anläßlich ihrer Feste (Hochzeiten, Geburten, Trauerfeiern) den Kontakt mit den Göttern pflegte. Auch die Handwerksmeister verfügten über ihr privates Marae, wo sie Beginn, Ablauf und Früchte ihrer Arbeit in den Schutz der Götter stellten.

## FRANZÖSISCH-POLYNESIEN – MARAE

Größere Bezirke versammelten sich um ein Distriktmarae, und landesweite Zusammenkünfte fanden im *marae ari'i* statt. Der erweiterten geographischen Bedeutung entsprach meist auch eine weitläufige Anlage der Bauten. Nur auf dem *marae ari'i* wurden auch Menschenopfer dargebracht. Ein Beispiel für eine solch bedeutende Stätte zur Zeit des europäischen Einflusses ist das große **Marae der Pomare-Familie** in Pare. Die ebenfalls eindrucksvolle Anlage von Mahaiatea in Papara wurde von der Königin Purea für ihren Sohn errichtet. Nachdem dieser jedoch nie zu hohen Ehren gelangte, wurde die durch ihre Ausmaße beeindruckende Anlage auch nie geweiht. Zu den wichtigsten Zeremonien auf den großen Maraes zählten ihre Einweihung durch den Herrscher, die Einsetzung der *ari'i* und die rituelle Reinigung, nachdem Unbefugte bzw. Feinde sie betreten hatten. Bei bestimmten Anlässen, z. B. bei der Blüte des Schilfrohres, wurden Fruchtbarkeitsriten abgehalten, die das Wachstum der Pflanzen positiv beeinflussen sollten, und auch der gute Ausgang des Fischfangs wurde durch Zeremonien herbeigerufen.

Das berühmteste Marae aller Zeiten ist das ›internationale‹ **Marae von Taputapuatea auf der Insel Raiatea.** Dieser ausgedehnte Komplex war dem Kriegsgott 'Oro geweiht, dessen Bedeutung im Laufe der Geschichte so sehr gewachsen war, daß er im 18. Jh. allen anderen Göttern der Region vorstand. Durch die geweihte Riffpassage *te ava moa* kamen Delegationen aus den verschiedensten Teilen Polynesiens zu dieser überregional bedeutenden heiligen Stätte im Distrikt Opoa. Es scheint, daß der Aufstieg der Tamatoa-Dynastie im Gebiet von Opoa zur außergewöhnlichen Bedeutung dieses Ortes geführt hat. Die Anlage erstreckte sich über das gesamte Cap Matahira. Sie bestand aus mehreren Maraes, Reihen von aufgestellten Steinen, Plattformen und Ständen für Bogenschützen.

Neben dem weniger bedeutenden Marae Hiti Tae, dem Distriktmarae, war ein weiteres Marae in Gebrauch: das am Lagunenrand gelegene *hauviri*, Familienmarae der Tamatoa-Dynastie – hier wurden zeitweise Menschenopfer abgehalten.

*Zeremonialpaddel (Blatt und Schaft) aus Tubai. Wahrscheinlich wurden diese kunstvoll geschnitzten Paddel bei besonderen Festen zum Steuern des Häuptlingsbootes verwandt*

Die ersten Europäer erzählen noch von den Zeremonien, denen sie auf den Maraes der Gesellschaftsinseln beiwohnten, doch bald nach ihrem Eintreffen verlor sich gerade durch ihren Einfluß diese Tradition. Es ist heute nicht mehr möglich, genau zu rekonstruieren, wie die Nutzung der Maraes aussah, zumal die frühen europäischen Beobachter nur die offensichtlichen Handlungen beschrieben und man sicher sein kann, daß man sie nicht in den tiefen Sinn der Riten einweihte. Bei den Einheimischen wurde vor allem durch die Tätigkeit der Missionare die Erinnerung an diese ›heidnischen‹ Handlungen getilgt.

Auf der Insel Huahine in den Gesellschafts-Inseln kann der archäologisch Interessierte eine hervorragende Reihe von Maraes in herrlicher landschaftlicher Umgebung bewundern.

**Rekonstruktion eines Marae** Die Kultstätte bestand aus einem rechteckigen, von Mauern umschlossenen Hof *(tahua)*. Dieser war oft mit heiligen Bäumen bepflanzt wie etwa das Marae von Opunohu in Moorea. An seinem hinteren Ende befand sich eine steinerne Plattform *(ahu)*, die den Göttern vorbehalten war und nicht als Altar diente. Darauf stand eine Götterfigur *(to'o)*. An der Vorderseite des Altars lehnten behauene Steine. An beiden Längsseiten des Hofes waren *unu*, bis zu 2 m hohe, hölzerne Pfähle, postiert. In der Mitte des Hofes standen steinerne Rückenstützen für die Priester und den König *(ari'i)*. Auf der dem *ahu* gegenüberliegenden Seite befand sich der Opfertisch *(fataru)* und eine Krippe, in der die Toten vor der Bestattung ausgedörrt wurden. Vor den Mauern des Marae lag der *fare tupapa'u*, in dem die Verstorbenen aufgebahrt wurden, der *fare ia manaha*, in dem die Kultobjekte aufbewahrt wurden, und der *fare ava'a a te atua*, das Bootshaus für das Kanu der Gottheit.

# Paul Gauguin auf Tahiti

Paul Gauguin erreichte am 9. Juni 1891 Tahiti, zu einer Zeit, in der die polynesische Kultur schon beinahe vollständig untergegangen war. Besonders in Papeete, der Hauptstadt der französischen Kolonie, verlief das Leben wie in einer kleinen Stadt der europäischen Provinz, Empfänge und Kaffeekränzchen waren die Höhepunkte im sonst recht monotonen Alltag. Gauguin war auf der Suche nach den ›edlen Wilden‹ ausgezogen, statt seiner begegneten ihm züchtig in Hüfttücher gewickelte tahitianische Männer, während die Frauen die von den Missionaren eingeführten Rüschenkleider trugen, in denen sie nicht einmal Handgelenke oder Fesseln zeigten.

Gauguin entschloß sich bald, aufs Land zu ziehen. In Mataiea an der Südküste Tahitis fand er seine erste tahitianische Heimat und auch die Gesellschaft einer *vahine*, einer

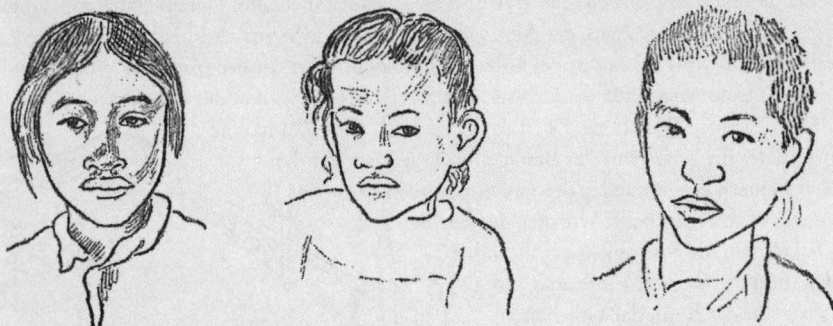

*Gauguin: Drei Kinderporträts aus Tahiti*

jungen tahitianischen Frau. Doch sogar hier, in einem entlegenen Distrikt des Landes, war von polynesischer Kultur nicht mehr viel zu spüren. Die Sprache war noch erhalten, ebenso ein Teil der Familienstruktur und einige Elemente in Tanz, Gesang und Musik, aber gerade im Bereich der materiellen Kultur – und daran war der Künstler am meisten interessiert – hatten europäische Produkte die traditionellen Techniken verdrängt.

Gauguins Werke aus seiner ersten tahitianischen Phase sind daher keineswegs als repräsentativ für das Tahiti seiner Epoche anzusehen: Die traditionellen Ansichten der Insel werden in seinen Bildern stark betont, während alle moderneren Aspekte ausgespart bleiben. Eine Detailstudie seiner Malerei zeigt zudem, daß seine exotischen Motive keineswegs alle aus dem ozeanischen Kulturbereich stammen – in künstlerischer Freiheit fügt er asiatische und andere Elemente ein oder läßt seine Phantasie walten.

Finanzielle und gesundheitliche Probleme zwangen Gauguin nach zwei Jahren zur Rückkehr nach Paris. Seine letzten europäischen Jahre, von 1893 bis 1895, überzeugten ihn davon, daß sein Platz nicht mehr in der Alten Welt war. Seine künstlerischen Darstellungen der Südsee hatten beim europäischen Publikum keinen Erfolg. Er bestieg schließlich ein Schiff nach Tahiti in der festen Überzeugung, nie wieder zurückzukehren.

Während seines kurzen Aufenthaltes in Europa hatte er bereits begonnen, in seinen Erinnerungen die Südsee zu verklären, wie aus seinem Text »Noa Noa« deutlich hervorgeht, den er auf der Grundlage von tahitianischen Tagebuchnotizen 1894 in Paris verfaßt hatte. Beim Eintreffen in Papeete kam Gauguin jedoch wieder mit der rauhen Kolonialwirklichkeit in Kontakt. Zunächst siedelte er sich aus Gesundheitsgründen in Punaauia an, einem ländlichen Bezirk direkt vor den Toren Papeetes. Als er 1901 durch einen Vertrag mit einem Pariser Kunsthändler endlich einmal auf ein bescheidenes, aber regelmäßiges Einkommen zählen konnte, bestieg er ein Schiff nach den sagenhaften Marquesas-Inseln, die der Autor Herman Melville ein halbes Jahrhundert zuvor in den glühendsten Farben geschildert hatte. Auch hier kam er zu spät: Die Einführung europäischer Produkte und Alkoholismus hatten die meisterhaften alten Handwerkstechniken wie Holz- und Knochenschnitzerei, Weberei und Flechten aussterben lassen.

Gauguins letzte beiden Lebensjahre im Dorf Atuona auf Hiva Oa sind alles andere als ›paradiesisch‹ zu nennen. Von Krankheiten zermürbt, von den französischen Gendarmen und dem katholischen Bischof wegen seiner lockeren Lebensführung angefeindet, gelingt es ihm, noch einige hervorragende Werke voller Tiefe zu schaffen, bevor er am 8. Mai 1903 einen einsamen und verbitterten Tod stirbt.

☐ **Die polynesische Götterwelt**

»Die Polynesier waren polytheistisch; ihre drei Hauptgötter waren Tane, Tu und Ro'o. Es gab keine wichtige Göttin. Tane regierte über Götter und Menschen. Ein anderer *atua* (Gott) überragte Tane auf den Gesellschafts-Inseln: Ta'aroa, zu Beginn ein einfacher Fischergott, dessen Kult in Raiatea auf dem Marae von Taputapuatea seinen Ausgang nahm. Er steht im Zentrum der Erschaffung der Erde und des Menschen.

Tiki, der Vorfahr des Menschen, wurde auch als Gott der Zauberei betrachtet; man gab seinen Namen den bösen Dämonen, welche die Polynesier in ihrem Leben verfolgten. Diese Tikis, niedrige Götter mit bedrohlichem Aussehen, waren für den Schutz der Kanus zuständig, für den der Maraes (Heiligtümer) und der Besitztümer, auf denen sie aufgestellt waren. Ihre Gegenwart sagte aus, daß ein Ort *tapu* war, und das heißt eher verboten als heilig. Das *tapu* schuf einen unüberwindlichen Abstand zwischen dem Volk, den Göttern und allem, was ihnen nahestand (Marae, Priester, *ari'i*).

Ein anderer Gott ersetzte Ta'aroa auf dem Marae von Taputapuatea: Oro, sein Sohn. Am Anfang war dieser keineswegs eine friedliche Gottheit; die ersten Zeugnisse, die seinen Kult betreffen, lassen einen eher erschaudern. Er blieb auf die Gesellschaftsinseln beschränkt, da ihm auf den anderen polynesischen Archipeln erbitterter Widerstand entgegengesetzt wurde.

Heute gehören alle diese Traditionen und Legenden eindeutig der Vergangenheit an. Gegenüber den neuen religiösen Vorstellungen der Europäer, aber auch angesichts des völlig anderen

## FRANZÖSISCH-POLYNESIEN

*Stelzentritte von den Marquesas-Inseln. Der Zweikampf auf Stelzen ist ein traditioneller polynesischer Sport*

*Ahnenfigur von den Marquesas-Inseln*

Wirtschafts- und Verwaltungssystems, das diese auf den Inseln einführten, konnten die polynesischen Traditionen nicht überleben. Auch junge Tahitianer haben oft nur mehr durch die Museen Zugang zur Kultur ihrer Vorfahren.

Schon nach den ersten Jahrzehnten des Kulturkontakts mit den Europäern sind starke Traditionsverluste festzustellen. Das 19. Jh. kann als Übergangsphase zu modernen Gesellschaftstypen angesehen werden. Mit Hilfe der protestantischen Missionare baute die Pomare-Dynastie ihren Einflußbereich auf Tahiti und die umliegenden Inseln immer weiter aus – ihre Macht war während des ganzen vergangenen Jahrhunderts äußerst bedeutend.«*

---

\* Guy Guennou und andere: Terre et civilisations polynésiennes

## Schwarze Perlen aus der Südsee

Vor vielen Jahrtausenden bereits wurden Perlen von Chinesen und Indern, später von den Griechen und Römern, hochgeschätzt. Die reichen Perlvorkommen im Roten Meer waren bei den frühen Ägyptern bekannt, und in Jerusalem entwickelte man um die Zeit von Christi Geburt die Kunst, in Perlmutt zu schnitzen.

Perlaustern benötigen zum Leben sehr warme Gewässer und werden daher hauptsächlich am Persischen Golf, an den Küsten Indiens und im Indischen Ozean, im Chinesischen Meer und im Südpazifik gefunden. Die schwarzlippige Perlauster *Pinctada margaritifera* kommt jedoch ursprünglich nur in der Südsee vor. Sie war bei den Pazifikinsulanern bekannt und beliebt: Aus dem Perlmutt machte man Angelhaken und Köder, Löffel oder Schaber. Die glänzenden Innenseiten der Austern waren Bestandteil der Festgewänder der Häuptlinge, die sie z. B. als Zierpanzer auf der Brust trugen.

Die europäischen Händler in der Südsee waren zunächst vom Perlmutt angezogen, bis sie die Existenz der Perlen entdeckten. Ihre Gier danach war so groß, daß die einst von Perlaustern übersäten Lagunenböden in etwas mehr als einem Jahrhundert durch die legendären Perlentaucher fast völlig geleert worden waren. In diese Zeit – die 20er und 30er Jahre unseres Jahrhunderts – fällt die Entdeckung der Kulturperlenzucht durch die Japaner. Eine große Anzahl an jungen Perlaustern wird zunächst eingesammelt – nach neuester Technik zieht man es heute sogar vor, sie direkt aus dem Laich zu ziehen – und an einem geschützten Ort gehegt, bis sie das zum Pfropfen geeignete Alter erreicht hat. Dann wird die Muschel leicht mit einer Pinzette geöffnet und ein meist aus Muschelmaterial bestehendes Kügelchen als Fremdkörper eingesetzt. Danach werden die Austern zwei bis drei Jahre lang an besonders dafür konzipierten Konstruktionen in der Lagune aufgehängt. Während dieser Jahre hat die Perlauster Zeit, auf den künstlich eingesetzten Fremdkörper zu reagieren, wie sie es auch bei einem auf natürlichem Wege eingedrungenen Stäubchen getan hätte. Die Öffnung der ›reifen‹ Perlaustern ist ein äußerst spannendes Unternehmen: Wenn das Pfropfverfahren meisterhaft ausgeführt wurde, liegt die Zahl der perlentragenden Austern bei etwa 40% der Gesamtzahl. Vollkommen runde und regelmäßige Perlen kommen in weniger als 10% der Fälle vor. Das Innere der Perlauster hat verschiedene Farbschattierungen. Von den Rändern in dunklem Schwarz geht die Farbe über Grau- und Beigetöne bis zu Eierschalenweiß über. Je nach der Stelle, an welcher der Fremdkörper sich mit der Auster verbindet, fällt auch die Farbe der Perle aus, und so können manche als ›schwarz‹ bezeichnete Perlen der Südsee durchaus sehr hell erscheinen. Seit etwa 25 Jahren werden Zuchtperlen in Tahiti hergestellt, und vor knapp 10 Jahren ist eine Perlenzucht auf Manihiki (Cook-Inseln) begonnen worden, die jetzt die ersten interessanten Ernten ergibt. Schwarze Zuchtperlen aus Tahiti haben nichts mit den künstlichen Perlen z. B. aus Japan und Formosa zu tun, die durch Eintauchen in schwarze Farbe ihre dunklen Schattierungen erhalten. Die Einfuhr dieser sehr viel weniger glanzvollen Produkte ist in Französisch-Polynesien verboten. Wenn man sich ein wenig mit Perlen beschäftigt, kann man den Unterschied zwischen einer natürlich schwarzen Zuchtperle und einer künstlich eingefärbten Perle

## FRANZÖSISCH-POLYNESIEN – SEHENSWÜRDIGKEITEN

deutlich sehen. Dagegen ist der Unterschied zwischen einer Natur- und einer Zuchtperle auch für Kenner oft mit dem bloßen Auge nicht festzustellen. Beim Röntgen oder beim Bearbeiten durch den Juwelier kann man erkennen, daß die Naturperle völlig gefüllt ist, während die Zuchtperle unter ihrer dicken schwarzen Glanzschicht hohl ist. Der Preis für eine Perle variiert sehr stark. Im allgemeinen gelten folgende Grundsätze: eine Naturperle ist wertvoller als eine Zuchtperle, eine größere Perle hat mehr Wert als eine kleinere (Durchmesser), eine regelmäßig geformte Perle wird teurer sein als eine ›Barockperle‹ oder eine mit Ringen, je dunkler und glänzender die Perle ist, desto höher ist ihr Preis. Einzelne Zuchtperlen erzielen bei Versteigerungen bereits Preise von 4000–6000 DM – und nach der Verarbeitung durch den Juwelier kann diese Summe sich noch weiter erhöhen. Viele Besucher der Region kaufen kleine Perlen, die auch etwas unregelmäßig sein können und lassen sich diese dann daheim so geschickt setzen, daß nur die besten Seiten sichtbar sind.

Im Perlenmuseum von Papeete kann man sich über Geschichte und Methoden der Perlenzucht informieren.

**Papeete**   1 *Olympisches Schwimmbad*   2 *Kulturzentrum*   3 *Paofai-Tempel*   4 *Perlenmuseum*   5 *Post*   6 *Fremdenverkehrsamt*   7 *Markt*   8 *Fähre nach Moorea*   9 *Schiffe nach den Gesellschafts- und den Marquesas-Inseln*   10 *Hôpital Mamao (Krankenhaus)*

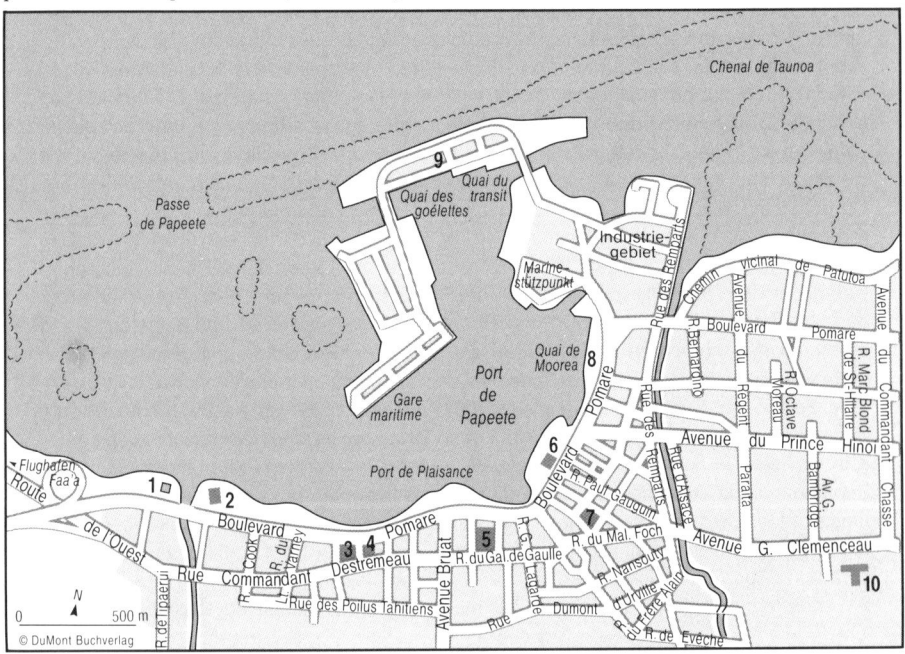

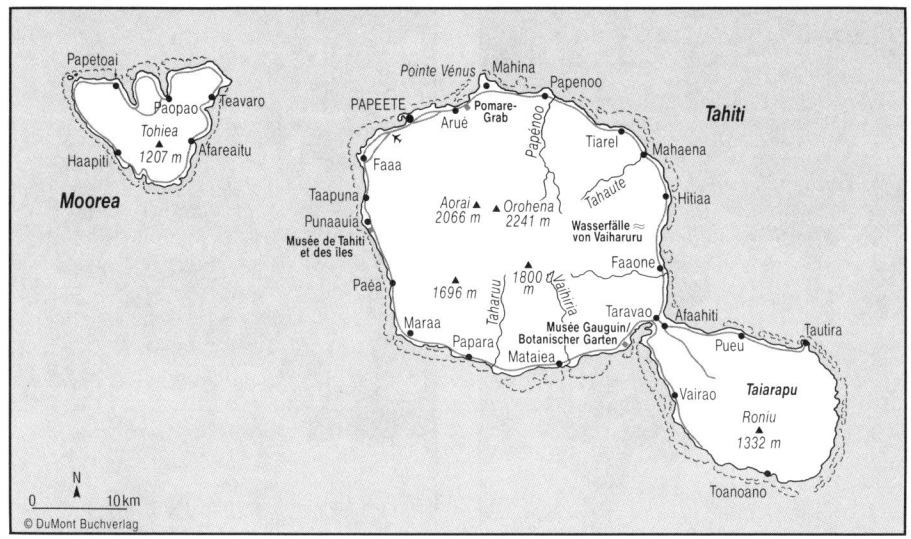

*Tahiti und Moorea*

## Sehenswürdigkeiten und Urlaubsaktivitäten

Den Reisenden auf der Suche nach Südseeromantik hält es in der Regel nicht lange im von Lärm und Autoabgasen erfüllten **Papeete**. Dort locken dennoch ein Bummel über den Markt, der Blick auf das hinter der Lagune aufragende Moorea (besonders schön zur Zeit des Sonnenuntergangs, wenn Kanufahrer vor dieser Silhouette für Wettkämpfe proben) und einige kleinere Entdeckungstouren: zur **Pointe Vénus** (Leuchtturm) und zum **Pomare-Grab** in Arué, zum **Paofai-Tempel** und ins **Perlenmuseum**.

Etwas außerhalb von Papeete – mit dem ›truck‹ leicht zu erreichen (der letzte zurück in die Stadt geht um 16 Uhr 30) liegt das **Musée de Tahiti et des Iles** mit einer eindrucksvollen Darstellung der polynesischen Geschichte (Öffnungszeiten 9 Uhr 30 bis 17 Uhr 30, täglich außer Montag). Auf einer Inselrundfahrt wird man im **Muschelmuseum** (Musée du coquillage) in Papara Halt machen und im **Gauguin-Museum,** das nur wenige interessante Exponate besitzt (es ist kein Original des Künstlers ausgestellt, da sich diese heute in den großen Museen der Welt befinden). Von großer Schönheit ist jedoch der angrenzende botanische Garten. Die Halbinsel Taiarapu ist nur durch eine Landenge mit der Hauptinsel verbunden – hier verläuft das Leben noch in etwas ruhigeren Bahnen.

Das berühmteste Festival des Landes ist ›**Heiva i Tahiti**‹ im Juli eines jeden Jahres, mit unerhört prächtigen Tanzvorführungen und Wettkämpfen in traditionellen Sportarten. Zur Zeit

## FRANZÖSISCH-POLYNESIEN / TUVALU

*Auf dem Heiva i Tahiti-Festival: Gewichtheben und Nüsseknacken*

ist es bei Polynesien-Fans ›in‹, dieses Fest auf einer der ›ursprünglicheren‹ äußeren Inseln zu begehen, und die Hotels in Bora-Bora z. B. sind oft schon auf Monate im voraus ausgebucht.

Französisch-Polynesien besticht durch die Schönheit und Vielfalt seiner Inselwelt. Jede Insel oder Inselgruppe des Landes unterscheidet sich von den anderen, und alle sind einen Besuch wert. Wer nur ein paar Tage Zeit hat, sollte unbedingt einen Ausflug nach **Moorea** einplanen (per Fähre oder Flugzeug), bei einem längeren Aufenthalt bietet sich eine Reise zu den äußerst reizvollen Inseln unter dem Wind oder in eine der abgelegeneren Gruppen an – für mich gehören die Landschaften Französisch-Polynesiens zu den schönsten der Welt!

# Tuvalu

## Allgemeine Landeskunde

*Lage: zwischen 5° und 11° südlicher Breite und 176° und 180° östlicher Länge*
*Hauptstadt: Fongafale auf Funafuti (ca. 2000 Einwohner)*

Tuvalu ist einer der kleinsten Staaten der Erde. Etwa 8000 Einwohner verteilen sich auf die 26 km² Landfläche der neun Atolle, von denen acht andauernd bewohnt sind. Der Name des Landes, ›tu-valu‹, d. h. ›die acht beieinander Stehenden‹, bezieht sich darauf.
Tuvalu ist seit Oktober 1978 ein unabhängiger Staat und 38. Mitglied des Commonwealth. Zuvor bildete es unter dem Namen Ellice-Inseln zusammen mit den Gilbert-Inseln (heute Kiribati) eine englische Kolonie. Spannungen zwischen den verschiedenen ethnischen Gruppen – die Bevölkerung von Tuvalu ist zu 97% polynesisch, während Kiribati hauptsächlich von Mikronesiern bewohnt ist – führten 1974 zu einem Volksentscheid, der die Grundlage für die Ausbildung zweier unabhängiger Staaten darstellte.
Die Nähe zum Äquator ist verantwortlich für durchschnittliche Temperaturen von 27,5°, Luftfeuchtigkeit mit Werten zwischen 70% und 90% und zahlreiche Niederschläge. Auf allen Inseln der Gruppe regnet es an 200 oder mehr Tagen im Jahr, gleichzeitig verzeichnet Funafuti aber auch 2360 Sonnenstunden. Jahreszeitliche Schwankungen sind kaum zu erkennen, auch Regen- und Trockenzeiten sind nicht deutlich voneinander abgegrenzt.
Die Flora von Tuvalu entspricht der typischen, recht kargen Pflanzenwelt eines Atolls. Kokospalmen, Bananenstauden und Brotfruchtbäume stellen das Gros des Pflanzenwuchses. Die Tuvaluaner gehören zu den wenigen, die heutzutage noch Pulaka, ein Atolltaro, in Pflanzgruben anbauen und verzehren – im übrigen Polynesien wurde sein Gebrauch aufgegeben, da man ihm den Geschmack der Tarowurzel vorzog. Auch Kokosfasern und die harten Kerne der Pandanusfrucht werden gekaut, um ein wenig Abwechslung in die variationsarme Kost zu bringen. Gemüse wächst so gut wie nicht auf dem kargen Boden und muß bei hohen Frachtkosten eingeführt werden, die es für die Einheimischen meist unerschwinglich teuer werden lassen.
Auch die Tierwelt ist sehr artenarm. Das einzige frei lebende Saugetier ist die polynesische Ratte, und es sind nur 22 Arten von Tag- und Nachtfaltern bekannt (Australien z.B. hat 12 000).
Die nutzbare Landfläche in Tuvalu beträgt 2400 ha, die alle im Besitz von Tuvaluanern sind und als Wohnfläche und zur Nahrungsmittelproduktion dienen. Die polynesische Tradition

## TUVALU - LANDESKUNDE

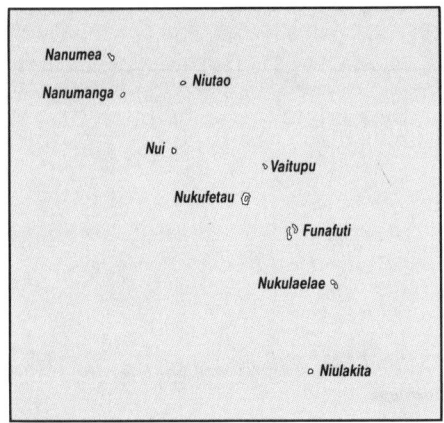

*Tuvalu*

der Erbteilung führte zu einer Aufsplitterung in winzige Parzellen. Landstreitigkeiten sind häufig auf dem Archipel, der von den Ländern des Südpazifiks die zweithöchste Besiedlungsdichte (nach Nauru) aufweist. Fongafale, die Hauptinsel von Funafuti mit dem Regierungssitz und dem Wirtschaftszentrum des Staates, verzeichnete seit der Unabhängigkeit einen rapiden Bevölkerungsanstieg und zählt heute etwa 1350 Einwohner pro km².

Die zu starke Parzellierung des Landbesitzes ist eines der Haupthindernisse bei Entwicklungsprojekten im Bauwesen und in der Landwirtschaft. Ein Entwicklungsprogramm der Vereinten Nationen finanziert die Durchführung einer Katasteraufnahme mit dem Ziel, einen Landnutzungsplan zu erstellen. Gleichzeitig versucht die Regierung der Bevölkerung klarzumachen, daß eine weitere Aufteilung der Landflächen katastrophale Auswirkungen auf das Land hätte. Auf Vaitupu, der Insel mit der größten Fläche, wurden vor allem Entwicklungsprojekte im agrarischen Bereich durchgeführt, die mehr Landfläche benötigten.

In Funafuti dachte man eine Zeitlang darüber nach, Land vom Meer zu gewinnen. Tuvalu und Kiribati sind die einzigen Staaten im Südpazifik, die den Ausbau von Poldern in Erwägung gezogen haben. 1982 wurde eine Untersuchung durchgeführt, welche die Realisierbarkeit eines solchen Projektes prüfen sollte. Wenn das Vorhaben Zustimmung findet – im Augenblick sieht es eher so aus, als wäre niemand an seiner Durchführung interessiert –, könnte die Landfläche der Hauptinsel um 30% erhöht und dadurch eventuell die zum Teil prekäre Wohnlage der 2000 Inselbewohner verbessert werden.

Lange Jahre war das Briefmarkenbüro der größte Arbeitgeber auf der Insel, mit über 90 Angestellten, die mehr als 9000 feste Kunden in der ganzen Welt beschickten. Das Briefmarkenbüro hatte jedoch das Unglück, in Händen schlechter Berater zu sein, die ihm zur Herausgabe sogenannter ›Bandwurmserien‹ rieten. Das internationale Publikum wurde durch solche ›Raubrittertechniken‹ (deutsches Börsenblatt) verprellt. Das neue Management versucht nun, seine seriösen Geschäftspraktiken unter Beweis zu stellen, und die Aufträge aus dem Ausland nehmen langsam wieder zu (1991 versorgten die verbliebenen 15 Angestellten des Büros 1500 Abnehmer). In geringem Maße spielen Kopra, Fisch und Handarbeiten im Export eine Rolle. Aufgrund seiner begrenzten Ressourcen ist das Land sehr stark auf finanzielle Hilfe von außerhalb angewiesen (Überweisungen der Seeleute, Entwicklungshilfe).

Nach dem Zweiten Weltkrieg wanderten große Teile der Bevölkerung ab, zunächst nach Tarawa in den Gilbert-Inseln, weil dort bessere Ausbildungs- und Arbeitsmöglichkeiten bestanden, und später in die Phosphatgruben von Nauru und Banaba. Auch auf den Schiffen der internationalen Schiffahrtsgesellschaften, die auf den Weltmeeren verkehren, verdingen sich viele Tuvaluaner, die daheim keine Arbeit finden konnten. Eine mit Entwicklungshilfegeldern finanzierte Marineschule in Amatuku auf dem Funafuti-Atoll bildet junge Tuvaluaner zu qualifizierten Seeleuten aus.

Die 200-Meilen-Zone von Tuvalu beträgt 1,3 Mio. km². Hier liegen möglicherweise Entwicklungschancen. Bis jetzt nutzt das Land seine Gewässer kaum und verkauft Fischereirechte an ausländische Gesellschaften, z. B. aus Korea und Taiwan. Japan versprach 1991 Entwicklungshilfegelder im Wert von 2,9 Mio. $US: Damit soll ein Fischereizentrum auf Vaitupu aufgebaut und eingerichtet werden und somit vor allem den Küstenfischern des Landes eine Einkommensquelle erschlossen werden.

Bis zum Ende der 80er Jahre gab es so gut wie keinen Tourismus auf Tuvalu; die etwa 100 Besucher pro Jahr waren meist Vertreter von Kirchen- oder Entwicklungshilfeorganisationen. 1991 führten die Regierung von Tuvalu und der Tourism Council of the South Pacific Befragungen bei den Einreisenden durch, um deren Wünsche und Ziele besser kennenlernen zu können. Ein kontrollierter Individualtourismus wird von der Regierung langsam gefördert.

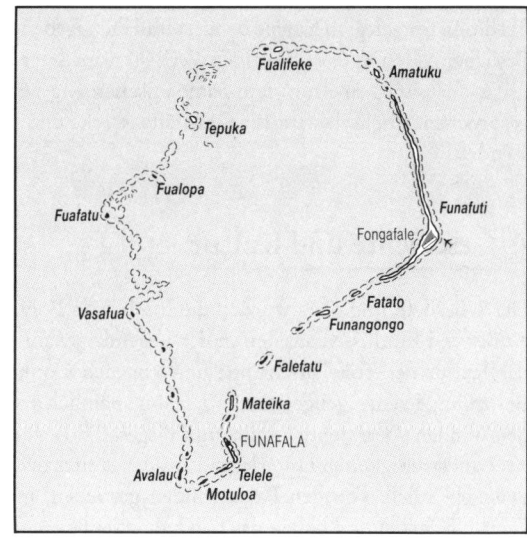

*Die Hauptinsel Funafuti*

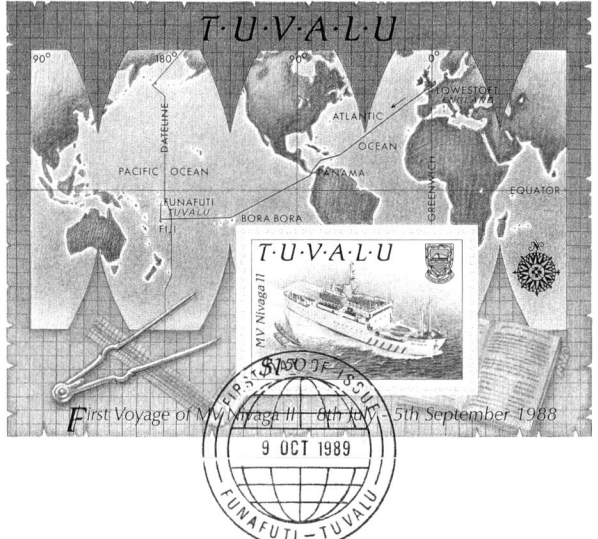

*Briefmarke aus Tuvalu*

In Tuvalu wie auch in anderen polynesischen Gesellschaften spielt sich das gesamte soziale Leben um die Pole Familie, Dorf und Kirche ab. Im Regelfall gibt es ein Dorf auf jeder Insel. Die Dörfer sind häufig zweigeteilt, um ein wenig positiven Konkurrenzgeist aufkommen zu lassen. Die Dorfgemeinschaft besteht aus eng miteinander verbundenen Mitgliedern und ist weitgehend autark. Für einen Außenstehenden ist ein Kontakt nur möglich, wenn er die von der Tradition festgelegten Kanäle benützt und die gegebenen Sitten einhält und respektiert. Für den Besucher gelten in etwa dieselben Verhaltensmaßregeln wie auf Samoa (s. S. 143).

Tuvaluanisch, eine mit dem Samoanischen eng verwandte Sprache, wird im ganzen Land gesprochen. Englisch wird für Geschäftszwecke und in den internationalen Beziehungen verwendet.

# Geschichte und Kultur

Der Überlieferung nach wurden die Inseln von Polynesiern aus Samoa und Tonga besiedelt. Außer den Einflüssen aus den in der Legende genannten Inseln kann man auch Elemente aus der Kultur der Tokelau-Gruppe und von den Cook-Inseln feststellen (für Tokelau mag die Besiedlung in entgegengesetzter Richtung, nämlich von Tuvalu aus, stattgefunden haben). Von den Winden überraschte Fischer und ausgesetzte Bevölkerungsgruppen wie Aufständische oder bei Landstreitigkeiten Unterlegene aus den weiter im Osten gelegenen Inseln Polynesiens sind wahrscheinlich, von den Passatwinden getrieben, mit ihren Kanus im Gebiet des heutigen Tuvalu gelandet und haben das Land als erste besiedelt.

Während seiner Reisen auf der Suche nach den legendären Goldschätzen des Königs Salomo, von deren Existenz die Indianer Lateinamerikas berichtet hatten, sichtete der spanische Entdecker Alvaro de Mendaña als erster Europäer Inseln der Tuvalu-Gruppe, nämlich Nui im Jahre 1568 und Niulakita auf seiner zweiten Reise 1595. Der nächste Kontakt ließ fast 200 Jahre auf sich warten: Erst 1781 entdeckte der Spanier Francisco Mourelle die nördlich gelegenen Atolle Nanumaga und Nanumea.

Kapitän Arent De Peyster und die Besatzung seines Schiffes Rebecca waren 1819 die ersten Europäer, die mit den Bewohnern Funafutis in Kontakt kamen. Sie benannten die Insel nach dem Besitzer ihres Schiffes, Edward Ellice, einem englischen Politiker; dieser Name wurde später vom englischen Hydrographen A. G. Findlay auf die gesamte Gruppe übertragen.

Der erste Walfänger, die Independence II unter Kapitän George Barrett, berührte die Inseln im Jahre 1821. Während der nächsten 50 Jahre wurden die Gewässer der Inselgruppe zu häufig angefahrenen Walfanggründen, und der Kontakt mit den Europäern gewann mehr und mehr an Bedeutung, da manche Seeleute von ihren Schiffen desertierten und sich auf den Inseln

> **Te Tala o Niuoku – die deutsche Pflanzung auf dem Nukulaelae-Atoll von 1865–1890**
>
> Auf dem Nukulaelae-Atoll südlich von Funafuti verlief das Leben bis 1861 in geregelten Bahnen. In diesem Jahr wurde das Boot von Elekana, einem Diakon der Londoner Missionsgesellschaft, auf der Reise zwischen Manihiki und Rakahanga in den nördlichen Cook-Inseln von starken Winden erfaßt. Wie durch ein Wunder landeten Elekana und seine Begleiter einige Tage später zu Tode erschöpft auf Nukulaelae. Nachdem der Missionar seine Lebenskräfte wiedergefunden hatte, predigte er zur Inselbevölkerung, die sich mit Begeisterung dem von ihm verkündeten Glauben zuwandte. Als zwei Monate später ein samoanisches Handelsschiff in Nukulaelae einlief, erlaubte man dem Diakon das Verlassen der Insel nur unter der Bedingung, daß er mit einem voll ausgebildeten Pastor und vielen religiösen Büchern zurückkommen würde. Als Abschiedsgeschenk hinterließ er eine Bibel und ein Gesangbuch, deren Seiten sich seine neuen Freunde untereinander aufteilten.
>
> 1863, zwei Jahre später, tauchten drei Schiffe vor der Küste Nukulaelaes auf. Sie waren von Menschenhändlern ausgesandt, um Arbeitskräfte für die Bergwerksarbeit in Peru einzufangen. Die Sklavenfänger auf den Schiffen fanden leicht heraus, daß die gesamte Insel auf ein Wiederkommen der Missionare wartete. Als sich einer der Peruaner als Missionar verkleidete und die Gläubigen zu einer Abendmahlsfeier an Bord des Schiffes einlud, folgten viele seiner Aufforderung. Als alle an Bord waren, setzten die Boote die Segel und trugen mit sich zwei Drittel der Inselbevölkerung davon. Weniger als 100 Leute verblieben auf Nukulaelae, die meisten von ihnen Frauen, Kinder und alte Leute.
>
> 1865 kehrte endlich Elekana zurück, um die versprochenen Pastoren auf der Insel abzusetzen. Das Missionsboot war im Jahr zuvor in Niue auf Riff gelaufen, und die Geistlichen mußten daher auf einem deutschen Handelsschiff, der Augustita, reisen. Die Firma

> Godeffroy & Sohn aus Hamburg war gerade auf dem Weg, die stärkste Wirtschaftsmacht im Südpazifik zu werden. Von ihrem Sitz in Apia aus dirigierte sie ihre Südseeflotte zwischen Tahiti und den Marianen sowie ihre Kontakte zu Australien, Südamerika und Europa. Sie hatte bereits einen Unterhändler vor Ort in Nukulaelae. Der Kapitän der Augustita schloß im Namen von Godeffroy und Sohn mit der Inselbevölkerung einen Vertrag ab, nach dem eine der Atollinseln mit der größten Landfläche, Niuoku (Nuwak), der Gesellschaft für eine geringe Gebühr zur Nutzung überlassen wurde.
>
> Zunächst lebten der europäische Pflanzer und seine Arbeitskräfte mehr oder weniger im Einvernehmen mit der Inselbevölkerung, die Lage spitzte sich aber mit den Jahren zu. Im Verständnis der Inselbevölkerung war der Vertrag über eine Zeitdauer von 25 Monaten abgeschlossen worden, die Deutschen waren aber von 25 Jahren ausgegangen. Bis heute ist nicht klar, welche der beiden Auslegungen der Wirklichkeit entspricht. Zur damaligen Zeit war auch kein neutraler Schiedsrichter vorhanden, da der für diesen Fall zuständige deutsche Konsul in Apia ein Vertreter der betreffenden Handelsgesellschaft war. Die Firma hatte durch einen Streitfall die Möglichkeit verloren, sich in Funafuti fest niederzulassen, und war daher mehr denn je daran interessiert, ihr Recht auf das benachbarte Nukulaelae nicht aufzugeben, zumal von der durch den Menschenraub dezimierten Bevölkerung wenig Widerstand zu erwarten war.
>
> 1880, 15 Jahre nach Abschließen des Vertrags, wurde der frühere Godeffroy-Vertreter aus Tutuila in Samoa, Schwenke, nach Nukulaelae versetzt. Die Einwohnerzahl der Insel nahm langsam wieder zu, und das Verbot, in der deutschen Plantage Kokosnüsse zu holen – Niuoku war in früheren Zeiten eine der Hauptnahrungsquellen der Insulaner gewesen – bedeutete eine Belastung für die wirtschaftliche Situation der Inselbewohner. Dies verstärkte sich, als die Insel 1882 von einer Dürreperiode heimgesucht wurde und 1883 und 1886 gewaltige Hurrikans die Insel verwüsteten. Die Insulaner waren gezwungen, sich bei Schwenke zu verdingen, wo sie sich wenigstens tagsüber von den Kokosnüssen der Pflanzung ernähren durften – das Mitnehmen von Nüssen für die hungernde Familie daheim war strengstens untersagt.
>
> Das Ende der Vertragszeit 1890 wurde mit großem Jubel begrüßt: Auf einem der fruchtbarsten Stücke Land wurde eine gewaltige Kirche errichtet und ein Dankgottesdienst gefeiert. Bis heute werden jedes Jahr im Mai ein besonderer Gottesdienst und eine Feier abgehalten, die an den Abzug der deutschen Pflanzer aus Niuoku erinnern.*
>
> \* Nach Doug Munro: Te Tala o Niuoku

niederließen – sie wurden oft als *beachcombers* – Strandgutjäger – bezeichnet. Gleichzeitig wurden einige der Unternehmungslustigeren unter den Inselbewohnern von den Europäern angeheuert. Die auf den Inseln ansässigen Europäer gelangten manchmal als Händler oder als Vertreter ausländischer Handelsfirmen aus Australien, Deutschland und den Vereinigten Staaten zu Ansehen. Ihnen unterstand die Ausfuhr von Kokosöl und später auch von Kopra.

Der Kontakt mit den Europäern wurde besonders von den Vorfahren der heutigen Tuvaluaner mit einem hohen Tribut an Menschenleben gezahlt. Zahlreiche Tuvaluaner wurden

Opfer der von den Europäern eingeschleppten Epidemien. Ab 1850 wurde die Region von den sogenannten *blackbirders*, Menschenhändlern, heimgesucht. So wurden etwa in einem Überfall 400 Inselbewohner von Funafuti und Nukulaelae nach Südamerika verschleppt.

1892 wurden die benachbarten Gilbert-Inseln ein britisches Protektorat. Als sich die Bewohner der Ellice-Inseln für denselben Status aussprachen, wurden die beiden Inselgruppen unter dem Namen ›Gilbert and Ellice Islands Protectorate‹ zusammengeschlossen. 1916 wurde das Protektorat zur Kolonie.

Obwohl die Ellice-Inseln nicht im Hauptzentrum des Geschehens lagen, brachte der Zweite Weltkrieg auch hier Veränderungen mit sich. Die Amerikaner errichteten 1942 einen Luftwaffenstützpunkt auf Funafuti, und bis zum Abzug der Japaner von den Gilberts im November 1943 wurde die Kolonie von hier aus verwaltet. Von Funafuti ging auch die Flotte aus, die Tarawa befreite.

Die Bewohner Tuvalus sind vom Menschentyp, von der Sprache und von der Kultur her polynesisch. Die Grenze zu Mikronesien verläuft zwischen Tuvalu und Kiribati. Mikronesische Einflüsse wurden in der Gesamtkultur des Landes wirksam, und die Insel Nui mit ihren 630 Einwohnern ist überwiegend mikronesisch, ebenso sind auf Niutao starke mikronesische Einflüsse festzustellen (in vergangenen Zeiten wurden Leute aus der Gilbert-Gruppe durch Wind und Strömungen hierher abgetrieben).

Die materielle Kultur Tuvalus ist im Vergleich zu anderen polynesischen Regionen eher schlicht. Dies ist auf verschiedene Faktoren zurückzuführen. Die Besiedlung durch Abgetriebene, die ihre Reise nicht gezielt auf eine Kolonisation ausgerichtet hatten, erklärt zum Teil den Mangel an mitgebrachten Kulturpflanzen. Die bewußt Ausgesetzten andererseits waren zumeist Angehörige untergeordneter Schichten und hatten wegen ihrer niedrigen Stellung in der Rangordnung keinen Zugang zur Gesamtheit der Kulturpflanzen und -techniken.

Zudem bietet die Natur des Archipels nur äußerst begrenzte Möglichkeiten, denn auf den Inseln aus Korallensand und -geröll fehlen geeignete Steine zur Herstellung von Axt- und Beilklingen, und so wichtige pazifische Kulturpflanzen wie der Papiermaulbeerbaum und der Pfefferstrauch wachsen unter den lokalen Bedingungen nicht. Ein weiterer Faktor ist die Genügsamkeit der Insulaner, die im Laufe der Geschichte auch die gegebenen Materialien und ihre Möglichkeiten nicht völlig ausschöpften.

*Tuvaluaner bei der Toddy-Gewinnung. Toddy ist ein Getränk aus dem Zuckersaft der Kokospalmenblüte (Palmwein)*

# Allgemeine Landeskunde

*Yap, Stich um 1900*

Der Name ›Mikronesien‹ bedeutet ›Kleininselwelt‹. Er bezieht sich auf die geringe Landoberfläche der über 2000 Inseln der Region, die zwischen dem Wendekreis des Krebses und dem Äquator und zwischen 133° und 173° östlicher Länge verteilt sind. Einer extrem geringen Landoberfläche von 2000 km² stehen 8 Mio. km² Meeresoberfläche gegenüber.

Die Inseln der Region bilden drei Archipele: die Marshall-Inseln, die Karolinen und die Marianen. Die Inseln im westlichen Mikronesien sind im Regelfall gebirgige Inseln vulkanischen Ursprungs, die im Osten der Region sind flache Atolle. Bis auf Nauru und Kiribati sind die Insel-Staaten ehemalige Treuhandgebiete der Vereinigten Staaten (Guam, die Nördlichen Marianen, Palau, der Mikronesische Staatenbund, die Marshall-Inseln).

# Mikronesien

Die Temperaturen in Mikronesien liegen zwischen 21°C und 32°C, es sind kaum Schwankungen im Jahresverlauf festzustellen. Die Luftfeuchtigkeit beträgt im Durchschnitt über 70%. Während der Wintermonate (von Dezember bis März) ist es etwas trockener und kühler, und die Regenfälle sind etwas weniger häufig. Während der Sommermonate kann die Region von Taifunen (Hurrikane,

**Einwohnerzahlen:**

Marshall-Inseln: 30 000
Föderierte Staaten von Mikronesien: etwa 94 000
Palau: etwa 14 000
Nördliche Marianen: etwa 20 000
Guam: etwa 110 000

# MIKRONESIEN – AKTUELLE POLITISCHE UND WIRTSCHAFTLICHE SITUATION

*Mädchen aus Yap (äußere Inseln)*

die nördlich des Äquators auftreten) heimgesucht werden. Die geringe Vielfalt der Fauna und Flora nimmt mit der Entfernung vom asiatischen Kontinent weiter ab, die Meeresfauna ist reicher als die des Landes.

Es werden verschiedene mikronesische Sprachen sowie Englisch gesprochen, außerdem Japanisch von manchen älteren Inselbewohnern.

## ☐ Die aktuelle politische und wirtschaftliche Situation

**Guam** gehört seit 1898, dem Jahr seiner Abtretung durch die Spanier, zu den Vereinigten Staaten (es hat den Status eines ›Unincorporated Territory‹ wie z. B. auch Puerto Rico).

Aus dem 1947 von den Vereinten Nationen eingerichtetem ›Trust Territory of the Pacific Islands‹ entwickelte sich zunächst das ›Commonwealth of the Northern Marianas‹, das sich 1978 für einen engen Anschluß an die USA entschied. Im gleichen Jahr fand eine Abstimmung in den übrigen sechs Distrikten des Treuhandgebietes statt. Vier davon, **Pohnpei** (ehemals Ponape), **Kosrae, Truk** und **Yap,** sprachen sich für eine gemeinsame mikronesische Verfassung aus und bilden seitdem die **Föderierten Staaten von Mikronesien** (die gemeinsame Verfassung trat im Mai 1979 in Kraft).

Die beiden übrigen Distrikte wurden zur Republik der **Marshall-Inseln** (mit einer Verfassung ebenfalls von Mai 1979) und zur Republik **Palau** (hier trat die Verfassung am 1. 1. 1981 in Kraft). Die Verfassung Palaus untersagt den Gebrauch, das Testen und die Lagerung von Atomwaffen in seinem Land- und Seebereich, während im zwischen den USA und Palau geschlossenen Pakt diese Möglichkeiten vorgesehen waren. Unstimmigkeiten in diesem Punkt haben nicht nur zu wiederholten Spannungen zwischen den beiden Staaten geführt, sie haben auch den Prozeß der Erlangung einer größeren Unabhängigkeit der anderen mikronesischen Staaten verzögert, da der Kongreß der Vereinigten Staaten und der Sicherheitsrat der Vereinten Nationen erst nach Klärung der lokalen Unstimmigkeiten Entscheidungen treffen konnten. Am 1. Juli 1987 wehte zum letzten Mal die Flagge des Treuhandgebietes.

Die USA erkennen heute fünf verschiedene politische Einheiten in Mikronesien an:

- Die Republik der Marshall-Inseln mit politischem Zentrum in Majuro; die Vereinigten Staaten unterhalten auf Kwajalein Atoll eine ihrer größten Militärbasen in der Region.
- Die Föderierten Staaten von Mikronesien bestehend aus Kosrae, Pohnpei und Truk in der östlichen Karolinengruppe und Yap in den westlichen Karolinen; das politische Zentrum dieses Staates liegt in Pohnpei.
- Das Gemeinwesen der Nördlichen Marianen mit den Inseln Rota, Tinian, Saipan und den nördlich davon liegenden kleineren Inseln (Hauptstadt Saipan).
- Das Territorium von Guam.
- Die Republik Belau (neuer Name für Palau) mit der Hauptstadt Koror. Aufgrund der oben erwähnten Divergenzen konnte bis zum gegenwärtigen Zeitpunkt noch keine endgültige Übereinstimmung zwischen der Republik und den Vereinigten Staaten erzielt werden. So ist sie in den Augen der USA weiterhin Treuhandgebiet und wird durch ein Überbleibsel des Treuhandbüros in Saipan verwaltet.

Die Bürger von Guam und die der Nördlichen Marianen haben den Status von US-Bürgern (mit gewissen Einschränkungen) und US-Pässe. Sie entsenden ihre Vertreter ins Kapitol, können jedoch bei den Präsidentschaftswahlen nicht mitwählen.

Die Einwohner der anderen mikronesischen Staaten, die sich aus dem Treuhandgebiet entwickelt haben, besitzen die Staatsbürgerschaft ihres jeweiligen Staates. Sie können visafrei in die USA einreisen und dort arbeiten, ohne eine Arbeitsgenehmigung beantragen zu müssen. Die Verwaltungsstrukturen dieser Länder lehnen sich stark an das amerikanische Vorbild an. In der Außenpolitik haben sie theoretisch freie Hand.

Alle ehemaligen Angehörigen der Treuhandgebiete sind in starkem Maße von den USA abhängig, da sich im Verlauf der Geschichte die traditionellen Subsistenzwirtschaften immer mehr zu Konsumgesellschaften entwickelt haben, die völlig auf Exporte von außen angewiesen sind. Im US-Budget für 1992 sind für die ehemaligen Treuhandgebiete Finanzhilfen in Höhe von 317 Mio. US-Dollar vorgesehen, 41 Mio. weniger als im Vorjahr. Im Rahmen eines Sieben-Jahre-Vertrages wurden z. B. die Nördlichen Marianen zwischen 1986 und 1992 mit 228 Mio. US-Dollar unterstützt.

Die Vereinigten Staaten behalten sich im Ausgleich das Recht dazu vor, Militärbasen im Gebiet zu errichten und zu erhalten. Atomversuche, besonders auf dem Bikini- und dem Eniwetok-Atoll, führten zu einer äußerst gefährlichen radioaktiven Verseuchung auch benachbarter Atolle. Deren Einwohner sind der radioaktiven Strahlung ausgesetzt und leiden häufig

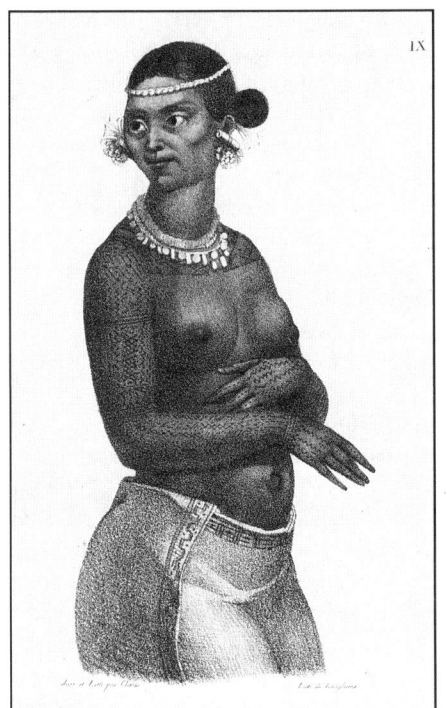 

*Bewohner der Marshall-Inseln, Stiche um 1900*

unter Strahlenkrebs, ein hoher Anteil der dort geborenen Kinder weist Mißbildungen auf. Heute wird vor allem das Kwajalein-Atoll für Nukleartests genutzt.

Abgesehen von den Hochburgen Guam und Saipan/Rota ist der Tourismus in Mikronesien noch relativ wenig entwickelt.

## Geschichte und Kultur

Die Besiedlungsgeschichte Mikronesiens ist heute noch nicht völlig geklärt. Die meisten der Legenden haben ein Jahrhundert der Kolonialherrschaft nicht überlebt und können daher nicht mehr zur Erhellung der Tatsachen beitragen. Mit der Radiokarbonmethode können Siedlungen bis ca. 2000 v. Chr. nachgewiesen werden, man vermutet aber, daß die Inseln der Region schon lange vor dieser Zeit bewohnt waren. Die mikronesischen Sprachen gehören zu den austronesischen Sprachen, sind also mit den Sprachen ihrer Nachbarn im insularen Südostasien, aber auch mit denen der Polynesier und Melanesier verwandt.

Die folgende Erklärung der Besiedlungsbewegungen erscheint einleuchtend: »Im Laufe ihrer Wanderungen sind vermutlich Gruppen der Urpolynesier in Mikronesien und besonders in den östlichen Teilen dieses Gebietes zurückgeblieben (ferner haben besonders von Samoa/ Tonga aus Rückwanderungen nach Mikronesien stattgefunden, wie übrigens auf solchen Fahrten auch einzelne Randinseln von Melanesien erreicht wurden). Mit einigem Recht darf man deshalb Mikronesien und Polynesien als große kulturelle Einheit betrachten. Abgesehen von austromelaniden Elementen findet man nun aber in Mikronesien, vor allem in seinen westlichen Teilen, auch Kulturerscheinungen, die in Polynesien fehlen, so etwa den Reisbau und die Weberei. Sie müssen auf spätere Einwirkungen von Ostasien, Japan, Formosa und besonders von Indonesien zurückgehen, auf Einflüsse, die alle nach der polynesischen Einwanderung und teilweise sehr spät stattfanden. Durch sie ist auch der in West-Mikronesien besonders starke mongolide Rasseneinschlag bedingt. Die oft betonte, vor allem in bestimmten materiellen Erscheinungen ausgeprägte Einheitlichkeit der mikronesischen Kulturen steht aber weniger mit ihnen im Zusammenhang als mit dem Zwang der sehr prekären Lebensumstände auf den

*Segelboot aus Yap, Foto um 1920*

# MIKRONESIEN – GESCHICHTE UND KULTUR

*Holzfigur aus Yap*

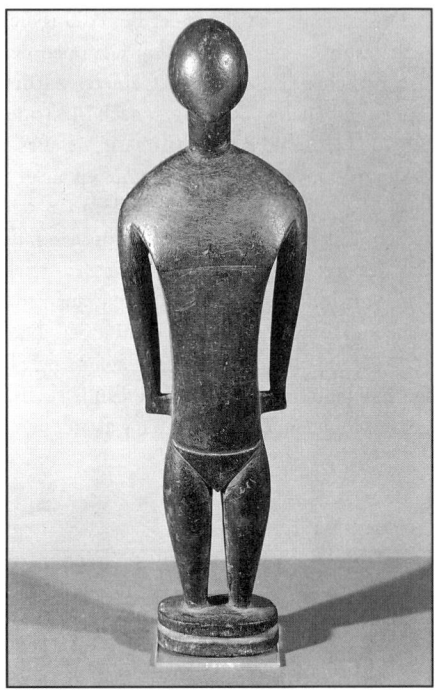

*Götterfigur aus Nukuor, einer polynesischen Enklave in den Karolinen*

zum großen Teil rohstoffarmen, flachen und unfruchtbaren Koralleninseln. Auch der durch die hochentwickelte Schiffahrt ermöglichte ständige Kontakt zwischen den einzelnen Inselgruppen mag dazu beigetragen haben.«*

Einer spanischen Flotte unter dem Portugiesen Fernão de Magalhães (Magellan) gelang die erste europäische Pazifikdurchquerung. Die erste Inselgruppe, auf die sie nach dem Umfahren des amerikanischen Kontinents stießen, waren die Marianen (1521), die sie ›Diebesinseln‹ nannten, nachdem deren Bewohner sehr viel Interesse an den materiellen Gütern der Europäer gezeigt hatten. Jahrhundertelang hatten die mikronesischen Inseln in den Augen der Europäer keine Bedeutung, da dort keine Reichtümer zu holen waren, sie benützten sie lediglich als Zwischenstationen auf ihren Routen zwischen Süd- und Mittelamerika und den Philippinen. Erst gegen Ende des 18. Jh. nahm der Einfluß der Europäer (Missionare, Verwalter, Walfänger und Händler) langsam zu. Während des vergangenen Jahrhunderts erlebte Mikronesien den

---

\* Alfred Bühler: »Die Kunst der Südsee«

massiven Einfluß deutscher, japanischer und amerikanischer Kolonialisierungsbestrebungen, von deren Auswirkungen es sich nur langsam erholen kann.

Unterschiede zwischen den Kulturen in Mikronesien sind außer auf die von Alfred Bühler angesprochenen Wanderungsbewegungen vor allem auf den geographischen Kontext zurückzuführen: Die hohen Inseln mit fruchtbarem Boden konnten mehr Menschen ernähren als die rohstoffarmen Korallenatolle. So bildeten sich auf den Gebirgsinseln eher komplizierte und dauerhafte Gesellschaftsstrukturen hierarchischer Art heraus, in denen die Verteilung der auf den Inseln vorhandenen Reichtümer eine wichtige Rolle spielte. Auf den niedrigen Inseln war das Meer die Hauptnahrungsquelle. Im Angesicht der harten Lebensbedingungen und der fortwährenden Nahrungsknappheit konnte nur ein egalitäres Gesellschaftssystem das Überleben aller Insulaner gewährleisten. Die Mikronesier gerade dieser niedrigen Atolle waren hervorragende Fischer und Seeleute, die auf ihren Hochseekanus regelmäßig Seereisen über Hunderte von Kilometern unternahmen. Dadurch entstand ein Netz von Kontakten in der Region, und es fand ein reger kultureller Austausch statt. Auch heute noch ist eine sprachlich-kulturelle Verwandtschaft gerade zwischen den Atollbewohnern festzustellen.

Die mikronesischen Gesellschaften organisieren sich in Großfamilien (Clans), die ihre Herkunft von einem gemeinsamen Vorfahren herleiten. Bis auf Yap herrscht das matrilineare Prinzip vor. Am meisten Prestige auf einer Insel genießt in der Regel der Clan, der seine Vorfahren bis auf die ersten Besiedler der Insel zurückverfolgen kann. Es sind keine Legenden bekannt, welche die Besiedlung Mikronesiens von außerhalb ansprechen.

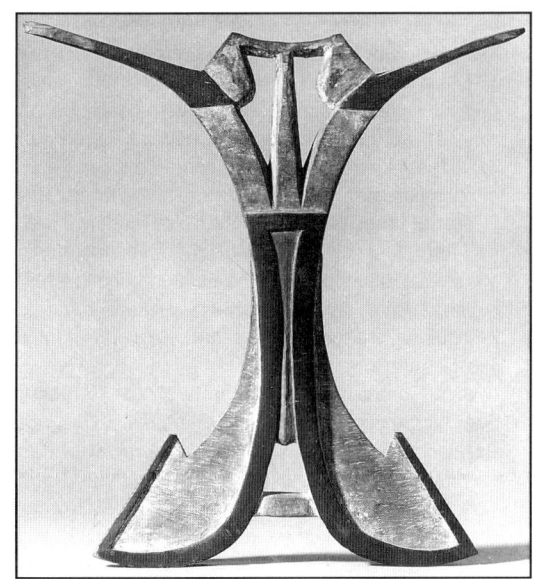

*Stevenverzierung aus Truk*

# MIKRONESIEN – PAZIFIKKRIEG

Die materielle Kunst Mikronesiens steht oft im Schatten der beiden Schwesterregionen Polynesien und Melanesien. Besonders in der Palau-Gruppe entstanden jedoch bedeutende Werke plastischer Kunst wie die fein ausgearbeiteten Verzierungen der Hausbauten.

## Der Krieg im Pazifik
*von Jürgen Martschukat*

Noch Ende der 30er Jahre befand sich der Pazifik fest in europäisch-amerikanischer Hand. Die USA kontrollierten die Philippinen und Hawaii, die Niederlande besaßen Niederländisch-Indien (das heutige Indonesien), Indochina war französische Kolonie (das heutige Laos, Kambodscha und Vietnam). Hong Kong, Burma und Malaysia (inkl. Singapur) gehörten zum britischen Empire.

Japan hatte sich vorgenommen, diese ›weiße‹ Vormachtstellung im pazifischen Raum zu beenden. Nach der Devise ›Asien den Asiaten‹ sollte eine ›Großostasiatische Wohlstandssphäre‹ – unter japanischer Führung – geschaffen werden. Durch die Vertreibung der kolonialen Herrscher aus den asiatischen Staaten hätte Japan sich endlich den Weg zu wichtigen Rohstoffen ebnen können; vor allem Öl war zwingend notwendig, um den angestrebten Großmachtstatus zu erlangen.

Der erste Schritt Japans auf dem Weg zur Vorherrschaft im pazifischen Raum, der den ernsthaften Widerstand der Westmächte hervorrief, war die Besetzung Indochinas im Juli 1941. Der amerikanische Präsident Franklin D. Roosevelt initiierte mit niederländischer und britischer Unterstützung ein Wirtschaftsembargo gegen Japan. Tokio stand nun vor der Wahl zwischen drei Alternativen: dem Rückzug aus Indochina und China, wo es seit 1937 einen aggressiven Krieg führte, ein Embargo hinzunehmen, das vor allem den Zugriff auf Öl und andere Rohstoffe verhinderte und das Land auf kurz oder lang in die Knie zwingen würde, oder dem militärischen Angriff auf die Vereinigten Staaten mit dem Ziel, Präsident Roosevelt zu einer kompromißbereiteren Position zu zwingen und doch noch die angestrebte Vormachtstellung im Pazifik zu erreichen.

Am Sonntag, den 7. Dezember 1941 landete die japanische Luftwaffe einen überraschenden Angriff auf den amerikanischen Marinestützpunkt in Pearl Harbor auf Oahu, Hawaii. Mehr als 2300 amerikanische Soldaten und ca. 100 Zivilisten wurden getötet, und fast die gesamte Pazifikflotte der US-Navy wurde zerstört. Parallel dazu attackierte Japan die Philippinen, Malaya und Thailand, bald darauf folgte Niederländisch-Indien. Der Krieg im Pazifik hatte begonnen.

»Drei Monate nach dem Angriff auf Pearl Harbor war der Pazifik praktisch ein japanischer See«, schrieb Admiral Samuel E. Morison. Das japanische Ziel, durch die Besetzung der Pazifischen Inseln ihre östliche Flanke zu sichern, konnte noch im Dezember 1941 zum Teil verwirklicht werden. Auf die Übernahme von Guam am 10. Dezember folgten Makin und Tarawa in der Gruppe der Gilbert-Inseln. Wake wurde von den Japanern nach vergleichsweise langem und verlustreichem Kampf am 23. Dezember besetzt. Der nächste Schritt war die Invasion des strategisch bedeutsamen Rabaul auf Neubritannien im Bismarck-Archipel am 23. Januar 1942. Die Japaner drangen weiter nach Süden vor; im April 1942 besetzten sie die Salomon-Inseln. Nun war eine ungehinderte Kommunikation der Alliierten zwischen Hawaii und Australien nicht mehr möglich. Der japanische Versuch, über den Seeweg Port Moresby an der Westküste Papua Neu-Guineas einzunehmen, scheiterte in der Seeschlacht im Korallenmeer am amerikanischen Widerstand. Das japanische Vordringen in Richtung Süden sollte hier ein Ende finden. Der japanische Admiral Isoroku Yamamoto

*Amerikanische Soldaten mit der einheimischen Bevölkerung auf Butaritari (Kiribati) nach der Eroberung von den Japanern im November 1943*

bezeichnete die bisherigen Auseinandersetzungen als Kinderspiel im Gegensatz zu dem, was nun bevorstand. Er plante, dem amerikanischen Gegenspieler einen entscheidenden Schlag zu versetzen und die Midway-Inseln nur 1100 Meilen westlich von Hawaii ebenso wie die Aleuten in nächster Nähe Alaskas einzunehmen.

Zu diesem Zeitpunkt hatten die Japaner auch bereits traditionelle Bastionen westlicher Vormachtstellung in der Pazifikregion schleifen können. Die britische Kronkolonie Hong Kong und fast ganz Malaya waren bereits im Januar eingenommen worden. Die Südspitze der Halbinsel mit Singapur folgte im Februar, Niederländisch-Indien im März, Burma im April; die strategisch bedeutsamen Philippinen fielen endgültig im Mai 1942 unter japanische Kontrolle. Der Oberbefehlshaber der US-Armee, General Douglas MacArthur, hatte die philippinische Insel Bataan bereits am 11. März verlassen, um die amerikanische Kommandozentrale in Australien aufzuschlagen. Der immer sehr auf sein persönliches Prestige bedachte MacArthur war nicht gegangen, ohne seine Rückkehr und die Befreiung der Philippinen von der japanischen Besatzung zu versprechen.

Die Schlacht um die Midway-Inseln Anfang Juni 1942 markierte den Wendepunkt des Krieges im Pazifik. Die US-Navy hatte den Angriff auf Pearl Harbor endgültig verkraftet und fügte den Japanern bei Midway eine Niederlage zu, von der sie sich nicht wieder erholen sollten. Teile der Alëuten fielen allerdings in japanische Hände.

Nun begann mit aller Macht die Gegenoffensive der alliierten Streitkräfte, die die Besetzung Japans zum ultimativen Ziel hatte. Unter der Leitung General MacArthurs und Admiral Helseys wurde im Südpazifik die Taktik des ›Island Hopping‹ angewandt. Bis zum November 1943 konnten Guadalcanal und die Salomon-Inseln wieder vollständig zurückerobert werden. Im Frühjahr 1944 ›hüpfte‹ MacArthur weiter von Insel zu Insel durch den Südpazifik, um zu den Philippinen zu gelangen und die japanischen Besatzer zu vertreiben. Admiral Nimitz drang durch den mittleren Pazifik nach Westen vor. Von November 1943 bis September 1944 gelang es ihm, über die Gilbert-Inseln (heutiges Kiribati), die Marshall-Inseln, Guam und Saipan bis zu den Marianen im Norden und den Palau-Inseln im Süden vorzudringen. Den vereinigten amerikanischen Streitkräften unter der Leitung von Mac-Arthur und Nimitz gelang es dann, die japanische Flotte in der Schlacht im Golf von Leyte im Oktober 1944 endgültig zu zerstören. Die Philippinen waren in amerikanischer Hand.

Bis zur Jahresmitte 1945 war der Krieg im Pazifik für Japan nicht mehr zu gewinnen. Es waren allerdings immer noch weite Teile Südostasiens japanisch besetzt, die Armee war ca. 2 Millionen Mann stark, und schätzungsweise 10 000 Kamikazeflieger warteten auf ihren Einsatz. Japan weigerte sich, der Forderung nach bedingungsloser Kapitulation nachzukommen, und die Einnahme der japanischen Inseln hätte zu hohen Verlusten bei den alliierten – hauptsächlich amerikanischen – Streitkräfte geführt. Man rechnete mit bis zu einer Million toter GIs.

Am 16. Juli 1945 wurde in Alamogordo im US-Bundesstaat New Mexico erfolgreich ein Atombombentest durchgeführt. Die neue Waffe bot die Möglichkeit, Japan ohne den Einsatz zahlreicher amerikanischer Soldaten und ohne die Hilfe der Roten Armee zur bedingungslosen Kapitulation zu zwingen. Für die Vereinigten Staaten eröffnete sich die Perspektive, die politisch-ökonomische Nachkriegslandschaft des Pazifischen Raums ohne Rücksichtnahme auf die UdSSR zu gestalten. Der Abwurf der Atombomben über Hiroschima am 6. August 1945 und über Nagasaki am 9. August 1945 beendeten schließlich den Krieg im Pazifik. Allein an diesen beiden Tagen starben ca. 300 000 Menschen.

# Kiribati

## Allgemeine Landeskunde

*Offizieller Name: Republic of Kiribati*
*(Der Landesname wird ›Kiribas‹ gesprochen)*
*Längengrade: 173°–177° Ost; Breitengrade: 4° Nord–3° Süd*
*Landfläche: 822 km; Meeresoberfläche: 3,55 Mio. km²*
*Hauptstadt: Bairiki (2100 Ew.) auf Tarawa*

Das Land besteht aus 33 Inseln, die sich auf drei Inselgruppen verteilen: die Gilbert Inseln, die Phoenix Inseln und die Line-Inseln. Die Nord-Süd-Erstreckung beträgt 800 km, die Entfernung zwischen der westlichsten und der östlichsten Landesgrenze 3218 km.

Durch seine Lage direkt auf dem Äquator herrscht in Kiribati das ganze Jahr über ein feuchtschwüles Klima. Die Tagestemperaturen liegen zwischen 25° und 32°C.

1820 hatte der westlichste Archipel – auf Mikronesisch Tungaru genannt – vom russischen Forschungsreisenden Krusenstern den Namen ›Gilbert Islands‹ erhalten. Die Briten wandten während ihrer Regierungszeit von 1892 bis 1979 den Namen auf alle drei Inselgruppen an. Mit der Wahl des Landesnamens Kiribati – die mikronesische Aussprache von Gilbert – bei Erlangung der Unabhängigkeit wollte man die Einheit des Landes unterstreichen.

Von den etwa 65 000 Bewohnern Kiribatis ist die überwiegende Mehrheit mikronesisch, einige Polynesier und Menschen europäischer Abstammung leben ebenfalls auf den Inseln. Der größte Teil der Bevölkerung konzentriert sich auf die westliche Gruppe, insbesondere auf die Hauptinsel Tarawa, die bei einer extrem hohen Bevölkerungsdichte von 2500 Einwohner/km² ein Drittel der gesamten Landesbevölkerung beherbergt.

Amtssprachen sind Kiribati, eine mikronesische Sprache, und Englisch; Englisch wird jedoch nur in den Hauptzentren verstanden.

Kiribati ist eine Demokratie. Die gesetzgebende Versammlung *(Maneaba Ni Maungatabu)* besteht aus 35 Mitgliedern; die Legislaturperiode beträgt vier Jahre. Drei oder vier Kandidaten aus der *Maneaba* stehen zur Wahl, wenn das Volk den Präsidenten *(Beretiteni)* wählt. Der Beretiteni stellt nach seiner Wahl das zehnköpfige Kabinett zusammen, er ist Staatsoberhaupt und steht der Regierung vor.

Es wird überwiegend Subsistenzwirtschaft betrieben, nur geringe Mengen von Kopra und Fisch werden exportiert. Bis zu seiner Einstellung 1978 war der Phosphatabbau auf Ocean

# KIRIBATI – GESCHICHTE UND KULTUR

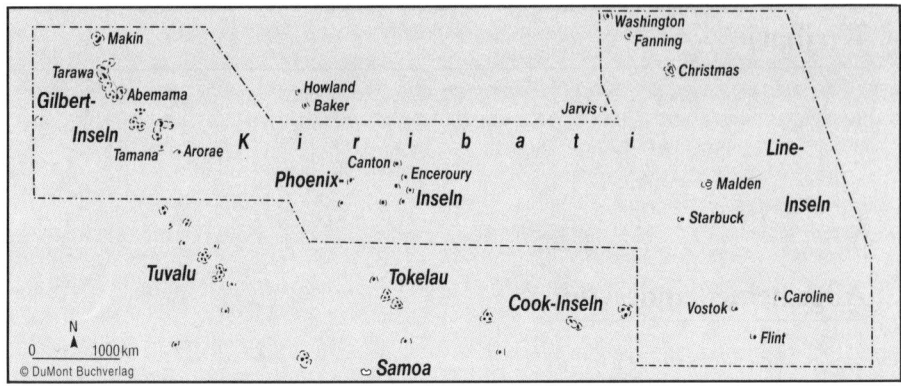

*Kiribati*

Island (Banaba) die wichtigste Einnahmequelle des Landes. Da ihre Heimatinseln übervölkert waren, mußten viele I-Kiribati nach der Entlassung aus den Minen im Ausland Arbeit suchen. Dank der hervorragenden Marine Training School sind Seeleute aus Kiribati bei internationalen Reedereien sehr gefragt. Etwa 1000 I-Kiribati arbeiten dauernd in Übersee. Ihre Überweisungen und der Erlös aus dem Verkauf von Schiffahrtsrechten (der Vertrag von 1985, der sowjetischen Schiffen die Nutzung der 200-Meilen-Zone erlaubte, hatte bei den ›großen‹ Nachbarn USA, Australien und Neuseeland heftige Proteste ausgelöst) machten gegen Ende der 80er Jahre etwa 5 Mio. australische Dollar aus.

Landnot, Mangel an Ressourcen auf nährstoffarmen Böden und Überbevölkerung führen auf einigen der Atolle zu Infektionskrankheiten und Nahrungsmangel. Darüber hinaus entstehen auch soziale Spannungen, die zu einer für den Pazifik relativ hohen Kriminalitätsrate führen.

Der Tourismus ist in Kiribati noch nicht sehr entwickelt. Christmas Island zog bis jetzt die meisten Besucher an, da es einmal wöchentlich von Honolulu aus angeflogen wird. Seit Ende der 80er Jahre versucht man, auch die westliche Gruppe für Individualtouristen zu erschließen.

## Geschichte und Kultur

Die erste Besiedlung der Region erfolgte vor ca. 3000 Jahren im Rahmen der frühen austronesischen Wanderungen; gegen 1400 n. Chr. scheinen in einer entgegengesetzten Bewegung Gruppen aus Fidschi, Tonga oder Samoa angekommen zu sein und sich mit der bereits ansässigen Bevölkerung vermischt zu haben.

Erster europäischer Entdecker war Quirós 1606 (für die Insel Butaritari); die übrigen Inseln wurden erst ca. zwei Jahrhunderte später entdeckt.

Ab 1892 waren die Gilbert-Inseln zusammen mit den Ellice-Inseln (dem heutigen Tuvalu) zu einem britischen Protektorat zusammengeschlossen, ab 1916 erhielt das Protektorat den Status

> **Ein Märchen aus Kiribati**
> **Rettung durch List: Buariki auf Onotoa**
>
> Zu einer Insel, die von friedlichen Fischern bewohnt war, kam eines Tages die Kunde, daß viele starke und zauberkräftige Männer einer weit entfernten Insel sich aufgemacht hätten, um diese Insel, die Onotoa hieß, zu bekriegen und das Land unter sich aufzuteilen. Darauf herrschte große Verwirrung. Nur zwei alte Frauen, die freundschaftlich am Rande von Onotoa zusammen lebten, überlegten, wie sie die fremden Eroberer abschrecken könnten. Die beiden waren selber so schutz- und kraftlos, daß sie zuerst ihr Leben verlieren würden. Da sagte eine von ihnen: »Laß uns die dunklen Kokospalmblattstiele am Strand aufstellen. Wenn die Feinde sie im frühen Morgenlicht sehen, werfen die Stiele Schatten, und man könnte sie leicht von fern für Menschen halten.« Die andere alte Frau stimmte zu, und beide waren nun fleißig, alle erreichbaren Palmblätter von ihren Fiederblättern zu befreien und die langen, dicken Stiele fest in den Strand zu stecken. Am frühen Morgen kamen die fremden Boote näher. Als sie jedoch die dunklen Stäbe im weißen Sand gewahrten, meinten die Männer wirklich, daß viele Menschen am Strand seien und sie zum Kampf erwarteten. Da hielten sie ein und beratschlagten, ob es klüger sei, sich der Überzahl zu stellen oder ihr zu weichen. Sie beschlossen schließlich, lieber umzukehren als hier umzukommen. So wurde Onotoa durch die List von zwei Frauen gerettet.*
>
> * Sigrid Koch: Erzählungen aus der Südsee

einer britischen Kolonie. Am 1. Oktober 1975 wurden die Gilbert-Inseln unter dem Namen Kiribati in die Unabhängigkeit entlassen. Sie behielten die Flagge der ehemaligen Kolonie bei: ein über der Sonne am Horizont auffliegender Fregattvogel, im Vordergrund ist das blaue Meer mit drei weißen Wellen zu sehen, welche die drei Inselgruppen des Landes versinnbildlichen. Das Landesmotto ›Te Mauri, Te Raoi, Te Tabomoa‹ – Gesundheit, Frieden und Ehrbarkeit – wird als Pfeiler der Gesellschaft angesehen.

Die materielle Kultur von Kiribati zeigt einerseits mikronesische Züge, besonders auf den südlichen Inseln der Hauptgruppe (z.B. Arorae) ist aber auch polynesischer Einfluß erkennbar. Für die Kultur des Landes sind vor allem die Kriegerrüstungen charakteristisch. Ausgerüstet mit *te reere,* dem Schwert, dessen Klingen aus Haifischzähnen bestehen, dem Kampfhut aus Stachelfisch und einer dicken Rüstung aus gewundenen Kokosfasern war der Krieger der Vergangenheit sicher für seinen Gegner ebenso gefährlich wie er aussah.

Friedlichen Zwecken dienten die spitz zulaufenden Pandanushüte der Fischer, die Fächer aus Kokosbast der Frauen, Muschelketten für Feste, doppelt gewobene und sehr feine Schlafmatten sowie *kite* – Flugdrachen –. Drachenflugwettbewerbe waren in Kiribati früher sehr beliebt. Die Kleidermatte, die von den Männern nur zu festlichen Anlässen getragen wurde, band man mit

# KIRIBATI – GESCHICHTE UND KULTUR

*Rüstung und Schwert aus Kiribati im Völkerkundemuseum Berlin*

einer 120–240 cm langen Schnur aus Frauenhaar zusammen, die entweder aus altem Familienbesitz stammte oder von Schwestern für ihre Brüder gewebt wurde; zu diesem Zweck schnitten sich die Frauen von Zeit zu Zeit die Haare ab.

Während sich im Norden der Hauptgruppe mit Unterstützung der Europäer seit dem 18. Jh. größere Königreiche herausbildeten, wurden im Süden die Inseln von Ältestenräten regiert, die in den großen Versammlungshäusern *(maneaba)* zusammenkamen.

In den Gesellschaften Mikronesiens hat die große Versammlungshalle eine zentrale Bedeutung, so die *abai* in Palau, die *pebai* in Yap oder die *maneaba* in Kiribati. Die *maneaba* in Kiribati ist heute ein Zeichen für die Lebendigkeit der traditionellen Kultur, wenn auch nicht mehr alle totemisch-symbolischen Aspekte dieses Baus zum Tragen kommen. Bis zum heutigen Tage aber

*Eine maneaba auf Tabiteuea*

ist die *maneaba* das Zentrum aller gesellschaftlichen und politischen Aktivitäten und mehr noch, die Verkörperung der Gesellschaft an sich.

Kiribati weist eine typische Atollkultur mit einer äußerst kargen Vegetation auf. So entstand hier in früheren Zeiten eine aufs Meer ausgerichtete Gesellschaft, in der sich Schiffsbau und Seefahrt zu einzigartiger Höhe entwickelten – die größeren Segelboote der I-Kiribati erreichen bei guten Bedingungen eine Geschwindigkeit von über 20 Knoten.

Heute gehört das Land trotz seiner äußerst begrenzten Ressourcen zu den am dichtesten besiedelten Gebieten Ozeaniens. Um die Versorgung der Bevölkerung zu gewährleisten, muß so manche alte Sitte revidiert werden. Erst kürzlich kam von einem hohen Politiker die Anregung, die Ländereien noch zu Lebzeiten des Vaters an die Kinder weiterzugeben – und nicht erst traditionsgemäß nach seinem Tode –, um damit eine größere Rentabilität in der Landwirtschaft und besonders bei der Haltung und Anpflanzung von Kokosplantagen im größeren Stil zu erreichen.

# Nauru

Die Pazifiknation Nauru verlangt von Australien Entschädigungszahlungen im Wert von 100 Mio. DM, und sie steht mit ihrer Forderung vor dem Internationalen Gerichtshof in Den Haag – so konnte man es 1991 in den Zeitungen lesen. Was sind die Gründe der Auseinandersetzung des kleinen, seit 1968 unabhängigen Staates mit 22 km² Landfläche, nur ein Fleckchen Erde 41 km südlich des Äquators, mit dem großen Nachbarn des Inselkontinents?

Lange Zeit hindurch schien sich die Geschichte der Insel nicht in auffälliger Weise von der ihrer Nachbarn zu unterscheiden. Die Urbewohner der Insel, die im mikronesischen Kulturbereich liegt, wiesen außer mikronesischen auch melanesische und polynesische Einflüsse auf. Die Archäologen nehmen an, daß sich die Besatzungen abgetriebener Boote von den Karolinen und den Marshall-Inseln, aus Kiribati, den Salomonen und aus anderen Gebieten des Pazifiks auf der Insel angesiedelt und im Laufe der Zeit miteinander vermischt haben. Noch zu Beginn des Jahrhunderts sollen die verschiedenen Einflüsse auf der Insel sichtbar gewesen sein.

Kapitän John Fearn, der als erster Europäer 1798 auf dem britischen Schiff ›Hunter‹ nach Nauru kam, schien die Insel gefallen zu haben, da er sie ›Pleasant Island‹ – ›Angenehme Insel‹ – nannte. Dennoch zog in den darauffolgenden Jahrzehnten der Felsblock im Meer, den die gehobene Koralleninsel darstellt, die Europäer nicht besonders an. Gegen Ende des 19. Jh. hatte sich schließlich eine Handvoll deutscher Händler auf Nauru niedergelassen, die sich um einen Anschluß der Insel an das deutsche Protektorat der Marshall-Inseln bemühten. Anfang Oktober 1884 landete schließlich das deutsche Kriegsschiff ›Eber‹ auf Nauru. Die Besatzung sperrte alle zwölf Inselhäuptlinge ein und drohte ihnen an, sie bei Nichtbefolgen ihrer Befehle nach Jaluit auf den Marshalls ins Exil zu schicken.

Die deutsche Verwaltung auf Nauru bestand bis zum Ausbruch des Ersten Weltkriegs. In diese Zeit fällt die Entdeckung der Besonderheit Naurus: 1898 hatte ein Angestellter der Pacific Islands Company aus Sydney eine Handelsreise nach Nauru unternommen und von dort als Souvenir ein Stück Felsbrocken mitgebracht, das er für einen versteinerten Baum hielt. Zwei Jahre später fiel der Blick eines seiner Arbeitskollegen, des Neuseeländers Albert F. Ellis, auf das als Türstopper benutzte vermeintliche Baumfossil. Seine Aufmerksamkeit war geweckt: Er ließ das Gestein geologisch untersuchen. Dabei wurde ein ungewöhnlich hoher Phosphatgehalt festgestellt. Über Jahrmillionen hinweg hatten Vögel auf Nauru und dem benachbarten Ocean Island genistet. Ihre Exkremente (sie sind dem ›Guano‹ Südamerikas vergleichbar) bestehen aus einer Mischung von phosphathaltigen Säuren und Stickstoff, die mit dem Korallengestein dieser gehobenen Inseln eine Reaktion eingingen und ein Gestein bildeten, das zu 85 bis 90% aus Phosphat besteht. Das Phosphat wird vor allem bei der Herstellung von Düngemitteln hoch geschätzt.

Die Pacific Islands Company in Australien handelte daraufhin rasch. Zum einen versuchte sie, mit der deutschen Jaluit-Gesellschaft, der das erweiterte Marshall-Protektorat unterstellt war, ins Geschäft zu kommen, ohne dieser das gesamte Ausmaß der Entdeckung zu enthüllen. Gleichzeitig wurde Ellis auf das Nauru benachbarte Ocean Island geschickt, um es im Falle von ebenso interessanten Funden für die Gesellschaft mit Beschlag zu belegen. Tatsächlich wurde dort Phosphat einer ähnlichen Qualitätsstufe gefunden, und Ellis erhandelte von den Häuptlingen die Bergbaurechte für 99 Jahre – für jährlich $ 50 Bergwerkspacht! Durch den deutsch-englischen Vertrag über den Grenzverlauf im Pazifik fiel Ocean Island unter die Gebiete mit britischer Verwaltung, und die dortigen Phosphatvorkommen konnten sofort mit Erfolg – für die Gesellschaft – abgebaut werden.

Erst einige Jahre später, nämlich 1906, konnte für Nauru ein Vertrag zwischen der Nachfolgerin der Pacific Islands Company einerseits und der Jaluit-Gesellschaft sowie der deutschen Regierung andererseits unterzeichnet werden. In den darauffolgenden Jahren wurden bereits 12 000 Tonnen Phosphat aus Nauru nach Australien geschifft. Man war gezwungen, Arbeitskräfte aus den Karolinen und aus China einzuführen.

*Im Landesinneren von Nauru*

# NAURU

Bei Ausbruch des Ersten Weltkriegs besetzten die Australier Nauru. 1919 beauftragte der Völkerbund Australien, Großbritannien und Neuseeland mit der Aufsicht über Nauru, wobei Australien ›de facto‹ am meisten zu sagen hatte.

Nach der Besetzung Naurus durch die Japaner im August 1942 wurden 1200 Inselbewohner nach Truk zwangsumgesiedelt; nur 737 davon kehrten 1946 nach der amerikanischen Wiedereroberung auf die Heimatinsel zurück. Nach dem Zweiten Weltkrieg wurde Nauru zum Treuhandgebiet der Vereinten Nationen erklärt, mit denselben Garantiemächten wie bei Ausgang des Ersten Weltkrieges. Bis 1968 wurden nun jährlich 1,5 bis 2 Mio. Tonnen Phosphat abgebaut und exportiert. Die Australier waren dabei die großen Gewinner, während der Inselbevölkerung lächerlich niedrige Abschlagssummen bezahlt wurden. 1968 erlangten die Nauruaner schließlich ihre politische Unabhängigkeit, und seit 1970 fällt der Erlös aus den Minen den Bewohnern des Staates zu, die Landrecht darauf anmelden können.

Nauru gehört heute zu den reichsten Pazifiknationen: Die Bevölkerung hat im allgemeinen einen sehr hohen Lebensstandard; es werden weder Einkommenssteuern noch direkte Steuern erhoben. Nauru verfügt über eine eigene Fluglinie, die das Land mit den Wirtschaftszentren verknüpft, in denen nauruanisches Geld angelegt ist.

In wenigen Jahren werden die Phosphatvorräte auf der Insel völlig erschöpft sein. Um eine Entschädigung zumindest für einen Teil der Ausbeutung während der australischen Zeit zu erhalten, ging Nauru mit seiner Millionenforderung vor den Internationalen Gerichtshof. Nach dem Versiegen der Vorräte bleibt auf Teilen der Insel eine unwirtliche Mondlandschaft zurück. Über die weitere Verwendung der Insel gehen die Meinungen auseinander: Unabhängige Wissenschaftler sehen sehr wohl die Möglichkeit, bei sicherlich nicht unbedeutendem Kostenaufwand die gratförmig aufragenden Spitztürme abzutragen, die der Phosphatabbau hinterlassen hat. Australische Wissenschaftler sind der Auffassung, daß eine Rehabilitierung der Insel unmöglich ist. Es ist zu bedenken, daß im Falle einer möglichen Rehabilitierung Australien zur Zahlung von Reparationsbeträgen in Millionenhöhe verpflichtet sein würde; dies mag den Wissenschaftlern möglicherweise den objektiven Blick verstellen.

Am 26. Juni 1992 entschied der Internationale Gerichtshof in Den Haag, daß Australien Nauru 72 Mio. australische Dollar Entschädigung zu zahlen habe.

Auf Nauru gibt es keine Sehenswürdigkeiten oder reizvollen Landschaften, ein kurzer Zwischenstop könnte jedoch eventuell für den wirtschaftlich oder geologisch interessierten Urlaubsreisenden lohnenswert sein.

# Guam

Guam ist die größte Landmasse zwischen Hawaii und den Philippinen; die Insel hat aufgrund ihrer zentralen Lage eine sehr bewegte Geschichte zu verzeichnen.

Kulturhistorisch ist das Land Teil der Marianen, deren südlichen Abschluß es bildet. Wie in den Nördlichen Marianen haben hier Ausgrabungen Funde aus der Vor-Latte-Periode (s. S. 281) und auch aus der Latte-Zeit zutagebracht, von denen einige heute noch zu sehen sind, z. B. im sehr interessanten ›Latte-Stone-Park‹ in Agaña.

Schon die Chamorros, wie die ersten Bewohner der Insel von den spanischen Entdeckern genannt wurden, konnten ihre Vorfahren auf verschiedene Einwanderungsströme aus Südostasien und dem Pazifik zurückführen.

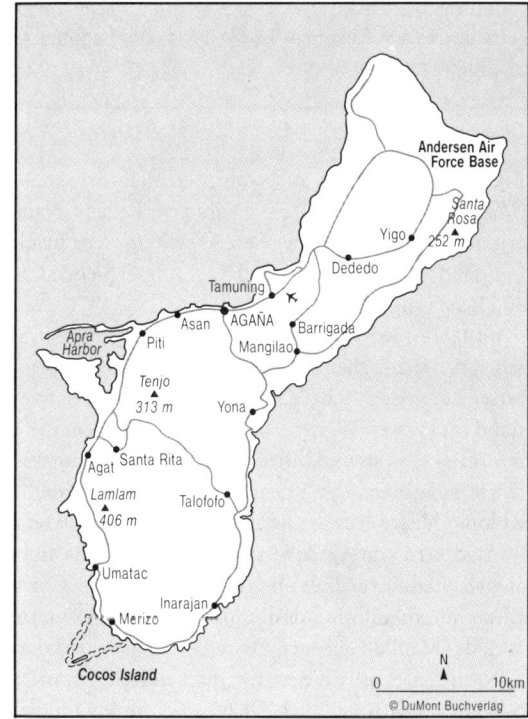

*Guam*

> ## Wie kam der Riesenleguan zu seiner Farbe?
> ### Ein Märchen aus Guam
>
> In Guam kann man dafür eine besondere Erklärung hören:
>
> Früher – so erzählt die Sage – hatte der Leguan eine schöne Stimme, auf die er sehr stolz war. Da sagte die Spottdrossel zu ihm: »Deine Stimme ist in der Tat süß, aber meine Federn sind die schönsten.« Daraufhin ging der Leguan schnurstracks zu einer Wachtel, die für ihre Weisheit berühmt war. »Wie sind deine schwarzen Federn doch häßlich! Kannst du dich nicht anmalen, um ein einnehmenderes Äußeres zu haben?« – so begrüßte er die Wachtel. »Und kannst du dich nicht anmalen, damit du nicht immer in deinem grünen Mantel herumlaufen mußt?« war die Antwort der Wachtel darauf.
>
> So kamen sie überein, sich gegenseitig anzumalen, und der Leguan sagte: »Ich fühle mich so schwach, kannst du mich nicht zuerst anmalen?« Da nahm die Wachtel ihre Federn als Pinsel und ihre Eier als Farbe und malte dem Leguan einen gelben Überwurf, der nach dem Trocknen weich und glänzend wurde. »Nun bin ich dran«, sagte die Wachtel. Der Leguan war jedoch so froh über sein neues Kleid, daß er zu singen begann und davonrannte. »Deine Zunge soll sich spalten, weil du mich so hereingelegt hast!« rief die Wachtel aus, und seit dieser Zeit ist die Zunge des Leguans gespalten, und er hat auch seine schöne Stimme verloren.

Guam – wie Rota und wahrscheinlich Saipan – wurde 1521 von Fernão de Magalhães (Magellan) gesichtet. Der von ihm verliehene Name ›Islas de los Ladrones‹ (Diebesinseln) erinnert nur an die diebischen Aktivitäten der Insulaner, nicht aber an die grausame Bestrafungsaktion der Spanier, die darauf folgte. Sieben Chamorros wurden dabei getötet und über 40 Häuser angezündet.

Im Jahre 1565 wurde Guam von den Spaniern in Besitz genommen. Die Beziehungen zwischen den spanischen Militärs, Seeleuten und Missionaren einerseits und den Chamorros andererseits erwiesen sich als äußerst schwierig. Die spanische Verwaltungs- und Missionspolitik stand im krassen Widerspruch zum Wertsystem der Mikronesier, und die Spanier versuchten mit roher Gewalt und Mitteln wie der Zwangsumsiedlung und der Errichtung von Reservaten dieser widerspenstigen Bevölkerung Herr zu werden. Über 300 Jahre lang war Guam spanische Kolonie. Vieles erinnert heute noch an diese Zeit; einige Bauten und die räumliche Gliederung im Stadtkern von Agaña mit der Plaza de España und der nach dem Zweiten Weltkrieg wiederaufgebauten Kathedrale ebenso wie die heutige Chamorro-Sprache, in die verstärkt spanische Elemente eingeflossen sind. Guam spielte für Spanien vor allem als Zwischenstation auf dem Weg der Manila-Galeonen zwischen Mexiko und den Philippinen eine Rolle.

Nach dem Spanisch-Amerikanischen Krieg von 1898 mußte Spanien schließlich seine letzten Kolonien – darunter auch Guam – an die Vereinigten Staaten abtreten. Guam stand bis 1941 unter Verwaltung der US-Navy, drei Tage nach Pearl Harbor wurde die Insel dann von den Japanern besetzt. Im März 1944 entsandten die Japaner 18 500 Soldaten nach Guam, um das Land vor einer Rückeroberung durch die Amerikaner zu schützen; sie verlegten bis Juli 1944 fast die gesamte Bevölkerung Guams in Konzentrationslager. In Kämpfen vom 21. Juli bis zum 10. August 1944 gelang den Amerikanern die Rückeroberung. 1945 waren fast 200 000 amerikanische Soldaten auf Guam stationiert. Heute ist Guam ein Territorium der Vereinigten Staaten, und die Bürger genießen die Rechte von US-Bürgern.

Guam ist in ganz Mikronesien die Insel mit der am stärksten ausgebauten touristischen Infrastruktur – doch ist die amerikanisch geprägte Stadtlandschaft mit Hochhausblöcken zwischen Schnellstraßen kein Ort für den Urlauber auf der Suche nach einem romantischen Inselparadies.

# Die Nördlichen Marianen

Der Tourismus ist der bedeutendste Wirtschaftszweig in den Nördlichen Marianen. In den letzten Jahren hat er einen weiteren deutlichen Aufschwung erlebt: 1990 wurde die Inselgruppe von 400 000 Urlaubern besucht, das sind 38% mehr als im Vorjahr. Aufgrund der geographischen Lage ist der japanische Markt besonders vielversprechend: Schon jetzt kommen mehr als 75% der Touristen aus diesem nördlichen Nachbarland.

Die Kette aus 17 Inseln erstreckt sich 543 km in Nord-Süd-Richtung, doch nur sechs Inseln sind durchgehend besiedelt. 87% der Bevölkerung des 20 000 Einwohner zählenden Staates leben auf der Hauptinsel Saipan. Saipan ist eine Touristenmetropole, die mit Guam wetteifern kann; das etwas ruhigere Rota wird ebenfalls mehr und mehr erschlossen, nur auf Tinian und den übrigen Inseln kann man noch eher geruhsames Inselleben erfahren.

Es gelang den Archäologen, für die Marianen eine Besiedlungsdauer von mindestens 3500 Jahren nachzuweisen. Die älteste bekannte Kultur, Vor-Latte-Kultur genannt, hinterließ rote Tonwaren, während die darauf folgende Latte-Kultur dafür bekannt ist, daß die Häuser wichtiger Personen auf breiten, doppelreihig aufgestellten Steinsäulen (auf mikronesisch ›latte‹) ruhten.

Die Ureinwohner der Nördlichen Marianen waren die von den Spaniern so genannten Chamorros. Zu ihnen gesellten sich im Laufe der Geschichte Einwanderer von den Karolinen

# NÖRDLICHE MARIANEN

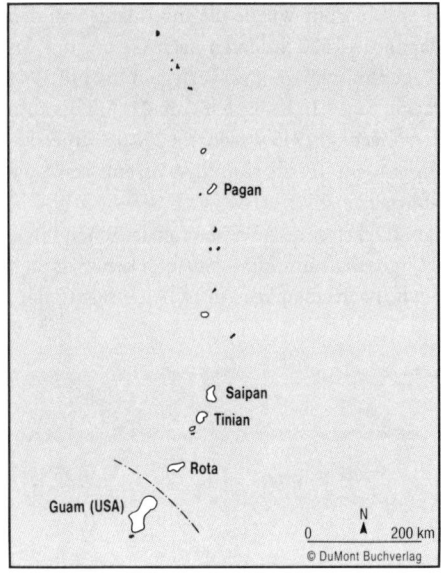

*Nördliche Marianen*

(sie machen heute in etwa ein Viertel der Gesamtbevölkerung aus), die Nachfahren der aus China und den Philippinen eingeführten Arbeitskräfte und die der vier Kolonialmächte Spanien, Deutschland, Japan und USA.

78% der Landesbevölkerung entschieden sich 1975 für einen engen Anschluß an die USA, die Verfassung trat 1978 in Kraft. Sie sieht für die Nördlichen Marianen den Status eines ›Commonwealth of the United States‹ vor, was fast einem Bundesstaat der Vereinigten Staaten gleichkommt. Die amerikanische Lebensweise ist mehr denn je Modell für die Gesellschaft des Landes, und die mikronesische Kultur ist beinahe völlig verschwunden.

*Stirnband aus Mikronesien*

# Palau (Republik Belau)

Palau liegt im äußersten Südwesten von Mikronesien, in unmittelbarer Nachbarschaft zu Indonesien und Papua-Neuguinea. Von den über 350 Inseln des Landes sind nur acht bewohnt. Babelthuap, Koror, Peleliu und Angaur sind Inseln mit ausgeprägtem Relief, ansonsten besteht das Land aus niedrigen Atollen und den weltberühmten Rock Islands: Über ein Gebiet von etwa 30 km Länge erstrecken sich Tausende von oben abgerundeten Inselchen aus Kalkstein mit üppiger Vegetation. Es ist ein einmaliges Erlebnis, die Rock Islands zu überfliegen oder sie auf einer Bootsfahrt zu durchqueren. Die Inselgruppe besitzt eine ungewöhnlich reiche Meeresfauna und -flora, und unter Kennern gehören Palaus ›Tauchgründe‹ zur Weltklasse.

›Belau‹ ist der traditionelle mikronesische Name für das Land, der seit kurzem auch offiziell im Landesnamen ›Republik von Belau‹ wiederaufgenommen wurde. Allerdings hat er sich bis heute im Alltagsleben des Landes noch nicht durchgesetzt.

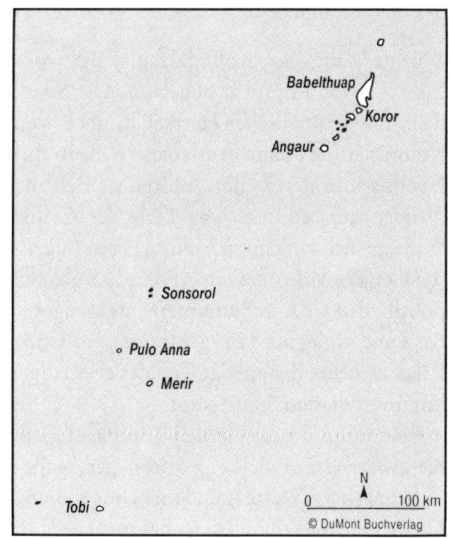

*Palau*

# PALAU

*Mädchen aus Palau*

Von den 14 000 Palauanern leben zwei Drittel in der Hauptstadt Koror; weitere 5000 arbeiten in Guam und haben sich dort fest angesiedelt. Vom kulturgeschichtlichen Standpunkt her gehört Palau zu den Karolinen. Mit seinen mikronesischen Nachbarn teilt Palau auch seine Entdeckungs- und Besiedlungsgeschichte durch die Europäer: Entdeckung und Erschließung durch die Spanier, deutsche Verwaltung, japanische Administration, strategische Bedeutung im Zweiten Weltkrieg und zunehmende amerikanische Einflußnahme. Dennoch sind einige Besonderheiten aus Palaus Geschichte erwähnenswert. Die Lage abseits der Hauptschiffsroute ist für die späte und nicht sehr intensive Erschließung durch die Spanier verantwortlich. Als 1783 die ›Antelope‹, ein Schiff der Ostindienkompanie, in Palau auf Riff lief, wurde der Name zum ersten Mal auch bei der breiteren Öffentlichkeit in Europa bekannt, zumal die Schiffsbesatzung vor Ort ein kleineres Boot baute, das sie zusammen mit einem Häuptlingssohn aus Palau zunächst in die Philippinen brachte, von wo aus sie auf einem regulären Schiff die Reise nach London fortsetzten.

In der deutschen Kolonialzeit wurde vor allem die Kopraproduktion forciert und auf der Insel Angaur Phosphat abgebaut. Die Strukturen der wirtschaftlichen Ausbeutung wurden dann unter japanischer Herrschaft noch weiter ausgebaut. Als moralische Rechtfertigung der Kolonisierung diente den Japanern die in ihrem Land verwurzelte Legende der Südmeere. Als Nachbarn in der Region fühlten sie sich mehr als die anderen Kolonialmächte berufen, den ›Wilden‹ auf den Inseln das ›Licht der Zivilisation‹ zu bringen. Das heutige Palau hat mit dem Widerspruch zu kämpfen, eines der am stärksten von der amerikanischen Lebensweise geprägten Gebiete Mikronesiens zu sein und gleichzeitig in manchen Bereichen, z. B. in der Nuklearpolitik, den USA vollkommen entgegengesetzte Auffassungen zu vertreten. Die Tatsache, daß das Land völlig auf Hilfsgelder aus den USA angewiesen ist, macht seine Rolle nicht leichter. Palau ist heute der einzige Teil des ehemaligen US-Treuhandgebietes, der offiziell noch weiterhin unter diesem Statut steht.

Eine weitere Besonderheit von Palau ist das Überleben von traditionellen Religionen bzw. die moderne Entwicklung von neuen nicht-christlichen Glaubenssystemen, die sich z. T. auf mikronesische Werte gründen: Heute stehen in der Bevölkerung 75% Christen etwa 25% Angehörige der ›traditionellen Religionen‹ gegenüber.

In Palau erreichte die materielle Kultur eine im Vergleich zu anderen Regionen Mikronesiens herausragende Blüte. Berühmt sind die großen Männerklubhäuser, von denen heute nur noch eines erhalten ist.

»Die Männerklubhäuser *(bai)* von Belau im westlichen Mikronesien erinnern an indonesische Architektur. Sie repräsentieren eine hochentwickelte Baukunst, wie sie unter Naturvölkern selten ist.

**Konstruktion**
Diese Häuser, die infolge der Europäisierung Ozeaniens seit einem halben Jahrhundert nicht mehr gebaut werden, entstanden unter der Leitung von Baumeistern *(dágalbai)*. Ein solcher Baumeister beherrschte nicht nur sein Handwerk, sondern auch die Magie, die zum Gelingen des Werkes unerläßlich schien. Er rief die Götter (bzw. Geister, *galid*) des Waldes und der Hölzer in traditionellen Zeremonien an, und jene inspirierten nach altem Glauben auch die aufsichtführenden Häuptlinge. Handwerkliche und magische Kenntnisse wurden vom Vater auf den Sohn vererbt.

Nach alter Tradition bauten die Männer eines Klubs ihr Haus nicht selbst. Sie gaben es bei einer fremden Gemeinde in Auftrag und bezahlten dafür in öffentlicher Verhandlung. Ein armer Klub erbat ein solches Haus auch von einem reichen, und in Kriegszeiten demontierte

*Männerklubhaus in Airai auf Babelthuap, Palau*

## PALAU – MÄNNERKLUBHÄUSER

*Der Berliner Bai*

man ein *bai* im besiegten Dorf, um es daheim aufzustellen. Schweres, hartes Holz wurde gebraucht. Man nutzte gern die Stämme des *Callophyllum inophyllum* und auch der *Terminalia*- und *Eugenia*-Arten. In traditioneller Arbeitsweise wurden Balken und Bohlen nicht gesägt, sondern aus dem vollen Stamm mit Äxten und Querbeilen (mit Klingen aus der Schale der Riesenmuschel) zurechtgehauen. Zum Vorzeichnen und Markieren wurde nasse Holzkohle benutzt. Als Maßband dienten Schlingpflanzenstengel, als Richtschnur Kokosfaserband. (…)

Besonders bemerkenswert hinsichtlich der Konstruktion ist das kunstvolle System der Verzapfungen. Denn Wandungen und Giebel wurden nur dadurch zusammengehalten und konnten jederzeit wieder auseinandergenommen werden. Es gab also keine Nagelung oder Verleimung. (…)

Der Unterraum des Hauses (unterhalb des Fußbodens) war ungenutzt, häufig auch abgeschottet, um Lauscher und Mörder fernzuhalten.

Das Innere des Hauses war ein großer, ungeteilter Raum, Türen und ›Fenster‹ bestanden nur aus Öffnungen, die bei stürmischem Wetter mit Flechtwerk verstellt wurden. Betten und andere Möbel waren unbekannt. Man schlief auf Matten. So erschienen die Häuser, abgesehen von einzelnen Matten, Körben, Tellern und Tonlampen, leer.

### Funktion

Ein solches Haus war das Eigentum eines Männerklubs *(gáldebegel)*. In jedem Dorf von Belau gab es zwei bis zehn Klubs und ebensoviele Klubhäuser. Gemäß der sozialen Zweiteilung jeder Siedlung waren die Häuser auf der für die Mitglieder zuständigen Dorfseite (an der Dorfstraße) errichtet.

Die Klubs bestanden aus etwa gleichaltrigen Männern, also jeweils für die Dauer einer Generation. Mit dem Tode seiner Mitglieder erlosch der Klub, neue Klubs entstanden in der Vereinigung junger Männer. Beim Eintritt in einen Klub verließ der Jüngling das elterliche Haus, in dem er fortan nur noch Gast war. Er wohnte und schlief im Klubhaus, wie alle Männer, die verheirateten nicht ausgenommen.

Infolge dieser konsequenten Organisation hatten die Klubs eine erhebliche soziale und politische Bedeutung. Sie waren die ausführenden Institutionen für die Anordnungen des Häuptlingsrates, sie arbeiteten im Dienste der Gemeinde, wie auch der einzelne immer seinen Klub um Hilfe bitten konnte, und sie bildeten mittels der Gruppierung aller Männer die ›militärische Macht‹ des Dorfes. Die Klubs hatten auch eine eigene Gerichtsbarkeit, indem Straftaten vom ›Hauptmann‹ geahndet wurden.

Innerhalb des Hauses gab es eine bestimmte Sitzordnung. So saßen, mit Blickrichtung auf den Stirngiebel, die erste und die zweite Persönlichkeit (›Häuptling‹) z. B. auf den Eckplätzen der rechten Seite und sie benutzten auch die entsprechenden Eingänge.

Die Frauen der eigenen Siedlung durften die Klubhäuser nicht betreten. Fremde Mädchen waren aber willkommen. Sie blieben als *armongol* etliche Monate im Klubhaus, umsorgten die Männer und wurden dafür entlohnt. Die Verpflegung alle Klubhaus-Insassen brachten indessen die Frauen des Dorfes herbei.«*

Augustin Krämer ließ 1907 in Palau ein Männerklubhaus in traditioneller Weise bauen und es dann nach Berlin überführen, wo es heute im Völkerkundemuseum zu besichtigen ist. Auf dem Giebel des »Berliner Bai« ist das Märchen vom Fische spendenden Brotfruchtbaum illustriert:

»Eine arme Frau namens Milat lebte auf der kleinen Riffinsel Ngiptall bei Melegéyok an der Ostseite der großen Insel Babeldáop. Ihr einziger Sohn verließ sie, als er heiratete. Als die Frau bald darauf auf Babeldáop Blätter im Walde für ihr Tarofeld suchte, fand sie ein Ei, das sie mit nach Hause nahm, um es zu verspeisen. Sie vergaß es aber, und als sie einige Tage später daran dachte und es aus dem Korb, in dem es lag, holen wollte, fand sie ein ganz kleines Knäblein aus dem Ei geschlüpft. Sie freute sich sehr darüber, hielt das Ding über das Feuer, um es rasch größer zu machen. Der Knabe wuchs im Lauf der Zeit heran. Er sah bald in den Häusern des Dorfes, daß die Leute häufig Fische und andere schöne Sachen aßen, während es bei seiner Pflegemutter nur Taro gab. Er frug sie nach der Ursache, und sie erwiderte, daß sie eine arme Frau sei und niemanden habe, der ihr Fische fange. Da regte sich die dämonische Natur des Knaben. Er schwamm aufs Meer hinaus, tauchte unter und schwamm unter die Insel, unter den Brotfruchtbaum, der vor Milats Haus stand. Er höhlte den Baumstamm von unten aus,

---

\* Gerd Koch, Pädagogischer Dienst, Staatliche Museen Preußischer Kulturbesitz, Führungsblatt 067a

ebenso die Äste, so daß jede See Fische in die Höhlung hineinwarf, die vor dem Hause der Frau niederfielen. Nun lebten sie im Überfluß, der dann auch bald den Neid der Dorfbewohner erregte. Diese wollten im Ärger den Baum umhauen. Doch ehe sie's vollbracht hatten, ergossen sich solche Wassermassen aus dem Baum, daß alle Bewohner von Ngiptall ertranken und die Insel unterging. Nur Milat entkam auf einem Floß, auf das sie der dankbare Pflegesohn gesetzt hatte.

Als später der dämonische Pflegesohn den Gott des Himmels, Augéllegalit, bestahl, sandte dieser die große Flut über Palau. Wieder entkam Milat, mit Hilfe von sieben Dämonen, dem Wasser auf einem Floß, und ihre fünf hernach geborenen Söhne wurden die Vorfahren der heutigen Palauer.«

Auf der Giebelfläche ist deutlich der fischspendende Baum zu erkennen, ebenso Milat vor ihrem Haus (auf der linken Seite) und die Dorfbewohner, die zur Zerstörung des Baumes ausziehen. Seitlich nahen bereits die Wellen der Sturmflut, unter der Hauptszene sind menschliche Köpfe als Siegestrophäen dargestellt, und die Giebelspitze schmückt eine *armongol*.

# Föderierte Staaten von Mikronesien

*(Kosrae, Pohnpei, Truk, Yap)*

Kosrae, Pohnpei, Truk in den östlichen Karolinen und Yap in den westlichen Karolinen haben sich zu den Förderierten Staaten von Mikronesien zusammengeschlossen. Im Vergleich zu den anderen mikronesischen Nachbarn verläuft das Leben hier noch in geruhsamen Bahnen, und der ausländische Einfluß – auch der des Tourismus – hält sich bis zum heutigen Tag in Grenzen.

Kolonia, die Hauptstadt des Staatenbundes, dessen 100 000 Einwohner sich auf 700 km² verteilen, liegt in Pohnpei, dem Staat mit der größten Landfläche (345 km²).

**Kosrae** ist eine Vulkaninsel mit über 600 m hoch aufragenden Gebirgsformationen. Ihre außergewöhnliche Schönheit war wegen ihrer Abgeschiedenheit lange Zeit nur wenigen Eingeweihten bekannt. Seit der Anbindung Kosraes an das internationale Flugnetz steigt das Interesse an diesem reizvollen Land (ein Besuch ist jedoch nur Personen anzuraten, die sich auch in einem Land mit kaum existenter oder sehr einfacher touristischer Infrastruktur wohlfühlen). Auf Kosrae können außer den mit dem Meer verbundenen Aktivitäten auch Wanderungen in den

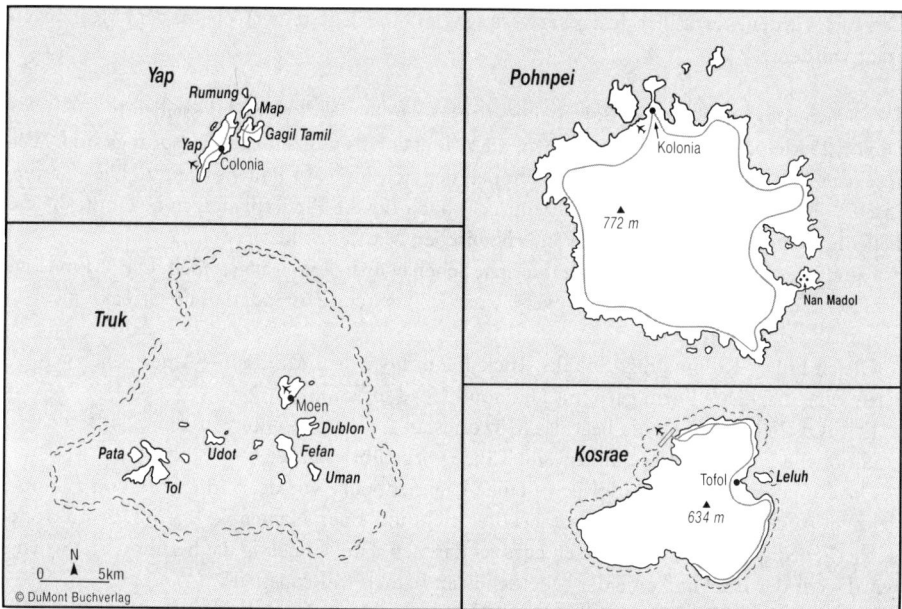

*Föderierte Staaten von Mikronesien*

Regenwäldern des Landesinneren unternommen werden. Das Gebirge heißt in der einheimischen Tradition ›die schlafende Frau‹, und ihre Körperformen sind z. B. von der kleinen, dem Hauptort Tofol vorgelagerten Insel Leluh deutlich zu erkennen.

Die Ruinen auf der Insel Leluh sind unbedingt eine Besichtigung wert. Auch wenn sie nicht so gut erhalten sind wie die Ruinen von Nan Madol in Pohnpei (es bestehen Projekte einer besseren Erschließung der Anlage), sind sie diesen durchaus ebenbürtig. Ein Museum gibt zunächst eine Übersicht über die Bauwerke des Ortes, der wohl seit 1250 bis zum vergangenen Jahrhundert bewohnt war. Beeindruckende Mauern aus Korallen und Basaltstein zeigen an, wo sich früher die Versammlungs- und Küchengebäude und die Königsresidenz befanden. An zentraler Stelle der Ruinenstadt liegt die Stätte, an der die Könige nach ihrem Tode eine Zeitlang auf-

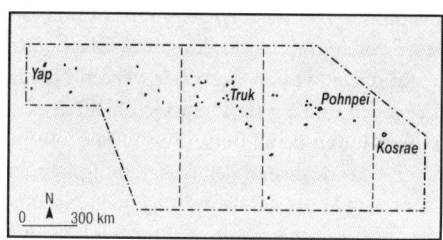

*Föderierte Staaten von Mikronesien*

bewahrt wurden, bevor ihre durch Verwesung vom Fleisch befreiten Gebeine dem Meer anvertraut wurden.

Der Schwerpunkt des Staates **Pohnpei** liegt auf der hohen Vulkaninsel desselben Namens. Sie ist von 25 kleineren Inselchen umgeben, die z. T. ebenfalls vulkanischen Ursprungs sind. Weitere acht Atolle gehören zum Staat Pohnpei, der sich bis 1984 Ponape nannte. Die ›Garteninsel‹ Pohnpei ist außer für ihre Blütenpracht auch für die Pfefferplantagen bekannt, die das beliebte Gewürz vor allem für den amerikanischen Markt produzieren.

Rund um die Insel Pohnpei sind zahlreiche Sehenswürdigkeiten angesiedelt. Die 85 km lange Straße rund um die Insel ist stellenweise in so schlechtem Zustand, daß die Strecke nicht in einem Tag zu bewältigen ist.

Gleich hinter Kolonia ragt **Soheks Rock** 152 m über dem Meer auf – Amerikaner vergleichen seine markante Form gern mit Diamond Head in Waikiki.

Etwas östlich von Kolonia liegt das **Micronesian Cultural Center,** in dem den Besuchern traditionelle Handarbeitstechniken und Tänze vorgeführt werden.

Die Ruinenstadt **Nan Madol** ist in einer Lagunenbucht vor der Südostseite von Pohnpei gelegen. Auch hier sind die Reiseveranstalter nicht um einen Namen verlegen: Das ›mikronesische Venedig‹ ist auch ohne diesen eurozentrischen Titel eindeutig die berühmteste Sehenswürdigkeit der Insel und eine der bedeutendsten Bauten Mikronesiens.

Der natürlichen Insel Temwen sind auf 60 ha Fläche 92 von Menschenhand geschaffene Inselchen vorgelagert. Sie liegen auf dem Rifflach und sind durch große Basaltblöcke, die wahrscheinlich bis aus der Gegend von Soheks Rock mit Bambusflößen herantransportiert wurden, gegen die offene See hin abgesichert. Die Anlage der Bauten, die zwischen 1100 und 1400 n. Chr. errichtet wurden, kündet von einer blühenden Kultur unter der Saudeleur-Herrscherdynastie. Nan Madol war zur damaligen Zeit ein bedeutendes politisches, administratives, gesellschaftliches und religiöses Zentrum; es scheint erst kurz vor der Ankunft der Europäer um 1820 aufgegeben worden zu sein, da sich damals die älteren Inselbewohner noch an eine lebendige Stadt erinnern konnten. Die östliche Hälfte von Nan Madol, geannnt Madol Powe (Oberstadt), war den Priestern für Rituale vorbehalten, während der westliche Teil, Madol Pah (Unterstadt), Verwaltungszwecken diente.

Nan Madol wurde wahrscheinlich aus Gründen der Verteidigung in solch unzugänglicher Lage erbaut: Nur bei Hochwasser ist der Zugang über die See möglich. Es empfiehlt sich auch heute, die Ruinen bei Hochwasser zu besichtigen, da ansonsten die Bewegungsmöglichkeiten der Boote sehr stark eingeschränkt sind. Viele Mikronesier ziehen es vor, die Stätte den Geistern zu überlassen, die dort ihres Glaubens nach noch ansässig sind und die sie durch Besuche nicht stören wollen. Besucher werden Nan Madol nicht verlassen, ohne einige der zahlreichen Legenden und mysteriösen Geschichten über den Ort gehört zu haben, so z. B. die des deutschen Gouverneurs Berg:

Er hatte während der Ausgrabungskampagne von 1907 einige Gebeine aus der Gruft entfernt – im Laufe der darauffolgenden Nacht soll ihm der Laut von geblasenen Seemuscheln auf der Insel Temwen in den Ohren geklungen haben, und am nächsten Tag weilte er nicht mehr

*Die Ruinenstadt Nan Madol*

unter den Lebenden. Sein Tod wurde in den Papieren der deutschen Verwaltung auf das Einwirken der übermäßigen Hitze zurückgeführt, aber traditionsverbundene Pohnpeianer berufen sich auf oben genannte Version.

Auf den 15 Inselgruppen von **Truk** mit ihren insgesamt 118 km² Landfläche konzentrieren sich fast die Hälfte aller Bewohner des mikronesischen Staatenbundes. Die Hauptinsel Truk besteht aus 14 gebirgigen Inseln; sie bilden einen riesigen Korallenring, der über 2000 km² Lagunenfläche umschließt. Heute verläuft das Leben in Truk in ruhigen Bahnen. Zahlreiche bauliche Überreste erinnern jedoch daran, daß die Japaner im Zweiten Weltkrieg die natürlichen Vorteile des Ortes (die Weite der Lagune, die Sicherung durch das Riff, die Tiefe der natürlichen Fahrrinnen und die große Anzahl der Atollinseln) nutzten, um ihre zentrale Marinebasis anzulegen, von der aus sie die Eroberung des Pazifikbeckens voranzutreiben gedachten.

Am 18. Februar 1944 führte die US-Marine ihren Angriff auf die Lagune von Truk aus. In einer Attacke, die an Zerstörungskraft die von Pearl Harbor um ein Vielfaches überstieg, wurden 60 japanische Schiffe in der Lagune versenkt. 30 000 japanische Soldaten waren zu dieser Zeit auf dem Land stationiert gewesen. Ihrer Transportmittel beraubt, mußten sie das Ende des Krieges abwarten, bevor sie die Insel als Besiegte verlassen konnten.

Heute sind die Überreste der japanischen Flotte ein Paradies für Taucher: Von Geisterschiffen mit perfekter Ausrüstung bis hin zu Skeletten, Korallenformationen in den verschiedensten Farben und Formen und Myriaden von tropischen Fischen wird hier wirklich alles geboten. Die Lagune von Truk zieht immer wieder Filmregisseure und Photographen an.

Aufgrund der massiven Einflüsse von außen sterben die Traditionen von Truk aus oder aber ihre Überbleibsel leben nur in der Souvenirindustrie weiter. Dies ist der Fall für die sogenannten ›love sticks‹ (Liebesstäbe), die in früheren Zeiten in Truk in Gebrauch waren. Jeder Jüngling schnitzte sich aus einheimischem Hartholz einen etwa 1 m langen Stab, den er mit meist gelb und schwarz abgesetzten geometrischen Mustern verzierte. Besondere Mühe verwandte er auf die Fertigung der Spitze, denn sie diente ihm als persönliche Visitenkarte. Gefiel ihm ein Mädchen im Dorf, näherte er sich zur Nachtzeit ihrer Behausung, durchstieß mit seinem Stab vorsichtig die geflochtene Hüttenwand und versuchte, sich damit ihrer Schlafmatte zu nähern. Nachdem die mikronesischen Familien die Gewohnheit haben, alle zusammen auf engem Raum zu nächtigen, war diese Kontaktaufnahme mit einigen Risiken verbunden. Traf der Botenstab tatsächlich die Richtige – die weiblichen Dorfbewohner waren geübt in der Kunst des Lesens der ›Visitenkarten‹ – und war sie an einem Treffen interessiert, so zog sie den Stab etwas näher zu sich heran. Durch diese Geste war der Mut des jungen Mannes gestärkt, und er wagte sich in die Hütte. Ein Zurückstoßen des Stabes bedeutete Abweisung. Die Überlieferung teilt nicht mit, wie oft solche nächtlichen Besucher in eine von der ganzen Familie aufgestellte Falle gingen oder sich auch nur in den Armen einer anderen als der Angebeteten wiederfanden. Da auch in Mikronesien die traditionelle Bauweise aus Naturmaterialien immer mehr aus der Mode kam, ist mit den neuen Bauten aus Beton, Holzplanken und Wellblech auch die Sitte der Liebesstäbe in Vergessenheit geraten. Heute sind sie nur noch als Souvenirs für Touristen in Gebrauch.

Von allen mikronesischen Inselvölkern scheint es den Bewohnern von **Yap** am besten gelungen zu sein, die Werte und Traditionen ihrer Vorfahren bis ins 20. Jh. hinein lebendig zu erhalten.

So begegnet man sogar im Hauptort Colonia (nicht zu verwechseln mit Kolonia, der

*Familie auf Ulithi, einer der äußeren Inseln von Yap*

*Der Richter Stanislaus Yigin zeigt in Kanif ein Steingeld mit zwei Löchern. Es gibt nur vier oder fünf solcher Steine – gewöhnlich haben sie nur ein Loch –, dieser wurde vor vielen Jahren dem Ort Kanif von einem verfeindeten Nachbardorf zur Besiegelung eines Friedenschlusses übereignet*

Hauptstadt Pohnpeis) nur mit Grasröcken bekleideten Frauen und Männern mit bunten Tüchern. Die traditionelle Lebensweise ist hier völlig natürlich und hat nichts Aufgesetztes an sich. Ein Prospekt für Touristen erklärt dies: »Yap ist keine Welt, die für Touristen errichtet wurde, aber eine Welt, die Besucher willkommen heißt.«

Besucher auf der Insel sollten sich Zeit nehmen, um mit den örtlichen Sitten vertraut zu werden. Bevor man z. B. einen Einheimischen photographiert oder auf einer Wanderung sein Land betritt, ist es eine strikte Regel der Höflichkeit, vorher sein Einverständnis zu erbitten.

Yap ist berühmt für sein Steingeld. Die Ursprünge dieser Tradition, einen besonderen Kalkstein aus Korallenformationen (Aragonit) in Palau auf einem über 400 km langen Seeweg nach Yap zu transportieren, gehen auf die voreuropäische Zeit zurück. Ein legendärer Urahn und Seefahrer namens Anagumang soll als erster in Palau die großen Steinscheiben abgebaut haben, die dann Ausdruck des Wohlstandes eines Dorfes und zum Rückgrat der Gesellschaft in Yap wurden. Die Bedeutung eines Häuptlings war von der Menge an Steingeld *(rai)* abhängig, über die er verfügte.

Die größten Steinscheiben erreichen Durchmesser von fast 4 m und wiegen 4 bis 5 Tonnen. Sie haben ein Loch in der Mitte, durch das für den Transport ein Stab gesteckt wird: So können sie gerollt werden.

Nicht alle *rai* haben denselben Wert. Bei der Einschätzung spielen die Größe, die Feinheit der Steinmetzarbeit und vor allem die Mühen und Strapazen eine Rolle, unter denen sie herangeschafft wurden. Immer wieder fanden Seeleute den Tod, wenn die schwer beladenen Boote bei Sturm und Wellengang hin- und hergeworfen wurden, und oft trägt das Steingeld den Namen der Männer, deren Tod es verursachte.

1871 wurde David O'Keefe, ein schiffbrüchiger Amerikaner irischer Abstammung, in Yap an Land gespült. Durch die Pflege der Inselbevölkerung gelangte er wieder zu Kräften. Es gelang ihm, einen sehr guten Kontakt zu den Yapesen herzustellen, und er baute schließlich ein großes Handelsimperium auf, indem er auf einer chinesischen Dschunke Steinscheiben aus Palau nach Yap brachte und diese bei den Insulanern gegen Kopra eintauschte. Sein Erfolg ist auf die gute Kenntnis der lokalen Sitten zurückzuführen, denn zuvor hatten schon mehrere Handelsgesellschaften – gerade auch deutscher Herkunft – erfolglos versucht, mit Yap in Handelsbeziehungen zu treten.

Eine japanische Zählung von 1929 gab an, daß 13 281 ›Münzen‹ im Umlauf waren. Im Zweiten Weltkrieg wurden viele davon durch die Japaner zerstört, die damit die Bevölkerung einzuschüchtern versuchten.

Bis zum heutigen Tag hat das Steingeld einen hohen Wert. Auf der Insel ist es vor allem in Reihen aufgestellt, in sogenannten Steingeldbanken. Erst kürzlich nahm eine moderne Bank in Yap Hypotheken auf Steingeld auf. Landkäufe und Verpflichtungen in der Dorfgemeinschaft werden zum Teil immer noch mit dieser traditionellen Währung ausgeführt.

Eng verbunden mit dem Steingeld ist der hohe Entwicklungsstand der Schiffbau- und Navigationskunst. Die großen Hochseekanus der Yapesen wurden aus einheimischen Edelhölzern gebaut, die mit Kokosfasern miteinander verbunden und mit Brotfruchtsaft abgedichtet wurden.

Bei einer Fahrt über die Insel fallen dem Besucher auch die beeindruckenden Bauten der Männerhäuser *(abai)* auf. Sie wurden aus großen Baumstämmen errichtet, welche ohne einen einzigen Nagel nur durch kilometerlange Schnüre aus gedrehten Kokosfasern zusammengehalten werden.

An die jüngere Geschichte erinnern Flugzeugwracks und militärische Anlagen, die noch aus der japanischen Besatzungszeit stammen.

## *Mikronesische Weisheiten*

*Eine Bananenstaude bringt keine Brotfrucht hervor. (Pohnpei)*

*Lade deine Freunde nicht ein, bevor du nicht deinen Erdofen geöffnet hast! (Pohnpei)*

*Klatsch ist gleich dem bedeutungslosen Geräusch, das die Wellen machen, wenn sie auf das Riff treffen. (Pohnpei)*

*Man weiß von einer Kokosnuß erst, daß sie keine Milch hat, wenn sie geöffnet ist. (Palau)*

*Die Seegurke schläft zu viel und hat nicht genug zu essen. Der Aal bewegt sich und hat viel Nahrung. (Yap)*

# Die Marshall-Inseln

Die Marshall-Inseln bestehen aus über tausend sehr kleinen Atollen, die nur wenige Meter über dem Meeresspiegel liegen. So waren hier seit jeher die Navigationstechniken hervorragend ausgebildet. Seefahrtmeister gaben ihre Kenntnisse an ausgewählte Schüler weiter. Das berühmteste Beispiel der Fixierung der lokalen geographischen Gegebenheiten sind die aus zusammengebundenen Stäbchen hergestellten Seekarten, bei denen normalerweise der Süden oben und der Norden unten liegt. Diese Stabdiagramme wurden vor der Reise zu Rate gezogen, da ein Zurückgreifen darauf während der Fahrt als unschicklich oder unelegant galt.

Die Verwendung dieser Stabdiagramme war den Europäern lange Zeit ein Rätsel:

»Auf den zu Mikronesien zählenden Marshall-Inseln waren bis in den Anfang unseres Jahrhunderts hinein sogenannte ›Stabkarten‹ wichtige Hilfsmittel bei der Schiffahrt der Insulaner. Obwohl den Europäern schon seit längerem bekannt, gelang es erst 1896/97 Kapitän Winkler, Auskünfte über ihre Bedeutung zu erhalten. Dies geschah buchstäblich in letzter Minute, denn

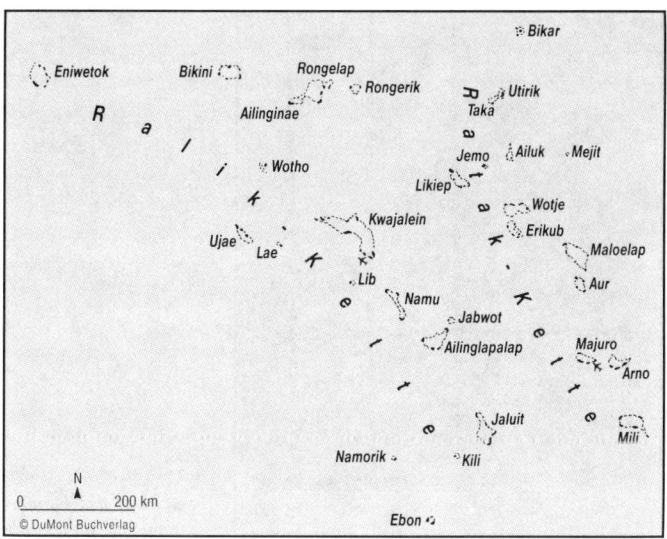

*Marshall-Inseln*

sie wurden nur noch selten benutzt, nur noch wenige Insulaner kannten ihr ›Geheimnis‹. Und ein Geheimnis waren die Stabkarten tatsächlich, bewahrt von Häuptlingen und einigen Seefahrtspezialisten *(rimedo)* in ihren Diensten. Mit durch diese Geheimhaltung bedingt, konnte man eine solche Karte nur ›lesen‹, wenn derjenige, der sie anfertigte, sie auch erklärte. Die einzelnen geraden und gebogenen Stäbe, die angebrachten Seeschneckengehäuse, waren Gedächtnisstützen für den Benutzer, die er innerhalb eines gewissen Prinzips anordnen konnte. Dieses Prinzip beruht auf einer sehr genauen Kenntnis der Gewässer um die Inseln.

Von Ende Juni bis zum Einsetzen des Passats im Oktober herrschen im Gebiet der Marshall-Inseln die günstigsten Wetterbedingungen für Fernfahrten mit den einheimischen Auslegerbooten. Bevor Kompaß und Seekarten von den Europäern bekannt und übernommen wurden, richteten sich die Marshall-Insulaner auf ihren Fahrten außer nach den Sternen besonders nach den Meeresbewegungen um eine Insel, den Dünungen.

Bei den Marshall-Inseln steht einmal eine Dünung von Osten her an, *rileb* in der Sprache der Insulaner, die als stärkste Dünung der Inselgruppe das ganze Jahr über zu erkennen ist. Von einer Insel wird sie, durch den Rückstau des Wassers vor der Insel, bogenförmig abgelenkt. Dieser Dünung entspricht eine wesentlich schwächere, für den Ungeübten kaum erkennbare Dünung vom Westen *(kaeleb)*. Auch sie wird natürlich von der Insel abgeleitet. Im südlichen Teil der Insel ist eine, ebenfalls ganzjährige, vom Süden heraufstehende Dünung *(bungdokerik)*

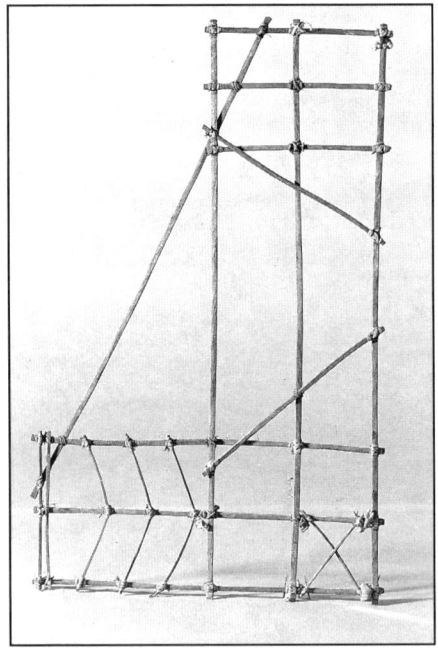

*Stabkarte aus Bambusstäben (Brandung und Strömung) und Muscheln (Inseln)*

besonders deutlich zu erkennen. Ihr entspricht eine, im Norden stärkere, vom Norden herunterstehende Dünung *(bungdokieng)*.

Durch die Ablenkung, die zwei entgegenstehende Dünungen durch eine Insel erfahren, bilden sich beiderseits der Insel Kabbelungspunkte *(bot)*, in denen die Dünungen aufeinandertreffen. Diese Punkte setzen sich in beliebiger Reihe zur offenen See hin fort, wobei sie jedoch immer schwächer werden. Vom ersten sicher ausgemachten Kabbelungspunkt zweier Dünungen auf hoher See konnten die Insulaner über weitere Kabbelungspunkte auf einer Führungslinie *(okar)* bis zur Insel gelangen. An anderen Merkmalen erkannte der erfahrene Bootsführer, daß er an einer Insel vorbeigefahren war: Aus den Brechern der östlichen Dünung entsteht 15 Seemeilen hinter der Nordspitze einer Insel eine nach Nordwesten auslaufende starke Seebewegung *(rolok)*, die noch nach 30 Seemeilen zu bemerken ist, und im Süden eine nach Südwesten auslaufende Seebewegung *(nit in kot)*, sowie 10 Seemeilen hinter einer Insel eine nach Nordosten und Südosten auslaufende Seebewegung *(jur in okme)*, durch die westliche Dünung hervorgerufen. Je nach der Art und Richtung der Seebewegungen sah der Bootsführer, wo die Insel zu suchen war.

Ein anderes Hilfsmittel zur Auffindung einer Insel war die bis auf 15 Seemeilen Entfernung zu bemerkende Kabbelung vor einer Passage *(ai in kabin do)*, die durch einen durch die Gezeiten verursachten Stau des Wassers vor einer Öffnung im Atoll entsteht.

Da die geschilderten Verhältnisse für jeden Teil der Inselgruppe und für jede Insel spezifische Abweichungen aufweisen, war es nicht nur nötig, die einzelnen Merkmale im allgemeinen zu erkennen und richtig zu deuten, sondern ganz bestimmte örtliche Besonderheiten mußten beachtet werden. Als Gedächtnisstützen dienten dazu die Stabkarten, auf denen bestimmte Dünungen durch Stäbe, bestimmte Inseln durch Seeschneckengehäuse angedeutet wurden. Tatsächliche Entfernungen und Richtungen zwischen den einzelnen Inseln waren hierfür nebensächlich; sie waren dem Bootsführer so gut bekannt, daß er darüber keine ›Notizen‹ brauchte.«*

Auf den äußeren Inseln der Marshalls und in anderen Gebieten Mikronesiens dienen z.T. heute noch neben Karten europäischen Stils auch Stabdiagramme zur Orientierung bei der Navigation, auch wenn diese meist weniger kompliziert gehalten sind als die der Vorfahren.

Auf **Majuro**, der Hauptinsel des Landes, ist heute außer im Alele-Museum nicht mehr viel von den kulturellen Traditionen der Mikronesier zu merken. Bis zur Mitte des Jahrhunderts war die Bevölkerung hauptsächlich auf den Inseln der Westseite angesiedelt. Nachdem die Amerikaner einen Luftwaffenstützpunkt am Ostende angelegt hatten, verlagerte sich langsam das demographische Schwergewicht auf diese Seite: Arbeitsmöglichkeiten, Stromversorgung und die Existenz von Geschäften dienten als Magnet. Von den ca. 60 Inselchen des Atolls wurden schließlich die der südlichen Hälfte durch Aufschüttung von Straßendämmen zu einer

---

* Erhard Franz, Völkerkundemuseum Berlin, Führungsblätter 97, 97a und b

50 km langen Fahrstraße zusammengeschlossen. Heute leben von den etwa 40 000 Marshallesen etwa 20 000 auf den Inseln des Majuro-Atolls. Die Bevölkerungsdichte im Gebiet des Hauptzentrums D-U-D (Abkürzung der Inselnamen Delap, Uliga und Darrit) ist extrem hoch, und es geht dort für Südseeverhältnisse sehr hektisch zu. Wem die Strände in Stadtnähe zu überfüllt und verschmutzt sind, sollte die 30 Meilen von Rita (Darrit) nach Laura fahren (die Ortsnamen stammen aus der Zeit der Stationierung der Amerikaner). Der Ausblick auf das bewegte offene Meer auf der einen und die stille Lagune auf der anderen Seite ist eine gute Einführung in das Leben auf einem Atoll. Wem die Hauptinsel auch an ihrem ruhigen Ende zu belebt ist, der kann einen Flug oder eine Schiffsreise auf eine der äußeren Inseln buchen.

Majuro ist nur eines der 29 Atolle der Marshalls, die sich in zwei Hauptgruppen, die Ratak-Kette (der Name bedeutet ›in Richtung der Morgendämmerung‹) und die Ralik-Kette (›in Richtung des Sonnenuntergangs‹) aufteilen. Viele der äußeren Inseln sind sehenswert und bieten herrliche Strände mit ausgezeichneten Tauchmöglichkeiten. Auf den Marshalls wird ganz besonders die Kehrseite der ›Inselparadiese‹ deutlich: Zum Staatsgebiet der Marshall-Inseln gehört auch der Bikini-Atoll, auf dem »zum Wohle der Menschheit und um alle Weltkriege zu beenden« zwischen 1946 und 1958 23 Atombomben gezündet wurden, und Eniwetok mit 43 Atomversuchen zwischen 1948 und 1958. Mit der Einstellung der Nuklearversuche auf ihren Atollen endete das Leid der Bewohner von Bikini und Eniwetok keineswegs: Wiederholt wurden sie umgesiedelt, vergessen, auf ihre noch verseuchten Atolle rückgesiedelt, wieder abgeholt, anderswo neu angesiedelt, so daß sie heute völlig wurzellos sind.

Die Vereinigten Staaten sehen im nahe bei Asien gelegenen Mikronesien vor allem ein strategisches Interesse, das sie auch mit der Auflösung des Treuhandterritoriums nicht aufzugeben gewillt sind. Auf Kwajalein, dem größten Atoll der Welt, unterhalten sie weiter eine große Militärbasis, deren Existenz für viele Probleme in der Gesellschaft der Marshalls direkt oder indirekt verantwortlich ist.

# Erklärung ozeanischer Begriffe (Glossar)

Dieses Kurz-Glossar soll der raschen Orientierung dienen und erhebt keinen Anspruch auf sprachwissenschaftliche Genauigkeit und Differenziertheit. Dieser wäre für ein Gebiet mit mehreren Tausenden von Sprachen auch nahezu unerfüllbar. Die aufgezählten Begriffe stammen meist aus den näher miteinander verwandten polynesischen Sprachen, einige gehören auch zu einem mehr oder weniger allgemeinpazifischen Wortschatz. Wir gehen aus Gründen der Übersichtlichkeit nicht genauer auf die dialektalen und bedeutungsmäßigen Varianten und Begrenzungen ein, auch die Rechtschreibung wurde an einigen Stellen zur besseren Lesbarkeit vereinfacht.
Die Aussprache der Wörter entspricht im allgemeinen ihrer Schreibung; der Laut ng (etwa wie in deutsch Singen ausgesprochen) wird in manchen Sprachen g geschrieben (Samoa, Tuvalu).

**alofa, aroha, aroa** polynesische Grußformel; Ausdruck der Liebe und Zuneigung
**'áiga** samoanische Großfamilie (wichtige soziale Einheit)
**ariki, ari'i, aliki, ali'i, 'eiki, iki** Stammes-Häuptling in der polynesischen Gesellschaft
**avaiki** legendäres Ursprungsland der Polynesier
**aualuma** Frauengemeinschaft in einem samoanischen Dorf
**'aumága** Gemeinschaft der titellosen Männer der samoanischen Großfamilien
**cagou** Wahrzeichen Neukaledoniens: endemischer flugunfähiger Vogel *(Rhinochetus jubatus)*
**fa'alupega** Samoa: eine Auflistung von zeremoniellen Grußadressen, welche gleichzeitig die Rangordnung zwischen den matais festhält
**fa'a Samoa** die samoanische Lebensweise
**fale, fare, are** polynesische Bezeichnung für Haus, Hütte
**fei** wilde (Koch-)Banane
**fenua, enua** Land, (größere) Insel, Heimat

**fono** Gemeinderat
**heiva** tahitianisch: großes Fest mit Tanz und traditionellen Wettkämpfen
**kai, kaikai** Essen; häufig: große Festmahlzeit
**kaiga/kainga** In Tonga und Tokelau: Familie; in anderen Sprachen: Haus
**kanak** Name, den sich die Nachfahren der Ureinwohner Neukaledoniens geben, um ihre kulturelle Identität zu betonen; *kanaka* ist im 19. Jh. ein abfälliger Name, den die Plantagenbesitzer in Australien ihren pazifischen Zwangsarbeitern gaben
**kava, ava** Zeremonialtrunk, der aus den Wurzeln des Pfefferstrauches *(Piper methysticum)* gewonnen wird
**kopu tangata** Cook-Inseln: erweiterte Familie
**kumara, umara** Süßkartoffel
**kumete, umete** aus Holz geschnitzte tiefe Schale
**kuru, uru** Frucht des Brotfruchtbaumes
**lavalava** samoanisch: Wickeltuch um die Hüften

# GLOSSAR

**lele, rere, mahu** Knaben, die von der Familie als Mädchen aufgezogen werden und als Erwachsene weibliche Verhaltensmuster beibehalten; diese alte polynesische Tradition soll u. a. dafür sorgen, daß die *leles* als neutrale Vermittler zwischen den Geschlechtern fungieren

**mahi-mahi, mai-mai** pazifische Goldbrasse (sehr schmackhafter Fisch)

**maiore** tahitianisch: Brotfruchtbaum

**maire** duftendes Farnkraut, das als Festschmuck verwendet wird

**malaga, malanga** polynesische Art des Familienbesuchs im großen Stil, oft über große Entfernungen hinweg

**mana** s. ausführliche Erklärung auf S. 122 ff.

**manaia** Lieblingssohn eines samoanischen Dorfhäuptlings

**maniota** Maniokwurzel

**manuia** Viel Glück!; auch: Prost!

**marae, malae** Kultstätte in der polynesischen Tradition. Während in manchen Regionen (z. B. in den Cooks) die *maraes* häufig einfache, von Steinreihen eingefaßte Bereiche sind, auf denen Zeremonien im Leben der Großfamilie oder des Stammes abgehalten wurden (und werden!), finden sich in anderen Gegenden beeindruckende Pyramidenbauten an der Stelle der *maraes*

**masi** fidschianischer Name für *tapa*

**matai, mataiapo** Erstgeborener, Familienvorstand; oft auch Adelstitel (Samoa, Cook-Inseln)

**mauna, maunga** Berg, Gebirge

**moana** polynesisch: das Meer

**moemoe** von polynesisch *moe*: schlafen; in Tonga: eine respektvolle Referenz vor dem Oberhäuptling in historischen Zeiten, bei der man sich auf den Boden werfen mußte

**monoi** Kokosöl, dem tropische Blüten (häufig *Gardenia*) als Duftstoff zugesetzt wurden

**motu** kleine (Atoll-)Insel

**nakamal** Treffpunkt für die Männer in Vanuatu; hier wird abends das Nationalgetränk Kava getrunken

**nao** traditioneller Tanz in einigen Gebieten Vanuatus, Tanz der Gastgeber als Antwort auf den *toka*-Tanz der Gäste.

**ngati** Cook-Inseln: Gruppe von Leuten, die von einem gemeinsamen Vorfahren abstammen

**ngutuare tangata** Cook-Inseln: Kleinfamilie

**niel** zeremonieller Austausch von Geschenken in Vanuatu

**nu, niu** Kokosnuß (meist die junge Trinknuß); manchmal auch: Kokospalme

**nuku, nu'u** allgemein: Leute; Bewohner eines Dorfes; in Samoa: Zusammenschluß von Großfamilien

**nui** polynesisch: groß

**oire tangata** Cook-Inseln: Dorfgemeinschaft

**Oro** wichtiger polynesischer Gott (je nach Überlieferung Bruder oder Sohn von Tangaroa), auch Rongo genannt

**palangi, papalangi, papa'a, popa'a** polynesische Bezeichnung für europäische, amerikanische und andere nicht-ozeanische Ausländer

**palolo** sehr schmackhafte Riffwürmer, die z. B. in Samoa während bestimmter Epochen aus dem Korallenriff steigen

**palusami** samoanische Spezialität, bei der meist Dosenfleisch in Taroblättern und Kokosmilch gebacken wird

**pandanus** Schraubenpalme, deren Blätter zum Flechten von Matten verwendet werden

**pareo, pareu** Wickeltuch der Ozeanier

**peue** geflochtene Matte
**po** polynesisch: Nacht
**pu** große Blasmuschel
**puaka, puaa** Schwein (vom engl.: *pork*)
**pilou** rhythmischer Tanz der Kanaken
**ra** polynesisch: Tag, Sonne
**ra'atira, rangatira** polynesischer Adelstitel
**rangi, rahi** Himmel
**Rongo** siehe Oro
**rori** Seegurke
**rukau, luau** Blattgemüse aus den Spitzen der Taroblätter
**rupe rupe** fruchtbar
**siva** traditioneller samoanischer Tanz
**soafafine** Samoa: Gruppe von älteren Damen, welche die Dorfjungfrau begleiten
**sulu** fidschianischer Wickelrock für Männer und Frauen
**siapo** samoanischer Name für *tapa*
**tama 'áiga** die vier höchsten Adelstitel in der samoanischen Gesellschaft
**tamari'i, tamariki** Kinder
**tane** polynesisch: Mann
**Tangaroa, Tangaloa, Ta'aroa** polynesischer Gott, oft Schöpfergott und Garant des Lebens und der Fruchtbarkeit (geschnitzte Holzstatuen)
**ta'ovala kie** aus Pandanusblättern geflochtene tonganische Gürtelmatte
**tapa** aus Baumrinde geschlagener Kleiderstoff
**tapere** Cook-Inseln: Landstück, das einer Gruppe von Menschen zur Verfügung steht
**tapu** siehe Erläuterung auf S. 130 ff.
**taro, talo, dalo** Tarowurzel (Grundnahrungsmittel vieler Einwohner des Pazifiks)
**tarua** Trockentaro (im Gegensatz zum ›taro‹ nicht auf bewässerten Terrassen, sondern auf trockenen Äckern angelegt)

**ta'unga** Heilkundiger im Sinne der polynesischen Naturheilkunde oder allgemein Meister auf einem Gebiet; früher: Priester im polynesischen Götterkult
**taupou** Dorfjungfrau im traditionellen Samoa (wichtige Rolle als Gastgeberin bei bedeutenden Zeremonien)
**ti, rau-ti** Cordylinie, ein Strauch mit langgestreckten Blättern, der oft rituelle Bedeutung hat
**tiare** allgemein: Blüte; auch tiare tahiti (in Tahiti) oder tiare maori (in Rarotonga) für *Gardenia tahitensis*
**tanoa** großer, aus Holz geschnitzter Behälter für Kava; hat oft die Form eines Schildkrötenpanzers
**tipani** Frangipani-Blüte *(Plumeria)*
**tiki, ti'i** in Frz.-Polynesien: Vermittler zwischen Göttern und Menschen, oft als geschnitzte Statue dargestellt
**tivaevae, tifaifai** große Decke mit dekorativen Stoffapplikationen in leuchtenden Tropenfarben
**toa** Eisenholzbaum *(Casuarina equisetifolia)*, dessen hartes Holz oft für Waffen verwendet wurde
**toddy** Getränk, das aus dem Blütenstand der Kokospalme gewonnen wird. Im frischen Zustand schmeckt es wie Saft, nach einigen Tagen hat es fermentiert und ist ein alkoholisches Getränk
**toka** traditioneller Tanz in Teilen Vanuatus, wichtiger Bestandteil einer großen Feier
**tongiaki** hochseetüchtiges tonganisches Doppelboot
**tu'i tonga** bedeutende tonganische Herrscherdynastie
**tuláfale** adliger Sprecherhäuptling in Samoa
**umu** Erdofen (Kochmethode und die so gegarten Speisen)
**ute** traditioneller polynesischer Sitzgesang

uto   Kokosnußkeim von schwammiger Konsistenz und von der Größe einer Orange, gekocht und roh eine Delikatesse.
vahine, va'ine, fafine   polynesisch: Frau
vai   Wasser

vaka, va'a   polynesisches Kanu; auch: Stammesgemeinschaft (Gruppe die gemeinsam im Kanu reist)
vi   Mangofrucht
yanggona   fidschianischer Name für kava

# Bibliographie

## ☐ Allgemein

ADAC Verlag & Deutscher Bücherbund (Hrsg.): Asien – Australien – Von Peking bis Sydney – Das Bild unserer Zeit, München–Stuttgart 1989

B. Anthéaume und J. Bonnemaison: Atlas des Îles et États du Pacifique, Montpellier/Paris 1988

E. & H. Arnberger: Die tropischen Inseln des Indischen und Pazifischen Ozeans, Wien 1988

Peter Bellwood: The Polynesians – Prehistory of an Island People, London 1987 (überarbeitete Auflage)

Glenda Bendure und Ned Friary: Micronesia – a travel survival kit (Lonely Planet Publications), Australien 1988

Cliff Benson: Pacific Folk Tales, Desai Bookshops Ltd., Suva, Fidschi 1983

Alfred Bühler: Die Kunst der Südsee, Baden-Baden 1961

Ron Crocombe: The South Pacific – An Introduction, Institute of Pacific Studies of the University of the South Pacific, Suva, Fidschi 1989

Norman and Ngaire Douglas (Hrsg.): Pacific Islands Yearbook, London 1989

R. W. Fairbridge (Hrsg.): The Encyclopedia of World Regional Geology, Part 1: Western Hemisphere (Including Antarctica and Australia), Stroudsburg 1975

Stefan Gabel/Angelika Regel (Hrsg.): Südpazifische Inseln, Leer (Mundo – Express-Reisehandbuch), 1990 (Gute ausführliche Bibliographie)

Horst Gatermann: Die Osterinsel – Einsamstes Eiland der Welt, Kulturgeschichte und Denkmäler, Köln (DuMont) 1991

Geo-Special: Südsee (Gruner + Jahr), Hamburg 1990

Adrienne L. Kaeppler: Artificial Curiosities – An Exposition of Native Manufactures Collected on the Three Pacific Voyages of Captain James Cook, R. N., Bishop Museum Press, Honolulu, Hawaii 1978

Gerd Koch: Südsee – Führer durch die Ausstellung der Abteilung Südsee, Museum für Völkerkunde Berlin-Dahlem, Berlin 1976

R. Kettner: Allgemeine Geologie IV, Berlin 1960

Kinzer, W. & W. Brumm: Der große Krüger-Atlas der Ozeane, Frankfurt am Main 1979

Kreisel, Werner: Die Pazifische Inselwelt, Darmstadt (Wissenschaftliche Buchgesellschaft) 1991

Frank Kürschner (Hrsg.): Zauber der Südsee – Anders leben, von den Menschen der Südsee lernen, Missionshilfe Verlag – Vandenhoeck & Ruprecht, Hamburg und Göttingen 1980

H. E. Maude: Of Islands and Men – Studies in Pacific History. Melbourne, Oxford University Press 1968

William Somerset Maugham: Betörende Südsee, Frankfurt/Main (Luchterhand) 1991

Margaret Mead: Brombeerblüten im Winter – ein befreites Leben, Reinbek (Rowohlt) 1978

James A. Michener: Verdammt im Paradies, München (Heyne) 1978

ders.: South Pacific, Heyne Verlag, München 1979

N. Michoutouchkine und A. Pilioko: Catalogue of the Exhibition »Ethnography and Art of Oceania«, Moskau (Akademie der Wissenschaften) 1989

Nevermann/Worms/Petrie: Die Religionen der Südsee und Australiens, Stuttgart (Kohlhammer) 1968

S. Ngwele: Bamboo Leaves – A Collection of Poems, South Pacific Creative Arts Society, Suva, Fidschi, o. J.

Emil Nolde: Welt und Heimat, Köln (DuMont) 1965

R. L. Stevenson: In der Südsee (2 Bde.), Zürich (Diogenes Verlag) 1979

Etienne Taillemite: Die Entdeckung der Südsee – auf der Suche nach der »terra incognita«, Ravensburg (Maier) 1990

☐ **Neukaledonien**

Roger Boulay: La Maison Kanak, Marseille (Editions Parenthèses), 1990

Alain Christnacht: La Nouvelle-Calédonie, Paris (La Documentation Française), 1987

R. G. und Marjorie Crocombe: The Works of Taunga – Records of a Polynesian Traveler in the South Seas 1833-1896, Institute of Pacific Studies of the University of the South Pacific, Suva, Fidschi 1984

Déwé Goredey, La case, in: Le Flamboyant Imaginaire (hrsg. von der Bibliothèque Bernheim), Nouméa 1989

Déwé Goredey, Tant de mots, in: Alban Bensa, Nouvelle-Calédonie, un paradis dans la tourmente, Paris (Gallimard) 1990

E. Kasarhérou, Ausstellungskatalog zur Ausstellung »De jade et de nacre«, Musée Territorial de Nouvelle Calédonie, Nouméa

Georges Kling und andere: En Nouvelle-Calédonie (Hachette Guides Bleus), Paris 1987

Jean-Marie Tjibaou und andere, Kanaké – mélanésien de nouvelle calédonie, Nouméa 1984

☐ **Vanuatu**

Jenny Whyte (Hrsg.): Vanuatu – 10 Yia Blong Independens, Australien 1990

J. Bonnemaison: La dernière île, Paris 1986

Norman and Ngaire Douglas: Vanuatu – a guide, Australien 1990

☐ **Salomon-Inseln**

Celestine Kulagoe: Some Modern Poetry from the Solomon Islands, South Pacific Creative Arts Society, Suva, Fidschi 1975

Ann Stevenson: Solomon Islands, Auckland 1988

☐ **Fidschi**

Rob Kay: Fiji – a travel survival kit, Australien (Lonely Planet Publications), 1986 oder neuere Auflagen

Tauga Vulaono Nacanaitaba: Production of Women's Handcraft in Fiji, New Zealand Coalition for Trade and Development, Wellington 1985

# BIBLIOGRAPHIE

☐ **West-Samoa**

Fay G. Calkins: My Samoan Chief, University of Hawaii Press, Honolulu 1989

Derek Freeman: Liebe ohne Aggressionen – Margaret Meads Legende von der Friedfertigkeit der Naturvölker, München (Kindler) 1983

A. Krämer: Die Samoa-Inseln, eine Monographie mit besonderer Berücksichtigung Deutsch-Samoas (2 Bände), Stuttgart (E. Schweizerbart) 1902–1903

A. Krämer: Salamasina, Stuttgart 1923

Margaret Mead: Jugend und Sexualität in primitiven Gesellschaften. Band 1: Kindheit und Jugend in Samoa, München (dtv) 1979

Malama Meleisea und andere: Lagaga – A Short History of Western Samoa, Institute of Pacific Studies of the University of the South Pacific, Suva, Fidschi 1991

Erich Scheurmann: Der Papalagi – Die Reden des Südsee-Häuptlings Tuiavii aus Tiavea, Zürich (Tanner + Staehelin Verlag), 1982 (Die Originalausgabe stammt von 1920)

Albert Wendt: Sons for the return home, New Zealand (Penguin Books) 1987

Albert Wendt: Der Clan von Samoa, Hammer Verlag 1982

☐ **Tonga**

Norman and Ngaire Douglas: Tonga – A Guide, Australien 1989

'Amanaki Taulahi: His Majesty King Taufa'ahau Tupou IV of the Kingdom of Tonga – A Biography, Institute of Pacific Studies of the University of the South Pacific, Suva, Fidschi 1979

Tongan National Centre: Pathways to the Tongan Past, Nuku'alofa 1988

*Dorf auf den Banks-Inseln, Vanuatu, Stich um 1890*

A. H. Wood: A History and Geography of Tonga, Nuku'alofa (C. S. Summers, Government Printer) 1932

☐ **Cook-Inseln**

Autorenkollektiv: Atiu - An Island Community, Institute of Pacific Studies of the University of the South Pacific, Suva, Fidschi 1984

Marjorie Crocombe: They came for sandalwood, South Pacific Creative Arts Society, Suva, Fidschi 1981

Marjorie Crocombe (Hrsg.): Cannibals and Converts - Radical change in the Cook Islands by Maretu, Institute of Pacific Studies of the University of the South Pacific, Suva, Fidschi 1987

William Wyatt Gill: Cook Islands Custom, Institute of Pacific Studies of the University of the South Pacific, Suva, Fidschi 1989 (Nachdruck der Originalausgabe von 1892)

Tom Neale: Südsee - Trauminsel, Kiel (Stein) o. J

Dick Scott, Years of the Pooh-Bah, Rarotonga/Auckland 1991

Tony Wheeler/Nancy Keller: Rarotonga & the Cook Islands - a travel survival kit, Australien (Lonely Planet Publications) 1989

☐ **Niue**

Shari and Donald Cole: Niue in Focus, Government of Niue - Pacific Projects

☐ **Wallis und Futuna**

J.-D. Pinelli und G. Gourmel: Au pays des trois royaumes, Ministère des Départements et Territoires d'Outre-Mer (Collection Pacifique), Paris 1991

☐ **Tokelau**

Autorenkollektiv: Matagi Tokelau - History and traditions of Tokelau, Institute of Pacific Studies of the University of the South Pacific, Suva, Fidschi 1987

Neville, Peat: Tokelau, An Atoll Associate of New Zealand, Wellington 1986

☐ **Französisch-Polynesien**

Rudolf Borchardt (Hrsg.): Der Deutsche in der Landschaft, Frankfurt/Main (insel taschenbuch 1218) 1989

Françoise Cachin: Gauguin - »Ce malgré moi de sauvage«, Collection Découvertes Gallimard, Paris 1989

Jean-Claude Celhay: Fleurs et plantes de Tahiti, Times Editions/Les Editions du Pacifique, Singapore 1989

Arlette Eyraud: Tahiti aujourd'hui et toutes ses îles, Paris (Les Editions j. a.) 1988

Guy Guennou und andere: Terres et civilisations polynésiennes, Paris (Nathan) 1987

Gerd Koch, Führungsblatt A 093, Völkerkundemuseum Berlin-Dahlem, Berlin 1972

William Reed: Pearl Oysters of Polynesia, Société des Océanistes - Dossier 15, Paris 1973

B. Salvat und C. Rives: Shells of Tahiti, Les Editions du Pacifique, Papeete 1984

Victor Segalen: Les immémoriaux, Paris (Seuil) 1989

☐ **Tuvalu**

Autorenkollektiv: Tuvalu - A History, Institute of Pacific Studies of the University of the South Pacific, Suva, Fidschi 1983

Gerd Koch: Die materielle Kultur der Ellice-Inseln, Museum für Völkerkunde, Berlin, 1961 (Im Buchhandel ist nur noch die englische Übersetzung erhältlich: The Material Culture of Tuvalu, Institute of Pacific Studies, Suva)

Doug Munro und andere: Te Tala o Niuoku - the German plantation on Nukulaelae Atoll

# BIBLIOGRAPHIE

1865–1890, Institute of Pacific Studies of the University of the South Pacific, Suva, Fidschi 1990

## ☐ Kiribati

Gerd Koch: Materielle Kultur der Gilbert-Inseln, Museum für Völkerkunde, Berlin 1965 (nur die englische Übersetzung vom Institute of Pacific Studies ist noch im Buchhandel erhältlich)

Sigrid Koch: Erzählungen aus der Südsee – Sagen und Märchen von den Gilbert- und Ellice-Inseln, Veröffentlichungen des Museums für Völkerkunde Berlin-Dahlem, Neue Folge 9

Sister Alaima Talu und andere: Kiribati, Aspects of History, Institute of Pacific Studies of the University of the South Pacific, Suva, Fidschi 1979

## ☐ Guam

Charles Beardsley: Guam – Past and Present, Japan/Vermont USA (Charles E. Tuttle Company) 1986

Chris Perez Howard: Mariquita – A Tragedy of Guam, Institute of Pacific Studies of the University of the South Pacific, Suva, Fidschi 1986

## ☐ Palau

Gerd Koch, Führungsblätter 067a und 067b des Völkerkundemuseums Berlin-Dahlem, Berlin 1985

## ☐ Föderierte Staaten von Mikronesien

Gene Ashby (Hrsg.): Micronesian Customs and Beliefs by the Students of the Community College of Micronesia, Pohnpei (Rainy Day Press) 1985

## ☐ Marshall-Inseln

Erhard Franz, Führungsblätter 97a und 97b des Völkerkundemuseums Berlin-Dahlem, Berlin 1971

*Tänzer von den Banks-Inseln, Vanuatu, Stich um 1890*

*Dieses Buch ist meinen Großvätern Max Kneher und Willi Hachel gewidmet.*

Vielen Dank an alle, die mir während des Schreibens dieses Buches zur Seite standen: stellvertretend für alle im Tourismus Beschäftigten Dank an Robert Skews von Island Hopper Vacations in Rarotonga, der immer mit Geduld passende Flugverbindungen für meine komplizierten Reisepläne zusammenbastelte, an Merle Murray von Blue Lagoon Cruises in Lautoka (Fidschi) und an René Schumacher vom Warwick Hotel an der Coral Coast von Viti Levu (Fidschi), an Russell Kars in Niue, Karl Tili vom Philatelic Bureau in Tuvalu. Irene Martschukat stand mir als kompetente Lektorin mit großem Engagement zur Seite. Ihr sei ganz herzlich gedankt. Vielen Dank an meine Freunde Bernadette Papilio aus Wallis und Futuna, Brent und Marcia Dark in Rarotonga, Justine Fauvette aus Tahaa in Französisch Polynesien, Myriam Kuse aus Vanuatu, Marlies Kübeck in Paris, an Charles Haudra, Bernard Gasser und Frédéric Angleviel in Nouméa, an Marjorie und Ron Crocombe aus Rarotonga, Peter Mühlhäusler in Adelaide, Chris Corne in Auckland, Ingrid Schilsky in Apia, an Sose Florence Sa'aga und Lui Sale vom Western Samoa Visitors Bureau, an Alexandra Scherer-Papamau in Funafuti und an Judith Künzle für ihre Zeichnungen und ganz besonders an meinen Mann, Yves!

Jean-François Cherrier aus Neukaledonien, ein herausragender Spezialist zum gesamten Pazifikraum, konnte uns nur einen kleinen Bruchteil seines immensen Wissens weitergeben, bevor er im Juli 1991 bei einem Flugzeugabsturz ums Leben kam.

# Abbildungsnachweis

## Farbabbildungen

Sabine und Yves Ehrhart, Rarotonga   Umschlagvorderseite, Umschlagrückseite, Abb. 1, 5, 6, 8, 9, 10, 11, 16, 17, 23, 24
Geldgeschichtliches Museum der Kreissparkasse Köln   hintere Umschlagklappe, innen
Office de promotion et d'animation touristiques de Tahiti et ses îles, Tahiti   Abb. 7, 20, 22
Hansjörg Hinrichs, Appenzell   Abb. 2, 18, 19, 28, 29, 31, 32, 33, 34
Stephan Meyer-Brehm, Berlin   Abb. 13, 21
NBC Photography, Philippe Metois, Vanuatu   Abb. 25, 26, 27, 30
I. B. Wolff, Beilstein   Abb. 3, 4, 12, 14, 15, 35
Bildagentur Schuster, Hoffmann-Burchardi   Vordere Umschlagklappe

## Schwarzweißabbildungen

Frédéric Angleviel, Nouméa   S. 34, 210
University of Auckland, Anthropology Department, Photographic Archive   S. 99, 105, 136, 148, 188, 189, 193, 202, 209, 214/15
Bildarchiv Preußischer Kulturbesitz   S. 71, 153, 221, 248, 269, 275
Sabine und Yves Ehrhart, Rarotonga   S. 18, 50, 58, 83, 100, 106, 171, 184, 199, 205, 259
Geldgeschichtliches Museum der Kreissparkasse Köln   S. 150, 260
Hansjörg Hinrichs, Appenzell   S. 2/3, 39, 80, 108
Keystone-Pressedienst, Hamburg   S. 49
Judith Künzle, Rarotonga   S. 20, 21, 22, 23, 27, 28, 29, 30, 31, 144, 194, 206

Thomas Lautz, Köln   S. 25, 87, 262, 284, 285, 291, 292, 293
Musée de l'homme, Paris   S. 173
Museum für Völkerkunde, Berlin   S. 88 (Nr. 3), 102, 244, 266, 274, 286
NBC Photography, Philippe Metois, Vanuatu   S. 68
Office de promotion et d'animation touristiques de Tahiti et ses îles   S. 252
Rautenstrauch-Joest Museum für Völkerkunde, Köln   S. 51, 52, 57, 65, 88 (Nr. 1 und 2), 248, 266, 267, 282, 296
Photoarchiv, Rautenstrauch-Joest Museum für Völkerkunde, Köln   S. 32, 41, 43, 45, 55, 75, 77, 90, 92, 93, 96, 142, 160, 264, 265, 298
Sabine Schaffmeister, Köln   S. 245
Ulrich und Marianne Weissbach, München   S. 164, 277
I. B. Wolff, Beilstein   S. 130, 134, 157, 170, 178

Die Stiche auf den Seiten 10, 26, 46, 53, 66, 74, 304 und 306 entnahmen wir dem Buch »The Melanesians, Studies in their Anthropology and Folklore« von R. H. Codrington, Oxford 1891
Die Fotografien auf den Seiten 103, 111, 137, 140, 211 entnahmen wir aus »Die Samoa-Inseln. Entwurf einer Monographie mit besonderer Berücksichtigung Deutsch-Samoas« von Augustin Krämer, Stuttgart 1901
Den Stich auf S. 147 entnahmen wir dem Band »Völkerkunde« von Friedrich Ratzel, Leipzig und Wien 1894
Die Abbildung auf S. 15 entnahmen wir aus »Allgemeine Geologie« von Radim Kettner, Berlin 1960, © Volk und Wissen Verlag, Berlin

# Literaturnachweis

Das Gedicht auf Seite 35 entstammt dem Band »Bamboo Leaves. A collection of Poems by S. Ngwele«.
© South Pacific Creative Arts Society, Suva, Fidschi

Das Gedicht auf Seite 95 entnahmen wir dem Buch »Some modern Poetry from the Solomon-Islands«, ed. by Albert Wendt.
© South Pacific Creative Arts Society, Suva, Fidschi

Das Kapitel »Die Rundhütte« von Déwé Goredey auf Seite 54 entnahmen wir dem Band »Le Flamboyant Imaginaire«, hrsg. von der Bibliothèque Bernheim, Nouméa, 1989.
© Déwé Goredey

Das Gedicht »Um die Trauer auszusprechen« auf Seite 59 entnahmen wir dem Band »Sous les Cendres de Conques«, Nouméa 1985
© Déwé Goredey

Das Kapitel »Die Toka-Feier« auf Seite 73 entnahmen wir dem Band »La dernière ile« von Joël Bonnemaison, Paris 1986
© Joël Bonnemaison

Das Zitat auf Seite 167 ff. stammt aus »His Majesty King Taufa'ahau Tupou IV of the Kingdom of Tonga - A Biography« von 'Amanaki Taulahi
© Institute of Pacific Studies of the University of the South Pacific

Das Zitat auf Seite 153 entnahmen wir dem Band »Lagaga - A Short History of Western Samoa« von Malama Meleisea u. a.
© Institute of Pacific Studies of the University of the South Pacific

Das Zitat von William Somerset Maugham auf Seite 159 f. entnahmen wir dem Buch »Betörende Südsee«, Frankfurt 1991.
© Luchterhand Literaturverlag

Das Zitat von Margaret Mead auf Seite 159 stammt aus dem dtv-Band: Margaret Mead, »Jugend und Sexualität in primitiven Gesellschaften«, Band 1: »Kindheit und Jugend in Samoa«.
© 1970 der deutschen Erstausgabe: Deutscher Taschenbuchverlag, München

Die staatlichen Museen zu Berlin, Preußischer Kulturbesitz gestatteten uns den Abdruck folgender Texte:

Führungsblatt 102: »Pflanzen als Nahrungs- und Genußmittel in Ozeanien« von Bernhard Zepernick auf Seite 27 ff.

Führungsblatt 66: »Männerbünde« von Gerd Koch auf Seite 76 f.

Führungsblatt 85: »Mana und Tabu« von Klaus Helfrich auf Seite 112 ff.

Führungsblatt 113: »Das Königreich Tonga« von Gundolf Krüger auf Seite 168 ff. unter dem Titel »Die tonganische Gesellschaft«

Führungsblätter 67a-c: »Das Männer-Klubhaus von Belau (Palau-Inseln)« von Gerd Koch auf Seite 285 ff.

Führungsblätter 97a-b: »Das Navigieren mit ›Stabkarten‹ auf den Marshall-Inseln« von Erhard Franz auf Seite 297 ff.

»Rettung durch List: Buariki auf Onotoa« aus Sigrid Koch: »Erzählungen aus der Südsee. Sagen und Märchen von den Gilbert- und Ellice-Inseln« auf Seite 273

Wir danken Professor Ron Crocombe, Direktor des Institute of Pacifics Studies of the University of the South Pacific, für die Genehmigung Texte oder Textauszüge aus Veröffentlichungen zu übersetzten und abzudrucken, die von diesem Institut herausgegeben wurden.

# LITERATURNACHWEIS

Bernard Grasser, Verwandter von Déwé Goredey und Spezialist für ihr literarisches Werk, erteilt uns im Namen der Autorin die Genehmigung zur Übersetzung und zum Abdruck ihrer Texte.

Marjorie Crocombe, Leiterin des Instituts für Pazifikstudien an der Universität Auckland, erteilte der Autorin freundlicherweise die Genehmigung, Textpassagen aus ihren kommentierten Übersetzungen von Maretu und Ta'unga zu verwenden.

Alle Übersetzungen stammen von Sabine Ehrhart

Raum für Reisenotizen:

Raum für Reisenotizen:

# Praktische Reiseinformationen

**Allgemeine Informationen**
Auskünfte und Informationen . . . . 314
Ein paar Dinge, die Sie als Reisender in
    der Südsee wissen sollten . . . . . 316
Einreisebestimmungen . . . . . . . 317
Unterkunft . . . . . . . . . . . 317
Trinkgeld und Handeln . . . . . . 317
Fotografieren . . . . . . . . . . 317
Wetter und Kleidung . . . . . . . 318
Zeitverschiebung . . . . . . . . . 318
Sprachkenntnisse . . . . . . . . . 319
Gesundheit . . . . . . . . . . . 319
Begegnungen mit der Tier- und
    Pflanzenwelt . . . . . . . . . 319

**Länder-Informationen von A bis Z**
Neukaledonien . . . . . . . . . 320

Vanuatu . . . . . . . . . . . . 324
Salomon-Inseln . . . . . . . . . 327
Fidschi . . . . . . . . . . . . . 331
West-Samoa . . . . . . . . . . 336
Amerikanisch-Samoa . . . . . . . 340
Tonga . . . . . . . . . . . . . 342
Cook-Inseln . . . . . . . . . . 346
    *Outer Islands* . . . . . . . . . 347
Niue . . . . . . . . . . . . . 350
Wallis und Futuna . . . . . . . . 353
Tokelau . . . . . . . . . . . . 355
Französisch-Polynesien . . . . . . 356
Tuvalu . . . . . . . . . . . . . 360
Kiribati . . . . . . . . . . . . 363
Nauru . . . . . . . . . . . . . 366
Mikronesien . . . . . . . . . . 368

---

**Bitte schreiben Sie uns, wenn sich etwas geändert hat!**

Alle in diesem Buch enthaltenen Angaben wurden von der Autorin nach bestem Wissen erstellt und von ihr und dem Verlag mit größtmöglicher Sorgfalt überprüft. Gleichwohl sind – wie wir im Sinne des Produkthaftungsrechts betonen müssen – inhaltliche Fehler nicht vollständig auszuschließen. Daher erfolgen die Angaben ohne jegliche Verpflichtung oder Garantie des Verlages oder der Autorin. Beide übernehmen keinerlei Verantwortung und Haftung für etwaige inhaltliche Unstimmigkeiten. Wir bitten dafür um Verständnis und werden Korrekturhinweise gerne aufgreifen: DuMont Buchverlag, Postfach 10 04 68, Mittelstraße 12–14, 5000 Köln 1.

# Allgemeine Informationen

Eine Welt im Umbruch – die Südsee ist wohl eine der Regionen der Erde, auf die diese Bezeichnung am besten zutrifft. So haben wir, seit wir hier leben, tagtäglich Veränderungen beobachten können, und diese betreffen in den meisten Fällen auch direkt den Tourismus. Einreisebestimmungen, Flug- und Schiffsverbindungen, Institutionen, die Art der diplomatischen Beziehungen, die Qualität oder gar die Existenz von Hotels und Restaurants sind ununterbrochen im Fluß, und dies stellt für eine schriftliche Beschreibung ein bedeutendes Hindernis dar (vor allem die genannten Öffnungszeiten können nur als ›Richtwerte‹ verstanden werden). Wir bemühen uns daher, bei jedem Land Kontaktadressen anzugeben, an die man sich direkt (oder besser einige Wochen) vor Reiseantritt zur Information über den aktuellen Stand im Lande wenden kann.

Der Tourismus ist ein aufblühender Wirtschaftszweig in der Region. Derzeit unterscheiden sich die einzelnen Staaten stark in ihrer Infrastruktur und der ›Tourismusstrategie‹, die sie verfolgen. Bis auf wenige Gebiete steckt dieser Wirtschaftszweig jedoch überall noch in den Kinderschuhen – ein Vorteil für den, der sich lebendige, natürliche Kontakte wünscht und durch kleinere und größere menschliche Pannen nicht aus dem Gleichgewicht bringen läßt. In den letzten Jahren haben sich die Flugpreise deutlich reduziert, was einen zusätzlichen Anreiz darstellt, in die Südsee zu reisen. Gleichzeitig läßt sich aber eine entgegengesetzte Tendenz bei den Preisen für Unterkunft, Verpflegung und Transport beobachten. Sogenannte ›Bananentouristen‹ (dies ist die spöttische Bezeichnung der Einheimischen), die nur von Obst und Kokosnüssen leben und unter freiem Himmel schlafen möchten, werden oft bald eines besseren belehrt. Die meisten Touristen kommen aus den Anrainerstaaten des Pazifiks (Australien, Neuseeland, Japan, Taiwan, Korea, Kanada, Vereinigte Staaten) – die Touristenzahl in der Region liegt zur Hauptreisezeit dieser Länder deutlich höher –, in den letzten Jahren konnte man jedoch auch einen deutlichen Anstieg an Besuchern aus Europa beobachten.

## Auskünfte und Informationen

Aktuelle Informationen zu Fidschi, Papua-Neuguinea, den Salomonen, Vanuatu, Französisch-Polynesien, West-Samoa und Amerikanisch-Samoa, Tonga, den Cook-Inseln, Kiribati, Mikronesien, den Marshall-Inseln, Tuvalu und Niue erteilt das Tourism Council of the South Pacific – Repräsentanz für Deutschland, Schweiz, Österreich und Italien, Klugstraße 114, 8000 München 19. ✆ (089) 15 10 14, Fax (089) 15 77 59 3.

Das Tourism Council versendet auch die Broschüre: »South Pacific Islands Travel Manual«. Das Heft listet Adressen von Unterkünften in den obengenannten Ländern auf, von Reiseveranstaltern im Pazifik und vieles mehr.

Ein vom neuseeländischen Fremdenverkehrsamt herausgegebenes Informationsblatt gibt die Adressen der auf Ozeanien spezialisierten Reisebüros an. Es ist erhältlich beim Fremdenverkehrsamt von Neuseeland, Kaiserhofstraße 7, 6000 Frankfurt/Main. ℘ (0 69) 28 81 89, Telefax (0 69) 28 14 82, oder beim mitteleuropäischen Büro von Air New Zealand, Friedensstraße 7, 6000 Frankfurt/Main.

**Informationen zur Kultur:** Die Südsee hat Generationen von ausländischen Beobachtern in ihren Bann gezogen, und die Liste der veröffentlichten Werke scheint endlos. Nur wenige dieser Bücher (Expeditionsberichte, Reisebeschreibungen in Romanform, ethnologische Beobachtungen etc.) sind heute im Buchhandel erhältlich. Es lohnt sich, vor der Reise einmal in einer großen Bibliothek (etwa der Völkerkundemuseen) in alten Berichten über die Südsee zu schmökern.

Viele Veröffentlichungen sind auf englisch oder französisch geschrieben, aber gerade zu Beginn des 20. Jahrhunderts wurden auch von deutschsprachigen Forschern zahlreiche Südsee-Expeditionen unternommen und sehr interessante Schriften zur Region verfaßt.

Ein modernes Basiswerk über die Region ist das »Pacific Islands Yearbook«, dessen jeweils aktuelle Ausgabe hervorragende Informationen über die politischen, wirtschaftlichen und gesellschaftlichen Strukturen eines jeden Landes liefert: Norman und Ngaire Douglas (Hrsg.), Pacific Islands Yearbook, Angus & Robertson Publishers, 16 Golden Square, London W1R 4BN, United Kingdom. Der französischsprachige »Atlas des Iles et Etats du Pacifique Sud« von B. Anthéaume und J. Bonnemaison, Montpellier/Paris 1988 ist ebenfalls sehr informativ (zu bestellen bei Éditions Publisud, 15, rue des Cinq-Diamants, 75013 Paris).

Nachdem der Weg in die Südsee für viele Urlauber über Neuseeland führt, möchten wir es nicht versäumen, die Adresse einer auf den Pazifik spezialisierten Buchhandlung in zentraler Lage in Auckland anzugeben: Polynesian Bookshop, Maota Samoa, 283 Karangahape Road. ℘ und Telefax (09) 3 03–23 49.

In den Veröffentlichungen des Institute of Pacific Studies der University of the South Pacific, Box 1168, Suva, Fidschi, geben meist aus der Region stammende Autoren interessante Darstellungen ihrer jeweiligen Kulturen. Wir haben häufig daraus zitiert – sollte beim Lesen ›Lust auf mehr‹ aufkommen, so kann in Suva eine Bestellung aufgegeben werden. In der Region verkaufen Buchhandlungen und die Sekretariate der Universitäten die Werke des IPS (es kann auch eine Bücherliste angefordert werden).

Für deutschsprachige kritische Hintergrundinformationen zur Politik und Wirtschaftsstruktur der Pazifikstaaten kann man sich an eine vom Evangelischen Missionswerk eingerichtete Stelle wenden: Pazifik-Informationsstelle, Hauptstraße 2, D-8806 Neuendettelsau. ℘ (0 98 74) 92 99, Telefax (0 98 74) 93 30.

Eine hervorragende Quelle für Informationen, besonders zu Kunst und Kultur, sind die Völkerkundemuseen, von denen mehrere spezielle Südseeabteilungen besitzen. Im deutschsprachigen Raum sind dies die Völkerkundemuseen der folgenden Städte: Wien, Basel, das Übersee-Museum in Bremen, das Rautenstrauch-Joest-Museum in Köln, das Linden-Museum in Stuttgart und manchmal auch in Sonderausstellungen die Völkerkundemuseen von München und Frankfurt/Main. In den

## ALLGEMEINE INFORMATIONEN

deutschen Museen ist häufig aufgrund der deutschen Kolonialgeschichte von den ozeanischen Regionen Papua-Neuguinea am stärksten repräsentiert.

Mit sehr wenigen Ausnahmen (wie z.B. den Museen in Tahiti, in Suva/Fidschi und dem Bishop-Museum in Hawaii) sind kaum noch wertvolle Kunstobjekte in den Herkunftsländern zu finden. Diejenigen, die nicht der Zerstörung durch die Missionare zum Opfer fielen, gelangten meist durch frühe europäische Siedler und Sammler ins Ausland. Die Einheimischen waren in dieser Zeit oft durch den europäischen Einfluß so stark entwurzelt worden, daß sie ihre eigenen Produktionen nicht sehr hoch einschätzten und nicht für deren Verbleib im Lande kämpften. Zudem dienten die ›Kunstwerke‹ der Ozeanier einem bestimmten, zeitlich begrenzten Zweck – etwa eine Maske einem einmaligen Tanz – und wurden danach nicht aufbewahrt. Im Rahmen einer Renaissance der pazifischen Identität beginnen heute manche ihrer Nachfahren, diesen Verlust zu bedauern.

### Ein paar Dinge, die Sie als Reisender in der Südsee wissen sollten

Die Südseekulturen sind traditionsgemäß mündliche Kulturen, und unsere persönlichen Erfahrungen haben gezeigt, daß man auf schriftliche Anfragen nicht immer eine Antwort erhält, auch wenn diese an offizielle Stellen gerichtet sind. Deshalb ist es empfehlenswert, frühzeitig und im Zweifelsfalle mehrmals zu schreiben. Manchmal können auch Anfragen in einem offenen Brief an die örtlichen Handelskammern oder in einem Leserbrief an die Lokalzeitung sinnvoll sein.

Ist man einmal im Land, so kann man immer auf die freundliche Mithilfe zumindest eines Teils der Landesbevölkerung zählen.

Auch die menschliche Dimension spielt in der Region eine große Rolle: Man arbeitet so schnell, wie der Körper es beim herrschenden Klima zuläßt; ein Museum kann wegen eines Festes entweder geschlossen oder gerade außer der Reihe geöffnet sein; Busabfahrtszeiten, Öffnungzeiten oder Büro- und Geschäftsstunden sind immer als Anhaltspunkt, nicht aber als präzise Angabe zu verstehen.

Südsee-Insulaner sind ›Ja-Sager‹: In den meisten Kulturen gilt es als höchst unhöflich, auf die Frage eines Fremden mit ›Nein‹ zu antworten. So ist es möglich, daß man auf die Frage: ›Ist das Museum morgen geöffnet?‹ die Antwort ›Ja‹ erhält, obwohl der Gesprächspartner genau weiß, daß dies nicht der Fall ist – er möchte einem mit der positiven Aussage einen momentanen Gefallen tun. Auch wenn man Treffen verabredet, erscheint oft trotz einer Zusage der Partner nicht. Mit einiger Südsee-Erfahrung und Einfühlungsgabe kann man manchmal den Unterschied zwischen ›Ja-Jas‹ und ›Ja-Neins‹ heraushören.

Vom Besucher erwartet man, sei es ein Urlauber oder auch ein Missionar oder Spezialist der technischen Zusammenarbeit, daß er die im Land herrschenden Sitten akzeptiert und keine kritischen Ratschläge erteilt, auch wenn sie gut gemeint sein mögen.

Der Sonntag ist in den stark christlich geprägten Ländern ein besonderer Tag. Alle öffentlichen Aktivitäten sind prinzipiell untersagt – das kann vom Fußballspielen und Kinobesuch bis zum Baden im Meer gehen oder sogar das Kochen für die Familie betreffen – auch hierüber geben die Landesbewohner gerne Auskunft, weil sie daran sehen, daß der Besucher ihre Traditionen respektiert.

Fast im gesamten Südpazifik besteht ein Alkoholproblem. Gerade am Wochenende werden vor allem Bier und manchmal auch hochprozentige Spirituosen in beachtlichen Mengen getrunken. Hauptkonsumenten sind die Männer, die in Gruppen zusammensitzen und oft erst dann zu trinken aufhören, wenn sie sinnlos betrunken sind. Ein Großteil aller im Pazifik ausgeübten kriminellen Handlungen erfolgt unter Alkoholeinfluß. Manche Anthropologen erklären die besonders verheerende Wirkung des Alkohols auf die Psyche der Ozeanier dadurch, daß diese Droge in der Pazifikregion durch keinen Sozialisierungsprozeß ging: Ihr Genuß ist keinen traditionellen, in der Gesellschaft eingebetteten Regeln unterworfen und läuft daher stärker Gefahr, sich ins Maßlose zu verlieren. Ein Urlaubsreisender in der Region sollte Gruppen von Trinkenden tunlichst meiden. Abends und insbesondere an den Wochenenden im Straßenverkehr muß auf angetrunkene Fußgänger, aber auch Autofahrer geachtet werden: Gelegentlich durchgeführten Polizeikontrollen gelingt es nicht, Alkohol am Steuer auszumerzen, und die Unfallrate ist gerade auf den Hauptinseln der Länder unverhältnismäßig hoch.

Der Alkoholverkauf ist auf den meisten Inseln am Wochenende untersagt, auf manchen Inseln ist sogar der Alkoholausschank in den Hotelbars verboten.

Die nationalen Fluglinien sind nicht immer auf dem neusten Stand der Technik. Wer auch die äußeren und nicht nur die Hauptinseln kennenlernen will, muß u. U. ein gewisses Risiko eingehen.

## Einreisebestimmungen

Bei der Einreise finden u. U. genaue Gepäck- und Personenkontrollen statt. Strengstens untersagt ist in allen Ländern die Einführung jeglicher Art von Tieren, Pflanzen, Naturprodukten und Nahrungsmitteln. 200 Zigaretten oder 50 Zigarren oder 250 g Tabak sowie 1 bis 2 Liter alkoholische Getränke dürfen in der Regel zollfrei eingeführt werden. Über Visumspflicht etc. informieren wir in den jeweiligen Länderkapiteln.

## Unterkunft

Die Unterkunftssituation unterliegt in den pazifischen Ländern so schnellen, nicht zuletzt durch Hurrikane verursachten Veränderungen, daß wir in den folgenden Länderinformationen nur ausnahmsweise einzelne Unterkünfte nennen. Das Tourism Council of the South Pacific (s. S. 314) ist bei der Beschaffung von Unterkünften behilflich. Jährlich wird von dieser Institution auch das »South Pacific Island Travel Manual« herausgegeben, das Unterkünfte zu den meisten hier vorgestellten Südseeländern aufführt.

## Trinkgeld und Handeln

Trinkgeld und Handeln sind im ganzen Südpazifik nicht üblich. Möchte man sich für die zuweilen überwältigende Freundlichkeit und Hilfsbereitschaft der Pazifik-Insulaner bedanken, ist ein kleines Geschenk angemessen.

## Fotografieren

Grundsätzlich sollte vor dem Fotografieren von Dörfern, insbesondere Versammlungshäusern, und Menschen die Erlaubnis eingeholt werden.

ALLGEMEINE INFORMATIONEN

## Wetter und Kleidung

Das Wetter in der Südsee ist wechselhafter, als man es sich in seinen ›Inselträumen‹ vielleicht vorstellt. Die herrlichen Tage mit strahlendblauem Himmel von Sonnenauf- bis Sonnenuntergang gibt es sicherlich, nur kann man nie vorhersagen, wann sie auftreten werden. Der ozeanische Einfluß in der Region führt häufig zu raschem Wetterwechsel, und das Beobachten des tropischen Regens gehört ebenso zu den typischen Südsee-Erfahrungen! Der Europäer, der an die langen Sommerabende in seiner Heimat gewöhnt ist, wird sich zunächst an die Kürze der Tage gewöhnen müssen (grob gesagt, von 6 bis 18 Uhr mit geringen jahreszeitlichen Schwankungen in den weiter vom Äquator entfernten Gebieten).

Die Sonneneinstrahlung in den Tropen erfordert eine langsame Einstimmung für die an eine gemäßigte Klimazone gewöhnte Haut; es ist zu beachten, daß gerade auch im Wasser (z. B. beim Schnorcheln) ein wirkungsvoller Sonnenschutz unerläßlich ist.

Während der ersten Tage ist ein ruhiges Tagesprogramm vorzuziehen, das dem Körper erlaubt, sich auf das ungewohnte Klima einzustellen.

Die Kleidung sollte dem Klima angepaßt sein, d. h. leicht sportlich, weit geschnitten und möglichst aus Naturmaterialien hergestellt – übertriebene Eleganz oder wertvoller Schmuck sind fehl am Platze! Wer sich mit etwas Feingefühl umsieht, wird merken, welche Kleidungsstücke im Land in bestimmten Situationen eventuell Anstoß erregen könnten – man kann sich auch ohne weiteres bei den Einheimischen nach den Landessitten erkundigen. Nähere Angaben zu diesem Punkt finden Sie in den jeweiligen Länderkapiteln.

## Zeitverschiebung

Eine Reise in die Südsee von Europa aus ist mit großen Zeitverschiebungen verbunden. Unsere Angaben in den jeweiligen Länderkapiteln beziehen sich auf die mitteleuropäische Zeit (MEZ) ohne Berücksichtigung der Sommerzeit in Europa.

---

*Einladungen*

In der großen Stadt
Reden die Leute über Parties
Und Einladungen:

Wenn du eingeladen bist zu einer
Geburtstagsfeier
Gehst du mit einer Glückwunschkarte hin.

Wenn du eingeladen bist zu einer
Hochzeit
Gehst du mit einem Geschenk hin.

Wenn du eingeladen bist
Zu einer bedeutenden Regierungsfeier
Gehst du mit deinem Ehepartner hin.

Wenn du eingeladen bist
Zu einem Arbeitsessen
Gehst du alleine hin.

Daheim im Dorf
Kennen wir keine Einladungen

Denn es gibt keine
Konkurrenz/Auswahl/Begrenzung.

Unsere Einladung ist unser guter Ruf
Und jedermann unser Gast.

S. Ngwele

## Sprachkenntnisse

Mit Deutsch allein kommt man als Individualreisender in der Südsee nicht weit. Zumindest Grundkenntnisse des Englischen – oder für die französischen Territorien des Französischen – sind hilfreich.

## Gesundheit

In der Regel gelten keine besonderen Impfvorschriften für die Einreise. Nur Urlauber, die aus nicht seuchenfreien Ländern einreisen, müssen Impfnachweise vorlegen (Gelbfieber, Cholera, etc.).

Für einige Länder wie die Salomonen und Vanuatu ist eine Malaria-Prophylaxe unbedingt anzuraten (rechtzeitig den Hausarzt fragen). In der Regenzeit grassieren im gesamten Pazifikraum immer wieder ebenfalls von Mücken übertragene Dengue-Epidemien: Bei Warnzeichen wie länger anhaltendem Fieber sowie Kopf- und Gliederschmerzen sollte ein Arzt aufgesucht werden (keine aspirinhaltigen Medikamente verwenden!).

## Begegnungen mit der Tier- und Pflanzenwelt

Die Tierwelt zu Land ist von wenigen Ausnahmen abgesehen (in Fidschi oder auf den Salomonen gibt es einige Giftschlangen) ungefährlich. Die Bisse von Hundertfüßlern sind zwar nicht lebensgefährlich, aber doch sehr schmerzhaft, und man sollte sich daher vor diesen Tieren hüten (sie sehen wie große Tausendfüßler aus). Ameisen sind oft eine Plage (nach einem schmerzhaften Biß der roten Ameisen die Haut mit Wasser kühlen), ebenso Küchenschaben und andere Insekten dieser Art (keine Nahrungsmittel herumliegen lassen, das zieht sie magnetisch an). In einigen Ländern haben unvermittelt auf die Straße springende Hunde, Ziegen und Schweine Motorradfahrer schon zum Sturz gebracht. Eine amüsante Abendunterhaltung sind die Geckos, kleine Eidechsen mit abgeflachtem Körper und großen Köpfen, die im künstlichen Licht auf Jagd nach Insekten geschickt an Wänden und Decke entlangturnen. Sie sind sehr vernascht (keine Süßigkeiten offen liegen lassen) und hinterlassen zum Leidwesen aller Reinlichkeitsfanatiker überall ihre Exkremente.

Gegenüber der marinen Fauna ist Vorsicht geboten: Man sollte nie barfuß ins Wasser gehen und auch dann darauf achten, wohin man seinen Fuß setzt. Während ein Tritt auf eine Seegurke nur unangenehm ist, kann der Kontakt mit einem Seeigel sehr schmerzhaft sein. Steinfische und Stachelrochen liegen oft sehr gut getarnt am Meeresboden – ihre Berührung kann u. U. lebensgefährlich sein. Muschelsammler seien vor den Kegelschnecken gewarnt: Mehrere Arten besitzen einen etwa 20 cm langen Stachel, den sie in alle Richtungen bewegen können und der zu schweren Lähmungen oder sogar zum Tod führen kann. Vergiftungen sind bis jetzt nie bei Tauchern oder Schwimmern aufgetreten, sondern bei Sammlern, die noch lebende Tiere in die Tasche gesteckt hatten. Trotz der gefährlich anmutenden Tierwelt sind schwere Unfälle äußerst selten. Haien begegnet der Taucher im Pazifik in tiefen Lagunen oder in der offenen See nicht selten. Gefährlich sind diese Begegnungen nur in Ausnahmefällen (Einheimische wissen die Gefahr einzuschätzen).

Beim Tauchen oder beim Wandern über Korallen können oft kleinere Verletzungen auftreten, die am selben Tag mit Jod gereinigt werden sollten, um die Entzündungsgefahr zu bannen. Das im Inneren von hohen Inseln liegende Makatea (abgestorbene Korallenformationen) ist messerscharf, man sollte es nur mit festbesohltem Schuhwerk betreten.

Grundsätzlich müssen alle Verletzungen, Stiche, Risse etc. saubergehalten werden, um eine rasche Abheilung einzuleiten – in den Tropen kann dies sonst unter Umständen lange dauern oder gar zu langwierigen Entzündungen führen.

# Neukaledonien-Informationen von A bis Z

## Auskünfte

Die zuverlässigste Adresse für Informationen scheint derzeit: Destination Nouvelle-Calédonie, 41, rue de Verdun, B. P. 688, Nouméa; ✆ (6 87) 27 26 32, Telefax (6 87) 27 46 23.

In Europa sind Auskünfte bei den französischen Fremdenverkehrsbüros zu erhalten: Französisches Fremdenverkehrsamt, Postfach 10 01 28, 6000 Frankfurt/Main; ✆ (0 69) 75 60 83-0; Telefax (0 69) 75 21 87. Die Niederlassungen der französischen Fluggesellschaft Air France in verschiedenen europäischen Städten informieren ebenfalls über Neukaledonien.

Auch die französischen Botschaften erteilen Auskünfte über Neukaledonien.

## Einkaufstips

Neukaledonien ist im Pazifik als das ›Schaufenster Frankreichs‹ bekannt, und zahlreiche Duty-Free-Geschäfte der höheren Klasse versuchen, diesem Namen gerecht zu werden. Für den Europäer auf der Suche nach stilvollen Handarbeiten aus dem Pazifik ist die Auswahl schon sehr viel geringer. Für Genießer ist der neukaledonische Kaffee einen Versuch wert. Eine kleine Auswahl an geschmackvollen Kunstkopien steht manchmal im Musée Néocalédonien in Nouméa bereit. Eine hervorragende Auswahl an Paréos (darunter auch einige mit den Motiven der historisch interessanten *bambous gravés*) bietet Eline Boutique, 20, rue de Sébastopol (Stadtmitte). Bei Philatelisten stehen die neukaledonischen Briefmarken hoch im Kurs.

## Einreisebestimmungen

Bei der Einreise müssen ein gültiger Reisepaß und ein Weiterflugticket vorgelegt werden.

Die Kontrollen von Personen und Handgepäck können bei An- und Abreise in La Tontouta manchmal sehr genau sein. Insbesondere sollten beim Abflug keine Metallgegenstände (Taschenmesser, Nagelscheren etc.) im Handgepäck getragen werden, da diese vom Kontrolleur konfisziert werden und erst am Ankunftsort wieder abgeholt werden können.

## Elektrizität

Die Spannung beträgt 220 V/50 Hz

## Feiertage und Ferien

Die **gesetzlichen Feiertage** sind dieselben wie in Frankreich: 1. Januar (Neujahrstag); Ostermontag; 1. Mai (Tag der Arbeit); 8. Mai (Kapitulation, Ende des Zweiten Weltkrieges); Christi Himmelfahrt; Pfingstmontag; 14. Juli (Nationalfeiertag); 15. August (Mariä Himmelfahrt); 1. November (Allerheiligen); 11. November (Waffenstillstand gegen Ende des Ersten Weltkriegs); 25. Dezember.

Die großen **Schulferien** liegen im Dezember und Januar.

## Geld

**Währung:** der Pazifik-Franc (FCFP), der 0,055 FF entspricht (festgelegter Umtauschsatz); Umtausch ist bei der Einreise möglich und in einigen pazifischen Nachbarstaaten; in Europa versucht man vergeblich, diese Währung zu erhalten.

**Banken:** Verschiedene Banken sind in den Hauptorten montags bis freitags von 7 Uhr 30 bis 15 Uhr 45 geöffnet.

Die wichtigsten ausländischen Währungen und Kreditkarten werden von den Hotels und den größeren Geschäften angenommen bzw. eingetauscht.

## Kraftfahrzeugpapiere

Ausländische Führerscheine werden anerkannt.

## Landkarten

Beim Institut Géographique International (Adresse S. 354), bei größeren mitteleuropäischen Buchhandlungen oder im Land selbst sind Karten erhältlich.

## Medien

Die Zeitungswelt ist nicht sehr farbenreich. »Les Nouvelles Calédoniennes« ist die einzige Tageszeitung im Land. Ein staatlicher Sender, RFO, und eine Handvoll privater Sender benützen das Medium Radio. Zwei Fernsehsender strahlen zwischen 14 und 23 Uhr lokale, französische und internationale Programme aus.

## Medizinische Versorgung

Das Gesundheitssystem ist gut ausgebaut. Das Zentralkrankenhaus liegt in Nouméa; hier konzentrieren sich auch die privaten Ärzte, Zahnärzte und Apotheken.

## Notrufnummern

Polizei: 17; Feuerwehr: 18

## Öffnungszeiten

Ämter und Geschäfte sind montags bis freitags von 7 Uhr 30 bis 11 Uhr 30 und 14 Uhr bis 18 Uhr geöffnet. Über Mittag haben nur die Restaurants, Imbißstuben und Supermärkte geöffnet.

## Post

Die Hauptpost befindet sich im Stadtzentrum von Nouméa, zahlreiche Postämter liegen in den übrigen Landesteilen. Selbst in abgelegenen Dörfern stehen Telefonzellen (Münzen oder Télécarte). Der Hauptpost von Nouméa ist eine Telefonzentrale angeschlossen.

## Religion

Die Landesbevölkerung gehört vor allem den zwei großen christlichen Konfessionen an: dem Katholizismus (mit Schwerpunkt im Gebiet um Nouméa und auf der Ile des Pins) und den Protestantismus (v. a. Loyauté-Inseln und Ostküste der Grande Terre).

## Restaurants

Der finanzkräftige Urlauber kann in Nouméa in einer großen Anzahl von französischen Restaurants schlemmen, für etwas preisbewußtere bieten sich die asiatischen Restaurants an, und um den Busbahnhof in der Stadtmitte herum ist auch für Besitzer dünner Geldbeutel ein Sattwerden möglich. Der sehr malerisch gelegene Stadtmarkt an der Baie de la Moselle gibt einen guten Einblick in die Früchte und Nahrungsmittel einer tropischen Südseeinsel.

## Sehenswürdigkeiten und Urlaubsaktivitäten

Die faszinierende Landschaft kann durch Wanderungen im Park von Mont Koghi gleich vor der Stadt oder im Naturpark ›Rivière Bleue‹ des Südens erkundet werden. Für letzteren muß eine Genehmigung in Nouméa beim Service Forestier (Hafennähe, hinter dem Krankenhaus) ausgestellt werden, und es empfiehlt sich unbedingt, die Reise in Begleitung eines landeskundigen Führers zu unternehmen.

Im Parc Forestier auf einem Hügel über Nouméa (entweder mit dem Taxi oder durch einen kurzen Fußmarsch von der Bus-Endhaltestelle Montravel zu erreichen; nur nachmittags geöffnet) erhält man einen guten Einblick in die neukaledonische Tier- und Pflanzenwelt.

**Museen:** Das Musée Néocalédonien in Nouméa neben der Hauptpost (täglich außer Dienstag, eine Stunde Mittagspause) zeigt hervorragende Exponate in einer interessanten Umgebung.

Das **Aquarium** von Nouméa (Route de l'Aquarium) ist weltberühmt. Seine Gründer waren die ersten in der Welt, denen es gelang, fluoreszierende Korallen aus großen Meerestiefen in Glasvitrinen heimisch werden zu lassen. Auch andere Aspekte des Lebens auf dem Meeresgrund werden dem Besucher in interessanten Schaukästen nahegebracht, und er kann so auf kleinem Raum einen hervorragenden Einblick in diese Welt gewinnen – ein Besuch des Aquariums ist unbedingt zu empfehlen.

**Historische Gebäude:** Das Rathaus aus dem Jahre 1880 an der Place des Cocotiers wurde nach einem Brand wieder restauriert. Die Bibliothèque Bernheim befindet sich in einem gepflegten Gebäudekomplex in Kolonialbauweise. Sie ist nachmittags und Samstag morgens geöffnet. Man kann hier eine gute Auswahl an Veröffentlichungen zu Neukaledonien und relativ neue französische Zeitungen konsultieren. Viel beeindruckendere Bauten sind jedoch für den ausländischen Besucher die melanesischen Hütten, die in meisterhafter Zusammenfügung von Naturmaterialien in Gemeinschaftsarbeit entstanden. Nachbildungen sind in Nouméa z. B. im Museum zu besichtigen; für authentische Bauten muß man sich ins Landesinnere oder auf die äußeren Inseln begeben (›la coutume‹ beachten!).

Für **Wassersportler** bieten sich in Nouméa und Umgebung nahezu unbegrenzte Möglichkeiten. Hier finden auch häufig internationale Segelregatten und Windsurfwettbewerbe statt.

Der Reisende, der bereit ist, Anstrengungen in Kauf zu nehmen, um Land und Leute kennenzulernen, sollte sich nach einigen Tagen aus dem Bannkreis von Nouméa lösen. Auskünfte über Möglichkeiten, das Land zu entdecken, erteilt für die Nordprovinz das Büro: Représentation du Tourisme de la Province Nord, Immeuble Manhattan, rue de Verdun, B.P. C5 Nouméa; ✆ 27 78 05, und für die anderen Inseln das im selben Gebäude befindliche Inlandsbüro von Air Calédonie, oder La Maison de Lifou, 48, rue Anatole France, Nouméa; ✆ 27 47 81. Diese Stellen vermitteln auch einen Aufenthalt in einem Stamm für ausländische Besucher.

## Unterkunft

Die meisten Hotels und Motels liegen in oder bei Nouméa und an den Stränden.

Auf dem Hügel über der Kathedrale von Nouméa liegt die gut in Schuß gehaltene **Jugendherberge** mit sehr günstigen Preisen.

**Camping:** In Nouméa gibt es keinen Campingplatz, Campen ist auf dem Land evtl. nach Absprache mit den Einheimischen möglich.

## Verhalten auf Reisen

Nouméa stellt keine besonderen Anforderungen für das Verhalten im Alltag. Vor einer Reise in andere Landesteile sollte man jedoch auf die anfangs unzugängliche Mentalität der Bewohner eingestellt sein.

## Verkehr

**Internationale Fluggesellschaften:** Air France, Qantas, Air New Zealand, Air Calédonie International u. a.

**Nationale Fluggesellschaften:** Air Calédonie fliegt vom Flugplatz in Nouméa-Magenta aus die Loyauté-Inseln, die Ile des Pins, die Bélep-Gruppe und städtische Zentren im Norden der Grande Terre an.

Der internationale **Flughafen La Tontouta** liegt 50 km von Nouméa entfernt. Bei der Ankunft von Flügen stehen Busse zum Transfer zur Verfügung, die meist auch ausländisches Geld (NZ-Dollars) akzeptieren. In Neukaledonien sind keine Flughafengebühren zu zahlen.

**Straßenverkehr:** In Neukaledonien herrscht Rechtsverkehr. Überall in Nouméa und auf der Grande Terre verkehren kleine **Busse**, die ein preisgünstiges Transportmittel für den Urlauber ohne Eile sind. (Bei der Ankunft in La Tontouta sind sie leider nicht zu finden.)

In Nouméa und Umgebung sowie in Flughafennähe verkehren **Taxis**; ihre Tarife gehören zu den höchsten im Südpazifik.

Mehrere Agenturen in Nouméa bieten Leihwagen an.

## Wasser

Das Wasser im ganzen Land ist trinkbar; eine Quelle bei Poum im Südteil der Insel liefert Mineralwasser.

## Zeitzone

Neukaledonien befindet sich zehn Stunden vor MEZ.

# Vanuatu – Informationen von A bis Z

## Auskünfte

Auskünfte erteilt das NTO Information Office. In Vila: First Floor, International Building, Kumul Highway, P. O. Box 209 Port Vila. ℘ (678) 26 85/25 15/28 13; Telefax (678) 38 89 (am dem Postamt entgegengesetzten Ende der Einkaufsstraße gelegen). In Santo: Higginson Boulevard P. O. Box 205, Santo. ℘ (03) 6 38.

Das Tourismusbüro gibt verschiedene Veröffentlichungen für den Reisenden heraus, z. B. die in Englisch geschriebene Quartalsschrift »Hapi Tumas Long Vanuatu«.

## Einkaufstips

In Vanuatu werden sehr schöne geflochtene Matten und Gürtel, Schlitztrommeln und Baumfarnschnitzereien hergestellt. Will man Kunstwerke mit nach Hause nehmen, die älter als zehn Jahre sind, braucht man eine Ausfuhrgenehmigung.

## Einreisebestimmungen

Besucher fast aller Nationalitäten benötigen bei der Einreise kein Visum, die Vorlage eines gültigen Reisepasses und eines Weiterflugtickets ist ausreichend.

Nähere Auskünfte erteilt das NTO Information Office.

## Elektrizität

Die Spannung beträgt 220–240 Volt (zweizinkige Stecker).

## Feiertage und Feste

**Gesetzliche Feiertage:** 1. Januar, National Chiefs Day (5. März), Karfreitag, Christi Himmelfahrt, Tag der Arbeit (1. Mai), Independence Day (30. Juli), Mariä Himmelfahrt (15. August), Constitution Day (5. Oktober), Unity Day (29. November), Weihnachten (25. und 26. Dezember).

**Schulferien:** im Mai, August und Dezember
Die Feierlichkeiten zur Begehung des Unabhängigkeitstages am 30. Juli sind oft sehr prachtvoll. Das berühmteste Ereignis im Land ist das Turmspringen auf der Insel Pentecost im April und Mai eines jeden Jahres: Hier stürzen sich junge Männer von aus traditionellen Materialien gefertigten turmhohen Gebilden ins Nichts – nur eine am Fußknöchel befestigte Liane hält sie im letzten Augenblick eine Handbreit vor dem Erdboden auf! Die perfekte Ausführung dieses Rituals soll der Gemeinschaft eine gute Yamsernte sichern.

## Gastronomische Spezialitäten

Laplap, ein klebriges Gebäck, das aus Maniokmehl mit Kokossauce im Erdofen gebacken wird; es hat einen leicht verbrannten Geschmack und wird als Beilage serviert.

In Vila gibt es einige recht gute **Restaurants** und Cafés, die das ›Beste aus zwei Welten‹ verbinden, d. h. die einheimisch-melanesische Küche mit der europäisch-französischen.

## Geld

Landeswährung ist der Vatu (vt). Die Banken haben ihren Hauptsitz in Vila und Zweigstellen in Santo, sie sind werktags von 8 Uhr bis 15 Uhr geöffnet. (Mittagspause bei Indosuez von 11–13 Uhr 30).

Die Banken, größere Hotels und Geschäfte akzeptieren Kreditkarten und einige ausländische Währungen.

## Gesundheitsvorsorge

Eine Malariaprophylaxe wird für Vanuatu unbedingt empfohlen, ganz besonders für Urlauber, die sich nicht nur in Vila und Efate aufhalten wollen.

## Kraftfahrzeugpapiere

Alle gültigen ausländischen Führerscheine werden in Vanuatu anerkannt; sie sind dort bis zu drei Monate nach der Einreise gültig.

## Medien

Die Regierung gibt eine Wochenzeitung in den drei Amtssprachen heraus: »Vanuatu weekly – hebdomadaire«. Radio Vanuatu sendet jeden Tag.

## Medizinische Versorgung

Im Central Hospital von Vila wird medizinische Versorgung im 24-Stunden-Service angeboten. Privatärzte sind im Telefonbuch verzeichnet, ihre Hilfe erfolgt meist rascher und ist u. U. kompetenter.

In Vila gibt es zwei Apotheken, eine französisch- und eine englischsprachige.

## Notruf

| | |
|---|---|
| Polizei | 22 22 |
| Feuerwehr | 23 33 |
| Krankenwagen | 21 00 |

## Post und Telekommunikation

Die Hauptpost im Stadtzentrum von Vila ist montags bis freitags von 7 Uhr 30 bis 15 Uhr 30 geöffnet.

Telekommunikationsverbindungen bestehen per Satellit in alle Welt durch Vanitel in der Stadtmitte von Vila (täglich von 7 bis 22 Uhr geöffnet).

## Öffnungszeiten

Ämter sind montags bis freitags von 7 Uhr 30 bis 11 Uhr 30 und 13 Uhr 30 bis 16 Uhr 30 geöffnet, Geschäfte von 7 Uhr 30 bis 17 Uhr, manchmal durchgehend, manchmal mit einer Mittagspause von 12 bis 14 Uhr.

## Religion

Unter anderem existieren folgende Religionen im Land: die anglikanische Kirche, die katholische Kirche, die presbyterianische Kirche und die Adventistengemeinde.

## Sehenswürdigkeiten und Urlaubsaktivitäten

**Naturparks:** In Santo gibt es einen berühmten Marinepark mit Schiffswracks aus dem Zweiten Weltkrieg.

**Museen:** Zur Zeit liegt das Museum noch in der Stadtmitte von Vila; es sind hier interessante Objekte zu sehen, die die reiche Kultur Vanuatus illustrieren. Es bleibt jedoch zu hoffen, daß das geplante neue Museum im Parlaments- und Kulturkomplex eine spannendere Art der Ausstellung vorsieht.

**Historische Gebäude** in Vila erinnern an die Vergangenheit unter dem Kondominium, so die ehemalige Residenz des britischen Vertreters auf Iririki Island, das geteilte Gericht oder das geteilte Rathaus von Port Vila.

**Unterhaltung und Nachtleben** bieten Diskotheken in Vila.

In Vanuatu und besonders auf Efate bestehen vielfältige Möglichkeiten für **Sport und Erholung.**

| Ein paar wichtige Ausdrücke in Bislama: | |
|---|---|
| mi laekem kakae ia | – dieses Essen ist gut |
| nem blong mi Peter | – ich heiße Peter |
| nambawan | – ausgezeichnet |
| mi stap long Vila | – ich wohne in Vila |

## Unterkünfte

Die meisten Hotels befinden sich in Vila auf Efate, einfachere Guest Houses finden Sie auch auf Malekula, Ambrym, Santo, Tanna, Ambrae. **Camping** ist in Vanuatu nicht möglich.

## Verkehr

**Internationale Fluggesellschaften:** Air Vanuatu (Brisbane, Sydney, Melbourne, Auckland), Air Calédonie (Nouméa), Air Pacific (Nadi), Solomon Airlines (Honiara, Nadi).
**Nationale Fluggesellschaft:** Vanair verbindet die einzelnen Inseln.
Der internationale **Flughafen** liegt 6 km von Vila entfernt. Busse und Taxis verkehren zur Stadt und zu den Hotels. Es werden 1500 Vatu Flughafengebühren für internationale Flüge erhoben, 200 Vatu für Inlandsflüge; sie sind beim Abflug zu entrichten.
**Straßenverkehr:** In Vanuatu wird rechts gefahren.

In Vila und Umgebung verkehren zahlreiche **Minibusse**, die auf ein Winkzeichen anhalten und Fahrgäste mitnehmen.
In Santo und Vila gibt es eine ausreichende Zahl an **Taxis;** wenn sie kein Taximeter führen, sollte der Preis vor der Fahrt ausgehandelt werden.
In Vila sind mehrere **Leihwagenagenturen** vertreten.

## Wasser

Laut Aussage des einheimischen Wasseramtes kann man in Vila das Leitungswasser trinken, auf den äußeren Inseln sollte es abgekocht werden.

## Zeitzone

Vanuatu liegt 11 Stunden vor MEZ

# Salomon-Inseln – Informationen von A bis Z

## Auskünfte

Die Solomon Islands Tourist Authority, P. O. Box 321, Honiara, Solomon Islands. ✆ (677) 2 24 42 und Telefax: (677) 2 39 86 erteilt Auskünfte und Informationen.

## Einkaufstips

Holzschnitzereien mit Einlegearbeiten (z. B. die eindrucksvollen *nguzu-nguzus*, die als Stevenfiguren für Kriegsboote dienten) und Flechtarbeiten (meisterhafte Körbe, Taschen und Matten) von hoher Qualität sind zu für die Region sehr günstigen Preisen zu haben. Eher zum landesinternen Gebrauch dient das Muschelgeld, zu dem flach geriebene Muschelteile auf langen Ketten aufgereiht werden. Eine weitere Besonderheit des Landes sind die *kapkap* genannten Brustschmuckplatten, bei denen auf weißem Untergrund dunkle, fein ziselierte geometrische Muster aufgelegt sind (es ist zu beachten, daß bei einer Variante davon Schildpatt verwendet wird, obwohl in der Region die Wasserschildkröte vom Aussterben bedroht ist). Handarbeiten guter Qualität können im Museum von Honiara erstanden werden, ebenso im Betikama-Zentrum der Adventisten (10 km östlich von Honiara, ehemaliger Kriegsschauplatz mit Überresten aus dieser Zeit).

## Einreisebestimmungen

Deutsche, österreichische und schweizerische Besucher benötigen bei einem Aufenthalt von bis zu drei Monaten kein Visum. Ein Ticket für die Weiterreise und ein gültiger Reisepaß sind ausreichend. Detaillierte und aktuelle Angaben zu diesem Thema erteilen alle britischen Botschaften, Konsulate oder Hochkommissionen, ebenso der Principal Immigration Officer, Hibiscus Avenue, Honiara, Solomon Islands.

## Elektrizität

Strom fließt nur in wenigen Teilen des Landes, hauptsächlich in den urbanen Bereichen.

## Feiertage und Ferien

**Gesetzliche Feiertage** sind 1. Januar, Karfreitag, Karsamstag, Ostermontag, Weißer Sonntag (Anfang Juni), Geburtstag der englischen Königin, Solomon Islands Independence Day (7. Juli), 25. und 26. Dezember

Jede Provinz begeht darüber hinaus ihren eigenen Feiertag: Western Province (7. 12.), Isabel (8. 7.), Central Province (19. 6.), Guadalcanal (31. 7.), Malaita (14. 8.), Makira (3. 8.) und Temotu (8. 6.).

**Schulferien:** Dezember/Januar (sechs Wochen) und Juni/Juli (sechs Wochen).

## Geld

Landeswährung ist der Salomon-Dollar (SI$). Die Banken in Honiara sind von Montag bis Freitag von 8 Uhr 30 bis 15 Uhr geöffnet. Besuchern aus Übersee, die Geld in fremden Währungen einführen, wird geraten, dies bei der Einreise zu deklarieren, da sie beim Verlassen des Landes nicht mehr als diese Summe wieder aus dem Land ausführen dürfen. Fremde Währungen und Kreditkarten werden nur an einigen Stellen in Honiara akzeptiert.

## Gesundheitsvorsorge

Im ganzen Land ist die Malaria weit verbreitet; eine Malaria-Prophylaxe ist daher notwendig. Abends sollte man sich mit bedeckender Kleidung gegen Mücken schützen sowie mit Schutzmitteln wie Lotionen, Moskito-Räucher-Spiralen, Moskitonetzen etc.

## Kleidung

Das Tragen von Shorts wird von der einheimischen Bevölkerung bei Frauen als unangemessen empfunden. Abends ist bedeckende Kleidung zum Schutz vor Mücken empfehlenswert.

## Medien

Ein Radiosender versorgt das Land mit Informationen, ebenso die drei Wochenzeitungen »Solomon Star«, »Solomons Tok Tok« und »Island Reporter«, außerdem gibt die Regierung jeden Freitag ein vierseitiges Blatt, die »Solomon Nius«, heraus. Sprachen der Medien sind Englisch und Bislama.

## Medizinische Versorgung

Das Central Hospital in Honiara ist das Zentrum der medizinischen Versorgung auf den Salomon-Inseln. Es gibt zwei Apotheken in Honiara.

## Notruf

Für Polizei, Feuerwehr und Krankenwagen: 111

## Öffnungszeiten

Geschäfte sind montags bis freitags von 8 Uhr bis 16 Uhr 30 (Mittagspause meist von 12–13 Uhr) und samstags von 8 bis 12 Uhr geöffnet, Ämter sind montags bis freitags von 8–12 Uhr und von 13–16 Uhr 30 besetzt.

## Post- und Telekommunikation

Das Hauptpostamt liegt auf der Hauptstraße von Honiara. Öffentliche Telefone sowie andere öffentlich zugängliche Telekommunikationseinrichtungen sind hier montags bis freitags von 7 Uhr morgens bis 10 Uhr abends und samstags und sonntags von 8 Uhr bis 12 Uhr zugänglich.

Solomon Telekom unterhält rund um die Uhr per Satellit Telefon-, Telex- und Telegrammdienste.

## Religion

Ca. 95% der Salomonesen sind Christen. Sie gehören jedoch zahlreichen verschiedenen Konfessionen und Sekten an, so der Anglikanischen Kirche von Melanesien, der Römisch-Katholischen Kirche, der stark von lokalen Elementen durchsetzten South Seas Evangelical Church, der salomonesischen Methodistengemeinde, der Adventistengemeinde, den Zeugen Jehovas, Baha'i und anderen mehr.

## Sehenswürdigkeiten und Urlaubsaktivitäten

Das Solomon Islands National Museum in Honiara besitzt eine kleine, jedoch sehr interessante Sammlung an historischen Objekten lokaler Herkunft.

# SALOMON-INSELN

In der direkten Umgebung von Honiara bieten sich einige interessante Exkursionen zu Wasser und zu Land an. Eine Reise zu den äußeren Inseln ist sehr zu empfehlen. Sie kann über Reiseveranstalter in Honiara organisiert werden.

## Unterkunft

Die meisten Hotels befinden sich in Honiara auf Guadalcanal. Einfache Guest Houses und staatlich geführte Rest Houses sind ebenfalls vertreten. Auch auf den westlichen Inseln und in der Central Province gibt es einige Unterkünfte. In den Hotels und in der ›Innenstadt‹ von Honiara gibt es einige Restaurants.

## Verkehr

Der Henderson **International Airport** liegt 8 km von der Landeshauptstadt Honiara entfernt. Air Pacific, Solomon Airlines, Qantas und manchmal Air Nauru und Air Niugini verbinden Honiara mit Brisbane, Sydney, Auckland, Nadi, Port Moresby und Port Vila.

Die nationale Fluggesellschaft Solomon Airlines fliegt auch zu den äußeren Inseln, auf denen 22 kleine Flugplätze liegen. Die Flughafengebühr beträgt 20 SI$.

**Öffentliche Verkehrsmittel** verkehren vor allem im Stadtgebiet und in der näheren Umgebung von Honiara, ein besonderer Flughafenbus verbindet Henderson Airport mit den Hotels und Pensionen in der Stadt.

Auf den Salomonen herrscht Linksverkehr. Mehrere Agenturen in Honiara bieten **Leihwagen** an, es ist jedoch zu bedenken, daß nur wenige Straßenkilometer auf den einzelnen Inseln existieren und Boote bei weitem das wichtigste Transportmittel darstellen.

## Wasser

Das Leitungswasser ist nicht trinkbar. Es muß vor dem Trinken abgekocht oder mit Tabletten etc. von Bakterien gereinigt werden.

## Zeitzone

Die Salomon-Inseln liegen zehn Stunden vor MEZ.

# Fidschi – Informationen von A bis Z

Fidschi ist ein idealer Urlaubsort. Das Angebot, das dieses Land seinen Besuchern bietet, sucht in der Südsee seinesgleichen: ein freundlicher, unverkünstelter Empfang durch die Bewohner, lebendige Kulturtraditionen bei gleichzeitig relativ gut ausgebauter Infrastruktur und eine ungewöhnlich vielfältige und reizvolle Landschaft.

Fidschi ist nicht nur geographisch das Zentrum des Pazifiks: Auch internationale Organisationen wie das Südpazifikforum und die Pazifische Konferenz der Kirchen sowie diplomatische Vertretungen haben ihren Sitz in Suva.

## Auskünfte

Auskünfte erteilt das Fiji Visitors Bureau, G. P. O. Box 92, Suva. ✆ 30 24 33. Im Flughafen von Nadi existiert ein weiteres Büro, ✆ 7 24 33.

## Einkaufstips

Fidschianische Handarbeiten sind erhältlich auf den Märkten, bei Dorffesten und in großer Auswahl in Suva im Handicraft Centre (nahe bei Hafen und Stadtmarkt) sowie im Government Shop (an der großen Kreuzung hinter dem Büro von Fiji Air). Vorsicht – in den von Touristen bevorzugt aufgesuchten Gebieten treiben ganze Horden von gerissenen Schwerthändlern ihr Unwesen: Sie finden zunächst in einer freundlichen Unterhaltung den Namen des Gegenübers heraus, gravieren diesen rasch in ein billiges Holzschwert ein und versuchen dann, dem Touristen diese Plunderware im Wert von ein paar Pfennigen als ›Geschenk‹ für horrende Preise (bis zu 50$) ›anzudrehen‹ – Neinsagen ist in diesem Fall erlaubt.

## Einreisebestimmungen

Bei der Einreise muß ein mindestens drei weitere Monate gültiger Reisepaß, ein Weiterflugticket und der Nachweis ausreichender Finanzen vorliegen – dann wird bei der Einreise eine Aufenthaltserlaubnis für einen Monat ausgestellt, die u. U. bis zu sechs Monaten verlängert werden kann.

Fremde Währungen dürfen in unbegrenzten Mengen eingeführt werden, für die Ausfuhr an Devisen gelten besondere Regelungen. So dürfen unbenutzte Reiseschecks und Wechsel ohne weiteres ausgeführt werden, während Bargeld dem Gesetz nach Beschränkungen unterliegt: Es ist strafbar, bei der Ausreise ohne vorherige Zustimmung der Reserve Bank of Fiji Bargeld im Wert von über 100 $F in fidschianischer Währung oder im Wert von über 500 $F in ausländischer Währung bei sich zu tragen.

## Elektrizität

Die Spannung beträgt 240 Volt/50 Herz.

## Feiertage und Festivals

**Gesetzliche Feiertage:** 1. Januar, Ostern, Geburtstag der englischen Königin (Juni), Bank Holiday (August), Fiji Day (Oktober), Geburtstag des Propheten Mohammed (Oktober), Diwali-Lichterfest (Oktober–November), Geburtstag von Prinz Charles (November), 25. und 26. Dezember.

**Festivals:** Bula Festival (Nadi im Juli), Hibiscus Festival (Suva im August), Sugar Festival (Lautoka im September) und Diwali, das hinduistische Lichterfest (Ende Oktober oder Anfang November bei den indischen Familien des Landes).

**Schulferien:** Ende April bis Mitte Mai (zwei Wochen), Mitte August bis Anfang September (zwei Wochen) und Weihnachtsferien von Dezember bis Januar (fünf bis sechs Wochen).

## Gastronomische Spezialitäten

Die Küche in Fidschi ist variationsreich und preisgünstig. Außer den melanesischen Rezepten (viel Fisch und Meeresfrüchte mit Kokossauce, im Erdofen gebackenes Schwein oder Huhn mit Taro- oder Jamswurzeln) locken die chinesische und vor allem die indische Küche, z. B. mit würzigen Curryspeisen.

In Suva und Nadi besteht eine reichliche Auswahl an akzeptablen **Restaurants**, auf dem Land und in den Kleinstädten ist die Auswahl begrenzt.

---

**Zur Aussprache des Fidschianischen**
**b** wird **mb** ausgesprochen (mbula für bula, den häufig gehörten Gruß)
**d** wird **nd** ausgesprochen (Nandi für Nadi)
**g** wird **ng** ausgesprochen (tagane, ›der Mann‹, klingt wie tangane)
**q** ist **ng + g** (die Insel der Firewalkers schreibt sich Beqa, und man spricht es Mbengga)
**c** wird wie ein englisches **th** gesprochen (der Name des Häuptling Cakobau wird Thakombau ausgesprochen).

| | |
|---|---|
| guten Tag | bula |
| auf Wiedersehen | ni sa moce |
| dankeschön | vinaka |

## Geld

Landeswährung ist der Fiji-Dollar (F$). Banken befinden sich in Suva und am Flughafen. Die wichtigsten anderen Währungen und Kreditkarten werden in Suva und in den Haupttouristenzentren akzeptiert.

In manchen Hotels werden bei der Ankunft von Individualtouristen Sicherheitseinlagen verlangt. In diesen Fällen ist es hilfreich, eine Kreditkarte zur Verfügung zu haben, da die Angabe der Kartennummer oft als Garantie ausreicht.

## Kleidung

Einfache, unauffällige Kleidung ist für Fidschi ideal. Auf Wanderungen sollte man ein Hüfttuch bei sich tragen, das man bei Dorfdurchquerungen umwickelt (besonders Frauen).

Dieses *sulu* genannte Hüfttuch ist die typische Kleidung melanesischer Männer und Frauen, und man kann sein Tragen überall, auch im modernen Stadtleben, bewundern.

## Kraftfahrzeugpapiere

Nationale und internationale Führerscheine werden für eine Dauer von maximal sechs Monaten nach der Einreise anerkannt.

## Medien

In Fidschi erscheinen derzeit zwei englischsprachige Tageszeitungen, die »Daily Post« und die »Fiji Times«. Mehrere Veröffentlichungen fassen regelmäßig die neuesten Tourismusinformationen zu Fidschi zusammen (Auskunft und Bezug über das Tourismusbüro). Radio Fiji sendet auf Englisch, Fidschianisch und Hindi. Bis 1991 gab es kein Fernsehen in Fidschi. Anläßlich der Rugby-Weltmeisterschaft, die im Land mit großem Interesse verfolgt wurde, ist ein zeitlich begrenzter Vertrag mit einer Fernsehgesellschaft abgeschlossen worden, der jetzt wahrscheinlich auf unbegrenzte Dauer ausgedehnt wird. Die machthabenden Parteien haben sich im neuen Medium bereits gute Sendezeiten gesichert und scheinen das Fernsehen gezielt in ihre Wahlpropaganda einzubeziehen, ohne den politischen Gegnern dieselbe Möglichkeit zu geben.

## Medizinische Versorgung

Die beiden großen Krankenhäuser des Landes liegen in Lautoka und Suva; in den kleineren Hauptorten werden Krankenstationen unterhalten. Ausländer müssen für ärztliche Behandlung oder einen Krankenhausaufenthalt eine geringe Gebühr zahlen. Über die Adressen der Privatärzte informiert das Telefonbuch. In den meisten größeren Ortschaften gibt es Apotheken (Öffnungszeiten montags bis freitags von 8 bis 18 Uhr).

## Notruf

0 00 in allen Notfällen

## Öffnungszeiten

Ämter sind montags bis freitags von 8 bis 16 Uhr 30 geöffnet und haben eine Stunde Mittagspause; Geschäfte sind von 8 Uhr bis 17 Uhr montags bis freitags und von 8 Uhr bis 13 Uhr am Samstag geöffnet.

## Post und Telekommunikation

Fidschi ist täglich rund um die Uhr an ein internationales Telekommunikationsnetz angeschlossen. Der Zugang dazu ist jedoch auf Suva beschränkt: Hier ist die Telekommunikationszentrale ›Fintel‹ in der Stadtmitte rund um die Uhr geöffnet, und die größeren Hotels bieten ebenfalls diesen Service an. In den anderen Gebieten des Landes sucht man Telefonkabinen für internationale Gespräche meist vergeblich.

Die Postämter in Suva (eines gleich beim Handicraft Centre, ein weiteres gegenüber Travelodge in den Government Buildings) und in den anderen Städten sind montags bis freitags von 8 Uhr bis 16 Uhr geöffnet.

## Religion

Hauptreligionen im Land sind der Methodismus und der Hinduismus, die beide je etwa 40% der Landesbevölkerung umfassen, darauf folgen die katholische Kirche und der Islam (etwa 10%). Der verbleibende Bruchteil der Bevölkerung verteilt sich auf die anglikanische Kirche, die Adventistengemeinde, die Mormonen und die Presbyterianer. Sikhs und Baha'i vervollständigen das Bild. Im Zuge der politischen Extremisierung haben auch die strenggläubigen Flügel der Methodistenkirche Aufwind bekommen, die manche Regelungen wie z. B. das Sonntagsruhegebot pharisäisch genau nehmen. Es wurde z. B. davon gesprochen, die Versorgung der Touristen am Sonntag völlig zu verbieten, diese Regelungen sind jedoch dank der Bemühungen einiger realitätsnäherer Fidschianer bis heute noch nicht eingeführt worden.

## Sehenswürdigkeiten und Urlaubsunternehmungen

**Historische Gebäude** aus der Zeit um 1900 schmücken vor allem die alten Kolonialstädte wie Levuka oder Suva. In vielen fidschianischen Dörfern stehen noch im traditionellen Stil aus Naturmaterialien errichtete Häuser, sogenannte *bures*.

**Unterhaltung:** Der fidschianische Tanz ist sehr interessant, wenn auch relativ schlicht in seiner Ausdrucksweise. Leider wird er jedoch in vielen Hotelshows durch den auf den ersten Blick vielleicht spektakulärer wirkenden polynesischen Tanz ersetzt, der nichts mit der Landeskultur zu tun hat und daher völlig aufgesetzt wirkt.

**Nachtleben:** in Suva und in manchen Hotels, besonders am Wochenende, während der Ferien und Festivals.

In Fidschi finden Sie gute **Badestrände,** besonders auf manchen der äußeren Inseln. Vielfältige Möglichkeiten existieren für Sport und Erholung, besonders Wassersport ist bei den Besuchern sehr beliebt.

## Unterkunft

Über 80 Hotels und Resorts und unzählige Pensionen mit mehreren tausend Betten buhlen um die Gunst der Urlauber. Ausführliches Informationsmaterial steht bei Ankunft in Nadi zur Verfügung. Hier warten auch die Busse für die Hoteltransfers.

## Verkehr

Eine Vielzahl **internationaler Fluggesellschaften** fliegt Nadi an. Die genauen Daten variieren von Saison zu Saison und wir können nur einen schematischen Abriß der Flugbewegungen vermitteln (die Zahl in Klammern ist die durchschnittliche Häufigkeit pro Woche).

Air Pacific, die einheimische Fluglinie, fliegt an: Sydney (7), Melbourne (5), Brisbane (2), Vila (4), Auckland (4), Honiara (2), Apia (5), Nukualofa (7), Tokio (1).

Qantas und Air Pacific haben sich für die Australienflüge zusammengeschlossen. Qantas fliegt auch nach Honolulu (3). Air New Zealand unterhält folgende Verbindungen: Auckland (8), Rarotonga und Papeete (1), Tokio (1),

Honolulu (4). Air Calédonie fliegt über Nadi nach Wallis (1) und Nouméa/Port Vila (1).

Solomon Airlines fliegt Vila/Honiara/Port Moresby an (1) und Air Marshall Tuvalu/Tarawa/Majuro (2).

Mehrere nationale Fluggesellschaften sind auf Inlandsflüge spezialisiert: Fidji Air, Sunflower Airlines, Air Pacific und Turtle Island Airways.

Fidschi hat zwei **Flughäfen**, die sich als ›international‹ bezeichnen. Fast alle internationalen Flüge kommen in Nadi an, nur in ganz wenigen Fällen (einige seltene Verbindungen mit Tonga, Tuvalu oder Apia) landen internationale Flüge auf dem kleinen Airport der Hauptstadt Suva. Für den Transfer zu den Hotelanlagen an der Coral Coast spielt der Ankunftsort keine Rolle, da diese genau in der Mitte zwischen Nadi und Suva liegen. Für Reisende jedoch, die direkt nach Suva wollen, ist der Ankunftsort Nadi unpraktisch. Nur wenige Inlandsflüge täglich verbinden Nadi mit Suva (die Zeiten scheinen zudem nur selten auf Ankunftsflüge abgestimmt zu sein), und ohne Vorbuchung ist es schwierig, hier einen Platz zu bekommen. Eine andere Möglichkeit ist es, sich (evtl. zu mehreren) ein Taxi zu mieten – man sollte sich aber den Taxifahrer und sein Gefährt genau ansehen, da hier ein paar unerbittliche Raser ihr Unwesen treiben. Für Freunde des langsamen Reisens empfiehlt sich der ›local bus‹, der einige Stunden länger als das Taxi braucht und durch dessen offene Seitenwände man gleich den ersten Kontakt mit der fidschianischen Luft mitbekommt. Einige wenige Expreßbusse fahren ebenfalls die Strecke Lautoka–Nadi–Suva und zurück. Die Flughafengebühren betragen 10 F$ beim Abflug.

**Straßenverkehr:** Im Land herrscht Linksverkehr. Auf Viti Levu, Vanua Levu, Taveuni und Ovalau verkehren preisgünstige **öffentliche Verkehrsmittel.**

Es gibt auch sehr viele **Taxis** in Fidschi, die nicht übermäßig teuer sind. Für kurze Fahrten dient meist das Taximeter als Anhaltspunkt, bei längeren Fahrten sollten die Preise vor dem Einsteigen ausgehandelt werden.

Ein Dutzend Agenturen bieten **Leihwagen** an.

## Wasser

Das Tourismusbüro rät, das Wasser in ländlichen Gebieten abzukochen, das Wasser in den städtischen Zentren und den Touristenhotels gilt als trinkbar.

## Zeitzone

Fidschi liegt elf Stunden vor MEZ.

# West-Samoa – Informationen von A bis Z

## Auskünfte

Das Tourismusbüro erteilt einige Informationen zur Landeskunde, und es veröffentlicht eine kleine einfache Landkarte von Samoa (Tourist Map Guide): Western Samoa Visitors Bureau, P.O. Box 2272, Apia, Western Samoa.

Die lokale Zeitung »Samoa Observer« gibt im dreimonatigen Abstand ein Heft mit aktuellen Tourismusinformationen heraus: »Si o'u alofa talofa – Tourism News of Samoa«, P.O. Box 1572, Apia, Western Samoa.

## Diplomatische Vertretungen

Die Bundesrepublik Deutschland unterhält ein Honorarkonsulat in Apia: NPF-Building, Beach Road, P.O. Box 473, ✆ (6 85) 2 26 95, Fax (6 85) 2 28 10.

Die Adresse der diplomatischen Vertretung Samoas in Europa lautet: Western Samoan Embassy, Avenue Franklin Roosevelt 95, Brüssel 1050, Belgien, ✆ (B-) 02 6 60 84 54.

## Einkaufstips

In Samoa werden hochwertige Handarbeiten hergestellt, wobei feine Matten, Tapa-Stoffe und Kavaschalen (typische Schildkrötenform) besonders zu empfehlen sind.

## Einreisebestimmungen

Für die Einreise nach West-Samoa werden ein gültiger Reisepaß sowie ein Weiterflugticket benötigt. Genauere Auskünfte und Genehmigungen für einen über 30 Tage dauernden Aufenthalt sind erhältlich bei: Chief Immigration Officer – Immigration Department P.O. Box L193, Apia – Western Samoa.

## Elektrizität

Die Stromspannung beträgt 240 Volt/50 Herz.

## Feiertage und Festivals

**Gesetzliche Feiertage:** Neujahr, 2. Januar (Geburtstag des Staatsoberhauptes), Karfreitag, Karsamstag, Ostermontag, 25. April (Anzac Day), 1. bis 3. Juni (Independence Celebrations), 2. Sonntag im Oktober (White Sunday – Fest der Kinder), 3. November (Arbor Day), 25. Dezember (Weihnachten), 26. Dezember (Boxing Day). **Schulferien** sind im Mai, September und Dezember.

**Festivals:** Zur Feier der Unabhängigkeit (Independence Celebrations) finden an den ersten drei Junitagen Regatten für Langboote *(fautasi)* statt; am zweiten Sonntag im Oktober ist Kindertag mit besonderen Aktivitäten für die kleinen Samoaner, und die Zeit um Weihnachten und Neujahr ist ebenfalls für eine Vielzahl von Festen bekannt, die man als Gast in einer Familie oder Gemeinde am besten miterlebt.

## Geld

Währung: 1 Tala = 100 Sene. Die Banken in Apia sind montags bis freitags von 9.30 bis 15 Uhr geöffnet. Der Wechselservice an der Rezeption von Aggie Grey's Hotel ist länger geöffnet. Die wichtigsten internationalen Währungen und Kreditkarten werden in den Banken sowie in den größeren Hotels und Geschäften akzeptiert.

## Impfvorschriften

Ein Impfnachweis gegen Gelbfieber ist nötig, wenn man sich weniger als sieben Tage vor der Einreise in einem nicht seuchenfreien Land aufgehalten hat (auch nur auf der Durchreise).

## Kleidung

Die traditionelle einheimische Kleidung ist der *'ie lavalava* oder *'ie solosolo*, ein Wickeltuch, das von Männern und Frauen getragen wird. Für Besucher ist leichte, zwanglose, aber dezente Kleidung anzuraten. Strandkleidung sollte nur am Hotelstrand getragen werden: Bei zu Dörfern gehörenden Stränden kann das Tragen von Shorts bei Männern und Frauen und das Schwimmen in Badeanzug oder Badehose von den Einheimischen als Beleidigung aufgefaßt werden.

Außerhalb der Hotels sind Frauen lieber in Kleidern und Röcken gesehen, da dies den samoanischen Sitten entspricht. Für Wanderungen etc. sind zum Beispiel Hosenröcke zu empfehlen oder das Umlegen von Wickeltüchern, sobald man in die Nähe eines Dorfes kommt.

## Kraftfahrzeugpapiere

Bei Besuchern, die über 21 Jahre alt sind, wird in Samoa der internationale Führerschein oder der Führerschein ihres Herkunftslandes anerkannt.

## Medien

Gegenwärtig erscheinen bis zu fünf Wochenzeitungen in West-Samoa und man kann drei Radiosender empfangen, dazu auch die Fernseh- und Radioprogramme aus Amerikanisch-Samoa.

## Medizinische Versorgung

In Upolu und Savai'i gibt es je ein Krankenhaus. Nach den Zerstörungen von Hurrikan Val sind sie derzeit im Aufbau begriffen. In den Dörfern werden Außenstellen der medizinischen Versorgung unterhalten. In der Stadtmitte von Apia gibt es zwei Apotheken.

## Notruf

Feuerwehr: 9 99 oder 2 04 04, Polizei: 2 22 22, Krankenhaus: 2 12 12

## Öffnungszeiten

Ämter sind montags bis freitags von 8 bis 12 Uhr und von 13 Uhr bis 16 Uhr 30 geöffnet, Geschäfte montags bis freitags von 8 bis 12 Uhr und von 13 Uhr 30 bis 16 Uhr 30 (manche Geschäfte haben über Mittag und bis in die Abendstunden hinein geöffnet), samstags von 8 Uhr bis 12 Uhr 30.

## Post und Telekommunikation

Das Hauptpostamt liegt in Apia, Zweigstellen befinden sich in den größeren Orten.

West-Samoa ist durch Telefon- und Faxverbindungen per Satellit mit der Welt verbunden. Sie stehen im Telegraph Office über dem Postamt in Apia zur Verfügung, das täglich rund um die Uhr geöffnet ist.

## Reisezeit und Wetter

Die beste Reisezeit für Samoa liegt in den kühleren Monaten (Mai bis November), denn in der Regenzeit von Dezember bis April ist es sehr feucht und schwül. Die Tageshöchsttemperaturen liegen im Jahresverlauf zwischen 22° und 30°C. Bei hohen Niederschlagswerten von 300–700 cm/Jahr zählt man dennoch 2500 Sonnenstunden im Jahr. Die Luftfeuchtigkeit liegt im Jahresdurchschnitt bei 80%.

## Religion

Das Leben in Samoa ist sehr stark religiös geprägt. Außer den Kirchen ist am Sonntag in Samoa fast alles tot und leer. Mehr als 60% der Samoaner gehören der protestantischen Congregational Christian Church of Samoa an. Apia ist katholischer Bischofssitz und hat gegenwärtig einen Kardinal. Außerdem sind verschiedene andere Kirchen und Sekten im Land ansässig: die Baha'i haben einen ihrer Haupttempel der ganzen Welt in Samoa.

## Restaurants

In Apia gibt es einige akzeptable Restaurants, deren Preise allerdings im Vergleich zur Region sehr hoch liegen. ›Le Godinet‹ und ›Waterfront‹ sowie das Restaurant in Aggie Grey's Hotel stellen für Apia die Spitzenklasse dar.

## Sehenswürdigkeiten und Urlaubsaktivitäten

In West-Samoa existieren zwei **Naturparks**, O le Pupupu'e National Park im südlichen Mittelteil von Upolu und Mount Vaea Scenic Reserve mit Aussicht auf Apia. Dort befindet sich auch Robert Louis Stevensons Haus nahe dem Dorf Vailima. Direkt hinter dem Hafen liegt ein geschütztes Meeresgebiet, die Palolo Marine Reserve, das einen guten Einblick in das Tierleben der Lagune vermittelt.

**Unterhaltung/Nachtleben:** Die größeren Hotels (Aggie Grey's, Tusitala und Le Godinet) bieten jede Woche eine ›Fiafia night‹ mit einem traditionell samoanischen Tanz- und Unterhaltungsprogramm an.

**Sport:** Tennis, Squash, Golf und Bowling können in Samoa gespielt werden. Landestypischer sind Tauchen, Tiefseefischen und Schwimmen in den Süßwasserpools (vor Benutzung unbedingt Genehmigung bei den Landbesitzern einholen).

## Unterkunft

Eine Vielzahl verschiedener Unterkünfte vom erstklassigen Hotel bis zum einfachen Guest House findet sich in Apia und an den Stränden von Upolu und Savai'i. Die beiden berühmtesten und traditionsreichsten Hotels in Apia sind Aggie Grey's, P. O. Box 67, ✆ (6 85) 2 28 80, Fax (6 85) 2 36 52, und Tusitala, P. O. Box 101, ✆ (6 85) 2 11 22, Fax (6 85) 2 35 62.

**Campingplätze** gibt es nicht, nach Absprache mit Landbesitzern oder Dorfchefs ist Campen unter Umständen möglich.

## Verkehr

**Internationale Fluggesellschaften:** Polynesian Airlines (die nationale Fluglinie), Air Pacific, Air New Zealand, Air Nauru, Hawaiian Airlines und Samoa Air verbinden West-Samoa mit Suva, Pago Pago, Sydney, Auckland, Niue, Tonga und Honolulu.

Der internationale **Flughafen** Faleolo liegt 35 km von Apia entfernt. Zur Stadt verkehren Flughafenbusse (ca. WS$ 6) und Taxis (ca. WS$ 30). Beim Abflug werden WS$ 20 Flughafengebühren erhoben.

Inlandsflüge gehen ab von Falalii Airstrip (in 5 Minuten von Apia aus zu erreichen) und Salelologa auf Savai'i.

In Westsamoa herrscht Rechtsverkehr, und die Straßenschilder sind meistens auf Englisch geschrieben.

**Öffentliche Verkehrsmittel:** Insbesondere auf Upolu verkehren Busse, die jedoch meistens keine festen Abfahrtszeiten haben (Auskunft bei den Polizisten neben dem Marktgebäude in Apia).

Die **Taxis** haben kein Taximeter, es empfiehlt sich daher, den Preis bereits beim Einsteigen festzulegen.

Verschiedene Agenturen bieten Leihwagen an.

## Wasser

Wir raten, dem Namen der einheimischen Bar ›Don't drink the water‹ Folge zu leisten und kein Leitungswasser zu trinken, ohne es vorher abzukochen.

## Zeitzone

West-Samoa liegt zwölf Stunden hinter MEZ.

# Amerikanisch-Samoa – Informationen von A bis Z

## Auskünfte

Das Tourismusbüro liegt neben dem Rainmaker Hotel: Office of Tourism. P. O. Box 1147, Pago Pago, American Samoa 96799. ∅ (6 84) 6 33–10 91, 10 92, 10 93. Telefax (6 84) 6 33–10 94.

## Einreisebestimmungen

Für einen Aufenthalt bis zu 30 Tagen und bei Vorlage eines gültigen Reisepasses sowie eines Weiterflugtickets wird bei der Einreise ein Visum ausgestellt.

## Elektrizität

Die Spannung beträgt 100 Volt/50 Herz.

## Feiertage und Feste

Die **gesetzlichen Feiertage** sind weitestgehend die der USA; am Flag Day (17. April) wird das erstmalige Hissen der amerikanischen Flagge im Land gefeiert: 1. Januar, dritter Montag im Februar (President's Day), 17. April (Flag Day), letzter Montag im Mai (Memorial Day), 4. Juli (Independence Day), erster Montag im September (Labor Day), zweiter Sonntag im Oktober (Weißer Sonntag), zweiter Montag im Oktober (Columbus Day), 11. November (Veteran's Day), letzter Donnerstag im November (Thanksgiving Day), 25. Dezember (Weihnachten).

Die großen **Schulferien** sind von Juni bis August und die Weihnachtsferien dauern zwei Wochen.

**Festivals:** Am 17. April wird Flag Day mit Tänzen und sportlichen Aktivitäten begangen, im Mai wird die Tourismuswoche gefeiert, welche die alten Traditionen lebendig erhalten soll, und am Weißen Sonntag (zweiter Sonntag im Oktober) ist Kindertag. Wenn der Palolo, ein schmackhafter Ringelwurm, aus Gründen der Fortpflanzung im Oktober und November aus dem Riff kriecht, wird er von den Samoanern gefangen, die diese Jagd nach ›dem Kaviar des Pazifiks‹ ebenfalls wie ein Fest feiern. Auch in der Woche vor Weihnachten finden diverse Festlichkeiten statt.

## Geld

Die offizielle Währung ist der US-Dollar. Die Banken in Pago Pago sind montags bis donnerstags von 9 bis 15 Uhr geöffnet, freitags bis 16 Uhr 30.

Fremde Währungen und Kreditkarten werden nur begrenzt akzeptiert.

## Medien

Es erscheinen eine Wochenzeitung, »Samoa Journal«, und die Tageszeitung »Samoa News«. Zwei Radio- und drei Fernsehsender vervollständigen die Medienlandschaft.

## Medizinische Versorgung

Das Gesundheitssystem ist gut ausgebaut, das ›LBJ Tropical Medical Centre‹ in Faga'alu hat den Ruf, eines der besten Krankenhäuser im Südpazifik zu sein. Ärztliche Versorgung steht praktisch rund um die Uhr zur Verfügung.

## Notruf

Die Notrufnummer für Polizei, Feuerwehr und Krankenwagen ist 9 11.

## Öffnungszeiten

Die Ämter sind normalerweise werktags von 7 Uhr 30 bis 17 Uhr geöffnet, Geschäftszeiten sind werktags von 8 Uhr 30 bis 17 Uhr.

## Post und Telekommunikation

In Amerikanisch-Samoa sind US-Briefmarken im Umlauf, und es gelten auch die in den Vereinigten Staaten üblichen Tarife. Die Hauptpost liegt im Lumana'i-Building in Fagatogo.

Für Telefongespräche mit Übersee ist das Communications Office in Fagatogo zuständig. Es ist täglich rund um die Uhr geöffnet.

## Religion

Die wichtigsten Konfessionen sind der Protestantismus, der Katholizismus und die methodistische Kirche.

## Sport und Unterhaltung

Die verschiedensten Sportarten können in Amerikanisch-Samoa betrieben werden: Golf, Kanu fahren, Fischen, Tauchen, Wandern und Bergsteigen, Tennis, verschiedene Ballspiele und Kirikiti, die samoanische Version von Kricket.

**Unterhaltung:** Für Touristen werden regelmäßig ›Fiafia-Abende‹ mit samoanischen Tänzen und Shows abgehalten. Einige Discotheken und Bars sorgen für ein nach Südseebegriffen lebendiges Nachtleben.

## Verkehr

Mehrere internationale **Fluggesellschaften** fliegen Pago Pago an, die Fluggesellschaften und Routen haben sich allerdings in den letzten Jahren mehr als einmal geändert. Der augenblickliche Stand ist folgender: Hawaiian Air fliegt nach Hawaii und zur Westküste der USA; Polynesian Airlines verbindet Amerikanisch-Samoa über West-Samoa mit Australien, Tonga und den Cook-Inseln; Samoa-Air ist für Inlandsflüge und für Verbindungen mit Tonga, West-Samoa, Niue und Fidschi zuständig.

Der internationale **Flughafen** von Pago Pago liegt 10 km von der Stadtmitte entfernt. Es verkehren Taxis für ca. 6$ US. Es werden keine Flughafengebühren erhoben.

Es besteht eine tägliche **Fährverbindung** mit West-Samoa, die Passagiere in wenigen Stunden nach Apia bringt.

In Amerikanisch-Samoa wird rechts gefahren. Es verkehren Tourenbusse, öffentliche Busse und Taxis. Mehrere Agenturen bieten Leihwagen an.

## Wasser

Die Wasservorräte sind aufgrund der hohen Niederschlagswerte in der Regel ausreichend. Auf der Hauptinsel wird das Wasser aufbereitet und gilt als trinkbar, während auf den äußeren Inseln das Wasser häufig aus Tanks kommt und abgekocht werden sollte.

## Zeitzone

Amerikanisch-Samoa befindet sich 13 Stunden hinter MEZ.

# Tonga – Informationen von A bis Z

## Auskünfte

Auskünfte erteilt das Tonga Visitors Bureau, P. O. Box 37, Kingdom of Tonga, ✆ (6 76) 2 17 33 oder 2 35 07, Telefax: (6 76) 2 21 29. Das Tourismusbüro gibt auch informative Faltblätter zu verschiedenen Themen (Geschichte, Tanz, traditionelle Bauweise ...) heraus.

## Diplomatische Vertretungen

Die Bundesrepublik Deutschland hat ein Honorarkonsulat in Tonga: Honorary Consul of Germany, P. O. Box 32 Nuku'alofa Tonga. ✆ (6 76) 2 34 77, Telex 6 62 21 OGSONS TS, Fax (6 76) 2 31 54.

## Einkaufstips

Tonga ist berühmt für die hervorragende Qualität seiner Rindenbaststoffe und seiner geflochtenen Matten sowie der Holzschnitzereien. Es lohnt sich, auf dem Markt Ausschau nach schönen Produkten zu halten. Verkaufsgemeinschaften wie z. B. die Friendly Islands Marketing Cooperative Ltd. haben ebenfalls eine interessante Auswahl an Handarbeiten anzubieten.

## Einreisebestimmungen

Bei einem Aufenthalt bis zu 30 Tagen genügt die Vorlage eines gültigen Reisepasses und eines Weiterflugtickets.

## Feiertage und Feste

**Gesetzliche Feiertage:** Neujahrstag, Karfreitag, Ostermontag, 25. April (Anzac Day), 4. Mai (Geburtstag Seiner Königlichen Hoheit, Kronprinz Tupouto'a), 4. Juni (Emancipation Day, der die Beendigung der Sklaverei von 1862 feiert), 4. Juli (Geburtstag von König Taufa'ahau Tupou IV.), 4. November (Constitution Day). 4. Dezember (Gedenktag für König George Tupou I.), 25. Dezember (Weihnachten), 26. Dezember (Boxing Day).

**Schulferien:** zwei Wochen Anfang Mai, zwei Wochen Mitte August und sechs Wochen Sommerferien von Anfang Dezember bis Mitte Januar.

**Feste:** Die Rotkreuzwoche im Mai; Anfang Juli die Feierlichkeiten zum Geburtstag des Monarchen. Auf Vava'u wird am 4. Mai der Geburtstag des Kronprinzen begangen.

## Gastronomische Spezialitäten

Die wichtigsten Nahrungsmittel der Tonganer sind die Kokosnuß, Taro- und Jamswurzeln, Bananen, Fisch sowie Schweine- und Hühnerfleisch.

In Tongatapu gibt es einige Lokale, die internationale Küche anbieten (oder das, was sie dafür halten).

## Geld

Währung: Der tonganische Dollar (pa'anga) entspricht 100 seniti (cents). Die Bank of Tonga ist die einzige Bank des Landes – an den Wechselkursen und Gebühren ist diese Monopolstellung zu spüren. Sie hat Zweigstellen in Tongatapu, auf Ha'apai und Vava'u. Nur in der Hauptstelle in Nuku'alofa (in der Einbahnstraße, etwa 200 m vom Markt entfernt) wird bei Vorlegen der gebräuchlichsten Kreditkarten Bargeld ausgezahlt.

Die wichtigsten ausländischen Währungen und manchmal auch Kreditkarten werden in den größeren Hotels und Geschäften akzeptiert.

## Kleidung

Die Kleidung der Einheimischen ist sehr eindrucksvoll, insbesondere der *ta'ovala*, ein Gürtel, der als Ausdruck des Respekts meist bei besonderen Anlässen getragen wird (›die Krawatte der Tonganer‹). Man erwartet, daß Strandkleidung und Shorts nur am Strand getragen werden.

## Klima

Tonga liegt bereits am Rand der Tropen. Die Jahresdurchschnittstemperatur für Nuku'alofa beträgt 24 °C, sie kann aber in den Wintermonaten bis unter 20 °C fallen (an manchen kühlfeuchten Wintertagen können die in Tonga aus neuseeländischer Wolle gestrickten Pullover durchaus getragen werden). Die Luftfeuchtigkeit beträgt im Jahresmittel 76%.

## Kreuzfahrten

In Tonga bieten verschiedene Unternehmen mehrere Tage dauernde Kreuzfahrten durch die Inselgruppe an, besonders in den landschaftlich reizvollen Norden.

## Kraftfahrzeugpapiere

Der Besitz eines internationalen Führerscheins ist Voraussetzung zur Miete eines Leihwagens.

## Medien

Es erscheinen zwei Wochenzeitungen in Tonga, »The Tonga Chronicle« (regierungsnah) und »The Times of Tonga«. Die Radiostation des Landes, A3z, sendet in Englisch und Tonganisch. In Nuku'alofa funktioniert ein kleiner Sender für Kabelfernsehen, der in privater Hand ist. In jüngster Vergangenheit scheint es einem christlich-fundamentalistischen Sender gelungen zu sein, eine Sendegenehmigung vom König zu erhalten, der auf diesem Gebiet eine strenge Zensur ausübt.

## Medizinische Versorgung

Es bestehen Einrichtungen zur ärztlichen und zahnärztlichen Versorgung vor allem in Tongatapu.

## Notruf

Notrufnummer für Polizei, Feuerwehr und Krankenhaus: 911

## Öffnungszeiten

Ämter sind in der Regel montags bis freitags von 8 Uhr 30 bis 16 Uhr 30 geöffnet, Geschäfte meist von 9 Uhr bis 17 Uhr (montags bis freitags) und von 9 bis 13 Uhr (sonnabends). Sonntags ist alles geschlossen.

## Post und Telekommunikation

Das Hauptpostamt liegt in Nuku'alofa; auf Ha'apai und Vava'u existieren Zweigstellen. Die Öffnungszeiten sind montags bis freitags von 8 Uhr 30 bis 16 Uhr. Internationale Telekommunikationsverbindungen bestehen.

## Unterkunft

Die meisten Hotels und Guest Houses liegen auf Tongatapu, aber auch auf Ha'apai und

Vava'u finden sich Unterkünfte in größerer Auswahl. Auf Ha'apai existiert ein Campingplatz.

## Verkehr

Folgende internationale **Fluggesellschaften** fliegen zur Zeit Tonga an: Air New Zealand mit Anschlüssen nach Apia und Auckland; Air Pacific von und nach Suva und Auckland; Polynesian Airlines hat Verbindungen mit Apia, Auckland und Sydney; Hawaiian Air bietet Anschlüsse nach Honolulu, Pago Pago und zur amerikanischen Westküste; Samoa Air fliegt von Vava'u nach Amerikanisch-Samoa.

Tonga hat eine nationale Fluggesellsschaft, die gute Verbindungen zu den äußeren Inseln anbietet: Royal Tongan Airlines, Royco Building, Fatafehi Road, Private Bag 9, Nuku'alofa, Tonga. ✆ (676) 2 34 14. Telefax: (676) 2 40 56.

Der **Flughafen** Fua'motu liegt auf der Nuku'alofa entgegengesetzten Inselseite. Für den Transport zur Stadt sind in etwa 12 $ (Taxi) oder 5 $ (Bus) zu veranschlagen. Die Flughafengebühr von 10 $ bei internationalen Flügen muß bei der Abreise entrichtet werden.

In Tonga herrscht Linksverkehr. Als **öffentliche Verkehrsmittel** dienen Busse und Taxis. Leihwagen können bei Vorlage von Reisepaß und Internationalem Führerschein und bei Bezahlung einer Gebühr von 8 $ gemietet werden. Das Mindestalter für Autofahrer beträgt 18 Jahre.

## Wasser

Von offizieller Seite wird das Leitungswasser als trinkbar bezeichnet. Durch die Verwendung von großen Düngermengen, die ins Grundwasser versickern, hat sich die Wasserqualität jedoch bereits so stark verschlechtert, daß besonders auf Tongatapu vom Trinken mehr und mehr abgeraten werden muß.

## Zeitzone

Tonga befindet sich zwölf Stunden vor MEZ.

# Cook-Inseln – Informationen von A bis Z

## Auskünfte

Auskünfte erteilt die Cook Islands Tourist Authority. P. O. Box 14, Avarua, Rarotonga, Cook Islands. ✆ (6 82) 2 94 35, Telefax (6 82) 2 14 35.

## Einkaufstips

Wem die wundervollen schwarzen Kulturperlen aus den Cooks zu teuer sind (im Vergleich zu denen von Tahiti immer noch etwas günstiger), der sollte sich die typischen Rito-Flechtarbeiten aus jungen Kokosnußschößlingen (Fächer, Hüte, Taschen) ansehen, für deren Fertigung besonders die Frauen aus der Nordgruppe berühmt sind.

## Einreisebestimmungen

Bei der Einreise muß ein gültiger Reisepaß und ein Weiterflugticket vorgelegt werden. Das ausgefüllte Einreiseformular muß einen Hotelnamen aufweisen. Das bei der Einreise ausgestellte Visum ist für 31 Tage gültig; es kann im Regelfall bei Entrichtung einer Gebühr um bis zu drei weitere Monate verlängert werden. Auskünfte erteilt der Principal Immigration Officer, P. O. Box 473, Rarotonga, Cook Islands. ✆ (6 82) 2 93 63.

## Elektrizität

Auf Rarotonga und Aitutaki fließt meist durchgehend Strom von 240 V/50 Hz. Auf den äußeren Inseln ist manchmal stundenweise Strom vorhanden, bei Brennstoffknappheit muß man gelegentlich auch ganz ohne auskommen.

## Feiertage und Festivals

Gesetzliche Feiertage: 1. Januar, 25. April (Anzac Day), Karfreitag, Ostermontag, Geburtstag der englischen Königin (Juni), Constitution Day (4. August), Gospel Day – Einführung des Christentums (26. Oktober, 25. und 26. Dezember).

**Schulferien:** Mitte April bis Anfang Mai (drei Wochen), Ende Juli bis Mitte August (zwei Wochen), Mitte Oktober (zwei Wochen), Mitte Dezember bis Ende Januar.

**Festivals:** Cultural Festival Week (im Februar), Dancer of the Year Competition (meist zweite Aprilwoche), Constitution Celebrations (Anfang August), Gospel Day (26. Oktober), an diesem Tag werden biblische Geschichten von den Dorfgruppen interpretiert, und Tiare Festival Week mit einer herrlichen Blütenparade (dritte Novemberwoche). Jedes dieser Feste ist ein Genuß für die Zuschauer ebenso wie für die Teilnehmer (genauere Angaben zu Programm und aktuellen Terminen erteilt das Tourismusbüro).

## Gastronomische Spezialitäten

Im Erdofen *(umu)* gebackenes Schwein mit Tarowurzeln und Kokossoße; *rukau* (Blattgemüse aus Tarospitzen) und roher, in Limonensoße eingelegter Fisch.

Die Restaurants auf Rarotonga bieten relativ gute Küche an, die sich jedoch vor allem an den neuseeländischen Gaumen richtet. Die Preise der beliebtesten darunter (Portofino, Flame Tree etc.) liegen sehr hoch.

## Geld

Der neuseeländische Dollar ist die Landeswährung. Im Land sind neuseeländische Scheine im Umlauf (neuseeländische Münzen werden seit 1991 nicht mehr angenommen) sowie cookinsulanische Geldscheine und Münzen (diese Währung kann im Ausland nicht zurückgetauscht werden). Die Hauptgeschäftsstellen der Banken in Avarua sind montags bis freitags von 9 Uhr bis 15 Uhr geöffnet. Es existieren auch Filialen in manchen Dörfern Rarotongas und auf den äußeren Inseln; den Bedürfnissen der Urlauber können jedoch nur die Hauptstellen Rechnung tragen.

Die Banken und größere Hotels nehmen die geläufigsten Währungen und Kreditkarten an.

## Kleidung

In den Hotels und in Avarua sind keine besonderen Sitten zu beachten. In den ländlichen

---

### Outer Islands

Wir haben Rarotonga viel Platz eingeräumt, weil alle Besucher der Cooks sich auf dieser Insel aufhalten werden und hier die touristische Infrastruktur am besten entwickelt ist. Aufenthalte auf den äußeren Inseln können bei allen Reisebüros in Avarua gebucht werden und sind unbedingt empfehlenswert. Die Inseln der Südgruppe sind leicht zu erreichen, da sie fast täglich angeflogen werden. Am beliebtesten ist gegenwärtig Aitutaki, das herrliche Strände und eine der schönsten Lagunen der Welt zu bieten hat. Auch die anderen Inseln der Südgruppe sind landschaftlich äußerst reizvoll, und der Kontakt mit den Einheimischen ist oft persönlicher als auf Rarotonga. Ganz besonders interessant ist Atiu Island: Hier werden die Traditionen noch stärker in Ehren gehalten als andernorts. In Atiu leben auch Jürgen und Andrea, ein deutsches Paar, das sich Verdienste um die Belebung der stagnierenden Wirtschaft Atius erworben hat. Jürgen hat die aufgegebenen Kaffeeplantagen der Insel wieder in Stand gesetzt und produziert in Zusammenarbeit mit den einheimischen Männern den beliebten Atiu-Kaffee. Andrea hat mit Frauen aus Atiu das Fibre Arts Studio gegründet, dessen qualitätvolle Produkte auch über den Pazifik hinaus bekannt sind. In traditioneller Gemeinschaftsarbeit wurden im Studio überlieferte Handarbeitstechniken wie das Schlagen von Rindenbaststoffen oder das Weben von Pandanusmatten weitergeführt oder wiederbelebt. Wer das Glück hat, ein cookinsulanisches Haus zu betreten – besonders, wenn es sich um eine bedeutende Familie handelt –,

> wird die farbenprächtigen *tivaivais* bewundern, die als Bettüberwürfe oder Wandbehänge die Häuser schmücken. Die geometrischen oder aus der Natur gegriffenen Muster werden von den einheimischen Frauen in langen Arbeitsstunden appliziert; als Familienbesitz werden die Decken bei besonderen Anlässen verschenkt, sie können jedoch nur selten von Außenstehenden käuflich erworben werden. Das Studio in Atiu hat sich auf die Herstellung dieser Tivaivais für ausländische Besucher spezialisiert und hat mit diesen nicht gerade billig zu nennenden Kunstwerken sehr großen Erfolg. Im Ladencafé in Areora (in zentraler Lage auf Atiu) können bereits fertige Tivaivais bewundert werden oder Aufträge nach persönlichen Wünschen (Maß, Farbe, Form) erteilt werden.

Bereichen Rarotongas und auf den äußeren Inseln sollte die Kleidung einfach, aber nicht zu knapp geschnitten sein.

## Kraftfahrzeugpapiere

Unter Vorlage eines nationalen oder internationalen Führerscheins kann bei Bezahlung einer kleinen Gebühr ein cookinsulanischer Führerschein erstanden werden, der zum Fahren der landesüblichen Motorroller oder aber eines Leihwagens berechtigt.

## Landkarten

Ausgezeichnete Landkarten für die meisten der Cook-Inseln sind beim Bounty Book Shop in Avarua erhältlich.

## Medien

Täglich außer sonntags erscheint die »Cook Islands News«. Ein UKW-Sender und ein Kurzwellensender strahlen Radioprogramme aus. Weihnachten 1989 wurde Fernsehen in Rarotonga eingeführt, es erreicht heute schon – mit einem Tag Verspätung – Aitutaki; es wird von der Cook Islands Broadcasting Corporation geführt, und das Programm ist zum größten Teil neuseeländischen Ursprungs.

## Medizinische Versorgung

In Rarotonga bieten das Krankenhaus in Nikao und die ambulante Klinik in Tupapa rund um die Uhr ärztlichen und zahnärztlichen Service an, es gibt auch private praktische Ärzte und eine Apotheke. Die Krankenstationen auf den äußeren Inseln senden Notfälle in der Regel nach Rarotonga.

## Notruf

Polizei: 9 99; Feuerwehr: 9 96; Krankenwagen: 9 98

## Öffnungszeiten

Ämter sind montags bis freitags von 8 bis 16 Uhr, samstags von 8 bis 12 Uhr geöffnet. Kleine Dorfgeschäfte haben manchmal längere Öffnungszeiten (z. B. von 6 Uhr morgens bis 21 Uhr durchgehend) und sind manchmal am Sonntag stundenweise (vor 9 Uhr und nach 18 Uhr) geöffnet.

Büros sind montags bis freitags von 8 bis 16 Uhr besetzt.

## Post und Telekommunikation

Die Hauptpost in Avarua und ihre Filialen in Titikaveka/Rarotonga und auf den äußeren Inseln sind nur für den Postverkehr zuständig. Öffnungszeiten in Avarua: montags bis freitags von 8 Uhr bis 16 Uhr. Telecom Cook Islands in Avarua unterhält Satellitenverbindungen mit der ganzen Welt, die täglich rund um die Uhr zur Verfügung stehen.

## Religion

Ein Großteil der Cook-Insulaner gehört der protestantischen Cook Islands Christian Church an; ansonsten sind u.a. die katholische Kirche, die Adventistengemeinde, die Mormonen und der Baha'i-Glaube vertreten. Der christliche Glaube ist fester Bestandteil der heutigen Gesellschaft, und das Sonntagsgebot der Ruhe wird streng beachtet.

## Sport und Erholung

Im Vergleich zu anderen Südseeinseln gibt es auf Rarotonga keine herausragenden Badestrände und Schnorchelplätze. Diese sind eher auf den äußeren Inseln zu finden (s. S. 347 f.).

## Unterkunft

Die meisten Unterkünfte befinden sich auf Rarotonga, einige auch auf Aitutaki.

## Unterhaltung

Die cookinsulanischen Tänze sind zu Recht weltberühmt. Das Nachtleben ist nicht sehr ausgeprägt, mit einer einzigen Ausnahme: Freitagabend ab 23 Uhr in ›Downtown Avarua‹ und insbesondere im ›Banana Court‹.

## Verkehr

Folgende internationale **Fluggesellschaften** fliegen Rarotonga an: Air New Zealand (von und nach Auckland, Nadi, Papeete, Honolulu und mit einer guten Verbindung von Los Angeles nach Frankfurt/Main oder London); Polynesian Airlines (von und nach West-Samoa und Amerikanisch-Samoa) und Hawaiian (nach Hawaii und von dort aus aufs amerikanische Festland).

Nationale Fluggesellschaften: Air Rarotonga fliegt regelmäßig auf die äußeren Inseln der Südgruppe und seit 1991 auch nach Manihiki und Penrhyn in der Nordgruppe (diese Inseln sind nicht auf fremde Besucher eingestellt und die Reise dorthin ist nur auf Einladung möglich).

Der **Flughafen** liegt im Norden von Rarotonga. Bei der Abreise wird eine Gebühr von 20 NZ$ erhoben. Taxis und Busse stellen Verbindungen zu allen Inselteilen her.

**Straßenverkehr:** Auf Rarotonga herrscht Linksverkehr. Es verkehren Kleinbusse auf der Insel, die entweder als Taxis gemietet werden können oder als öffentliche Verkehrsmittel funktionieren (manche darunter fahren im unregelmäßigen Rhythmus; die Cooks Corner Busse haben sich in den letzten Jahren durch Zuverlässigkeit ausgezeichnet). Mehrere Agenturen in Avarua und in den größeren Hotels vermieten Leihwagen.

## Wasser

Auf den niedriggelegenen Atollen sollte das Wasser unbedingt vor dem Trinken abgekocht werden. Das Leitungswasser auf Rarotonga ist von verhältnismäßig guter Qualität und wird im allgemeinen gut vertragen.

## Zeitzone

Die Cook-Inseln liegen elf Stunden hinter MEZ.

# Niue – Informationen von A bis Z

In Niue steckt der Tourismus noch in den Kinderschuhen. In jüngster Zeit unternimmt das Land in Zusammenarbeit mit dem Tourism Council of the South Pacific Anstrengungen, diesen Sektor weiter auszubauen.

## Auskünfte

Informationen sind erhältlich bei: Tourism Section, Office of Economic Affairs. P.O. Box 42 Alofi, Niue. ✆ (6 83) 41 26, Fax (6 83) 42 32.

## Einkaufstips

In Niue kann man sehr gut Handarbeiten, insbesondere Flechtwerk (Matten, Taschen, Hüte, Untersetzer), einkaufen. Typisch für Niue sind Produkte in beige-braun-Tönen. Holzschnitzereien sind weniger verbreitet als in anderen Regionen des Pazifiks.

## Einreisebestimmungen

Bei der Einreise mit gültigem Reisepaß und Weiterflugticket wird ein 30 Tage gültiges Besuchervisum ausgestellt. Für Verlängerungen ist zuständig: Department of Immigration, Central Administration Building, Alofi.

Reisende, die aus Ländern mit Gelbfieber kommen, müssen einen Impfnachweis vorlegen können.

## Elektrizität

Die ganze Insel ist an das Stromnetz angeschlossen. Die Leitungen sind unterirdisch verlegt und daher relativ hurrikansicher. Die Spannung beträgt 240 Volt/50 Herz.

## Feiertage und Ferien

**Gesetzliche Feiertage:** 1. und 2. Januar, Karfreitag, 25. April (Anzac Day), Geburtstag der englischen Königin (ein Montag im Juni), 19. Oktober (Constitution Celebrations), 26. Oktober (Peniaminas Day), 25. und 26. Dezember.
**Schulferien:** 2 Wochen Mitte Mai; 2 Wochen Ende August bis Anfang September; 6 Wochen Mitte Dezember bis Ende Januar.

## Gastronomische Spezialitäten

Kokosnußkrebse, Fledermäuse, Waldtauben, Fisch und Meeresfrüchte, außerdem *luku*, gekochte Farnspitzen mit hervorragendem Geschmack. Das Fangen von Kokosnußkrebsen sollte man lieber den Einheimischen überlassen, da die Zangen dieser Schalentiere nicht nur Kokosnüsse aufsägen, sondern auch Finger abzwicken können.

Es gibt einige Restaurants in Alofi und in den Hotels sowie Snackbars in Alofi.

## Geld

Die offizielle Währung von Niue ist der neuseeländische Dollar. Die Westpac Bank in Alofi ist montags bis freitags von 9–14 Uhr geöffnet.

Fremde Währungen und Kreditkarten werden nur an wenigen Stellen akzeptiert (Niue Hotel, Westpac Bank).

## Kleidung

Strandkleidung sollte auf den Strandbereich beschränkt bleiben. Für kühlere Tage empfiehlt es sich, eine leichte Weste mitzubringen.

## Medien

Es erscheint eine Wochenzeitung. Radio Sunshine (Am 594/FM 91) sendet montags bis freitags von 6 bis 9 Uhr, 11 Uhr 30 bis 13 Uhr und 18 Uhr bis 21 Uhr 30. Television Niue mit lokalen und neuseeländischen Programmen sendet täglich außer Sonntag von 17 Uhr 30 bis 21 Uhr.

| | |
|---|---|
| Guten Tag | fakaalofa atu |
| Dankeschön | fakaue lahi |
| Bitte | fakamolemole |
| Essen | kai |
| Trinken | inu |
| Haus | fale |
| Viel Glück (auch Verabschiedung) | kia monuina |

## Medizinische Versorgung

Es gibt ein Krankenhaus (Lord Liverpool Hospital) und drei kleine Dorfstationen, die rund um die Insel verteilt liegen. Es besteht ein medizinischer 24-Stunden-Notdienst. Häuser mit einem Kranken hängen eine Fahne (rot für einen kranken Erwachsenen, weiß für ein krankes Kind) vor die Tür, woraufhin der Arzt auf seiner Inselrunde an dieser Stelle haltmacht.

## Notruf

Feuerwehr: 41 33, Polizei: 40 29, Krankenhaus: 41 00

## Post und Telekommunikation

Das Postamt in Alofi ist von 8 Uhr bis 15 Uhr montags bis freitags geöffnet.
**Telefon, Fax, Telex:** Das Telecommunications Department im Central Administration Building in Alofi ist rund um die Uhr geöffnet.

## Religion

Drei Viertel der Niueaner sind Protestanten. Die Ekalesia Niue wurde 1846 durch Missionare der Londoner Missionsgesellschaft begründet. Es gibt auch Katholiken, Mormonen und Adventisten. Die Sonntagsruhe ist ein fester Bestandteil des Lebens in Niue.

## Unterkunft

In Niue gibt es eine kleine Auswahl an Hotels, Motels und Guest Houses.

## Verkehr

Die **Flugverbindungen** und Fluggesellschaften haben sich über die letzten Jahre hinweg alle paar Monate geändert. Für aktuelle Angaben sollte man sich an Niue Airlines in Auckland oder in Niue selbst wenden (Fax 6 83-42 16) oder an Samoa Air (Pago Pago, American Samoa) oder an die oben genannte Informationsstelle für Touristen.
Der **Hanan International Airport** liegt 4 km von Alofi entfernt. Es werden bei der Ausreise 10 NZ$ Gebühren erhoben.

## Wasser

Laut offiziellen Angaben ist das Leitungswasser trinkbar.

## Zeitzone

Niue liegt zwölf Stunden vor MEZ.

# Wallis und Futuna – Informationen von A bis Z

## Auskünfte

Auskünfte erteilt die Délégation de Wallis et Futuna, Affaires Culturelles, B. P. 232 Nouméa, Nouvelle-Calédonie.
Informationen über Flüge und Hotelbuchungen sind erhältlich über die lokale Vertretung von Air Calédonie International in Wallis: Mata Utu, B. P. 49, ✆ (6 81) 72 28 80, Fax (6 81) 72 27 11.

## Einkaufstips

Die Inseln sind berühmt für auserlesen schöne Tapa (sie werden je nach Größe und Benutzungsart *lofi*, *gatu* oder *siapo* genannt), fein geflochtene Matten und Taschen sowie Holzschnitzereien, unter denen die *tanoa* – Kavaschalen – eine hervorragende Position einnehmen (sie können z. B. bei den katholischen Schwestern und bei Frauengruppen in den Dörfern erworben werden).

## Einreisebestimmungen

Bei der Einreise wird ein gültiger Reisepaß und ein Weiterflugticket verlangt.

## Elektrizität

Es gibt keine zentrale Stromversorgung, Strom wird durch individuelle Generatoren erzeugt.

## Feiertage

**Gesetzliche Feiertage:** 1. Januar, Ostermontag, 28. April (Pierre-Chanel-Tag), 1. Mai, (Christi Himmelfahrt), 14. Juli (frz. Nationalfeiertag), 15. August (Mariä Himmelfahrt), 1. und 11. November (Armistice), 25. Dezember. Dazu hat jeder Distrikt noch seinen eigenen Feiertag: Mu'a am 1. Mai für die Gemeinde von Saint-Joseph und am 14. Mai für Sacre-Cœur, Hihifo (Vaitupu) am 29. Juni (St. Peter und Paul) und Hahake am 15. August.

## Geld

Währung ist der pazifische Franc (Franc CFP). Seit 1991 gibt es eine Bank in Mata Utu, die eine lokale Filiale der französischen Banque Nationale de Paris (BNP) ist. Fremde Währungen oder Kreditkarten werden kaum akzeptiert.

## Gastronomische Spezialitäten

Fisch und im Erdofen *(umu)* gebackenes Schwein sind landestypische Speisen. In Wallis gibt es eine Handvoll Restaurants und Snack-Bars. In Futuna kann man sich auf Vorbestellung von den Einheimischen eine Mahlzeit servieren lassen (besonders in Leava/Sigave).

## Landkarten

Die Karten 4901W (Wallis) und 4902F (Futuna) können beim Institut Géographique National, 107, rue La Boétie, F-75008 Paris, bestellt werden.

## Medien

In Wallis und Futuna erscheint keine Zeitung; die »Nouvelles Calédoniennes« aus Nouméa haben einen Korrespondenten in Wallis. Ein Radio- und ein Fernsehprogramm werden von RFO (französisches Überseeprogramm) ausgestrahlt.

## Medizinische Versorgung

Es gibt ein Krankenhaus in Sia (Nordende von Mata Utu) und Krankenstationen in den Distrikten.

## Öffnungszeiten

Die wenigen Geschäfte sind montags bis freitags von 7 Uhr 30 bis 11 Uhr 30 und von 15 Uhr bis 18 Uhr 30 geöffnet sowie samstags morgens.

## Religion

Die überwiegende Mehrzahl der Insulaner sind praktizierende Katholiken.

## Unterkunft

Die wenigen Hotels sind relativ teuer (z. B. ein Doppelzimmer für etwa DM 150), ohne übertriebenen Luxus zu bieten. Hotel Lomipeau – Centre touristique et artisanal de Wallis liegt ca. 500 m von der Stadtmitte mit Blick auf die Lagune, Hotel Albatros direkt am Flughafen, mit Restaurant. Das Hotel Moana-Hou liegt gleich am Strand in Liku. Im Teone-Hotel in Liku können Bungalows am Strand gemietet werden. Das Albatros liegt im Distrikt Hihifo, die anderen drei Unterkünfte befinden sich im zentralen Teil der Insel. Es bestehen Pläne, evtl. in der Nähe des Albatros ein paar einfache Bungalows für Urlauber zu errichten.

**Camping** ist u. U. möglich, wenn das Einverständnis der Landbesitzer vorher eingeholt wurde.

## Verkehr

**Flugverbindungen:** Air Calédonie fliegt Wallis zur Zeit mehrmals wöchentlich an (direkt und über Nadi/Fidschi). Eine kleine Propellermaschine verbindet Wallis mit Papeete (Tahiti). Der Flughafen Hihifo auf Wallis liegt 5 km vom Stadtzentrum von Mata Utu entfernt; Transfer zur Stadt wird meistens ange-

boten. Die Inlandsflüge mit Air Calédonie nach Futuna (ca. viermal wöchentlich mit einer kleinen Maschine) sind schon Wochen im voraus ausgebucht und rechtzeitige Voranmeldungen sind unbedingt notwendig.
**Anreise per Schiff:** Zur Zeit werden Wallis und Futuna ca. alle 30 Tage per Schiff von Nouméa aus angefahren.
**Straßenverkehr:** Es herrscht Rechtsverkehr. Leihwagen werden manchmal in den Hotels auf Anfrage angeboten.

## Wasser

Das Leitungswasser ist trinkbar.

## Zeitzone

Wallis und Futuna liegen elf Stunden hinter MEZ.

# Tokelau – Informationen von A bis Z

Der Tourismus spielt in Tokelau keine Rolle; es gibt keine Unterkünfte oder Campingplätze. Für die Einreise bedarf es einer besonderen Genehmigung, die man beantragen kann bei: Office of Tokelauan Affairs, Apia/ Western Samoa, P. O. Box 865. Bei der Entscheidung über die Annahme eines Antrags spielen Glück, aber auch die Persönlichkeit des Antragstellers eine Rolle.

## Elektrizität

Strom wird mit Generatoren erzeugt.

## Geld

Offizielle Währung ist der neuseeländische Dollar, durch die geographische Nähe ist der samoanische Dollar jedoch ebenso in Gebrauch.

## Religion

Die Bewohner von Atafu gehören dem protestantischen Glauben an, Nukunonu ist katholisch, und in Fakaofo sind beide Konfessionen vertreten.

## Telekommunikation

Per Funk und Radio ist Tokelau mit der Welt verbunden. Seit kurzem besteht eine Telefonverbindung nach West-Samoa; von dort aus kann international weitervermittelt werden.

355

### Verkehr

Die Anreise ist nur per Schiff von Apia/West-Samoa aus möglich. Tokelau wird im Durchschnitt zehnmal pro Jahr auf dieser Route angelaufen: Die Reise von und nach Apia dauert sieben bis zehn Tage.
Boote sind das Haupttransportmittel innerhalb Tokelaus.

### Wasser

Das Regenwasser aus den Reservoirs muß vor dem Trinken abgekocht werden.

### Zeitzone

Tokelau liegt zwölf Stunden vor MEZ.

# Französisch-Polynesien – Informationen von A bis Z

### Auskünfte

Informationsstelle in Europa ist das Office du Tourisme de Tahiti et ses Iles, 28, Boulevard Saint Germain, 75005 Paris. ✆ (00 33) 1 46 34 50 59; Telefax (00 33) 1 46 33 82 54.

In Tahiti: Office de promotion et d'animation touristiques de Tahiti et ses Iles, Fare Manihini, B. P. 65 Papeete, Tahiti. ✆ (6 89) 42 96 26; Telefax (6 89) 43 66 19.

### Diplomatische Vertretungen

Honorarkonsulat der Bundesrepublik Deutschland: Mme Claude Eliane Weinmann, rue Tihoni Tefaataua – Pirae. ✆ 42 99 94 (Büro); 42 80 84 (privat).

Konsulat für Österreich, Schweiz und Liechtenstein: République Fédérale d'Autriche – Représentation de la Suisse et du Liechtenstein, M Paul Maetz, B. P. 4560 Papeete (das Büro liegt am Boulevard Pomare in Papeete, im Immeuble Faugerat).

### Einreisebestimmungen

Bei der Einreise müssen ein gültiger Reisepaß und ein Weiterflugticket vorgewiesen werden. EG-Angehörige benötigen kein Visum. Das Gepäck von Personen, die aus Fidschi und Amerikanisch-Samoa einreisen, wird aus Seuchenschutzgründen desinfiziert, was etwa zwei Stunden dauert. Bei Ankunft in der Nacht steht manchmal das Gepäck erst am darauffolgenden Morgen zur Verfügung. Für diesen Fall empfiehlt es sich, im Handgepäck Toilettenartikel und Kleidung zum Wechseln bei sich zu tragen.

## Einkaufstips

Kunsthandwerk ist teurer als im pazifischen Durchschnitt, es zeichnet sich aber häufig durch Kreativität und Ideenreichtum aus. Besonders Ketten und Kränze aus Muscheln sind in den verschiedensten Ausführungen zu bewundern. Die Stände im ersten Stockwerk des Marktes von Papeete sind sehr interessant. Sehr schöne – und teure – Perlen werden in diversen Spezialgeschäften angeboten.

## Elektrizität

Die Spannung beträgt 110 oder 200 Volt/ 50 Herz. Die Steckdosen sind französischen Typs, nehmen Sie einen Adapter mit.

## Gastronomische Spezialitäten

Die Restaurants bieten meist internationale Küche französischen Einschlags an. Traditionelle Mahlzeiten kann man auf den äußeren Inseln genießen, wenn man das Glück hat, zu einem Dorffest eingeladen zu werden. Die Brotfrucht schmeckt nach der einheimischen Kochweise – im Feuer gegart – ganz besonders gut. Weniger ansprechend für den europäischen Gaumen ist fáfaru, roher, mehrere Tage lang in einer mit Salzwasser gefüllten Kalebasse fermentierter Fisch. Geruch und Geschmack haben eine stark faulige Note.

»Man muß schon ein echter Tahitianer sein, um den fáfaru essen zu können!« heißt es im Lande.

In Papeete gibt es ausgezeichnete Restaurants, die oft sehr gute französische Küche auf der Basis von einheimischen Produkten (v. a. Fische und Meerestiere) anbieten. Für Preisbewußtere sind die ›Roulottes‹ eine gute Alternative, kleine Karren mit schmackhaften Speisen, die jeden Abend vor der Anlegestelle der Moorea-Fähre stehen.

## Feiertage und Ferien

Die **gesetzlichen Feiertage** sind dieselben wie in Frankreich: 1. Januar (Neujahrstag), Ostermontag, 1. Mai (Tag der Arbeit), 8. Mai (Ende des Zweiten Weltkriegs), Christi Himmelfahrt, Pfingstmontag, 14. Juli (Nationalfeiertag, Sturm auf die Bastille 1789), 15. August (Mariä Himmelfahrt), 1. November (Allerheiligen), 11. November (Waffenstillstandsabkommen des Jahres 1918) und 25. Dezember (erster Weihnachtsfeiertag). Hinzu kommt der 5. März, an dem die Ankunft der Missionare gefeiert wird.

**Schulferien** sind von Juni bis August, um Weihnachten/Neujahr, zu Karneval und zu Ostern.

## Geld

Landeswährung ist der pazifische Franc (1 Franc CFP = 0,055 französische Francs). Die Banken sind montags bis freitags von 7 Uhr 45 bis 15 Uhr 30 geöffnet, einige auch am Samstagmorgen von 7 Uhr 45 bis 11 Uhr 30.

Fremde Währungen und Kreditkarten werden vor allem in Papeete und den großen Hotels akzeptiert.

Die **Preise** sind astronomisch hoch, da fast alles aus Frankreich eingeführt wird. Bringen Sie genügend Filme mit (bis zu 10 sind pro Videokamera und Fotoapparat erlaubt), da sie in Papeete bis zu viermal teurer als in Europa sind.

## Klima

Die meisten Inseln Französisch-Polynesiens liegen in der tropischen Klimazone. Die wärmere und feuchtere Regenzeit fällt in die Sommermonate (von Dezember bis Februar), aber auch die anderen Monate sind nur geringfügig kühler. Auf der den Passatwinden zugewandten Ostseite der Inseln sorgt häufig eine Brise für Abkühlung.

## Kleidung

Strandkleidung sollte auf die Strände und Hotelbereiche beschränkt bleiben.

## Kraftfahrzeugpapiere

Ausländische Führerscheine werden ab einem Jahr nach Ausstellungstermin anerkannt.

## Landkarten

Gutes Kartenmaterial ist erhältlich über das Institut Géographique National, 107, rue La Boétie, 75008 Paris.

## Medien

Es erscheinen die Tageszeitungen »La Dépêche de Tahiti« und »Les Nouvelles de Tahiti«, beide im Besitz der mächtigen Hersant-Gruppe. Qualität und Umfang der gelieferten Information stehen nicht immer im Verhältnis zu den für pazifische Verhältnisse hypermodernen Drucktechniken.

Ein öffentlicher Sender, RFO (Radio France Outre-Mer) und ein Dutzend Privatsender sorgen für Auswahl unter den Radioprogrammen. Seit 1965 sendet RFO ein zweisprachiges Fernsehprogramm; seit Beginn der 80er Jahre profitiert es von einer Satellitenverbindung mit Frankreich. Ein zweiter RFO-Sender ist im Aufbau.

## Medizinische Versorgung

Französisch-Polynesien verfügt über eines der besten Gesundheitssysteme im gesamten Pazifikraum. Das Hauptkrankenhaus ist das Hôpital Mamao in Papeete; in den Distrikten und auf den äußeren Inseln kümmern sich meist kleinere Zentren um die leichten Fälle. Zwei Privatkliniken, ca. 70 private Ärzte, 60 Zahnärzte und 28 Apotheker (in 22 Apotheken) vervollständigen das Bild.

## Notruf

Polizei: 17
Feuerwehr: 18
Hauptkrankenhaus: 42 02 02

## Öffnungszeiten

Geschäfte und Ämter sind montags bis freitags von 7 Uhr 30 bis 17 Uhr 30 geöffnet, mit einer ein- bis zweistündigen Mittagspause zwischen 11 und 14 Uhr.

## Post und Telekommunikation

Im ganzen Land sind über 30 Postämter und rund 50 Nebenstellen für den Postdienst da. Aufgrund der häufigen Flüge von und nach Frankreich dauert der Postweg nach Europa meist nicht sehr lange.

Das Telekommunikationsnetz ist überall im Land gut ausgebaut. Für Telefongespräche, Telex- oder Telefaxkontakte mit Übersee ist die Hauptpost in der Stadtmitte von Papeete zuständig.

## Religion

Die Religion spielt im ganzen Land eine wichtige Rolle. Zu den ›traditionellen‹ Konfessionen wie dem Protestantismus (50% der Bevölkerung zählt sich dazu) und dem Katholizismus (34%) gesellen sich immer mehr neue Kirchen und Sekten: Mormonen und reformierte Mormonen (Sanitos), Adventisten und Zeugen Jehovas.

## Unterkunft

Es gibt zahlreiche, meist ausgesprochen luxuriöse Unterkünfte vor allem auf Tahiti, Bora Bora und Moorea. Wer es einfacher und etwas preisgünstiger liebt, ist in einem der Hotels in der Stadtmitte von Papeete gut aufgehoben (Verkehrslärm!). Auf den äußeren Inseln ist noch mehr ursprüngliche Natur zu genießen, aber für eine romantische Hütte in einem exklusiven Hotelkomplex von Moorea oder Bora-Bora werden bis zu 1000 DM pro Nacht verlangt (ohne Frühstück und Verpflegung). Bei der Ankunft der Flüge in Papeete werben Motelbesitzer um Gäste. Ein gewisser Verzicht auf Komfort wird durch akzeptable Preise ausgeglichen.

**Camping** ist in Mahina auf Tahiti möglich, ebenso auf dafür vorgesehenen Plätzen auf Moorea und Bora-Bora.

## Verkehr

Mehrere internationale **Fluggesellschaften** fliegen Tahiti an, u. a.: Qantas (Australien), Air France (Frankreich via USA), Lan Chile (Osterinsel, Chile), Air New Zealand (Neuseeland, Cook-Inseln, USA).

Die nationalen Fluggesellschaften wie Air Tahiti, Air Moorea sowie einige private Veranstalter fliegen die äußeren Inseln des Landes an.

Der internationale **Flughafen** Faa'a liegt 6 km von Papeete entfernt. Es werden keine Gebühren erhoben.

**Straßenverkehr:** In Französisch-Polynesien herrscht Rechtsverkehr.

Das beliebteste öffentliche Verkehrsmittel ist ›le truck‹, ein umgebauter ehemaliger Lastwagen mit Holzbänken als Sitzgelegenheit. Der Abfahrtsbereich dieser Busse liegt in den Straßen rund um den Stadtmarkt von Papeete. Im Stadtgebiet und in den Hotelbezirken verkehren zahlreiche Taxis, allerdings sind die Fahrtpreise sehr hoch. Eine Handvoll Agenturen vermietet Leihwagen.

Frachtschiffe und **Personenschiffe** nehmen auch Urlauber auf die äußeren Inseln mit (kümmern Sie sich vor der Abreise um Unterkunft!).

Eine Fahrt zu den Gesellschafts-Inseln oder eine Marquesas-Rundfahrt mit der ›Ara Nui‹ (ein Boot, das halb Frachter, halb Personentransporter ist) gehören zu den schönsten Erlebnissen, die Polynesien zu bieten hat. Auskünfte bei: Compagnie Polynésienne de Transport Maritime, B. P. 220, Papeete, Tahiti (am Hafen).

## Wasser

Das Leitungswasser in Papeete gilt als trinkbar. In den anderen Distrikten von Tahiti und auf den äußeren Inseln sollte man sich besser nach der Qualität erkundigen.

## Zeitzone

Französisch-Polynesien liegt elf Stunden hinter MEZ.

# Tuvalu – Informationen von A bis Z

## Auskünfte

In Tuvalu gibt es kein Tourismusbüro, bei Anfragen kann man sich entweder an das Tuvalu Governments Broadcasting and Information Office oder an das Ministry of Finance and Commerce, Vaiaku, Funafuti, Tuvalu wenden.

## Diplomatische Vertretungen

Peter Feist ist Honorarkonsul für Tuvalu in Deutschland: Nevermannweg 20, 2000 Hamburg 58.

## Einkaufstips

Handarbeiten aus Tuvalu sind wegen ihrer Formenvielfalt und ihrer hervorragenden Qualität sehr gefragt. So kann man bisweilen Kunsthandwerk aus Tuvalu auf den Märkten von Fidschi und Tonga wiederfinden (ohne daß das Herkunftsland dabei immer erwähnt würde). Im Handicraft Centre am Flughafen, das von der Frauenkooperative von Tuvalu geführt wird, kann man aus einem faszinierend vielgestaltigem Angebot an Fächern, Matten, Körben, Taschen, Baströcken und Muschelketten hübsche Mitbringsel auswählen.

## Einreisebestimmungen

Bei der Einreise wird bei Vorlage eines gültigen Reisepasses und eines Rück- bzw. Weiterflugtickets ein einmonatiges Visum ausgestellt, das u. U. um drei weitere Monate verlängerbar ist.

## Elektrizität

Nur wenige Häuser auf der Hauptinsel werden zentral versorgt. Manche Familien nennen einen Generator ihr eigen.

## Feiertage

**Gesetzliche Feiertage:** Neujahr, Commonwealth Day (7. 3.), Bomb Day (April), Karfreitag, Ostermontag, Gospel Day (14. 5.), Geburtstag der englischen Königin (wechselnd einer der Junimontage), National Children's Day (1. 8.), Tuvalu National Days (3. und 4. 10.), Geburtstag von Prinz Charles (November), Weihnachten und Boxing Day (25. und 26. 12.).

## Geld

Die einzige Bank im Land, Bank of Tuvalu, ist montags bis donnerstags von 9 Uhr 30 bis 13 Uhr und freitags von 8 Uhr 30 bis 12 Uhr geöffnet. Manchmal richten sich die Öffnungszeiten auch nach der Ankunft der internationalen Flüge.

Währung ist der australische Dollar. Fremde Währungen und Kreditkarten werden nur sehr begrenzt akzeptiert.

## Impfvorschriften

Reisende, die direkt aus von Cholera oder Gelbfieber infizierten Gebieten kommen, müssen ein gültiges Impfzeugnis vorweisen.

## Medien

Eine Radiostation, Radio Tuvalu, sendet täglich von Funafuti aus. Lokale und internationale Nachrichten werden auf englisch verlesen. Alle 14 Tage erscheint das Regierungsblatt »Tuvalu Echoes« auf englisch.

## Medizinische Versorgung

Die medizinische Versorgung von Tuvalu erfolgt durch die Ärzte im Krankenhaus von Funafuti (gleichzeitig Apotheke).

## Öffnungszeiten

Büros sind montags bis donnerstags von 7 Uhr 30 bis 12 Uhr und 13 Uhr bis 16 Uhr 15 besetzt, freitags von 7 Uhr 30 bis 13 Uhr 15. Geschäfte sind im allgemeinen von den frühen Morgenstunden bis mittags und nach einer ein- bis zweistündigen Mittagspause wieder bis 16 oder 17 Uhr geöffnet; Lebensmittelläden haben manchmal länger auf.

## Post

Die Hauptpost liegt in Funafuti gleich beim Flughafen.

Farbenfrohe Sammlermarken mit schönem Design sind zu erhalten beim Tuvalu Philatelic Bureau, das etwas westlich vom Zentrum liegt. Es können auch per Post Informationen erfragt werden oder Bestellungen bzw. Daueraufträge durchgegeben werden: Tuvalu Philatelic Bureau, G.P.O. Box 24, Funafuti, Tuvalu Islands, Telefax (68 8) 7 12.

## Religion

Der methodistischen Church of Tuvalu gehören etwa 97% der Bevölkerung an, des weiteren gibt es eine katholische Kirche und einige Sekten.

## Sitten und Gebräuche

In Tuvalu ist die polynesische Kultur noch relativ intakt. Kontakte mit Ausländern sind selten. Besucher sind auf Funafuti willkommen, werden aber gebeten, sich den Sitten in bezug auf Kleidung und Verhalten anzupassen. So können Frauen in Shorts oder in Badeanzügen schockieren, denn in Tuvalu ist das Tragen von Hüfttüchern Sitte, und man badet völlig bekleidet. Einen Aufenthalt auf den äußeren Inseln sollte man nur planen, wenn man dort gute Bekannte hat.

Wenn zur Zeit des Besuchs ein Fest angesetzt ist, hat man vielleicht das Glück, bei einem *fatele* zuschauen zu können, dem lebensfrohen Sing- und Tanzwettkampf zwischen verschiedenen Gruppen von Inselbewohnern, der meist in den großen Versammlungshallen *(maneabas)* stattfindet.

Außer den ›internationalen‹ Sportarten wie Fußball und Volleyball gibt es auch eine einheimische Variante von Kricket und *te ano*, ein Spiel mit einem aus Kokoswedeln gefertigtem Ball.

## Unterkunft

Es gab bis vor kurzem ein kleines, bescheidenes, staatlich geführtes Hotel, das Vaiaku Lagi, das 1992 abgerissen wurde, um einem moderneren und doch nicht allzu großen neueren Hotelbau Platz zu machen. Das Projekt im Umfang von mehreren Millionen Dollar wird von Taiwan finanziert.

Mehrere Gästehäuser bieten ein- bis zwei Gästezimmer an.

## Urlaubsaktivitäten

Schwimmen, Schnorcheln, Strandwanderungen, Radfahren, Bootsfahrten innerhalb des Atolls von Funafuti (nach Amatuku, Funafala, Tepuka etc.) oder auf die äußeren Inseln, wenn das Inter-Island-Boot passend verkehrt.

## Verkehr

Air Marshall fliegt Funafuti zumeist täglich außer sonntags auf der Strecke Fidschi – Mikronesien (Tarawa, Majuro) an – einen Tag auf dem Hinweg, den anderen auf dem Rückweg.

Die Landebahn des **Flughafens** erstreckt sich über einen Großteil der Hauptinsel. Sie ist gleichzeitig Fußballfeld. Alle Spiele müssen beim Landen eines Flugzeugs unterbrochen werden. Der Ausgang des Flughafens liegt in direkter Nähe zum Verwaltungszentrum mit Post, Bank, Verwaltungs- und Regierungsgebäuden und dem Handicraft Centre. Gebühren: 10 A$ beim Abflug.

Das **Inter-Island-Boot ›Nivaga‹** stellt die Verbindung zwischen Funafuti und den äußeren Inseln her; etwa alle drei Monate fährt es auch Suva an und nimmt von dort aus ein begrenztes Kontingent an Passagieren mit nach Tuvalu.

In Tuvalu herrscht Linksverkehr. Mehrere **Kleinbusse** verbinden tagsüber nahezu regelmäßig die beiden Enden des zentralen Siedlungsbereichs.

### Wasser

Das Regenwasser wird in Tanks aufgefangen, die jedoch aufgrund ihrer niedrigen Kapazität nicht ausreichend sind.

### Zeitzone

Tuvalu befindet sich elf Stunden vor MEZ.

# Kiribati – Informationen von A bis Z

### Auskünfte

Auskünfte erteilt das Kiribati Visitors Bureau, Ministry of Natural Resource Development, P.O. Box 251, Bikenibeu, Tarawa, Republic of Kiribati. ✆ (6 86) 2 82 87 oder 2 82 88; Fax (6 86) 2 11 20 oder 2 61 93.

### Einkaufstips

Die I-Kiribati sind sehr geschickte Handwerker, besonders beim Bootsbau und beim Weben. Eine große Anzahl an Objekten der materiellen Kunst wird hier angeboten, von denen allerdings folgende Arten unter strengem Ausfuhrverbot stehen: Kunstobjekte, die 30 Jahre oder älter sind, traditionelle Kampfschwerter (mit Haifischzähnen) und Rüstungen aus Kokosfasern, sterbliche Überreste von Menschen, traditionelle Werkzeuge und Tanzkostüme.

### Einreisebestimmungen

Staatsbürger der Bundesrepublik Deutschland und anderer Länder müssen sich vor der Einreise ein Visum ausstellen lassen. Auskunft erteilt der Principal Immigration Officer, Ministry of Foreign Affairs, P.O. Box 68, Bairiki, Tarawa, Republic of Kiribati.

## Elektrizität

Die Spannung beträgt 240 Volt.

## Feiertage und Feste

Gesetzliche Feiertage: 1. und 2. Januar; Karfreitag, Ostersamstag und Ostermontag; 12. Juli (Independence Day), die beiden darauffolgenden Tage sind ebenfalls frei; Youth Day (erster Montag im August); 10. Dezember (Human Rights Day), 25. und 26. Dezember.

Schulferien: das Schuljahr ist dreigeteilt, die Ferien liegen April-Mai, August-September und Dezember-Januar.

Am Independence Day (12. Juli) findet im Nationalstadion von Bairiki eine farbenprächtige Parade statt. Am Youth Day (erster Montag im August) werden unter den Jugendlichen Sport- und Tanzwettbewerbe organisiert.

## Medien

Die Wochenzeitung »Te Ukera« ist zu 90% auf mikronesisch geschrieben. Für Urlauber erscheint »Tourism Update« mit aktuellen Informationen über Urlaubsaktivitäten. Radio Kiribati sendet auf Mikronesisch und Englisch. Videos sind im Land sehr verbreitet, es gibt jedoch kein Fernsehen.

## Geld

Der australische Dollar ist die offizielle Währung. Einzige Bank im Land ist die Bank of Kiribati Ltd. in Bairiki, montags bis freitags von 9 bis 12 Uhr und von 14 bis 15 Uhr geöffnet.

Fremde Währungen und Kreditkarten werden nur bedingt akzeptiert.

## Kleidung

Bikinis und knapp geschnittene Strandbekleidung stehen im Widerspruch zu einheimischen Sitten. Mit wenigen Ausnahmen, wie z. B. der *tibuta*, der Bluse der Frauen in Kiribati, stehen nur wenig Kleidungsstücke zum Verkauf, und man sollte daher seine Ausstattung vor der Einreise vornehmen.

## Kraftfahrzeugpapiere

Der internationale Führerschein ist erforderlich. Nationale Führerscheine sind nur bis zu zwei Wochen nach der Einreise gültig.

## Diplomatische Vertretungen

Honorarkonsulat der Republik Kiribati, Leonhardt und Blumenberg, Rödingsmarkt 16, 2000 Hamburg 11, ✆ 0 40/36 14 60.

## Medizinische Versorgung

Das Tungaru Central Hospital in Bikenibeu, South Tarawa, verfügt über 153 Betten. Wer regelmäßig spezielle Medikamente benötigt, sollte seine eigenen Vorräte mitbringen.

## Öffnungszeiten

Büros sind montags bis freitags von 8 bis 12 Uhr 30 und 13 Uhr 30 bis 16 Uhr 15 besetzt. Geschäfte sind montags bis freitags von 8 bis 19 Uhr, samstags und sonntags halbtags geöffnet.

## Post und Telekommunikation

Die Postämer sind montags bis freitags von 9 bis 15 Uhr geöffnet; das Hauptpostamt befindet sich in Bairiki. Internationale Telefon- und Faxverbindungen bestehen auf Tarawa.

## Religion

Die Hauptreligionen in Kiribati sind der protestantische und der katholische Glaube. Ebenfalls vertreten sind Baha'i, die Church of God of North Carolina, die Mormonen und die Adventistengemeinde.

## Sehenswürdigkeiten und Urlaubsaktivitäten

Tarawa hat kein eigentliches Stadtzentrum, die verschiedenen Ortsteile liegen hintereinander aufgereiht auf der schmalen Landfläche des Atolls. Aus der Zeit des Zweiten Weltkrieges hat sich Betio noch eine Rolle als wichtiges Geschäftszentrum bewahrt, während die administrativen Gebäude in Bikenibeu und Bairiki liegen.

Der Reiz von Kiribati findet sich für den Besucher wohl eher auf den ruhigeren äußeren Inseln wie Abemama, die für ihren Strand berühmt ist.

Auf Christmas Island befindet sich ein für seine reiche Vogelwelt bekannter Naturpark.

Am 24. November 1943, nach einer fünf Tage dauernden Attacke, eroberten die Amerikaner die japanische Festung in Betio, der Südwestecke von Tarawa. Die Überreste dieser ›Schlacht von Tarawa‹, die beiden Seiten hohe Verluste eintrug (1090 amerikanische und 4500 japanische Soldaten fielen bei diesem Angriff), sind heute noch zu besichtigen.

Beliebte Sportarten für Urlauber sind Bootsfahrten, Tiefseefischen, Schnorcheln und Tauchen.

## Unterkunft

Es gibt nur vier Hotels in Kiribati, dazu eine Reihe sehr einfach ausgestatteter Pensionen mit Familienanschluß auf den äußeren Inseln. In den Hotels befinden sich auch die einzigen Restaurants.

## Verkehr

Internationale **Fluggesellschaften:** Air Marshall fliegt zweimal wöchentlich von Nadi/Fidschi über Funafuti nach Tarawa, von dort aus weiter nach Majuro und dann wieder zurück. Air Marshall; P. O. Box 959, Majuro, Marshall Islands 96960.

Air Nauru fliegt einmal wöchentlich Nauru/Tarawa/Nauru/Nadi und zurück. Air Nauru, Republic of Nauru, Fax (674) 34 22. Die nationale Fluggesellschaft Air Tungaru unterhält Flüge zu den Inseln der drei Gruppen und zwischen Honolulu und Christmas

Island. Air Tungaru; P. O. Box 274, Tarawa, Republic of Kiribati, Fax (6 86) 2 82 77.

Der **Flughafen** liegt in Bonriki, etwa 10 km von der Hauptgeschäftszone in South Tarawa entfernt. $ 5 australische Gebühren sind bei der Ausreise zu entrichten.

**Straßenverkehr:** In Kiribati wird links gefahren. Es verkehren Minibusse auf South Tarawa (auch vom Flughafen zu den Hauptzentren), die auf ein Handzeichen hin anhalten. Taxis sind teuer und überdies unberechenbar, da sie nicht mit einem Zähler ausgestattet sind (25 km vom Flughafen bis nach Betio kommen auf ca. 15 $).

## Wasser

Das Wasser muß vor dem Trinken unbedingt abgekocht werden.

## Zeitzone

Gilbert-Gruppe: MEZ plus 11 Stunden, die anderen beiden Archipele liegen auf der anderen Seite der Datumsgrenze und daher 23 Stunden hinter der Gilbert-Gruppe zurück.

# Nauru – Informationen von A bis Z

## Einkaufstips

Es gibt keine Souvenirs im eigentlichen Sinne; die Briefmarken von Nauru sind wegen ihrer Qualität sehr gefragt.

## Einreisebestimmungen

Im Prinzip muß vor der Einreise ein Visum beantragt werden. Es wird dann für einen Zeitraum von 7 Tagen und nur in Ausnahmefällen bis zu einem Monat ausgestellt. Transitpassagiere, die mit dem nächstmöglichen Flug die Insel verlassen, benötigen im Regelfall kein Visum.

## Elektrizität

Die Stromversorgung ist überall auf der Insel gewährleistet. Die Spannung beträgt 240 Volt/ 50 Herz.

## Geld

Landeswährung ist der australische Dollar.

## Feiertage

Außer den großen christlichen Feiertagen (Neujahr, Ostern und Weihnachten) werden in Nauru drei ortsspezifische Feiertage begangen: Independence Day (31. 1.), Constitution Day (17. 5.) und Homecoming Day (26. 10.).

## Medien

Nauru verfügt über eine Radiostation. Es erscheinen mehrere Wochenzeitungen (von der Regierung und privat herausgegeben).

## Medizinische Versorgung

Nauru verfügt über ein gut ausgebautes Gesundheitssystem.

## Religion

Die Nauru Congregational Church ist die bedeutendste Kirche, der 60% der Bevölkerung angehören; außerdem sind andere protestantische Kirchen und die katholische Kirche vertreten.

## Sehenswürdigkeiten

Zu einer Inselrundfahrt gehört die Besichtigung der Kriegsrelikte aus der japanischen Besatzungszeit, die Fahrt durch die ›Mondlandschaft‹ im Inselinneren, die durch den Phosphatabbau geschaffen wurde, und die Besichtigung der Dörfer und Kulturen auf der dem Zentrum Aiwo gegenüberliegenden Inselseite. Ebenfalls reizvoll ist ein Abstecher zur Buada-Lagune.

## Telekommunikation

Nauru verfügt über ein gutes Telekommunikationsnetz per Satellit.

## Unterkunft

Zwei Unterkünfte stehen zur Verfügung: das vom Inselrat geführte Meneng-Hotel mit 60 Zimmern (auf der Ostseite der Insel) und Od-n-Aiwo-Hotel in der Nähe der Bootsanlegestelle. Diese Hotels sind mehr auf Geschäftsreisende als auf Touristen eingestellt. In den letzten Jahren kommen jedoch immer häufiger japanische Touristen nach Nauru, um die alten Kriegsschauplätze zu besichtigen.

## Verkehr

Die nationale **Fluggesellschaft** Air Nauru verbindet den Inselstaat mit anderen Pazifikländern (Australien, Neuseeland, Asien ...).

Da die Flugrouten häufig wechseln, sollte man sich kurzfristig informieren. Der **Flughafen** liegt in unmittelbarer Nähe zum Geschäfts- und Verwaltungszentrum Aiwo. Beim Abflug wird eine Gebühr von 10 A$ erhoben. **Leihwagen** werden angeboten.

Aufgrund der unregelmäßigen Niederschläge treten jedoch immer wieder Engpässe auf, während derer Wasser per Schiff auf die Insel gebracht werden muß. Vor dem Trinken muß das Wasser abgekocht werden.

## Wasser

Die Versorgung erfolgt hauptsächlich mit Regenwasser, das in Tanks gelagert wird.

## Zeitzone

Nauru befindet sich elf Stunden vor MEZ.

# Mikronesien – Informationen von A bis Z

Alle Angaben in diesem Kapitel beziehen sich auf die ehemaligen Treuhandgebiete der Vereinigten Staaten: Guam und die Nördlichen Marianen, Palau (Belau), den Mikronesischen Staatenbund (mit Kosrae, Pohnpei, Truk und Yap) und die Marshall-Inseln. Die praktischen Angaben zu Nauru und Kiribati, die aufgrund der Geschichte und Kultur ihrer Bewohner auch zu Mikronesien zählen, erscheinen in separaten Kapiteln.

## Auskünfte

Informationen sind über die folgenden Stellen zu bekommen:

Director of Tourism, Republic of Marshall Islands, P. O. Box 1727, Majuro, Marshall Islands 96960

Pohnpei Tourist Commission, P. O. Box 66, Kolonia, Pohnpei, Federated States of Micronesia 96941

The Service of the Governor, Yap State Government, Colonia, Yap FSM 96943

Truk State Government, Moen, Truk State FSM 96942

Kosrae State Government, Lelu, Kosrae, FSM 96944

Guam Visitors Bureau – Setbision Bisitan Guahan, P.O. Box 3520, 1220 Pale San Vitores Road, Tamuning, Guam 96911

Europäische Vertretung: Guam Visitors Bureau, Europe Representative, Kleine Hochstraße 9, D-6000 Frankfurt am Main, ✆ (0 69) 29 27 01; Telefax (0 69) 28 14 86

Palau Visitors Authority, P. O. Box 256, Koror, Republic of Palau 96940

## Einkaufen

Typische Handarbeiten guter Qualität sind nur noch selten erhältlich, der Markt wird mit stillosen Andenken ohne Bezug zum Land überschwemmt.

## Einreisebestimmungen

Es gelten dieselben Bestimmungen wie für die Einreise in die Vereinigten Staaten; benötigte Papiere sind somit in der Regel ein gültiger Reisepaß sowie Weiter- oder Rückflugticket (mit Visum für das nächste Reiseziel, wenn dort vonnöten). Die oben genannten Informationsstellen erteilen aktuelle Auskünfte zu diesem Punkt.

## Elektrizität

Die Spannung beträgt 110 Volt.

## Feiertage

**Gesetzliche Feiertage:** 1. Januar, 16. Mai (FSM Constitution Day), 3. November (FSM Independence Day), 25. Dezember (Weihnachten). Jeder der mikronesischen Staaten hat darüber hinaus einen oder mehrere eigene Feiertage: 1. März (Yap Day), 8. September (Liberation Day, Kosrae), 11. September (Liberation Day, Pohnpei), 23. September (Charter Day, Truk), 8. November (Constitution Day, Pohnpei), 24. Dezember (Yap Constitution Day).

## Geld

In ganz Mikronesien ist der US-Dollar die offizielle Währung. Banken befinden sich nur auf den größeren Inseln.

Reiseschecks in US-Dollar sind empfehlenswert, da nur in den Haupttouristenzentren Fremdwährungen und Kreditkarten akzeptiert werden. Für Aufenthalte auf den kleineren Inseln sollte man genügend Bargeld mitnehmen, da dort meist keine Banken existieren.

## Kleidung

Es sollte auf das Schamgefühl der Einheimischen Rücksicht genommen werden. In Yap und Kosrae etwa wird es als unanständig empfunden, wenn Frauen ihre Oberschenkel zeigen. Man kann also entweder nach Art vieler Pazifikinsulaner in Shorts schwimmen oder aber sich gleich nach Verlassen des Wassers etwas über den Badeanzug ziehen.

## Medien

Jedes der Länder im Staatenbund hat seinen eigenen Rundfunksender, Fernsehen wird als Videoaufzeichnung aus den USA importiert. Nur in Guam wird ein regelmäßiges Fernsehprogramm gesendet (stark amerikanisch geprägt).

## Medizinische Versorgung

Staatliche Krankenhäuser und Apotheken in den Hauptorten gewährleisten die Versorgung. Kleinere Krankenstationen sind im ganzen Land verteilt.

## Öffnungszeiten

Die Öffnungszeiten sind regional sehr unterschiedlich. Nur als Orientierungsmarke können folgende Angaben dienen: Ämter sind montags bis freitags von 8 bis 12 Uhr und von 13 bis 17 Uhr besetzt.

Geschäfte sind zwischen 8.30 und 16.30 Uhr von montags bis samstags geöffnet, manche auch am Sonntag von 12 bis 17 Uhr.

## Post und Telekommunikation

Die Postämter befinden sich in den Hauptorten der jeweiligen Inseln; die größeren Orte verfügen über moderne Telekommunikationseinrichtungen. Das Postwesen untersteht den USA, es gibt jedoch eigene – sehr reizvolle – Briefmarken.

## Religion

Aufgrund der Missionsgeschichte überwiegt der Katholizismus im Westen und der Protestantismus im Osten Mikronesiens, in den zentralen Gebieten wie Truk und Pohnpei verteilt sich die Bevölkerung auf die beiden Konfessionen. Seit einigen Jahren fassen in ganz Mikronesien zahlreiche junge Sekten aus den USA Fuß.

## Urlaubsaktivitäten

Mikronesien eignet sich als Reiseziel vor allem für Urlauber, die schöne Badestrände suchen und Wassersport treiben wollen. Die Tauchgründe der Region gehören eindeutig zur Weltklasse.

## Verkehr

Mikronesien ist gut an das internationale **Flugnetz** angeschlossen. Mehrere internationale Fluggesellschaften fliegen Guam an. Für aus der Südsee kommende Reisende bietet sich die Strecke Nadi/Fidschi–Tuvalu–Tarawa–Majuro mit Air Marshall an. Air Nauru verbindet Majuro und Guam mit verschiedenen Flughäfen im Südpazifik (diese Fluggesellschaft wird nicht international gehandelt). Continental Air Micronesia hat das am besten ausgebaute Flugnetz in der Region, sie fliegt Mikronesien mehrmals wöchentlich über Honolulu an (Honolulu–Majuro–Kosrae–Pohnpei–Truk–Guam), andere Verbindungen bestehen mit Japan, den Philippinen, Papua-Neuguinea und Bali. Zu vielen kleinen (äußeren) Inseln fliegen Maschinen der Pacific Missionary Aviation. Oft braucht man jedoch eine Genehmigung der jeweiligen Regierung, um sie zu besuchen.

Die neuesten Auskünfte über die Flugsituation sind in großen Reisebüros und bei den Informationsstellen erhältlich (rechtzeitig anfragen, da die Beantwortung dieser Frage meist mehrere Wochen in Anspruch nimmt).

Die wichtigsten **Flughäfen** liegen in Majuro, Kosrae, Pohnpei, Truk, Guam, Saipan, Yap und Palau. Flughafengebühren in den Marshalls ($ 5) und Palau ($ 10 bei der Abreise, auch bei Transit).

**Straßenverkehr:** In Mikronesien herrscht Rechtsverkehr. Das öffentliche Verkehrsnetz ist nicht überall gut ausgebaut, man wird die zahlreichen Leihwagenvermietungen nutzen müssen.

## Wasser

Das Leitungswasser ist nicht trinkbar.

## Zeitzone

| | |
|---|---|
| Marshalls | : MEZ + 11 |
| Pohnpei, Kosrae | : MEZ + 10 |
| Truk, Yap, Nördliche Marianen, Guam | : MEZ + 9 |
| Palau | : MEZ + 8 |

# Register

## Personen

Baker, Shirley 177f.
Barrett, George 257
Bligh, William 102, 174f., 186, 241
Bougainville, Louis Antoine de 174, 241
Bühler, Alfred 267
Byron, John 220

Calkins, Fay G. 156
Chanel, Pater Pierre 214f.
Christian, Fletcher 174f.
Commerson, Philibert de 241
Cook, James 47, 57, 66, 102, 173, 174, 176, 185, 202, 241, 242

d'Entrecasteaux, Chevalier 91
d'Urville, Dumont 92
Darwin, Charles 15, 16
Dillon, Peter 67, 91f.

Edwards, Edward 220
Ellice, Edward 257

Fearns, John 276
Findley, A. G. 257
Forster, Georg 242
Freemam, Derek 159
Frimigacci, Daniel 213

Gauguin, Paul 246f.
Georg III., König von England 241
Gill, William Wyatt 191
Goredey, Déwé 59

Harris, G. C. 167
Heyerdahl, Thor 32
Higginson, John 68, 82

Isabel, Königin von Spanien 91

Krämer, Augustin 135, 139, 144, 287
Krusenstern, Johan Adam v. 192
Kulagoe, Celestine 95

La Pérouse, Jean François de Galaud de 91
Lafleur, Jacques 47
Le Maire, Jacques 172, 213, 241
Lini, Walter 64
Louis Philippe, König von Frankreich 212
Ludwig XVI., König von Frankreich 91

Magalhães, Fernão de (Magellan) 10, 241, 266
Maretu (Missionar) 188f.
Mariner, William 176
Mata, Roy 82
Maugham, William Somerset 159
Mead, Margaret 159
Mendaña y Neyro, Alvaro 90f., 185, 241, 257
Michener, James 82
Mourelle, Francisco 257

Nelawiyang 76

O'Keefe, David 294

Peyster, Arent de 257
Philipp III., König von Spanien 65
Pilioko, Aloi 83
Prichard, G. 147

Quirós, Pedro Fernández de 64ff., 185, 241, 272

Rabuka, Sitivenu 101
Rocard, Michel 48
Roe, David 87

Roggeveen, Jacob   132, 145, 241
Roosevelt, Franklin D.   76, 268

Scheurmann, E.   156
Schouten, Willem Cornelisz   172, 213, 241
Smythe, William James   98
Solf, Wilhelm   152 f.
Steinberger, Albert B.   150 f.

Ta'unga (Missionar)   188
Tasman, Abel   102, 173
Taufa'ahau Tupou, König von Tonga   167
Tjibaou, Jean-Marie   48 f., 56
Torres, Luis Váez de   64
Towns, Robert   67
Tuiavii   156

Unshelm, August   147

Wallis, Kapitän   209, 241
Weber, Theodor   149
Williams, John   145, 149, 162, 187

Yeiwéné Yeiwéné   48


# Sachen

Atoll, Entstehung   16

Betel(-kauen)   30
Bislama   63

Cargo-Kulte   72, 75 ff., 95
Commonwealth   85, 101, 183, 200

Europäische Entdeckung   36 ff., 57 ff., 64 ff., 90 ff., 102, 172 ff., 185 ff., 209 f., 241, 266, 276, 280

Felsgravierungen   87 f.
Firewalking   106

Götterwelt, polynesische   247

John-Frum-Bewegung   72, 75 ff.

Kavatrinken   30, 76, 104, 213
Kanak, Kanaken   47, 56 ff.
Kannibalismus   93, 107, **185**, 191, 214
Kokospalme (Bedeutung)   31
Kolonialgeschichte der europäischen Mächte siehe Europäische Entdeckung
Kolonialgeschichte, Deutschland   132, 149 ff., 276 f., 284
Kolonialgeschichte, USA   132, 151, 279 f.
Korallenriff, Entstehung   13 ff.
Künstliche Inseln   85

Langi-Gräber   171 f.
Lapita-Kultur   34 f., 50 ff., 86 ff., 136, 169 f., 207, 211
Latte-Kultur   279, 281

Mana   77, 112 ff.
Männerbünde   77 f.
Marae (Kultstätte)   137, 198, 214, **243 ff.**
Masken   52 f.
Meuterei auf der Bounty   173, 174 ff.
Monstranzbeil   51 f.

Namengebung   110 f.

Pazifikkrieg   268 ff.
Perlen   249 f.
Plattenbewegung   11 ff.
Polynesisches Dreieck   110, 241

Sklavenhandel   67, 92 f., 186 f., 204, 220, 257, 259
Sprachkette   71 f.
Stabdiagramme (Navigationstechnik)   294 ff.
Steingeld   293 f.

Tabu   130 ff., 214, 243, 247
Terra Australis Incognita   64, 145
Toka-Feier   72 f.
Totem   42

University of the South Pacific   79 f., 154, 197

REGISTER

Vanuaaku Pati   64, 69

Weltkrieg, Zweiter   76, 81, 82, 94, 154, 164, 193, 211, 255, 259, **268 ff.**, 278, 281, 292

## Orte

A'ana   146
Agana   279
Aitutaki   187, 191, 201
Alafua   154
Aleipata   156
Alofi   200, **205 f.**, 207
Amanave   162
Amatuku   255
Ambrym   62, 78
Amerikanisch-Samoa   **132 ff.**, 152, **158 ff.**, 218
Anatom   67, 75
Angaur   284
Apia   99, 132, 143, 146, 147, 148, 151 f., 153, 154, **155**, 156, 220
Arorae   273
Arorangi   185
Asau   158
Asipani   213
Atafu   218, 220
Atiu   110, 185, 186
Atua   132, 146
Atuona   246
Aua   163
Auasi   163
Aunu'u   163
Austral-Inseln   222
Australien   11, 19, 33, 34, 57, 64, 67, 92, 97, 186, 194, 276 ff.
Avaiki   204
Avarua   182, 185, 188, **195 f.**, 199
Avatele   205

Babelthuap   283
Bairiki   271
Banaba   255
Bauvatu   81
Bélep-Gruppe   47

Bellevue   81
Bellona   84
Beqa   106
Bikini-Atoll   263, 298
Bismarck-Archipel   33, 34
Bora-Bora   16, 222, 252
Bougainville   93
Bouloupari   61
Bourail   61
Brisbane   67
Buka   89, 93
Butaritari   272

Canala   61
Choiseul   84
Christmas-Island   272
Col d'Amieu   61
Col des Roussettes   61
Colo-i-Suva Forest Park   100
Colonia   292
Cook-Inseln   16, 22, 110, **182 ff.**, 241, 256
Coral Coast   106

Darrit   298
Delap   298
Duff-Islands   84
Dumbéa   61

Efate (Vaté)   62, 70, **79 ff.**
Ekipe   81
Ellice-Inseln (s. Tuvalu)   149, 253, 259, 272
Emao   70, 82
Eniwetok-Atoll   14, 263, 298
Epao   81
Erakor   81
Eretoka   82
Eromanga   62, 75
Espiritu Santo   62, 64, 76, 83
Eton Village   81
'Eua   165

Fa'asaleleaga   146
Fagaloa   155
Fagatogo   163

Fakaofo 218, 219, 220, 221
Fala 218, 221
Falealili 156
Falefa 155
Fangataufa 224
Farino 61
Fasito'otai 136, 146
Faumea 155
Fenua Fala 221
Fidschi 11, 12, 18, 22, 24, 26, 34, 40, 67, 70, 92, 94, **97 ff.**, 147, 149, 169, 171, 220, 272
Fiua-Toloke 213
Föderierte Staaten von Mikronesien 260, 262 f., **288 ff.**
Fongafale 253 f.
Forari 63, 81
Frankreich 57, 64, 208, 222 f.
Französisch-Polynesien 15, 20, 22, 24, 49, **222 ff.**, 252
Funafuti 253 f., 255, 257, 259
Futuna (s. auch Wallis und Futuna) 219

Galoa 98
Gambier-Gruppe 24, 222, 241
Gesellschafts-Inseln 13, 35, 222, 241, 245, 247
Gilbert-Inseln (s. Kiribati) 149, 253, 255, 259
Grande Terre **47 ff.**, 53, 54, 61
Guadalcanal 84, 85, 87, 94
Guam 260, 262, 263, 264, **279 ff.**

Ha'amonga-a-Maui 171
Ha'apai-Gruppe 165
Harris Plantation 82
Havannah Bay 82
Hawaii 13, 15, 19, 35, 110, 241, 268
Hervey's Island 185
Hideaway (Mele) Island 82
Hiva Oa 246
Honiara 84, 85, 87, 95, 96
Houaïlou 53, 61
Huahine 222
Huvalu 205

Ile des Pins 47
Iles du Vent (Inseln im Wind) 222

Imperator-Gruppe 13
Ipeukel 78

Kaala-Gomen 61
Kadavu-Gruppe 97, 98
Kanaky (Neukaledonien) 47
Karolinen 35, 149, 260, 281
Kauai-Inseln 13
Kermadec-Graben 11, 12
Kermadec-Gruppe 11
Kios 101
Kiribati (s. Gilbert-Inseln) 35, 85, 101, 224, 253, 254, 259, 260, **271 ff.**
Klems Hill 82
Kolonia 288, 290
Koné 50
Koro 104
Koror 263, 283
Kosrae 262 f., **288 f.**
Koumac 61
Kwajalein-Atoll 16, 263

Lalomanu 156
Langa Langa 85
Lapaha 171
Lapita 50
Lau-Gruppe 85, 97, 100
Lautoka 107
Leluh 289
Leone 162
Levuka 97, **99,** 147
Lifou 17, 47
Limu 204, 205
Line-Inseln 271
Lomaiviti-Gruppe 97
Lotofaga 156
Loyalitäts-Inseln 17, 47, 67
Luganville 63

Mafa-Paß 155
Majuro 263, 297 f.
Malaita 84, **85**
Malekula 62, 66
Mamanuca-i-ra-Gruppe 97
Mangaia 185, 186

375

# REGISTER

Manihi 241
Manihiki 185, 249
Manono-Insel 136, 146
Manu'a-Gruppe 132, 159
Manu'ae 185, 186
Maré 17, 47
Marianen 10, 149, 260, 266
Marquesas-Inseln 15, 35, 222, 224
Marshall-Inseln 16, 149, 260, 262f., **295ff.**
Mata Uta 207, 214
Mataiea 245
Matapa 204, 205
Matavera 198
Maupiti 222
Melanesien **40ff., 70ff.**
Mele 82
Mikronesien **260ff.**
Montmartre 81
Moorea 222, 251, 252
Moruroa 224
Mount Austen 94
Mount Mata'aga 133
Mu'a 171f.
Mulifanua 136
Mulinu'u 146, 149, 154

Nadi 98, (Flughafen) 106
Nan Madol 289, 290f.
Nanumaga 257
Nanumea 257
Nauru 20, 24, 149, 216, 254, 255, 260, **276ff.**
Neue Hebriden (s. Vanuatu) 62, 67, 149
Neuguinea 10, 33, 34
Neuhebriden-Graben 12
Neukaledonien 10, 11, 16, 17, 18, 19, 24, 26, 34, 40, **47ff.**, 58, 60ff., 67, 70, 86, 94, 180, 207
Neuseeland 11, 18, 47, 64, 66, 94, 110, 133, 154, 182, 192ff., 198, 200f., 206, 218, 220, 221, 224, 241
New Georgia 84
Ngatangiia 198, 199
Nguna 82
Niuafo'ou 165
Niuatoputapu-Gruppe 165, 170
Niue 152, 171, 192, **200ff.**
Niulakita 257

Niutao 259
Nördliche Marianen 260, 263, **281f.**
Nouméa 47, 49, **60,** 68, 92, 207
Nu'ulua 156
Nu'utele 156
Nui 257, 259
Nuku'alofa 167, 181
Nukulaelae 257f.
Nukunomo 218, 220

Ocean Island 100, 220, 277, 271
Ofu 132
Olosega 132
Onenoa 163
Onesua 81
Opoa 244
Orchid Island 106
Osterinsel 24, 35, 110, 241
Ouen 61
Ouvéa 47
Ovalau 97

Pacific Harbour Kulturzentrum 106
Paeu River 91
Pago Pago 132, 160, 162, 163
Païci-Gebiet 53
Palaha 204
Palau (Republik Belau) 260, 262f., 274, **283ff.**, 293, 294
Palauli 136, 146, 157f.
Palmerston 185
Paonagisu 82
Papara 244
Papeete 99, 147, 222, 223, 245, 246, **250,** 251
Papua-Neuguinea 11, 19, 40, 47, 72, 86, 89, 102
Pare 244
Paris 217
Parc de la Rivière Bleue 60
Peleliu 283
Pentecost 62, 83
Petit-Couli 61
Phare Amedée 61
Phoenix-Inseln 35, 271
Pitcairn 175f.
Piula 155

Plum 60
Poha 86
Pohnpei 262, 263, 288, 289, **290f.**
Poi 215
Poindimié 61
Polynesien **109ff.**
Ponérihouen 61
Port Boisé 61
Port Havannah 63, 82
Port Vila 62, 69, **82f.**
Pouébo 61
Poutasi 156
Pova 61
Prony 61
Pukapuka 185, 201
Punaauia 246

Queensland 67
Quoin Hill 81

Rabbit Island 82
Radisson Royal Palm Resort 79
Raiatea 16, 222, 244
Rakahanga 185
Ralik-Kette 298
Rangiroa 16, 241
Rarotonga 99, 145, 182, 188, 191, 192, **195ff.**, 220
Ratak-Kette 298
Rennell 84
Rivière de la Madeleine 60
Rose 132
Rota 263, 280, 281
Rotuma 97, 100

Saipan 263, 264, 280, 281
Saleapaga 156
Salomon-Graben 12
Salomon-Inseln 11, 12, 24, 34, 40, 72, **84ff.**, 102, 149, 152
Samoa 24, 26, 34, 35, 67, 89, 93, **132ff.**, 170, 171, 191, 201, 207, 220, 224, 256, 272
San Cristobal 84
Santa Cruz-Inseln 90
Santa Isabel 84
Sasoa'a 136

Satupa'itea 146
Savai'i 149, **157f.**
Shepherd-Gruppe 62
Shortland-Islands 93
Sigatoka-Tal 97
Sulphur Bay 78
Suva 97, 98, 104, 105, 106
Swain's Island 132

Ta'u 132
Tafatafa 156
Taga 158
Tahaa 16, 222
Tahiti 16, 19, 145, 147, 191, 192, 222, 223, 224, 241, 245, 248, 249, **251f.**
Takituma 198
Takutea 185
Talava 204
Tamakautoga 205
Tanna 62, 66, 67, 72, 75f., 83
Tanolu 82
Taputapuatea 244, 247
Tarawa 255, 271
Taveuni 97, 100, 101
Temotu-Provinz 84
Temwen 290
Ti'avea 156
Tiga 47
Tikopia 84, 86, 91
Tinian 263
Titikaveta 199
Togo 204
Tokelau 149, **218ff.**, 256
Tonga 11, 12, 17, 24, 34, 35, 51, 89, 147, 149, 152, **165ff.**, 201, 207, 209, 219, 220, 256, 272
Tongagraben 11, 12, 14
Tonga-Rücken 15, 17
Tongareva 186
Tongatapu 17, 165, 166, 169, 171, **181**
Torres-Straße 34
Touho 53, 61
Townsville 67
Truk 262f., 288, **291f.**
Tuamásaga 146
Tuamotu 16, 35, 222, 241

377

REGISTER

Tukosmera  74
Tula  163
Tulagi  94
Tutuila  132, **162 ff.**
Tuvalu (s. Ellice-Inseln)  24, 35, 220, **253 ff.**

Uliga  298
Uluhevi  204
Upolu  132, 149, **155 f.**
USA  194, 260, 262 ff., 280 ff., 284, 298
Uvea (s. Wallis)  51, 89, 171

Vaikona  204
Vailele  136
Vaitogi  162
Vaitupu  254, 255

Vanikoro  91, 92
Vanua Levu  19, 97, 101
Vanuatu (Neue Hebriden)  11, 12, 24, 26, 34, 40, **62 ff.**, 94, 95
Vava'u Gruppe  15, 156, 165
Vila  76, 79, 81, **82 f.**
Viti Levu  19, 97, 98, 102, 106
Voh  61

Wallis und Futuna  149, **207 ff.**
Wellington  218, 220, 221
West-Samoa  **132 ff.**, 152 f., **155 ff.**, 218, 220

Yap  262 f., 267, 274, 288, **292 f.**
Yasawa-Gruppe  97, 100, 102, 107
Yaté  60

*Bitte beachten Sie auch folgende Veröffentlichungen aus unserem Verlag:*

## Papua-Neuguinea

Niugini. Steinzeit-Kulturen auf dem Weg ins 20. Jahrhundert
Von Heiner Wesemann. 344 Seiten mit 52 farbigen und 60 einfarbigen Abbildungen, 149 Zeichnungen und Plänen, 32 Seiten praktischen Reisehinweisen, Literaturverzeichnis, Register, kartoniert (DuMont Kunst-Reiseführer)

## »Richtig reisen«: Philippinen

Reise-Handbuch
Von Roland Dusik. 416 Seiten mit 52 farbigen und 121 einfarbigen Abbildungen, 45 Karten und Plänen, 52 Seiten praktischen Reisehinweisen, Register, kartoniert

## Indonesien

Ein Reisebegleiter nach Java, Sumatra, Bali und Sulawesi (Celebes)
Von Hans Helfritz. 328 Seiten mit 35 farbigen und 100 einfarbigen Abbildungen, 48 Zeichnungen, Karten und Plänen, 35 Seiten praktischen Reisehinweisen, Literaturhinweisen, Zeittafel, Glossar, Register, kartoniert (DuMont Kunst-Reiseführer)

## »Richtig reisen«: Indonesien

Reise-Handbuch
Von Roland Dusik. 600 Seiten mit 30 farbigen und 110 einfarbigen Abbildungen, 88 Karten und Plänen, 50 Seiten praktischen Reisehinweisen, Register, kartoniert

## Bali

Tempel, Mythen und Volkskunst auf der tropischen Insel zwischen Indischem und Pazifischem Ozean
Von Günter Spitzing. 410 Seiten mit 34 farbigen und 101 einfarbigen Abbildungen, 125 Zeichnungen und Plänen, 19 Seiten praktischen Reisehinweisen, Register, kartoniert (DuMont Kunst-Reiseführer)

## Bali

Java – Lombok
Von Roland Dusik. 264 Seiten mit 9 farbigen und 75 einfarbigen Abbildungen, 21 Karten und Plänen, 31 Seiten praktischen Reisehinweisen, Register, kartoniert
(DuMont Reise-Taschenbücher, Band 2002)

# DuMont Kunst-Reiseführer

**Ägypten und Sinai**
Geschichte, Kunst und Kultur im Niltal. Vom Reich der Pharaonen bis zur Gegenwart

**Albanien**  Kunstreise durch das Land der Skipetaren

**Algerien – Kunst, Kultur und Landschaft**
Von den Stätten der Römer zu den Tuareg der zentralen Sahara

**Belgien – Spiegelbild Europas**
Eine Einladung nach Brüssel, Gent, Brügge, Antwerpen, Lüttich und zu anderen Kunststätten

**Die Ardennen**  Eine alte Kulturlandschaft im Herzen Europas

**Bhutan**  Kunst und Kultur im Reich des Drachen

**Brasilien**
Völker und Kulturen zwischen Amazonas und Atlantik

**Bulgarien**
Kunstdenkmäler aus vier Jahrtausenden von den Thrakern bis zur Gegenwart

**Volksrepublik China**  Kunstreisen durch das Reich der Mitte

**Dänemark**
Land zwischen den Meeren. Kunst – Kultur – Geschichte

**Bundesrepublik Deutschland**

**Aachen und das Dreiländereck**
Fahrten rund um die Karlsstadt und ins Maasland nach Lüttich und Maastricht (Frühjahr '93)

**Das Allgäu**
Städte, Klöster und Wallfahrtskirchen zwischen Bodensee und Lech

**Das Altmühltal**
Kultur und Landschaft zwischen Ansbach und Kelheim

**Bayerisch Schwaben**
Kultur, Geschichte und Landschaft zwischen Ries und Lechfeld

**Das Berchtesgadener Land**
Vom Watzmann zum Rupertiwinkel

**Das Bergische Land**
Kultur, Geschichte, Landschaft zwischen Ruhr und Sieg

**Bodensee und Oberschwaben**
Zwischen Donau und Alpen: Wege und Wunder im ›Himmelreich des Barock‹

**Bremen, Bremerhaven und das nördliche Niedersachsen**
Kultur, Geschichte und Landschaft zwischen Unterweser und Elbe

**Der Chiemgau**
Kunst, Kultur und Landschaft zwischen Inn und Traun (Frühjahr '93)

**Dresden und Umgebung**
Geschichte und Kunst der sächsischen Hauptstadt (Frühjahr '93)

**Düsseldorf**
Eine moderne Landeshauptstadt mit 700jähriger Geschichte und Kultur

**Die Eifel**
Entdeckungsfahrten durch Landschaft, Geschichte, Kultur und Kunst – Von Aachen bis zur Mosel

**Franken – Kunst, Geschichte und Landschaft**
Entdeckungsfahrten in einem schönen Land – Würzburg, Rothenburg, Bamberg, Nürnberg und die Kunststätten der Umgebung

**Freie und Hansestadt Hamburg**
Geschichte, Kultur und Stadtbaukunst an Elbe und Alster

**Hannover und das südliche Niedersachsen**
Geschichte, Kunst und Landschaft zwischen Harz und Weser, Braunschweig und Göttingen

**Der Harz**
Im Herzen Deutschlands – Reisen in einer zweitausend Jahre alten Kulturlandschaft (Frühjahr '93)

**Hessen**
Vom Edersee zur Bergstraße. Die Vielfalt von Kunst und Landschaft zwischen Kassel und Darmstadt

**Nördliches Hessen**
Zwischen Lahn und Werra, Reinhardswald und Rhön

**Hunsrück und Naheland**
Entdeckungsfahrten zwischen Mosel, Nahe, Saar und Rhein

**Köln**  Zwei Jahrtausende Kunst, Geschichte und Kultur

**Kölns romanische Kirchen**
Architektur, Ausstattung, Geschichte

**Mecklenburg-Vorpommern**
Hansestädte und Backsteingotik an der Ostseeküste bis Rügen und Usedom – Das Hinterland mit seiner Seenplatte

**Die Mosel**
Von der Mündung bei Koblenz bis zur Quelle in den Vogesen. Landschaft, Kultur, Geschichte

**München**
Von der welfischen Gründung Heinrichs des Löwen bis zur Gegenwart: Kunst, Kultur, Geschichte

**Münster und das Münsterland**
Geschichte und Kultur. Ein Reisebegleiter in das Herz Westfalens

**Zwischen Neckar und Donau**
Kunst, Kultur und Landschaft von Heidelberg bis Heilbronn, im Hohenloher Land, Ries, Altmühltal und an der oberen Donau

**Der Niederrhein**
Landschaft, Geschichte und Kultur am unteren Rhein

**Oberbayern**
Kultur, Geschichte, Landschaft zwischen Donau und Alpen, Lech und Salzach

**Oberpfalz, Bayerischer Wald, Niederbayern**
Regensburg und das nordöstliche Bayern

**Osnabrück, Oldenburg und das westliche Niedersachsen**
Kultur, Geschichte, Landschaft zwischen Weser und Ems

**Ostfriesland mit Jever- und Wangerland**
Über Moor, Geest und Marsch zum Wattenmeer und zu den Inseln

**Die Pfalz**
Streifzüge durch den ›Garten Deutschlands‹ – Weinstraße – Pfälzer Wald

**Der Rhein von Mainz bis Köln**
Eine Reise durch das Rheintal – Geschichte, Kunst und Landschaft

**Rheinhessen**
Entdeckungsreisen im Hügelland zwischen Bingen und Worms, Mainz und Alzey

**Das Ruhrgebiet**
Kultur und Geschichte im ›Revier‹ zwischen Ruhr und Lippe

**Das Saarland**
Kunst und Kultur im Dreiländereck zwischen Blies, Saar und Mosel

**Sachsen**
Kultur und Landschaft zwischen Dresden, Leipzig und Chemnitz

**Sachsen-Anhalt**
Kultur, Geschichte und Landschaft an Elbe und Saale
**Sauerland mit Siegerland und Wittgensteiner Land**
Kultur und Landschaft im gebirgigen Süden Westfalens
**Schleswig-Holstein**
Zwischen Nordsee und Ostsee: Kultur – Geschichte – Landschaft
**Der Schwarzwald und das Oberrheinland**
Wege zur Kunst zwischen Karlsruhe und Waldshut: Ortenau, Breisgau, Kaiserstuhl und Markgräflerland
**Sylt, Amrum, Föhr, Helgoland, Pellworm, Nordstrand und Halligen**
Natur und Kultur auf Helgoland und den Nordfriesischen Inseln
**Thüringen**
Reisen durch eine große deutsche Kulturlandschaft
**Der Westerwald**
Vom Siebengebirge zum Hessischen Hinterland. Kultur und Landschaft zwischen Rhein, Lahn und Sieg
**Östliches Westfalen**
Vom Hellweg zur Weser. Kunst und Kultur zwischen Soest und Paderborn, Minden und Warburg
**Württemberg-Hohenzollern**
Kunst und Kultur zwischen Schwarzwald, Donautal und Hohenloher Land: Stuttgart, Heilbronn, Schwäbisch Gmünd, Tübingen, Rottweil, Sigmaringen

**Die Färöer**   Inselwelt im Nordatlantik

**Frankreich**
**Auvergne und Zentralmassiv**
Entdeckungsreisen von Clermont-Ferrand über die Vulkane und Schluchten des Zentralmassivs zum Cevennen-Nationalpark
**Die Bretagne**   Im Land der Dolmen, Menhire und Calvaires
**Burgund**
Kunst, Geschichte, Landschaft, Burgen, Klöster und Kathedralen im Herzen Frankreichs
**Côte d'Azur**
Frankreichs Mittelmeerküste von Marseille bis Menton
**Dauphiné und Haute Provence**
Entdeckungsfahrten zwischen Rhône und Alpen, von Lyon bis zur Verdon-Schlucht
**Das Elsaß**
Wegzeichen europäischer Kultur und Geschichte zwischen Oberrhein und Vogesen
**Frankreich für Pferdefreunde**
Kulturgeschichte des Pferdes von der Höhlenmalerei bis zur Gegenwart. Camargue, Pyrenäen-Vorland, Périgord, Burgund, Loiretal, Bretagne, Normandie, Lothringen
**Frankreichs gotische Kathedralen**
Eine Reise zu den Höhepunkten mittelalterlicher Architektur in Frankreich
**Korsika**
Natur und Kultur auf der ›Insel der Schönheit‹. Menhirstatuen, pisanische Kirchen und genuesische Zitadellen
**Languedoc – Roussillon**
Von der Rhône zu den Pyrenäen
**Das Limousin**
Im Herzen Frankreichs – Entdeckungsfahrten zwischen Zentralmassiv und Poitou, Périgord und Bourbonnais
**Das Tal der Loire**
Schlösser, Kirchen und Städte im ›Garten Frankreichs‹
**Lothringen**
Ein alter europäischer Kulturraum: Kunst, Geschichte, Landschaft
**Die Normandie**   Vom Seine-Tal zum Mont St. Michel
**Paris und die Ile de France**
Die Metropole und das Herzland Frankreichs. Von der antiken Lutetia bis zur Millionenstadt

**Périgord und Atlantikküste**
Kunst und Natur im Lande der Dordogne und an der Côte d'Argent von Bordeaux bis Biarritz
**Das Poitou**
Westfrankreich zwischen Poitiers, La Rochelle und Angoulême – die Atlantikküste von der Loiremündung bis zur Gironde
**Die Provence**
Ein Begleiter zu den Kunststätten und Naturschönheiten im Sonnenland Frankreichs
**Romanische Kunst in Frankreich**
Ein Reisebegleiter zu allen bedeutenden romanischen Kirchen und Klöstern
**Savoyen**
Vom Genfer See zum Montblanc – Natur und Kunst in den französischen Alpen

**Griechenland**
**Athen**
Geschichte, Kunst und Leben der ältesten europäischen Großstadt von der Antike bis zur Gegenwart
**Die griechischen Inseln**
Ein Reisebegleiter zu den Inseln des Lichts. Kultur und Geschichte
**Korfu**
Das antike Kerkyra im Ionischen Meer. Geschichte, Kultur, Landschaft
**Kreta – Kunst aus fünf Jahrtausenden**
Von den Anfängen Europas bis zur kreto-venezianischen Kunst
**Rhodos**
Eine der sonnenreichsten Inseln im Mittelmeer – ihre Geschichte, Kultur und Landschaft
**Tempel und Stätten der Götter Griechenlands**
Ein Reisebegleiter zu den antiken Kultzentren der Griechen

**Grönland**   Kultur und Landschaft am Polarkreis

**Großbritannien**
**Englische Kathedralen**
Eine Reise zu den Höhepunkten englischer Architektur von 1066 bis heute
**Die Kanalinseln und die Insel Wight**
Kunst, Geschichte und Landschaft. Die britischen Inseln zwischen Normandie und Süd-England
**London**   Biographie einer Weltstadt
**Die Orkney- und Shetland-Inseln**
Landschaft und Kultur im Nordatlantik
**Ostengland**
Suffolk, Norfolk und Essex
Von Künstlern und Bauern, Kirchen und Palästen der Countryside
**Schottland**
Geschichte und Literatur. Architektur und Landschaft
**Süd-England**
Von Kent bis Cornwall. Architektur, Landschaft, Literatur und Geschichte
**Wales**   Literatur und Politik – Industrie und Landschaft

**Guatemala**   Honduras – Belize. Die versunkene Welt der Maya

**GUS u. a. ehemaligen Sowjetrepubliken**
**Moskau und Leningrad**
Kunst, Kultur und Geschichte der beiden Metropolen, des ›Goldenen Ringes‹ und Nowgorods
**Sowjetischer Orient**
Kunst und Kultur, Geschichte und Gegenwart der Völker Mittelasiens

**Holland**
Kunst, Kultur und Landschaft. Ein Reisebegleiter durch Städte und Provinzen der Niederlande

**Indien**
Von den Klöstern im Himalaya zu den Tempelstätten Südindiens

**Ladakh und Zanskar**
Lamaistische Klosterkultur im Land zwischen Indien und Tibet

**Indonesien**
Ein Reisebegleiter nach Java, Sumatra, Bali und Sulawesi (Celebes)

**Bali**
Tempel, Mythen und Volkskunst auf der tropischen Insel zwischen Indischem und Pazifischem Ozean

**Irland – Kunst, Kultur und Landschaft**
Entdeckungsfahrten zu den Kunststätten der ›Grünen Insel‹

**Island**
Vulkaninsel zwischen Europa und Amerika

**Israel**
**Das Heilige Land**
Historische und religiöse Stätten von Judentum, Christentum und Islam in dem zehntausend Jahre alten Kulturland zwischen Mittelmeer, Rotem Meer und Jordan

**Italien**
**Die Abruzzen**
Das Bergland im Herzen Italiens   Kunst, Kultur und Geschichte

**Apulien**
7000 Jahre Geschichte und Kunst im Land der Kathedralen, Kastelle und Trulli

**Elba**
Ferieninsel im Tyrrhenischen Meer. Macchienwildnis, Mineralienfundorte, Kulturstätten

**Emilia-Romagna**
Oberitalienische Kunststädte zwischen Po, Apennin und Adria

**Das etruskische Italien**
Entdeckungsfahrten zu den Kunststätten und Nekropolen der Etrusker

**Florenz**
Ein europäisches Zentrum der Kunst. Geschichte, Denkmäler, Sammlungen

**Gardasee, Verona, Trentino**
Der See und seine Stadt – Landschaft und Geschichte, Literatur und Kunst

**Latium – Das Land um Rom**
Klöster und Villen, Kirchen und Gräberstädte, mittelalterliche Orte und arkadische Landschaften

**Lombardei und Oberitalienische Seen**
Kunst und Landschaft zwischen Adda und Po

**Die Marken**
Die adriatische Kulturlandschaft zwischen Urbino, Loreto und Ascoli Piceno

**Der Golf von Neapel**
Das Traumziel der klassischen Italienreise
Geschichte, Kunst, Geographie

**Piemont und Aosta-Tal**
Begegnungen italienischer und französischer Kunst im Königreich der Savoyer. Kultur, Geschichte und Landschaft im Bogen der Westalpen

**Die italienische Riviera**
Ligurien – die Region und ihre Küste von San Remo über Genua bis La Spezia

**Rom – Ein Reisebegleiter**
Zweieinhalb Jahrtausende Kunst und Kultur der Ewigen Stadt

**Rom in 1000 Bildern**
Kunst und Kultur der ›Ewigen Stadt‹ in mehr als 1000 Bildern

**Das antike Rom**
Die Stadt der sieben Hügel: Plätze, Monumente und Kunstwerke. Geschichte und Leben im alten Rom

**Sardinien**
Geschichte, Kultur und Landschaft – Entdeckungsreisen auf einer der schönsten Inseln im Mittelmeer

**Sizilien**
Insel zwischen Orient und Okzident

**Südtirol**
Begegnungen nördlicher und südlicher Kulturtradition in der Landschaft zwischen Brenner und Salurner Klause

**Toscana**
Das Hügelland und die historischen Stadtzentren. Pisa · Lucca · Pistoia · Prato · Arezzo · Siena · San Gimignano · Volterra

**Die ländliche Toscana**
Entdeckungsreisen abseits der bekannten Routen

**Die Villen der Toscana und ihre Gärten**
Kunst- und kulturgeschichtliche Reisen durch die Landschaften um Florenz, Pistoia, Lucca und Siena

**Umbrien**   Eine Landschaft im Herzen Italiens

**Venedig**
Die Stadt in der Lagune – Kirchen und Paläste, Gondeln und Karneval

**Das Veneto**
Verona, Vicenza, Padua
Städte und Villen, Kultur und Landschaft Venetiens

**Die Villen im Veneto**
Eine kunst- und kulturgeschichtliche Reise in das Land zwischen Alpenrand und Adriabogen

**Japan – Tempel, Gärten und Paläste**
Einführung in Geschichte und Kultur und Begleiter zu den Kunststätten Japans

**Der Jemen**
Nord- und Südjemen. Antikes und islamisches Südarabien – Geschichte, Kultur und Kunst zwischen Rotem Meer und Arabischer Wüste

**Jordanien**
Völker und Kulturen zwischen Jordan und Rotem Meer

**Karibische Inseln**   Westindien. Von Cuba bis Aruba

**Kenya**
Kunst, Kultur und Geschichte am Eingangstor zu Innerafrika

**Luxemburg**
Entdeckungsfahrten zu den Burgen, Schlössern, Kirchen und Städten des Großherzogtums

**Malaysia und Singapur**
Dschungelvölker, Moscheen, Hindutempel, chinesische Heiligtümer und moderne Stadtkulturen im Herzen Südostasiens

**Malta und Gozo**
Die goldenen Felseninseln – Urzeittempel und Malteserburgen

**Marokko – Berberburgen und Königsstädte des Islam**
Ein Reisebegleiter zur Kunst Marokkos

**Mexiko**
Ein Reisebegleiter zu den Götterburgen und Kolonialbauten Mexikos

**Mexico auf neuen Wegen**
Ein Reisebegleiter zu präkolumbischen Kultstätten und Kunstschätzen

**Namibia und Botswana**
Kultur und Landschaft im südlichen Afrika

**Nepal – Königreich im Himalaya**
Geschichte, Kunst und Kultur im Kathmandu-Tal

**Norwegen**
Natur- und Kulturlandschaft vom Skagerrak bis nach Finnmark

**Österreich**
**Das Burgenland**
Land der Störche und der Burgen: Kultur, Landschaft und Geschichte zwischen Ostalpen und Pußta
**Kärnten und Steiermark**
Vom Großglockner zum steirischen Weinland. Geschichte, Kultur und Landschaft ›Innerösterreichs‹
**Salzburg, Salzkammergut, Oberösterreich**
Kunst und Kultur auf einer Alpenreise vom Dachstein bis zum Böhmerwald
**Tirol**
Nordtirol und Osttirol. Kunstlandschaft und Urlaubsland an Inn und Isel
**Vorarlberg und Liechtenstein**
Landschaft, Geschichte und Kultur im ›Ländle‹ und im Fürstentum
**Wien und Umgebung**
Kunst, Kultur und Geschichte der Donaumetropole

**Pakistan**
Drei Hochkulturen am Indus. Harappa – Gandhara – Die Moguln

**Papua-Neuguinea**
Steinzeit-Kulturen auf dem Weg ins 20. Jahrhundert

**Polen**
Geschichte, Kunst und Landschaft einer alten europäischen Kulturnation

**Schlesien**
Deutsche und polnische Kulturtradition in einer europäischen Grenzregion

**Portugal** Vom Algarve zum Minho
**Madeira**
Kultur und Landschaft auf Portugals ›Blumeninsel‹ im Atlantik. Mit 20 Wanderungen und 6 Autotouren

**Rumänien**
Schwarzmeerküste – Donaudelta – Moldau – Walachei – Siebenbürgen: Kultur und Geschichte

**Die Sahara** Mensch und Natur in der größten Wüste der Erde

**Sahel Senegal, Mauretanien, Mali, Niger**
Islamische und traditionelle schwarzafrikanische Kultur zwischen Atlantik und Tschadsee

**Schweden**
Vielfalt von Kunst und Landschaft im Herzen Skandinaviens
**Gotland – die größte Insel der Ostsee**
Eine schwedische Provinz von besonderem Reiz – Kultur, Geschichte, Landschaft

**Die Schweiz**
Zwischen Basel und Bodensee · Französische Schweiz · Das Tessin · Graubünden · Vierwaldstätter See · Berner Land · Die großen Städte
**Graubünden**
Kunst, Kultur und Landschaft vom Quellgebiet des Rheins zum Engadin
**Tessin**
Kunst, Landschaft und Natur zwischen Gotthard und Campagna Adorna
**Das Wallis**
Der Südwesten der Schweiz: Kunst und Kultur im Schatten der Viertausender

**Spanien**
**Die Kanarischen Inseln**
Inseln des ewigen Frühlings: Teneriffa, Gomera, Hierro, La Palma, Gran Canaria, Fuerteventura, Lanzarote
**Katalonien und Andorra**
Von den Pyrenäen zum Ebro. Costa Brava – Barcelona – Tarragona – Die Königsklöster
**Der Prado in Madrid**
Ein Führer durch eine der schönsten Gemäldesammlungen Europas
**Mallorca – Menorca**
Ein Begleiter zu den kulturellen Stätten und landschaftlichen Schönheiten der großen Balearen-Inseln
**Nordwestspanien**
Landschaft, Geschichte und Kunst auf dem Weg nach Santiago de Compostela
**Spaniens Südosten – Die Levante**
Die Mittelmeerküste von Amposta über Valencia und Alicante bis Cartagena

**Sudan** Steinerne Gräber und lebendige Kulturen am Nil

**Südamerika: Präkolumbische Hochkulturen – Kunst der Kolonialzeit**
Ein Reisebegleiter zu den indianischen Kunststätten in Peru, Bolivien und Kolumbien

**Südkorea** Kunst und Kultur im Land der ›Hohen Schönheit‹

**Die Südsee** Inselparadiese im Südpazifik

**Syrien**
Hochkulturen zwischen Mittelmeer und Arabischer Wüste – 5000 Jahre Geschichte im Spannungsfeld von Orient und Okzident

**Thailand und Burma**
Tempelanlagen und Königsstädte zwischen Mekong und Indischem Ozean

**Tibet**
Lamaistische Klosterkulturen, nomadische Lebensformen und bäuerlicher Alltag auf dem »Dach der Welt« (Frühjahr '93)

**Tschechoslowakei**
Kunst, Kultur und Geschichte im Herzen Europas
**Prag** Kunst, Kultur und Geschichte der ›Goldenen Stadt‹

**Türkei**
**Istanbul**
Bursa und Edirne · Byzanz – Konstantinopel – Stambul Historische Hauptstadt zwischen Abend- und Morgenland
**Ost-Türkei**
Völker und Kulturen zwischen Taurus und Ararat

**Ungarn** Kultur und Kunst im Land der Magyaren

**USA – Der Südwesten**
Indianerkulturen und Naturwunder zwischen Colorado und Rio Grande

**Vietnam**
Pagoden und Tempel im Reisfeld – im Fokus chinesischer und indischer Kultur

**Zimbabwe**
Das afrikanische Hochland zwischen den Flüssen Zambezi und Limpopo

**Zypern**
8000 Jahre Geschichte: Archäologische Schätze – Byzantinische Kirchen – Gotische Kathedralen

# »Richtig reisen« / »Richtig wandern«

- Ägypten
  - Kairo
  - Sinai und Rotes Meer
- Algerische Sahara
- Arabische Halbinsel
- Australien
- Bahamas
- Belgien
  - Belgien mit dem Rad
- Bundesrepublik Deutschland
  - Berlin
  - Deutsche Ostseeküste (Frühjahr '93)
  - »Richtig wandern«: Franken
  - München
  - »Richtig wandern«: Ostfriesland
  - »Richtig wandern«: Thüringer Wald (Frühjahr '93)
- China
- Cuba
- Dänemark
  - Bornholm
- Ferner Osten
- Finnland
- Frankreich
  - »Richtig wandern«: Bretagne
  - »Richtig wandern«: Burgund
  - »Richtig wandern«: Cevennen und Languedoc
  - Elsaß
  - Korsika
  - »Richtig wandern«: Korsika (Frühjahr '93)
  - Languedoc und Roussillon
  - Paris
  - »Richtig wandern«: Provence
  - »Richtig wandern«: Pyrenäen
- Griechenland
  - Die griechischen Inseln
  - Kreta
  - »Richtig wandern«: Kykladen
  - »Richtig wandern«: Nordgriechenland
  - »Richtig wandern«: Peloponnes
  - »Richtig wandern«: Rhodos
- Großbritannien
  - London
  - Nord- und Mittelengland
  - »Richtig wandern«: Nord-England
  - »Richtig wandern«: Schottland
  - »Richtig wandern«: Englands Süden
  - Süd-England
- Guadeloupe – Martinique
- Holland
  - Amsterdam
- Hongkong mit Macau und Kanton
- Indien
  - Nord-Indien
  - Süd-Indien
- Indonesien
- Irland
- »Richtig wandern«: Island
- Italien
  - Friaul – Triest – Venetien
  - Ischia, Capri, Procida
  - Neapel
  - Oberitalien
  - Rom
  - Sardinien (Frühjahr '93)
  - Sizilien
  - Süditalien
  - »Richtig wandern«: Südtirol
  - Toscana
  - »Richtig wandern«: Toscana und Latium
  - Venedig
- Jamaica
- Kanada und Alaska
  - Ost-Kanada
  - West-Kanada und Alaska
- »Richtig wandern«: Lappland
- Luxemburg
  - Belgien und Luxemburg
- Madagaskar – Komoren
- Malediven
- Marokko
- Mauritius
- Mexiko
- Nepal
- Neuseeland
  - »Richtig wandern«: Neuseeland
- Norwegen
- Österreich
  - Graz und die Steiermark
  - »Richtig wandern«: Tirol
  - Wien
- Ostafrika
- Philippinen
- Portugal
  - Azoren
- Prag (Frühjahr '93)
- Réunion
- Rußland
  - Moskau
- Schweden
- Die Schweiz und ihre Städte
- Seychellen
- Spanien
  - Andalusien
  - »Richtig wandern«: Andalusien (Frühjahr '93)
  - Barcelona
  - Extremadura
  - Gran Canaria
  - Ibiza/Formentera
  - »Richtig wandern«: Der spanische Jakobsweg
  - Katalonien
  - Lanzarote
  - »Richtig wandern«: La Palma, La Gomera, El Hierro
  - Madrid und Kastilien
  - »Richtig wandern«: Mallorca
  - »Richtig wandern«: Der Osten Spaniens (Frühjahr '93)
  - »Richtig wandern«: Pyrenäen
  - Teneriffa
- Südamerika
  - Argentinien – Chile – Paraguay – Uruguay
  - Peru und Bolivien
  - Venezuela, Kolumbien und Ecuador
- Thailand
- Türkei
  - Istanbul
- Tunesien
- Ungarn
  - Budapest
- USA
  - Florida
  - Hawaii und Südsee
  - Kalifornien
  - Los Angeles
  - Neu-England
  - New Orleans und die Südstaaten
  - Südwesten – USA
  - Texas
  - Washington D.C.
- Zentralamerika
- Zypern